ALTER *ego* ②

GUIDE PÉDAGOGIQUE

Véronique M. KIZIRIAN
Marie-Françoise NÉ
Béatrix SAMPSONIS
Vanessa COLNOT

AVEC LA COLLABORATION DE Annie BERTHET, Catherine HUGOT ET Monique WAENDENDRIES

HACHETTE
Français langue étrangère
www.hachettefle.fr

Marie-Françoise NÉ a rédigé les dossiers 1 à 5, Véronique M. KIZIRIAN les dossiers 6 à 9, Béatrix SAMPSONIS le dossier évaluation, Vanessa COLNOT les points info.

Intervenants
Couverture : Amarante
Création maquette intérieure : Médiamax/Amarante
Réalisation : Médiamax
Coordination éditoriale : Vanessa Colnot

Pour découvrir nos nouveautés, consulter notre catalogue en ligne, contacter nos diffuseurs ou nous écrire, rendez-vous sur Internet : www.hachettefle.fr

ISBN 978-2-01-155444-4

© Hachette Livre 2006, 43, quai de Grenelle, F 75 905 Paris Cedex 15.

Sommaire

Introduction **4**

Accompagnement à l'utilisation du livre de l'élève **15**

DOSSIER 1 16

DOSSIER 2 34

DOSSIER 3 53

DOSSIER 4 71

DOSSIER 5 90

DOSSIER 6 108

DOSSIER 7 124

DOSSIER 8 143

DOSSIER 9 161

Points Info **179**

L'évaluation dans *Alter Ego* **187**

Introduction 188

TEST 1 198

TEST 2 202

TEST 3 207

TEST 4 212

TEST 5 216

TEST 6 220

TEST 7 224

TEST 8 228

TEST 9 232

Corrigés *Vers le portfolio* 236

Tests – Corrigés et transcriptions 239

Corrigés du cahier d'activités **245**

Introduction

Présentation de la méthode

Alter Ego est une méthode de français sur quatre niveaux destinée à des apprenants adultes ou grands adolescents. *Alter Ego* couvre les niveaux A1 à B2 du *Cadre européen commun de référence pour les langues (CECR)*.

Alter Ego 2 vise l'acquisition des compétences décrites dans les niveaux A2 (suite et fin) et B1 (en partie) du *CECR*, dans un parcours de 120 heures d'activités d'enseignement/apprentissage et de tâches d'évaluation. Il permet de se présenter au nouveau DELF A2 et au CEFP1 de l'Alliance Française de Paris.

LES COMPOSANTS

Pour chaque niveau, l'ensemble pédagogique comprend :
- un livre de l'élève avec un CD encarté, reprenant les documents déclencheurs des leçons ;
- un cahier d'activités ;
- un guide pédagogique ;
- une vidéo (DVD ou VHS).

→ Pour ceux qui souhaitent renforcer la préparation aux examens du DELF, un carnet complémentaire, *Évaluation/Entraînement au DELF* est disponible avec un CD audio inclus.

• Le livre de l'élève *Alter Ego 2*
Il propose :
- un tableau des contenus ;
- la liste des enregistrements contenus dans le CD de l'élève ;
- 9 dossiers composés de trois leçons, d'un *Carnet de voyage* et d'une fiche de réflexion *Vers le portfolio* ;
- des activités de phonie-graphie.

En fin d'ouvrage, se trouvent les transcriptions des enregistrements, un précis grammatical, des tableaux de conjugaison et un lexique multilingue (anglais, espagnol, allemand, portugais, grec).

• Le matériel audio pour la classe (CD et cassette audio)
Les CD et les cassettes contiennent l'ensemble des enregistrements pour les leçons du livre de l'élève (documents déclencheurs, activités de phonétique...) et les activités de compréhension orale des évaluations du guide pédagogique (tests).

• Le cahier d'activités
En complément du livre de l'élève, il permet un travail en autonomie :
- les **exercices de réemploi** permettent à l'apprenant de vérifier et renforcer ses acquis : lexique, grammaire, communication (actes de parole) ;
- les **activités de compréhension et d'expression** renforcent le travail sur les compétences écrites (rubrique *En situation*) ;
- le **portfolio** (12 pages) permet à l'apprenant de suivre de façon active et réfléchie son parcours d'apprentissage et de s'auto-évaluer.
Les corrigés des activités se trouvent à la fin de ce guide pédagogique.

• Le guide pédagogique
Il comprend :
- une introduction avec la présentation de la méthode, de ses composants et de ses principes méthodologiques ;
- un accompagnement à l'utilisation du livre de l'élève (objectifs détaillés et scénario de chaque leçon, précisions sur la démarche et l'animation de classe, corrigés et points info) ;
- un dossier évaluation : une introduction présentant le concept, les descripteurs du CECR, 9 tests (1 par dossier), les corrigés et les transcriptions ;
- les corrigés du cahier d'activités.

• La vidéo
La vidéo complémentaire est construite à partir d'extraits d'émissions de TV5.

Principes **méthodologiques**

▮ *Alter Ego* et le *CECR* : apprendre, enseigner, évaluer

Alter Ego intègre les principes du *CECR* et reflète ses trois approches : apprendre, enseigner, évaluer.

▮ Apprendre avec *Alter Ego* : la centration sur l'apprenant

Dans *Alter Ego*, la place de l'apprenant est primordiale.

L'approche retenue lui permet d'acquérir de véritables compétences de communication écrite et orale, de compréhension et d'expression, à travers des **tâches communicatives**.

Les activités proposées offrent à l'apprenant de nombreuses opportunités d'**interagir** avec les autres dans des situations variées et implicantes : de manière authentique, en fonction de son ressenti, de son vécu et de sa culture, mais aussi de manière créative et ludique.

Les thèmes abordés ont pour principal objectif de susciter chez l'apprenant un réel intérêt pour la société française et le monde francophone et lui permettre de **développer des savoir-faire et savoir-être** indispensables à toute communication réussie. Les supports sont très variés. Dès le début de l'apprentissage, les documents authentiques sont nombreux et motivants.

Avec *Alter Ego*, « apprendre à apprendre » est une priorité. L'apprenant est actif, il développe ses aptitudes d'observation et de réflexion pour s'approprier la langue, autant de stratégies d'apprentissage qui l'amènent progressivement vers l'autonomie.

Enfin, la démarche **interculturelle** lui permet de découvrir la culture de l'autre, tout en réfléchissant sur sa propre culture.

▒ Une démarche actionnelle

Alter Ego favorise la réalisation de tâches communicatives, dans des situations proches de l'authentique, comme moteur de l'apprentissage. Les tâches proposées s'appliquent à différents domaines (personnel, public, professionnel, éducationnel) afin de favoriser la motivation de l'apprenant et son implication.

En fonction du niveau, on amène l'apprenant à agir « comme dans la vie » : avec une intention et dans une situation donnée. Dans cette perspective, la morphosyntaxe, le lexique et la phonétique sont des outils au service des compétences de communication, qui sont étroitement liées aux contenus socioculturels.

Les compétences de compréhension (orale, écrite) sont travaillées de manière à rendre l'apprenant actif. Elles visent à vérifier de manière concrète la compréhension des supports grâce à :
– des échanges avec l'enseignant par des questions/réponses ouvertes ;
– des tâches pédagogiques (items, QCM, appariements, classements, repérages...) ;
– des tâches de communication proches de l'authentique : lire pour s'orienter, pour s'informer et discuter, pour repérer des indices et faire des déductions, écouter pour noter un message, compléter un document, répondre à des besoins concrets ou réagir.

De même, les activités d'expression (orale, écrite) sont le reflet d'une communication authentique. Les paramètres de la communication sont donc clairement définis : interlocuteurs, contexte, canal, finalité... La réalisation des tâches fait appel à l'interaction et à la médiation[1] qui interviennent naturellement dans la communication.
Les exemples suivants, tirés des leçons, permettent d'illustrer cette démarche actionnelle :

---

1. Action de passer par différentes tâches pour la réalisation d'une activité.

Compétences réceptives : compréhension écrite, compréhension orale	Compétences productives : expression écrite, expression orale
Tâches de vérification de la compréhension	**Activités de transfert : Tâches d'expression**
– comprendre la Une d'un journal, un article de presse concernant un film à l'affiche et sa bande annonce et compléter la fiche de présentation du film	→ rédiger la fiche de présentation d'un film pour un magazine → donner son opinion sur un film dans une situation de micro-trottoir → écrire à un ami pour recommander ou déconseiller un film que l'on a vu
– comprendre un CV et identifier parmi des annonces d'emploi celle qui correspond au profil de la personne ; comprendre sa lettre de motivation	→ rédiger un CV pour postuler à un emploi → rédiger une lettre de motivation
– comprendre le résumé d'un livre autobiographique et situer le parcours scolaire de son auteur	→ comparer le système scolaire français avec celui de son pays
– comprendre le récit d'un fait divers et retrouver la chronologie des événements, les causes, les conséquences ; compléter le récépissé de déclaration de plainte	→ raconter à un ami un fait divers dont on a été témoin.
– comprendre un extrait de programme de télévision et l'annonce d'un documentaire sur une personnalité – comprendre l'évocation du parcours de cette personnalité et compléter les dates de sa notice biographique	→ présenter une personnalité de son pays et résumer son parcours → rédiger un résumé de sa biographie pour son site Internet
– comprendre une conversation entre deux amies qui parlent de leur relation à la lecture ; mettre en relation leurs propos avec les résultats d'une enquête sociologique	→ parler de sa propre relation à la lecture
– comprendre un manifeste et le mettre en relation avec les recommandations d'une campagne écologiste	→ comparer avec des initiatives similaires dans son pays → parler de ses propres comportements écologistes → rédiger le manifeste d'une association

Une démarche inductive : La conceptualisation

Alter Ego fait appel à la capacité d'observation et de réflexion de l'apprenant. Tout au long de l'apprentissage, il lui est donné à observer des phénomènes linguistiques issus des supports travaillés dans les activités de compréhension (corpus grammaticaux, lexicaux, discursifs...). Ainsi, il est amené à dégager de son observation des règles de fonctionnement. La réflexion nécessaire à toute véritable appropriation de la langue émane donc de l'apprenant lui-même.

L'approche interculturelle

Alter Ego permet à l'apprenant de développer des compétences culturelles allant de pair avec l'acquisition des compétences communicationnelles et linguistiques. L'accès aux savoirs culturels se fait de deux manières dans les *Carnets de voyage* et les *Point Culture* : apports d'informations et recherche/interprétation de données, par le biais de tâches. Par ailleurs, de nombreuses activités sont proposées afin de favoriser les échanges interculturels.

En cela, la méthode est un reflet du *CECR* dans lequel l'ouverture vers la culture de l'autre est un élément fondamental de l'apprentissage et du pluriculturalisme.

2 Enseigner avec *Alter Ego* : une méthode au service de l'enseignant

Alter Ego propose à l'enseignant un guidage clair et progressif.

Le fil conducteur du manuel correspond rigoureusement aux savoir-faire décrits par le *CECR*. Ces savoir-faire sont la colonne vertébrale de la méthode et structurent chaque leçon.

Une des priorités d'*Alter Ego* est la transparence, le contrat partagé – tant du côté de l'enseignant que de l'apprenant. Les objectifs sont donc explicitement indiqués dans les leçons, ainsi que les compétences visées.

Dans *Alter Ego*, la construction de la compétence de communication se fait pas à pas et prévoit tous les paramètres nécessaires à l'exécution des tâches. Cela implique la prise en compte, comme dans la vie, de la coexistence de différents niveaux : compréhension globale de la situation et des paramètres socioculturels, articulation du discours, actes de parole, lexique, morphosyntaxe, phonétique... C'est pourquoi *Alter Ego* propose dans le livre de l'élève toutes les activités nécessaires à la réalisation des tâches, toutes les étapes de l'apprentissage.

La démarche est à la fois simple d'utilisation et fluide : les activités sont reliées entre elles, chaque activité en amenant logiquement une autre.

La progression en spirale permet également d'amener l'apprenant à de vraies compétences communicatives. Les principaux contenus communicatifs et linguistiques sont travaillés et enrichis de manière progressive, dans différents contextes et thématiques.

3 Évaluer avec *Alter Ego* : l'évaluation, un contrat partagé

Alter Ego se propose d'entraîner l'apprenant à une véritable évaluation formative, c'est-à-dire centrée sur l'apprentissage. La politique linguistique du Conseil de l'Europe et le *CECR* ont souligné l'importance de l'évaluation comme outil d'apprentissage, non comme simple préparation aux certifications, mais en tant que réflexion formative, intégrant et préparant à l'utilisation du portfolio et menant à l'autonomie. Dans ce projet, l'apprenant et l'enseignant se trouvent alors engagés l'un et l'autre dans un véritable contrat partagé.

Ainsi, dans *Alter Ego*, l'évaluation a pour but d'aider l'apprenant à faire le point sur ses savoir-faire, à prendre conscience de ses mécanismes d'apprentissage, à valider ses compétences de communication à travers la réflexion menée dans les fiches *Vers le Portfolio* et les tests qui les accompagnent. C'est le moyen pour l'apprenant de s'approprier le portfolio qui lui est proposé grâce à un accompagnement étape par étape. Pour l'enseignant, c'est une possibilité de mettre en place un véritable contrat d'apprentissage avec l'apprenant, de faire le point sur les acquis, de réviser sa façon d'enseigner, de motiver pour faire progresser.

C'est pourquoi l'évaluation est présente dans tous les composants de la méthode : par l'auto-évaluation (fiche de réflexion *Vers le Portfolio*) dans le livre de l'élève, par des *Tests* dans le guide pédagogique, et grâce au *Portfolio* dans le cahier d'activités. Enfin, un carnet complémentaire, *Évaluation/Entraînement au DELF A2*, propose 6 évaluations qui reprennent les savoir-faire et les outils linguistiques acquis dans le manuel et permettent à l'apprenant de s'entraîner à la validation officielle de ses compétences aux niveaux de communication en langues correspondant au *CECR* : niveaux A2 et une partie de B1 pour *Alter Ego 2*.

Pour plus de détails sur la démarche, un dossier spécifique traite de l'évaluation et des moyens de sa mise en place aux pages 188 et suivantes du guide.

III Les activités d'apprentissage

1 La notion de parcours : de la compréhension à l'expression

Dans **Alter Ego**, tout parcours d'enseignement/apprentissage correspond à un objectif communicatif/savoir-faire à atteindre, en relation avec une thématique.

Ce parcours est clairement balisé, il a comme point de départ des activités de compréhension (signalées par les pictos : ⊚ lire et ⑨ écouter) et comme point d'arrivée des activités d'expression (signalées par des pictos : ⊜ parler et ✐ écrire), et inclut des exercices de réemploi.

En règle générale, chaque leçon est constituée de deux parcours (un par double-page) et mobilise les quatre compétences.

Dans **Alter Ego**, les différentes compétences sont travaillées à part égale, et ce dès le début de l'apprentissage. Les activités proposées dans les leçons tiennent compte des spécificités inhérentes à chacune des compétences.

Les compétences de compréhension (à l'écrit, à l'oral) sont souvent travaillées en complémentarité, à l'intérieur d'un scénario donné. Ainsi, on proposera par exemple de lire un questionnaire d'enquête, puis d'écouter un enregistrement où l'enquêteur interroge un passant et enfin, « comme l'enquêteur », de compléter le questionnaire à partir des réponses obtenues.

Les activités d'expression sont variées. Selon les objectifs fixés, des transferts sont proposés à l'oral et à l'écrit. Dans certaines activités, les deux types d'expression sont travaillés en complémentarité. On demandera par exemple aux apprenants de parler de leur lieu de vie dans une simulation d'interview, puis d'écrire le témoignage d'une des personnes interviewées pour un journal régional.

Enfin, pour éviter toute lassitude, certains parcours débutent par une courte activité d'expression qui constitue une « mise en route », une sensibilisation à la thématique. Ces activités ont souvent pour déclencheur un document iconique : une affiche, une photo... Elles reposent la plupart du temps sur le vécu des apprenants. Par exemple, avant de travailler sur des titres de presse, on propose aux apprenants de s'exprimer sur leur façon de s'informer et sur leur lecture de la presse.

▨ Les stratégies de compréhension

La démarche proposée dans les activités de compréhension va du plus facilement perceptible au plus difficile, du connu vers l'inconnu, du global au particulier, du sens vers les formes.

Dans la majorité des cas, on retrouve les étapes suivantes :

• Compréhension globale

Les questions et tâches proposées visent à identifier le type de document et à vérifier la compréhension de la situation de communication : *Qui parle ? À qui ? De quoi ? Où* et *Quand cela se passe ? Pourquoi ?* et *Pour quoi communique-t-on ?*

• Compréhension finalisée

Cette étape de la démarche permet d'affiner la compréhension du document. La réécoute/relecture des documents a une **finalité** bien définie. Chaque réexposition au support se base sur un projet de recherche : l'apprenant relit ou réécoute le document pour effectuer des tâches, pour repérer des informations précises, pour comprendre la structure discursive des textes. Les consignes sont essentiellement sémantiques : les repérages correspondent en général aux actes de parole les plus significatifs dans le document. Selon les supports, la nature et le nombre de tâches sont variables. Le travail de compréhension finalisée, essentiellement sémantique, permet d'aboutir à l'étape suivante : la conceptualisation des formes repérées, dans le *Point Langue*.

▨ L'acquisition des formes linguistiques

Le parcours qui mène de la compréhension à l'expression intègre un travail rigoureux sur les formes linguistiques (étapes d'observation et de formulation de règles, vérification et renforcement des acquis).

• Du sens vers les formes : l'étape de conceptualisation

Dans les *Points Langue*, on revient sur les éléments repérés en compréhension finalisée et on passe à l'étape de conceptualisation. La démarche est inductive : on guide l'apprenant dans l'observation des formes linguistiques, on vérifie ses hypothèses et ses acquis.

Chaque *Point Langue* correspond à un objectif, clairement indiqué. Les objectifs sont variés : ils peuvent concerner les actes de parole (formulations pour donner un conseil, exprimer un souhait, donner son opinion...), la grammaire, le lexique.

Dans le parcours d'enseignement/apprentissage, le *Point Langue* représente un préalable essentiel en vue des activités d'expression à venir.

Chaque *Point Langue* renvoie à un exercice de réemploi, en fin de leçon (rubrique *S'exercer*). Selon les contextes, le public et les objectifs, les exercices peuvent être faits en classe ou à la maison, pour une mise en commun le cours suivant.

• L'Aide-mémoire

L'Aide-mémoire reprend les formulations d'actes de parole et les termes « à retenir ». Il représente une « boîte à outils » particulièrement utile pour les activités d'expression prévues en aval.

• S'exercer

Les exercices de systématisation sont situés en fin de leçon. Ils permettent de réemployer immédiatement les acquisitions communicatives et linguistiques. Chaque point abordé dans les *Point Langue* est ainsi repris et systématisé dans un ou deux exercices. L'enseignant peut les faire faire en classe ou à la maison.

• La phonétique

La phonétique fait partie intégrante des leçons. Les objectifs phonétiques sont étroitement liés aux objectifs communicatifs et linguistiques travaillés en amont et en aval. Les activités visent l'acquisition d'outils et le perfectionnement de la prononciation, mais représentent aussi une véritable préparation aux activités d'expression orale. Les tâches sont variées : écoute, discrimination, conceptualisation, reproduction.

La progression dans *Alter Ego 2* propose un approfondissement de l'étude des voyelles et des consonnes, à travers des activités de perception, de reproduction et de mise en relation des sons et des graphies. Une attention particulière, comme dans *Alter Ego 1*, est accordée à la perception et à la reproduction de l'intonation expressive, de manière à faciliter les échanges et à améliorer la qualité de l'expression orale.

Par ailleurs des activités de phonie-graphie, pour chaque dossier, sont proposées à la fin du manuel et correspondent à l'étude de phonèmes abordés dans les leçons. Les exercices proposent un travail d'écoute et de mise en relation des sons avec leurs graphies les plus fréquentes. Le repérage, puis le classement et la reproduction de ces graphies ont pour objectif d'améliorer la compétence de lecture, mais aussi l'expression écrite et orthographique des apprenants.

✲ Les activités d'expression

Les activités d'expression amènent l'apprenant à transférer ce qui a été travaillé tout au long de la leçon et permettent à l'enseignant de vérifier si les objectifs d'enseignement/apprentissage (pragmatiques, linguistiques, socioculturels) ont été atteints. Ces activités mettent ainsi en place une véritable évaluation formative en permettant à l'enseignant et aux apprenants d'évaluer la production et l'adéquation de l'expression et de réfléchir sur les difficultés rencontrées, afin d'y remédier.

Les activités d'expression se fondent sur les consignes données dans le livre de l'élève. Elles peuvent aussi avoir comme point de départ des documents déclencheurs : photos, publicité... De nombreux conseils de mise en place, d'animation et de mise en commun/correction sont donnés pour chaque activité dans ce guide pédagogique.

• L'expression écrite

En fonction du niveau, les tâches se veulent variées et proches de l'authentique (rédiger une lettre, un mél, un petit article, une page de carnet de bord ...). Les modalités de travail sont diverses : l'apprenant est amené à écrire en classe (seul, ou en coopération avec d'autres) ou à la maison. Certaines tâches donnent lieu à une mise en commun/correction en grand groupe, d'autres à une correction individualisée.

• L'expression orale

En fonction du niveau et du contexte, les tâches sont proches de la communication authentique ou ont une dimension imaginaire, ludique, créative. Dans l'éventail d'activités proposées, deux rubriques sont récurrentes :

– *Jouez la scène !*

De nombreuses simulations sont proposées afin d'amener les apprenants à communiquer « comme dans la vie ». Grâce à ces activités, les apprenants transfèrent leurs acquis dans des situations bien ciblées, auxquelles ils sont susceptibles d'être confrontés (donner son avis sur un film lors d'un micro-trottoir, demander le prêt d'un objet, effectuer un entretien d'embauche ...).

– *Échangez !*

Sous cet intitulé, les apprenants sont amenés à communiquer de manière plus personnelle. Il s'agit de moments où ils échangent en petits groupes à partir de leur vécu, leur avis, leur ressenti, leur propre culture.

Introduction

Afin de ne pas inhiber la parole, il est recommandé de ne pas interrompre les activités d'expression orale pour corriger les erreurs des apprenants. Des conseils pour la mise en commun et la correction sont donnés dans ce guide pédagogique.

2 L'approche (inter)culturelle

Le *Point Culture*

Lorsqu'il apparaît à la suite d'une activité de compréhension, le *Point Culture* amène l'apprenant à revenir sur le support étudié afin d'y interpréter des données culturelles. Il apporte des précisions ou éclaircissements sur ces données parfois implicites dans les supports. L'apprenant est aussi amené à interagir, en partageant son vécu et sa culture avec la classe. Enfin, le *Point Culture* permet à l'apprenant d'accéder à des informations complémentaires concernant la société française et le monde francophone.

Le *Carnet de voyage*

Le *Carnet de voyage* propose, sur une double page, un parcours indépendant des leçons d'apprentissage avec des activités (inter)-culturelles et interactives. Les thèmes sont en rapport avec ceux abordés dans le dossier et permettent d'aller plus loin ou d'élargir les connaissances des apprenants concernant la culture-cible. Les supports et les activités sont variés et visent autant les savoirs culturels que le savoir-être. Enfin, de nombreuses activités à dominantes interactive, ludique et créative y sont proposées.

3 L'évaluation au cœur de l'apprentissage

Les outils de l'évaluation dans *Alter Ego* :

Fiches de réflexion : *Vers le portfolio*	→ Livre de l'élève
Tests	→ Guide pédagogique et CD classe
Portfolio	→ Cahier d'activités
Évaluation/Entraînement au DELF A2	→ Carnet complémentaire

Pour les principes, voir l'introduction aux tests dans ce guide, p. 188.

III Structure d'un dossier

Chaque dossier est constitué de 16 pages.

Une page d'ouverture : le contrat d'apprentissage annonce les objectifs communicatifs et les savoir-faire pour chaque leçon, ainsi que les contenus culturels et les thématiques abordés dans le *Carnet de voyage*.

Trois leçons de 4 pages (deux doubles pages).

Un *Carnet de voyage*, double page proposant des activités (inter)culturelles et interactives.

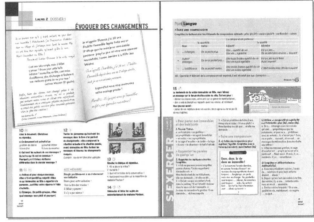

Une fiche *Vers le portfolio*, fiche de réflexion préparant à l'auto-évaluation, à la fin de chaque dossier.

Zoom sur une leçon

Chaque leçon développe une thématique. Elle est composée de deux doubles pages et correspond à 3 ou 4 heures de cours selon les publics.
Elle est structurée autour de deux ou trois objectifs communicatifs/savoir-faire qui forment les parcours d'apprentissage de chaque leçon.

⊡ Chaque parcours correspond à un **objectif communicatif/savoir-faire**, clairement annoncé, qui constitue le fil conducteur.

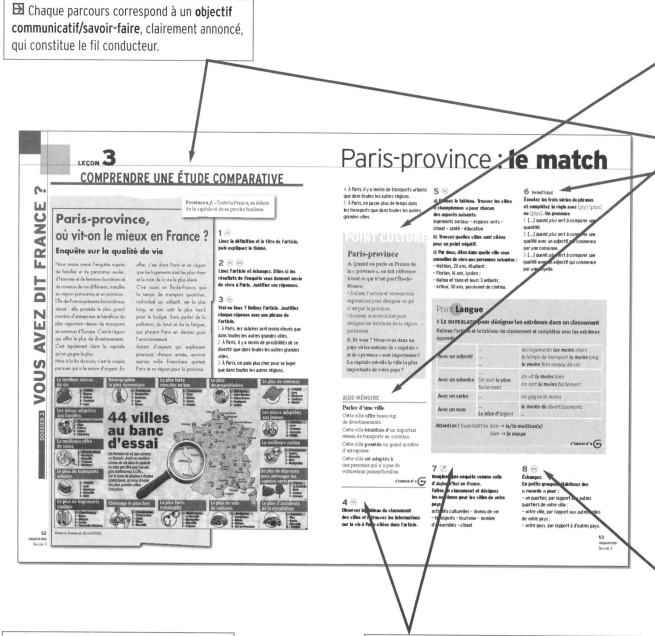

⊡ Chaque parcours comprend les étapes suivantes : *Comprendre, S'exercer, S'exprimer*. La démarche est **progressive** et **guidée**.

⊡ Chaque leçon mobilise les **quatre compétences**, signalées par des pictos :

– picto écouter ⟨⟩ ;　　– picto parler ⟨⟩ ;
– picto lire ⟨⟩ ;　　– picto écrire ⟨⟩.

⇥ Les contenus (pragmatiques, linguistiques, culturels) sont découverts et s'articulent au fur et à mesure du déroulement :

le *Point Culture* relie les notions culturelles à l'apprentissage de la langue,

le *Point Langue* permet la conceptualisation et l'assimilation des contenus communicatifs et linguistiques,

l'*Aide-mémoire* rappelle et permet de fixer certains contenus communicatifs et linguistiques,

La *phonétique* est en lien avec les contenus linguistiques et communicatifs et prépare aux activités d'expression orale.

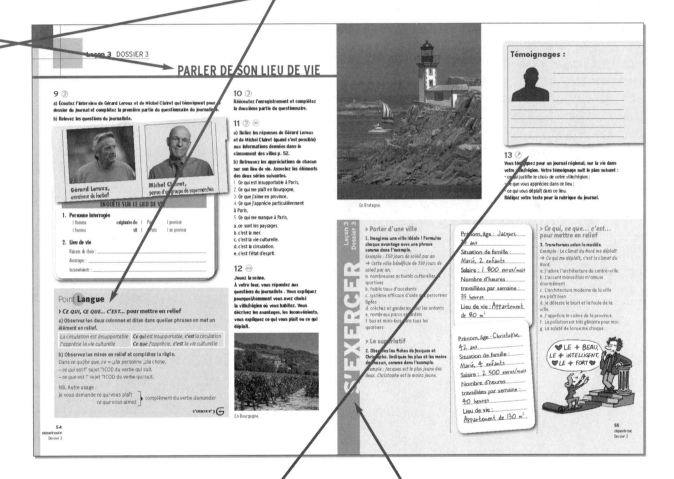

⇥ Chaque parcours se termine par des activités d'**expression** variées, proposant des tâches proches de l'authentique ou ludiques.

⇥ À la fin de chaque leçon, les exercices de **systématisation** sont regroupés dans l'encadré *S'exercer.*

<u>Conclusion</u> : Pour le plaisir

<u>POUR LE PLAISIR D'ENSEIGNER</u>

Avec *Alter Ego*, la perspective d'enseignement est résolument positive, rassurante et gratifiante : on part de ce que l'apprenant sait faire, de son vécu ; on va du connu vers l'inconnu, du global vers le spécifique, du sens vers les formes. Le rôle de l'enseignant est celui d'un guide qui balise le chemin à parcourir pour arriver à la réalisation de tâches, reflets du quotidien des apprenants ou faisant appel à l'imaginaire, au ludique.

L'enseignant tient compte essentiellement des réussites et des progrès des apprenants dans la réalisation des tâches, évalue leur progression au niveau de leur capacité à communiquer, envisage l'erreur dans ce qu'elle a de positif et de formateur. L'enseignant a un rôle essentiellement constructif : il facilite l'apprentissage, met en place des activités implicantes et motivantes, aide à lever les obstacles d'ordre culturel, communicatif, linguistique, affectif.

<u>POUR LE PLAISIR D'APPRENDRE ET D'INTERAGIR</u>

Une des priorités de ce manuel est le plaisir d'apprendre. Dès les premières activités, tout contribue à faciliter les interactions et à donner envie de communiquer en langue étrangère. Pour ce faire, les activités prévoient des modalités de travail variées (grand groupe, sous-groupe, travail individuel) qui amènent tout naturellement à créer des échanges riches et alternés (enseignant/ apprenants et entre apprenants en autonomie, dans des prises de parole diversifiées). Au cours d'une même leçon, l'espace-classe se modifie grâce à l'alternance entre les activités « calmes » et les activités « dynamiques ». Dès le début de l'apprentissage, les apprenants sont amenés à se déplacer dans la classe afin qu'ils se sentent rapidement à l'aise pour participer à des jeux de rôles et des activités ludiques.

Les interactions sont aussi favorisées grâce aux situations mises en place qui sont proches de la vie. Elles amènent l'apprenant à avoir véritablement quelque chose à dire à l'autre et à apprendre de l'autre, ce qui constitue les bases d'une communication véritable et de la coopération en classe.

Dans une démarche actionnelle, tout passe par l'expérience du sujet-apprenant : l'apprentissage se fait par l'action, la réalisation de tâches, et à travers le regard que l'apprenant porte sur la réussite de ces tâches.

Pour susciter le désir d'apprendre et d'interagir en langue étrangère, on prend en compte l'être-apprenant dans sa globalité, en mobilisant ses différents canaux sensoriels et en faisant appel à son ressenti, à son vécu et à son imaginaire.

Le pari d'*Alter Ego* : l'en-vie amène au plaisir d'apprendre et..., par voie de conséquence, à mieux apprendre.

ACCOMPAGNEMENT

à l'utilisation

du livre de l'élève

Ami(e)s **pour la vie ?**

CONTENUS SOCIOCULTURELS – THÉMATIQUES

Relations amicales

OBJECTIFS SOCIOLANGAGIERS

OBJECTIFS COMMUNICATIFS & SAVOIR-FAIRE	
Être capable de...	
Parler d'une relation amicale	– comprendre un test de magazine – comprendre un échange sur les relations amicales – comprendre la définition de qualités et de défauts – parler d'une relation amicale, en donner une définition – parler des qualités et défauts d'un ami
Décrire le caractère d'une personne	– comprendre un hommage (oral/écrit) à quelqu'un – comprendre la caractérisation psychologique d'une personne – décrire le caractère de quelqu'un – rendre hommage à quelqu'un
OBJECTIFS LINGUISTIQUES	
GRAMMATICAUX	– les structures pour donner une définition : *c'est* + infinitif, *c'est quand, c'est* + nom + proposition relative – les pronoms relatifs *qui, que* et *à qui* – l'accord du participe passé (révision)
LEXICAUX	– noms et adjectifs de la caractérisation psychologique, la personnalité
PHONÉTIQUES	– opposition [i]/[ɛ]/[ə] (prononciation de *qui il, qu'il, qui elle, qu'elle, que*) – phonie-graphie : distinction des sons [i]/[ɛ]/[ə]

SCÉNARIO
DE LA LEÇON

La leçon se compose de deux parcours :

Dans le premier parcours, les apprenants observeront un test psychologique de magazine, sur le thème de l'amitié. Ensuite, ils écouteront une conversation entre deux amies qui répondent à ce test, ce qui permettra d'affiner la compréhension du document déclencheur. Puis, ils découvriront comment donner une définition et préciser les qualités et les défauts d'un ami. Enfin, ils rédigeront leur propre définition de l'amitié. **Dans le second parcours**, à la lecture de la page d'un site Internet d'une chaîne de télévision, les apprenants découvriront qu'en laissant un message sur le répondeur ou en écrivant à cette même chaîne, on peut se voir offrir une minute d'antenne pour s'exprimer sur une personne importante de sa vie. Puis, ils écouteront un message et liront deux méls où l'on parle d'une personne et où l'on décrit son caractère. À la fin de la leçon, les apprenants rédigeront à leur tour un hommage sur une personne qui a marqué leur vie.

PARLER D'UNE RELATION AMICALE

🎬 Comprendre	🎬 Comprendre	🎬 Aide-mémoire	🎬 Point Langue	🎬 Phonétique	🎬 S'exprimer
Écrit	Oral/Écrit	Donner une définition	Les pronoms relatifs	Act. 5	Oral/Écrit
Act. 1	Act. 2, 3 et 4	**S'exercer n° 1**	*qui, que, à qui* **S'exercer n° 2**		Act. 6

Test de magazine   Dialogue

➔ OBJECTIF DE L'ACTIVITÉ 1 ⬅   Découvrir un test psychologique de magazine, sur le thème de l'amitié.

1 **a)** Faire observer le document afin de l'identifier : *Il s'agit d'un test de magazine, intitulé « Comment vivez-vous l'amitié ? »* ; *ce test de type psychologique figure dans la rubrique « Le test du mois ».* Pour faire découvrir dans quel type de presse on trouve ce document, amener les apprenants à observer la photo où deux jeunes femmes regardent un magazine et s'amusent : on comprend que ce type de test est essentiellement destiné aux femmes. En effet, ce sont surtout les magazines féminins qui présentent ce type de document. Si les apprenants ont des difficultés pour identifier le type de presse, demander s'ils connaissent des magazines féminins et apporter éventuellement en classe un exemplaire de *ELLE* qui a des versions internationales dans de nombreux pays.

b) Puis, faire lire les questions silencieusement afin de mieux cerner le thème du test : les questions portent sur l'amitié (nombre d'amis, types d'échanges, qualités appréciées, défauts que l'on n'accepte pas, définition de l'amitié). Ne pas rentrer dans le détail des réponses, car ce travail sera fait dans les activités suivantes.

■ **VARIANTE :** En fonction du niveau de la classe, proposer aux apprenants de répondre individuellement au questionnaire, puis de commenter les réponses avec leur voisin. Lors de la mise en commun, vérifier la compréhension du lexique et constater rapidement les convergences d'opinion.

➔ CORRIGÉ : **a) 1.** Il s'agit d'un test psychologique, intitulé *« Comment vivez-vous l'amitié ? »*. – **2.** On trouve en général ce type de test dans la presse féminine.
b) Le test porte sur l'amitié (nombre d'amis, types d'échanges, qualités appréciées, défauts que l'on n'accepte pas, définition de l'amitié).

➔ OBJECTIF DES ACTIVITÉS 2, 3 ET 4 ⬅   Comprendre un échange entre deux amies, répondant à un test psychologique de magazine sur les relations amicales.

2 Faire écouter l'enregistrement, manuels fermés, et en vérifier la compréhension globale : *Deux amies s'amusent à répondre au test sur l'amitié, pendant la pause déjeuner.* En fonction du niveau de la classe, s'appuyer (éventuellement avant l'écoute) sur le dessin en bas de la p. 13 du manuel, où l'on voit deux amies au self, en train de répondre au test.

➔ CORRIGÉ : Deux jeunes femmes lisent le test sur l'amitié et Rachida, l'une d'entre elles, y répond.

3 **a)** Faire une deuxième écoute du dialogue, manuels ouverts, afin que les apprenants puissent cocher dans le test les réponses de Rachida. Mettre en commun en grand groupe, vérifier la compréhension du lexique (si cela n'a pas été fait auparavant).
b) Faire une troisième écoute avec une pause après chaque question afin de permettre aux apprenants de noter l'essentiel des commentaires de Rachida. Proposer aux apprenants de comparer leurs réponses par deux avant la mise en commun en grand groupe.

➔ CORRIGÉ : **a)** 1 b – 2 c – 3 d – 4 a – 5 b
b) 1. *beaucoup de bons copains mais seulement deux véritables amies : deux filles de mon âge* – **2.** *de tout et de rien, des choses intimes, des secrets, mais aussi des trucs futiles, très légers* – **3.** *partager les mêmes idées, comprendre ce que l'autre veut dire* – **4.** *un ami c'est une personne sincère, quelqu'un à qui je peux tout dire, que j'appelle quand j'ai besoin de soutien et qui ne me trahit jamais.*

4 L'appariement proposé peut se faire seul, suivi d'une vérification avec le voisin. Mise en commun en grand groupe.

➔ CORRIGÉ : 1 e – 2 d – 3 a – 4 b – 5 c

AIDE-MÉMOIRE

Cet Aide-mémoire reprend et fixe des formules du test qui permettent de donner une définition. Ces structures (*c'est* + infinitif/*c'est quand* + phrase/*c'est* + nom + *qui* + proposition) seront utiles à l'activité 6, lorsque les apprenants donneront leur propre définition de l'amitié.

S'EXERCER n° 1 Corrigé
▶ p. 20

Point Langue   › LES PRONOMS RELATIFS *QUI, QUE, À QUI* POUR DONNER DES PRÉCISIONS

Ce Point Langue permet de conceptualiser les pronoms relatifs *qui, que, à qui* utilisés dans le dialogue et le test pour donner des précisions.
a) Faire compléter l'énoncé avec les pronoms relatifs qui sont utilisés par Rachida dans sa définition d'un ami (en réécoutant ou en se référant à l'énoncé s'il a été noté au tableau).   **... /...**

... /...   Point **Langue**

b) À partir de l'exemple complété, faire observer la fonction de *qui*, *à qui*, *que*.

c) Pour vérifier et renforcer la compréhension de la règle, faire trouver d'autres exemples dans le test et le dialogue. Amener à observer que *qui* et *que* peuvent représenter des êtres vivants ou des choses, tandis que *à qui* se réfère uniquement à des personnes.

> **Corrigé : a)** Un(e) ami(e), c'est une personne sincère, quelqu'un *à qui* je peux tout dire, *que* j'appelle quand j'ai besoin de soutien, et surtout *qui* ne me trahit jamais.
> **b)** *qui* est le sujet du verbe qui suit, *que* est le COD du verbe qui suit, et *à qui* le complément d'objet indirect (construit avec *à*) du verbe qui suit.
> **c)** Exemples dans le questionnaire : quelle est la qualité *que* vous recherchez, le défaut *que* vous n'acceptez pas, l'amitié, c'est un sentiment solide *qui* résiste au temps.

S'EXERCER n° 1 Corrigé ▶ p. 20

> **OBJECTIF DE L'ACTIVITÉ 5** ◄   **Phonétique :** Distinction *qu'il/qu'elle – qui elle/qui il – qui/qu'il*.

5 L'exercice proposé a pour but de vérifier que tous les apprenants entendent bien la différence entre ces formes.
On procédera à l'écoute en demandant aux apprenants de dire quelle phrase ils ont entendue.
Pendant l'écoute de l'enregistrement (écoute séquentielle recommandée), chaque apprenant note ce qu'il entend. Procéder à la correction collective après une deuxième écoute (écoute continue).

> **CORRIGÉ :** 1 a – 2 b – 3 b – 4 b – 5 a

> **OBJECTIF DE L'ACTIVITÉ 6** ◄   Nommer les qualités et les défauts d'un ami, définir une relation amicale.

6 **a)** Faire faire l'activité individuellement : les apprenants classent d'abord les caractéristiques en qualités et défauts, en utilisant éventuellement le dictionnaire (en fonction du niveau de la classe, faire cette activité en grand groupe afin d'expliquer au fur et à mesure le lexique). Puis, faire compléter par chacun les deux listes avec les qualités indispensables et les défauts inacceptables pour être son ami(e) et faire rédiger une définition personnelle de l'amitié.

b) Proposer aux apprenants de comparer leur classement et leur définition de l'amitié en petits groupes afin de constater sur quels points ils sont ou ne sont pas d'accord. Enfin, effectuer une rapide mise en commun en grand groupe.

> **CORRIGÉ :** **a) qualités :** la modestie – la générosité – la tolérance – la disponibilité – la patience – la franchise – la discrétion – l'humour ; **défauts :** l'impatience – la jalousie – la méchanceté – la curiosité – l'autorité

DÉCRIRE LE CARACTÈRE D'UNE PERSONNE

🎞 Comprendre Oral	🎞 S'exprimer Écrit	🎞 Point Langue Parler de la personnalité	🎞 Point Langue Rappel : l'accord du participe passé	🎞 S'exprimer Écrit
Act. 7 et 8	Act. 9	**S'exercer n° 3**	**S'exercer n° 4**	Act. 10
Message sur répondeur	Mél			

> **OBJECTIF DES ACTIVITÉS 7 ET 8** ◄   Comprendre un message sur répondeur, où l'on caractérise psychologiquement une personne.

7 Avant l'activité, faire découvrir le contexte du message téléphonique. Pour cela, faire observer le document déclencheur (Canal 1) et en vérifier la compréhension globale : *Sur son site Internet, la chaîne de télévision Canal 1 fait appel à des personnes pour qu'elles rendent hommage à un être important de leur vie dans le cadre de l'émission « Je suis venu vous parler de... ».*

Puis, faire une première écoute de l'enregistrement, manuels fermés, et en vérifier la compréhension globale : *Une personne (Jacqueline) a laissé un message sur le répondeur de Canal 1 ; elle témoigne à propos de son amitié avec Simonne, son ancienne directrice il y a plus de quinze ans.*

> **CORRIGÉ : 1.** Simonne – **2.** une relation d'amitié – **3.** Il y a 15 ans, Simonne était la directrice dans l'école où travaille Jacqueline

8 **a)** Faire réécouter l'enregistrement afin de retrouver les traits de caractère de Simonne, parmi ceux de la liste. En fonction du niveau du groupe, vérifier d'abord la compréhension des termes. Proposer aux apprenants de comparer leurs réponses par deux avant la mise en commun en grand groupe.

b) Revenir sur les traits de caractère de Simonne afin de les classer (vie personnelle/vie professionnelle). Faire faire l'activité individuellement, puis mettre en commun en grand groupe.

➡ CORRIGÉ : **a)** Pour Jacqueline, Simonne est franche/compétente dans son travail/a de l'humour/est bonne cuisinière/ a de l'énergie/aime s'amuser. Par ailleurs, pour certains collègues de Jacqueline, elle est froide et intimidante.

b) Dans sa vie personnelle, Simonne est franche/a de l'humour/est bonne cuisinière/a de l'énergie/aime s'amuser. – **Dans sa vie professionnelle**, Simonne est compétente dans son travail/est intimidante/est froide.

Point **Langue**   ⟩ PARLER DE LA PERSONNALITÉ

Ce Point Langue vise à conceptualiser le lexique de la caractérisation découvert dans la leçon.
Proposer de travailler par deux pour remplir le tableau. Lors de la mise en commun en grand groupe, vérifier les mises en relation noms/adjectifs et réviser la formation des féminins des adjectifs, en particulier celle des irréguliers.

■ POUR ALLER PLUS LOIN : Faire remarquer certaines régularités en ce qui concerne la nominalisation : faire observer la relation entre les adjectifs se terminant par **-ent** et les noms se terminant par **-ce** (*compétent → compétence*), entre les adjectifs se terminant par **-eux** et les noms se terminant par **-ité** (*généreux → générosité, curieux → curiosité*).

➡ **Corrigé :**

Nom	Qualificatif	Nom	Qualificatif
La tolérance	tolérant/tolérante	La curiosité	curieux/curieuse
L'impatience	impatient/impatiente	La fierté	fier/fière
La compétence	compétent/compétente	La modestie	modeste/modeste
La patience	patient/patiente	La jalousie	jaloux/jalouse
La générosité	généreux/généreuse	La discrétion	discret/discrète
La disponibilité	disponible/disponible	La froideur	froid/froide

S'EXERCER n° 3 Corrigé ▶ p. 20

➡ OBJECTIF DE L'ACTIVITÉ 9 ⬅   Comprendre un mél où l'on parle d'une relation avec une personne et où l'on décrit son caractère

9 Avant d'effectuer l'activité, revenir rapidement sur le contexte de départ, à savoir l'appel à témoignages de Canal 1. Puis, faire lire les deux méls et en vérifier la compréhension globale : *Antoine et Claire écrivent pour participer à l'émission de Canal 1 ; ils parlent de personnes à qui ils voudraient rendre hommage*. Faire répondre aux questions individuellement, puis comparer les réponses par deux, avant la mise en commun en grand groupe.

■ POUR ALLER PLUS LOIN : Pour affiner la compréhension des supports, demander de relever les éléments qui donnent des informations sur la relation entre les personnes, ce que la personne citée représente pour celle qui veut lui rendre hommage.

➡ CORRIGÉ : **1.** Antoine : Juliette – Claire : Christine – **2.** Juliette est la grand-mère paternelle d'Antoine. Christine est l'amie de Claire. – **3.** Juliette était une femme intelligente et généreuse. Christine est expansive et brillante.

Point **Langue**   ⟩ RAPPEL : L'ACCORD DU PARTICIPE PASSÉ

Ce Point Langue vise à faire réviser l'accord du participe passé, à partir de l'observation de phrases extraites des deux méls précédents.
a) et b) Faire observer les phrases données afin de compléter la règle.

➡ **Corrigé : b)** – on utilise l'auxiliaire *être* pour tous les verbes pronominaux et les quinze verbes : *aller/venir/ monter/descendre, arriver/partir, entrer/sortir, naître/mourir, rester, retourner, tomber, devenir, passer*.
Le participe passé **s'accorde** avec le sujet.
– on utilise l'auxiliaire *avoir* pour tous les autres verbes. Le participe passé **ne s'accorde pas** avec le sujet.

S'EXERCER n° 4 Corrigé ▶ p. 20

➔ OBJECTIF DE L'ACTIVITÉ 10 ⬅   Transférer ce qui a été travaillé dans les deux parcours en rédigeant un mél pour rendre un hommage à une personne importante.

10 Les apprenants sont mis en situation de participer à l'émission. Leur proposer d'écrire un mél dont la matrice discursive correspond à celle des documents travaillés dans l'activité 9 : ils doivent présenter la personne, préciser quel est leur lien avec elle, décrire son caractère et donner des précisions sur leur relation, leur rencontre. La rédaction se fait seul en classe ou à la maison. En fonction du groupe, on pourra constituer un « jury », représentant les animateurs de l'émission, qui lira et sélectionnera les meilleurs méls.

S'EXERCER – CORRIGÉ

1. a) 1 d – 2 e – 3 a – 4 b – 5 c

b) *Réponses non exhaustives* : **La liberté**, c'est une vie sans contraintes/c'est quand on vit sans contraintes. – **La modestie**, c'est taire ses qualités. – **Le bonheur**, c'est être content en général de sa vie/c'est quand on est content de sa vie. – **L'ennui**, c'est trouver le temps long/c'est quand on trouve le temps long.

2. Julie : Vous *qui* recherchez.../le club *qu'*il vous faut.../des personnes sincères *qui* souhaitent.../ *qui* vous ouvriront.../*à qui* vous pourrez tout dire/...un club *que* vous n'oublierez pas. **François** : ...un ami *qui* habitait.../*que* j'aimais beaucoup.../une femme *qui* ne m'apprécie pas.../des gens *qui* sont.../*qui* cherchent.../*à qui* je peux me confier.

3. *Les réponses sont données à titre indicatif.*
Une personne *généreuse*, c'est quelqu'un qui donne beaucoup aux autres → *la générosité* – Une personne *curieuse*, c'est une personne qui veut tout savoir → *la curiosité* – Une personne *disponible*, c'est une personne qui est toujours là quand on a besoin d'elle → *la disponibilité* – Une personne *discrète*, c'est une personne qui respecte nos secrets → *la discrétion* – Une personne *franche*, c'est quelqu'un qui dit la vérité, qui ne ment pas → *la franchise* – Une personne *jalouse*, c'est quelqu'un qui ne supporte pas qu'on aime d'autres personnes → *la jalousie* – Une personne *tolérante*, c'est quelqu'un qui accepte les différences des autres → *la tolérance* – Une personne *fière*, c'est une personne qui est souvent arrogante et peu modeste → *la fierté* – Une personne *patiente*, c'est quelqu'un qui est calme et sait attendre → *la patience* – Une personne *autoritaire*, c'est une personne qui aime bien donner des ordres, commander → *l'autorité* – Une personne *impatiente*, c'est quelqu'un qui ne supporte pas d'attendre, qui s'énerve facilement → *l'impatience*.

4. nous avons toujours *vécu* ensemble, nous avons tout *partagé*/Nous nous sommes souvent *disputés*/il a *trouvé*/nous avons *dû*/nous avons *grandi*/nous nous sommes toujours *aidés*/nous sommes *nés*.

Activités de phonie-graphie

1 La première activité consiste à identifier les sons des mots du tableau. Il s'agit des sons [i], [e] et [ə]. Faire écouter le premier mot. Corriger afin de s'assurer que tout le monde a bien compris la consigne, puis procéder à l'écoute de tout l'enregistrement en continu. Procéder à une deuxième écoute à la demande des apprenants.

➔ **CORRIGÉ :** [i] = 4, 6, 13, 14, 16, 18, 19 et 21 – [e] = 1, 2, 3, 8, 10, 12, 19 et 20 – [ə] = 5, 7, 9, 11, 15, 17, 21 et 22

2 La deuxième activité met en relation les sons entendus avec la (ou les) graphie(s) qui les caractérisent le plus fréquemment. Faire écouter la phrase a) et demander aux apprenants de souligner à chaque fois qu'ils entendent le son [i]. Faire répondre à la question qui suit. Corriger avant de passer au b). Procéder de la même manière pour b) et c).

➔ **CORRIGÉ : a)** C'est vra<u>i</u>ment le t<u>y</u>pe de magaz<u>i</u>ne que j'a<u>i</u>me l<u>i</u>re.
→ Le son [i] s'écrit : « i » ou « y ».
b) La complicit<u>é</u> est la qualit<u>é</u> que vous partag<u>ez</u> en priorit<u>é</u> avec les amis que vous av<u>ez</u> depuis des ann<u>ée</u>s.
→ Le son [e] s'écrit : « é » ; « -ez » ; « -es » ou « -ée ».
c) C<u>e</u> qu<u>e</u> j<u>e</u> recherch<u>e</u> dans c<u>e</u> journal ? L<u>e</u> test sur l'amitié, j<u>e</u> n<u>e</u> l<u>e</u> trouve plus... Ah ! l<u>e</u> voilà.
→ Le son [ə] s'écrit : « e ».

Livre-élève
▶ p. 157

Voisins, **voisines**

CONTENUS SOCIOCULTURELS – THÉMATIQUES

Relations de voisinage

OBJECTIFS SOCIOLANGAGIERS

OBJECTIFS COMMUNICATIFS & SAVOIR-FAIRE Être capable de...	
Parler des voisins, rapporter des paroles	– comprendre un court article de presse évoquant la fête des voisins et le rôle d'un gardien d'immeuble – comprendre des bribes de conversation où l'on décrit les fonctions et les qualités d'un gardien d'immeuble et où l'on rapporte les paroles de quelqu'un – parler de ses relations de voisinage – rapporter les paroles de quelqu'un
Évoquer des changements	– comprendre un extrait de livre d'or où l'on réagit positivement à un événement et où l'on évoque des changements – comprendre quelqu'un qui compare une situation actuelle et une situation passée – comprendre quelqu'un qui exprime son mécontentement – écrire un message sur un forum Internet, donner ses impressions et son avis sur un événement et comparer une situation actuelle/passée – évoquer des comparaisons
OBJECTIFS LINGUISTIQUES	
GRAMMATICAUX	– le discours indirect au présent – structures de la comparaison
LEXICAUX	– les lieux et les habitants d'un immeuble – expression de réaction positive et de mécontentement
PHONÉTIQUES	– élision de « i » dans « s'il » et prononciation de « si elle » – rythme et mélodie dans le discours indirect au présent

SCÉNARIO
DE LA LEÇON

La leçon se compose de deux parcours :

Dans le premier parcours, les apprenants découvriront l'événement « Immeubles en fête », à partir de photos et d'un article de presse. Puis, ils entendront des bribes de conversation où l'on décrit les fonctions et les qualités d'un gardien d'immeuble et où l'on rapporte les paroles de quelqu'un. En fin de parcours, les apprenants seront amenés à rapporter des paroles de personnes présentes à la fête des voisins.
Dans le second parcours, les apprenants liront un extrait de livre d'or où les habitants d'un immeuble évoquent la fête des voisins, et les changements positifs dans la vie de l'immeuble. Puis, ils écouteront une situation où quelqu'un évoque des relations de voisinage et des changements dans la vie d'un immeuble, qu'il considère négatifs. À la fin de la leçon, les apprenants s'exprimeront sur un forum Internet, afin de donner leurs impressions et leur avis sur la fête des voisins ; ils évoqueront des changements dans leur immeuble à la suite de cette fête et parleront de leurs relations avec leurs propres voisins.

PARLER DES VOISINS, RAPPORTER DES PAROLES

🕺 S'exprimer Oral	🕺 Comprendre Écrit	🕺 Point Langue	🕺 Point Culture	🕺 S'exprimer Oral	🕺 Comprendre Oral	🕺 Point Langue	🕺 Phonétique	🕺 S'exprimer Écrit/Oral
Act. 1	Act. 2, 3 et 4	Immeubles et habitants **S'exercer n° 1**	L'événement « immeubles en fête »	Act. 5	Act. 6 et 7	Rapporter les paroles de quelqu'un	Act. 8	Act. 9

Photos de la fête des voisins

Article de presse

Bribes de conversations

→ OBJECTIF DE L'ACTIVITÉ 1 ←   Entrer dans la thématique : relations de voisinage, faire la fête avec les voisins.

1 Faire observer les photos et faire formuler des hypothèses sur la situation. L'essentiel est ici de repérer que les personnes font la fête avec leurs voisins : on voit des personnes de tout âge dans la rue/dans une cour d'immeuble ; plusieurs indices montrent qu'on fait la fête : ballons, grande tablée pleine de plats, personnes en train de discuter, boire, manger... Vérifier si les apprenants connaissent un événement de ce type (en France ou dans leur pays).

   → CORRIGÉ : *Réponses à titre indicatif* : **1.** Des voisins – **2.** Dans la cour d'un immeuble, dans la rue – **3.** Ces personnes mangent et boivent à l'occasion d'une fête.

→ OBJECTIF DES ACTIVITÉS 2, 3 ET 4 ←   Comprendre un court article de presse évoquant la fête des voisins et le rôle d'un gardien d'immeuble.

2 Avant d'effectuer l'activité, faire identifier le document : *Il s'agit d'un article de journal*. Faire faire une première lecture silencieuse, puis proposer aux apprenants de travailler par deux afin de répondre aux questions.

   → CORRIGÉ : 1. La rubrique *Vivre mieux* dans le journal *Aujourd'hui en France*, 31 mai 2005. – **2.** La personne sur la photo est Alain le gardien d'un immeuble à Paris. – **3.** On parle d'Alain parce qu'il organise la fête des voisins dans son immeuble, le jour où paraît l'article. – **4.** Les photos et l'article portent sur l'événement « Immeubles en fête ».

3 En grand groupe, faire relire le titre et le chapeau afin de retrouver les deux mots qui désignent la profession d'Alain.

   → CORRIGÉ : Dans le titre : *gardien* – à la fin du chapeau : *concierge*. On peut faire remarquer qu'en français contemporain le terme *gardien* est en train de remplacer le terme plus ancien de *concierge*.

4 Faire relire silencieusement l'article, puis faire répondre, par deux, aux questions. Lors de la mise en commun en grand groupe, vérifier la compréhension du lexique.

   → CORRIGÉ : a) 1. Dans un immeuble 223-225 rue de Charenton dans le XIIᵉ arrondissement de Paris – **2.** 250 locataires et propriétaires
     b) Il s'occupe des lieux : Il fait briller le parquet des cages d'escalier, s'occupe des rosiers. – **Il rend service aux occupants :** il nourrit les chats des résidents en vacances, il aide en cas de problème, il se lève en pleine nuit quand il y a une fuite d'eau. – **Il surveille l'immeuble :** il surveille les allées et venues.

Point **Langue**   **› IMMEUBLES ET HABITANTS**

Ce Point Langue amène les apprenants à acquérir le lexique relatif aux différents lieux de l'immeuble et à ses habitants. Les activités a) et b) peuvent être faites à la suite, par deux, et être suivies d'une mise en commun en grand groupe.
a) Faire relire l'article et prendre connaissance du Point Culture afin de relever les lieux de l'immeuble cités et dire dans quel lieu de l'immeuble la fête des voisins ne peut pas être organisée.
b) Faire trouver quatre mots pour désigner les habitants de l'immeuble.

   → Corrigé : a) lieux de l'immeuble cités : cages d'escalier, cour, hall, appartement.
La fête des voisins ne peut pas être organisée dans la cage d'escalier.
b) les voisins, les résidents, les locataires, les propriétaires.

S'EXERCER n° 1 Corrigé
▶ p. 26

L'événement « Immeubles en fête »

POINT CULTURE

Ce Point Culture se compose de trois parties : l'historique de l'événement « Immeubles en fête, sa présentation en quelques mots (*qui*, *où*, *quoi*, *pourquoi* et *comment*) et son évolution depuis la date de sa création en 1999 à 2005. On peut diviser la classe en trois groupes et proposer à chaque groupe de présenter une des trois parties. Au niveau A2, il sera intéressant de noter que le stéréotype du Parisien froid avec ses voisins est contrebalancé par cette fête de proximité. D'autre part, après avoir découvert l'origine française de cette fête, les apprenants constateront que chaque année elle prend de l'ampleur et s'étend à de nombreux pays européens ; le pays des apprenants en fait-il partie et depuis quand ?

POINT **INFO** *Immeubles en fête* ▶ p. 180

→ **OBJECTIF DE L'ACTIVITÉ 5** ⬅ S'exprimer au sujet d'un événement de voisinage.

5 Après avoir abordé la manifestation « Immeubles en fête » en France, amener les apprenants à parler des relations de voisinage dans leur propre pays. Les deux premières questions permettent de parler des pratiques des apprenants et la troisième d'aborder leur point de vue personnel. L'échange sera d'autant plus riche si les groupes sont formés d'apprenants d'origines différentes.

→ **OBJECTIF DES ACTIVITÉS 6 ET 7** ⬅ Comprendre des bribes de conversation où l'on décrit les fonctions et les qualités d'un gardien d'immeuble et où l'on rapporte les paroles de quelqu'un.

6 Faire écouter l'enregistrement, manuels fermés, et en vérifier la compréhension globale : *Il s'agit de bribes de conversation pendant la fête des voisins. Les personnes qui s'expriment sont des habitants et Alain, le gardien de l'immeuble cité dans l'article de journal que les apprenants viennent de lire.* Vérifier que les apprenants comprennent de qui on parle et la nature de leurs propos : *Les habitants de l'immeuble parlent d'Alain en termes très positifs.* Par ailleurs, Alain prend la parole pour parler de son travail, des personnes qui viennent dans l'immeuble ou qui y vivent ; il dit aussi qu'il aime son métier.

→ **CORRIGÉ** : **1.** Les habitants de l'immeuble parlent d'Alain, leur gardien. Alain des personnes qui viennent dans l'immeuble ou qui y vivent.
2. Les trois voisins parlent très positivement de leur gardien, Alain, et ce dernier est très positif aussi quand il parle des habitants de l'immeuble.

7 Faire réécouter l'enregistrement afin d'identifier qui prononce les énoncés donnés. Cette activité d'association servira de transition vers le Point Langue.

→ **CORRIGÉ** : **Alain** : c. d. f – **une résidente** : a. b. e

---

Point **Langue**   ▶ **RAPPORTER LES PAROLES DE QUELQU'UN**

Ce Point Langue permet de conceptualiser les différentes structures pour rapporter les paroles de quelqu'un.
a) Faire associer les éléments des deux colonnes. Lors de la mise en commun, faire observer les transformations du discours direct en discours indirect. Avec des stylos de couleurs, faire souligner par les apprenants les transformations *que, ce que, si, de...*
b) Demander aux apprenants de formuler la règle de transformation au discours indirect. À la fin de l'activité, on pourra revenir aux phrases de l'activité 7 et faire trouver d'autres exemples à partir de ce que l'on peut demander à un gardien et de ce qu'il peut dire des gens de l'immeuble.

→ **Corrigé : a)** 1. c – 2. e – 3. d – 4. b – 5. a
b) – le verbe *demander* + **si**
– le verbe *demander* + **ce que**
– les verbes *demander, conseiller, dire* + **de** + verbe à l'infinitif
– le verbe *dire* + **que**

S'EXERCER n° 2 → Corrigé ▶ p. 26

➡ OBJECTIF DE L'ACTIVITÉ 8 a) ⬅   **Phonétique :** Élision de « i » dans « s'il » et prononciation de « si elle ».

8 a) L'exercice proposé a pour but de vérifier que les apprenants entendent bien la différence entre ces formes. Procéder à l'écoute et demander aux apprenants de dire si on parle d'un homme ou d'une femme dans chaque phrase entendue.

Pendant l'écoute de l'enregistrement (écoute séquentielle recommandée), chaque apprenant note ce qu'il entend. Procéder à la correction collective après une deuxième écoute (écoute continue). Faire réécouter et répéter chaque phrase en sollicitant les apprenants individuellement.

➡ **CORRIGÉ : a) homme :** 1, 3 et 4 – **femme :** 2, 5, 6 et 7

➡ OBJECTIF DE L'ACTIVITÉ 8 b) ⬅   **Phonétique :** Rythme et mélodie dans le discours indirect au présent (groupes rythmiques).

8 b) Procéder à l'écoute et demander aux apprenants d'indiquer si la voix monte ou si elle descend après chaque groupe rythmique (petites unités sémantiques ou syntaxiques de deux à quatre syllabes en moyenne). Il est possible de prolonger cette activité d'écoute par une conceptualisation en demandant aux apprenants s'ils remarquent une reprise du souffle quand la voix descend. Indiquer alors qu'on appelle ce type de groupe, un groupe de souffle, et qu'il peut comprendre un ou plusieurs groupes rythmiques (il correspond à un « message », alors que le groupe rythmique correspond à une partie d'un message). Terminer en faisant lire tout en respectant le rythme et l'intonation.

➡ **CORRIGÉ : b)** « Le matin ↗ il nous demande toujours ↗ comment ça va ↘ »

« Je lui demande ↗ ce qu'elle fait ici ↗ et chez qui elle va ↘ »

« Les gens ↗ disent souvent ↗ qu'ils sont contents de moi ↘ »

➡ OBJECTIF DE L'ACTIVITÉ 9 ⬅   Rapporter les paroles de quelqu'un.

9 a) Faire observer les deux photos de la p. 16 du manuel et imaginer ce que disent les personnes qui participent à la soirée « Immeubles en fête ». Ces paroles peuvent être matérialisées dans des bulles, comme dans une bande dessinée.

b) Faire rapporter par chaque sous-groupe les paroles imaginées. Les autres étudiants de la classe devront deviner quel(s) personnage(s) parle(nt).

■ **VARIANTE :** Cette activité pourra se faire à partir d'autres photos apportées par l'enseignant, qui montrent des personnages en interaction (photos extraites de films par exemple, photos prises dans des fêtes, photos de personnages dans des situations spécifiques et montrant des expressions et sentiments variés...). On fera circuler les photos d'un sous-groupe à l'autre, chaque sous-groupe rapportera les paroles imaginées pour un ou plusieurs personnages de chaque photo. Ceci permettra ensuite de comparer les paroles rapportées (et donc les situations imaginées) par des sous-groupes différents à partir d'une même photo. Selon les photos choisies par l'enseignant, les situations imaginées seront plus riches s'il introduit la possibilité de rapporter également les pensées des personnes (*il se demande si/ce que..., il pense que...*).

ÉVOQUER DES CHANGEMENTS

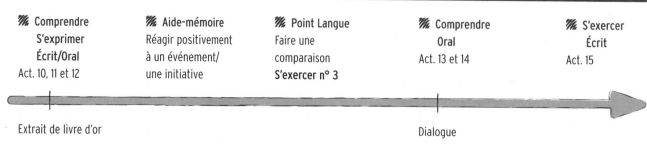

⫸ Comprendre S'exprimer Écrit/Oral Act. 10, 11 et 12	⫸ Aide-mémoire Réagir positivement à un événement/ une initiative	⫸ Point Langue Faire une comparaison **S'exercer n° 3**	⫸ Comprendre Oral Act. 13 et 14	⫸ S'exercer Écrit Act. 15

Extrait de livre d'or   Dialogue

➡ OBJECTIF DES ACTIVITÉS 10, 11 ET 12 ⬅   Comprendre un extrait de livre d'or où l'on réagit positivement à un événement et où l'on évoque des changements.

10 a) Faire lire silencieusement le document afin de l'identifier : *Il s'agit d'un livre d'or, écrit par les habitants d'un immeuble à la suite de la fête des voisins.* Pour vérifier la compréhension du terme « livre d'or », demander aux apprenants à quelle occasion on fait ce genre de livre (*un événement important, une fête, un anniversaire, un départ à la retraite...*) et pour quoi (*pour exprimer ses sentiments sur un événement*).

b) Faire identifier les messages et le nom de leurs auteurs. Faire remarquer que le quatrième message (page de droite) est écrit « à deux mains » : Charlotte et Thomas habitent le troisième étage sur le même palier et, maintenant, ils annoncent leur mariage. Vérifier si les apprenants saisissent que les messages ont un point commun : les personnes évoquent la fête des voisins et les changements survenus dans leur immeuble à la suite de cette fête.

➡ CORRIGÉ : **a)** livre d'or

b) Les auteurs de ces messages sont les habitants d'un immeuble. Ils ont en commun d'avoir participé à la fête des voisins. Dans le dernier message (page de droite), il y a deux écritures car les deux personnes sont ensemble.

11 a) Faire relire les messages afin de repérer les commentaires sur la fête des voisins. Lors de la mise en commun en grand groupe, faire constater que toutes les personnes réagissent positivement à cette initiative et faire relever ce qui exprime leur réaction positive.
b) Proposer aux apprenants d'échanger en petits groupes de trois personnes, afin de dire quel message leur plaît et pourquoi.

➡ CORRIGÉ : **1.** E. Lacan : Merci Immeubles en fête ! – **2.** C. Mazanet : C'est une idée simple, mais il fallait y penser ! Bravo pour cette belle initiative ! – **3.** Mmes Laurent, Benamou, Ordonez : Vive la fête des voisins ! – **4.** Thomas et Charlotte : Il n'y a pas mieux qu'Immeubles en fête pour faire des rencontres !

12 Faire relire le document afin de repérer les changements survenus dans l'immeuble à la suite de la fête des voisins : cela amènera à trouver des comparaisons entre la situation actuelle et la situation passée. Cette activité sert de transition vers le Point Langue.

➡ CORRIGÉ : **M. Lacan :** Maintenant j'ai l'impression d'habiter dans un village et j'échange avec tout le monde. – **Mme Mazanet :** Immeubles en fête, c'est moins d'indifférence, plus d'échanges et finalement une meilleure qualité de vie pour tous ! – **Les dames du 7ᵉ :** Avant on ne se parlait pas autant entre nous et c'était très superficiel. Maintenant, on se voit avec plaisir, on parle et on se rend des petits services plus souvent qu'avant. – **Thomas/Charlotte :** (avant la fête des voisins) je ne connaissais personne/il n'y a pas mieux qu'Immeubles en fête pour faire des rencontres !

AIDE-MÉMOIRE

L'Aide-mémoire reprend et fixe les expressions utilisées dans le livre d'or pour exprimer des réactions positives à un événement/une initiative. Ces formules seront utiles aux apprenants pour effectuer l'activité 15.

Point **Langue**

› **FAIRE UNE COMPARAISON**

Ce Point Langue permet de conceptualiser le comparatif.
Attirer d'abord l'attention des apprenants sur les trois types de comparaison : supériorité (+), égalité (=) et infériorité (–) et leur demander de compléter le tableau avec les éléments donnés. Pour cela, les apprenants peuvent se référer aux supports étudiés.
Lors de la mise en commun, faire d'abord observer la différence entre la comparaison portant sur la **quantité** avec un nom ou un verbe et celle portant sur la **qualité** avec un adjectif ou un adverbe. Observer ensuite les structures utilisées dans chaque colonne (comparaison avec un nom, un verbe, un adjectif, un adverbe).
Enfin, faire observer que quand le deuxième élément de la comparaison est exprimé, il est introduit par *que* et faire trouver un exemple dans le livre d'or : *Ma vie est bien plus agréable qu'avant.*

➡ **Corrigé :**

	La comparaison porte sur			
	la quantité		**la qualité**	
	Nom	**Verbe**	**Adjectif**	**Adverbe**
+	*plus* d'échanges	*On se parle plus*	*Une **meilleure** qualité de vie* *Une vie **plus** agréable*	*Il n'y a pas **mieux*** *On se rend des services **plus** souvent*
=	*Autant* *d'échanges*	*On ne se parlait* *pas **autant***	*Une aussi bonne qualité de vie* *Une vie aussi agréable*	*Il n'y a pas aussi bien* *Aussi souvent*
–	*moins* *d'indifférence*	*On se parlait* *moins*	*Une moins bonne qualité de vie* *Une vie moins agréable*	*C'était moins bien* *Moins souvent*

S'EXERCER n° 3 ➡ Corrigé ▶ p. 26

→ OBJECTIF DES ACTIVITÉS 13 ET 14 ← Comprendre quelqu'un qui compare une situation actuelle et une situation passée et exprime son mécontentement.

13 Faire écouter l'enregistrement, manuels fermés, et en vérifier la compréhension globale : *Chez le coiffeur, une cliente assez désagréable parle avec la coiffeuse ; elle évoque de manière négative la vie dans son immeuble et ses relations avec les voisins ; elle compare la situation actuelle/passée.*

→ CORRIGÉ : **1.** dans un salon de coiffure – **2.** une coiffeuse avec une cliente, Mme Pinchon – **3.** les nouveaux voisins, les relations de voisinage – **4.** Elle a mauvais caractère, sa vision des choses est très négative, elle se plaint tout le temps.

14 Faire réécouter le dialogue pour noter les sujets de mécontentement de Mme Pinchon. Une nouvelle réécoute (avec des pauses) sera certainement nécessaire pour noter l'essentiel de ses commentaires. Ne pas demander de transcription mot à mot ; l'essentiel est ici de noter les principaux changements évoqués (comparaison avant/maintenant). Puis, proposer aux apprenants de comparer leurs notes avec leur voisin. Avant la mise en commun en grand groupe, procéder à une dernière écoute si nécessaire, pour vérifier les réponses. Sous la dictée des apprenants, écrire au tableau la liste des sujets de mécontentement de Mme Pinchon et reprendre les éléments de comparaison entre la situation actuelle et passée.

→ CORRIGÉ : **La fête des voisins** → ça ne m'intéresse pas du tout.
Les nouveaux voisins → c'est toujours aussi bruyant ; j'ai droit aux travaux toute la journée...
il y a autant de bruit qu'avant, peut-être plus.
Le jardin → on était mieux quand il n'y en avait pas... entre les gosses et les chiens, c'est devenu un véritable zoo !... créer des espaces verts pour avoir un meilleur cadre de vie, ça sert à quoi ?

→ OBJECTIF DE L'ACTIVITÉ 15 ← Écrire un message sur un forum Internet, donner ses impressions sur un événement et comparer une situation actuelle et une situation passée.

15 Procéder d'abord à l'identification du document déclencheur de la production écrite : le forum du site Internet d'« Immeubles en fête ». Puis, faire rédiger le message en classe ou à la maison, en rappelant la matrice discursive précisée dans la consigne.

S'EXERCER - CORRIGÉ

1. a. un agent immobilier – **b.** la chambre
2. 1. Elle me demande *si* je peux lui prêter quatre chaises et elle me dit *qu'*elle me les rapportera dimanche soir. – **2.** Il me demande *ce que* mes enfants font dans le parking et il me rappelle *qu'*il est interdit de jouer dans le sous-sol de l'immeuble. – **3.** Mme Ramirez me dit *qu'*elle a un problème de fuite d'eau et elle me demande *de* venir vite l'aider.

3. a) *aussi* longtemps – on parle *autant* – *aussi* pleines – *aussi* sales – *autant de* bruit – *aussi* élevés
b) a. *plus d'*échanges/*plus* sympathiques/*moins de* problèmes/ *plus* souvent/*moins de* messages – **b.** *plus* propre/*plus* fleuri/*moins d'*incidents/*plus de* surveillance
c) a. de *meilleures* relations/ étaient *mieux* élevés ! – **b.** une *meilleure* entente/vit *mieux* ensemble – **c.** une *meilleure* qualité de vie/on respire *mieux*/on dort *mieux*

Les feux **de l'amour**

CONTENUS SOCIOCULTURELS - THÉMATIQUES

Rencontres amoureuses

OBJECTIFS SOCIOLANGAGIERS

OBJECTIFS COMMUNICATIFS & SAVOIR-FAIRE	
Être capable de...	
Raconter une rencontre	– comprendre un article de magazine comportant des témoignages sur des rencontres amoureuses – écrire un témoignage où l'on raconte une rencontre amoureuse
Raconter les suites d'une rencontre	– comprendre un témoignage sur les circonstances et les suites d'une rencontre – comprendre l'évocation d'un souvenir lié à une chanson – parler de souvenirs musicaux de l'adolescence – raconter un souvenir lié à une chanson
OBJECTIFS LINGUISTIQUES	
GRAMMATICAUX	– imparfait/passé composé – les marqueurs temporels (1) : *il y a, dans, pendant*
LEXICAUX	– termes liés à la rencontre amoureuse et au coup de foudre
PHONÉTIQUES	– opposition [e]/[ɛ] : distinction imparfait/passé composé – phonie-graphie : *les sons* [e]/[ɛ]

SCÉNARIO DE LA LEÇON

La leçon se compose de deux parcours :

Dans le premier parcours, les apprenants seront amenés à comprendre un article de magazine comportant trois témoignages sur des rencontres amoureuses (coup de foudre). Puis, ils écouteront une conversation où les personnes évoquent des rencontres amoureuses. En fin de parcours, il leur sera demandé de raconter, sous la forme d'un témoignage écrit, une rencontre ou un coup de foudre.

Dans le second parcours, les apprenants écouteront un extrait d'émission de radio au cours de laquelle une auditrice explique son choix musical en relation avec le souvenir d'une rencontre amoureuse. En fin de parcours, les apprenants seront amenés à parler de leurs souvenirs musicaux et à raconter un souvenir dans le cadre d'une simulation de l'émission radiophonique « Chanson-souvenir ».

RACONTER UNE RENCONTRE

✐ Comprendre	✐ Point Langue	✐ Phonétique	✐ Point Culture	✐ S'exprimer
Écrit	Le passé composé	Act. 3	Les lieux	Écrit
Act. 1 et 2	et l'imparfait		de rencontre	Act. 4
	Raconter un coup		amoureuse	
	de foudre			
	S'exercer n°s 1 et 2			

Article de magazine   Dialogue

→ OBJECTIF DES ACTIVITÉS 1 ET 2 ← Comprendre un article de magazine comportant des témoignages sur des rencontres amoureuses.

1 **a)** Faire observer le document afin de l'identifier : *Il s'agit d'un article de magazine, intitulé « L'amour coup de foudre »*. Selon le niveau du groupe, ne retenir que l'idée d'article sur l'amour (le mot étant écrit en gros caractères), le sens de l'expression « coup de foudre » étant élucidée lors de la lecture des témoignages.

b) Avant de faire l'activité, faire observer que l'article a quatre parties auxquelles correspondent des couleurs différentes : le chapeau et trois témoignages. Faire lire le chapeau et faire observer les témoignages, qui présentent à chaque fois un titre (des termes comme *amour, mariage, cœur* confirment le thème identifié), la photo de la personne interrogée, son nom et son âge. Faire lire les témoignages et en vérifier la compréhension globale : deux hommes et une femme témoignent à propos de rencontres amoureuses et, plus précisément, de coups de foudre.

c) Vérifier la compréhension de l'expression *coup de foudre* en s'appuyant sur la compréhension globale des témoignages.

→ **CORRIGÉ : a)** article de magazine sur le thème de l'amour (coup de foudre), sous formes de témoignages

b) Trois personnes (Mathieu, 46 ans, Karim, 38 ans, Aurélie, 27 ans) témoignent de leur rencontre « coup de foudre ».

c) un amour immédiat et très fort

2 Faire relire les trois témoignages afin de retrouver leur structure. En grand groupe, vérifier que les apprenants identifient la matrice discursive des récits : circonstances de la rencontre (*où, quand, comment...*)/description physique de la personne/les faits (*ce qui s'est passé*)/la conclusion de l'histoire. Puis, diviser la classe en trois sous-groupes, chaque groupe prenant en charge le repérage des éléments relatifs à une personne. Lors de la mise en commun en grand groupe, le tableau ci-dessous pourra être complété progressivement au tableau, sous la dictée des apprenants. Il permettra une transition naturelle vers le Point Langue.

→ **CORRIGÉ :** Dans l'ensemble, la matrice discursive des témoignages est la suivante : circonstances de la rencontre (*où, quand, comment...*)/description physique de la personne/les faits (*ce qui s'est passé*)/la conclusion de l'histoire.

Indications	Mathieu	Aurélie	Karim
Circonstances *où, quand, comment*	J'étais dans une boulangerie, je faisais la queue. Elle se dirigeait vers la sortie...	J'étais dans le couloir d'un TGV, j'avais une très lourde valise. Il était assis à côté de moi.	J'allais chercher mon frère à l'aéroport, l'avion avait du retard. Elle cherchait du feu...
Physique	elle avait l'air d'un ange...	il était vraiment « classe »	Elle était petite (elle) portait un jean déchiré et des baskets.
Faits/succession des actions	Nos regards se sont croisés, j'ai eu le souffle coupé. je suis sorti du magasin j'ai rattrapé Sandrine	j'ai tout de suite craqué il s'est précipité pour m'aider, sa main a frôlé la mienne quand il a pris mon bagage. j'ai été électrisée par ce contact. Nous avons vécu un merveilleux premier voyage.	je me suis précipité avec mon briquet j'ai eu un flash, j'ai senti que ma vie allait changer on s'est perdus, (on s'est) retrouvés à la station de taxis je lui ai demandé son numéro de téléphone
Conclusion	On est mariés depuis plus de vingt ans.	On se marie l'année prochaine.	On vit ensemble depuis neuf ans.

Point **Langue** > **LE PASSÉ COMPOSÉ ET L'IMPARFAIT pour raconter une rencontre**

Ce Point Langue permet de travailler sur l'utilisation du passé composé et de l'imparfait pour raconter une rencontre. Revenir sur les énoncés relevés dans les témoignages afin de compléter les règles.

... /...

... / ...

Point **Langue**

> **Corrigé :** Pour décrire les circonstances (*où ? quand ? comment ?*), on utilise **l'imparfait**.
Ex. : j'étais dans une boulangerie, j'allais chercher mon frère à l'aéroport...
Pour évoquer des événements, la chronologie des faits passés, on utilise **le passé composé**.
Ex. : Nos regards se sont croisés/j'ai eu le souffle coupé/je suis sorti du magasin/j'ai rattrapé Sandrine.

Point **Langue**

> **RACONTER UN COUP DE FOUDRE**

Ce Point Langue vise à travailler sur le champ lexical lié au coup de foudre.
Faire relire les témoignages et demander aux apprenants de relever, en sous-groupes, toutes les expressions relatives au coup de foudre. Lors de la mise en commun en grand groupe, vérifier la compréhension des expressions tout en veillant à rester dans le champ sémantique de la rencontre amoureuse.

> **Corrigé :** Les expressions directement liées au coup de foudre, « phénomène électrique » sont : *décharge électrique, j'ai été électrisée par ce contact, un cœur incendié, j'ai eu un flash*. On peut aussi relever les expressions suivantes, qui rendent compte de la soudaineté du sentiment : *j'ai eu le souffle coupé, j'ai tout de suite craqué, j'ai senti immédiatement que ma vie allait changer*.

S'EXERCER nᵒˢ 1 et 2 ➡ Corrigé ▶ p. 31

> **OBJECTIF DE L'ACTIVITÉ 3** ◀ **Phonétique : Distinction passé composé/imparfait.**

3 L'activité a pour but de faire discriminer les deux formes verbales que les apprenants n'arrivent pas toujours à distinguer.
Cette activité est une activité dite de « comparaison dirigée ». Faire écouter l'enregistrement afin de choisir la version écrite qui correspond à la version sonore entendue. Le travail est individuel pendant l'écoute de l'exercice. Avant la correction collective, les apprenants peuvent comparer leur travail par deux. Finir cette activité en demandant aux apprenants de répéter les énoncés de l'enregistrement d'abord, puis de lire les énoncés de tout l'exercice, à tour de rôle.

> **CORRIGÉ :** **1.** J'étais fatigué. – **2.** Il était grand. – **3.** Elle s'est dirigée vers lui. – **4.** Il s'est précipité vers moi. –
5. On se mariait jeunes. – **6.** On s'est retrouvés dans le train.

Les lieux de rencontre amoureuse

POINT CULTURE

Ce Point Culture vise à faire découvrir, par le biais d'une conversation entre amies, les résultats d'une enquête réalisée par l'Université de Lille 3 sur les lieux où les couples font connaissance.
Avant l'activité, faire lire le titre du Point Culture et demander aux apprenants quels sont les lieux, selon eux, qui sont les plus importants. Puis, faire écouter l'enregistrement et en vérifier la compréhension globale : *Quatre amies commentent leurs rencontres amoureuses ; à chaque fois, elles précisent où elles ont fait la connaissance de leur compagnon.* Faire réécouter l'enregistrement afin de retrouver le classement des lieux où les couples se rencontrent le plus souvent, d'après une enquête réalisée par l'Université de Lille 3.
Selon la constitution du groupe, interroger rapidement les apprenants qui sont en couple pour savoir où ils ont rencontré leur compagne/compagnon. Comparer les réponses aux résultats de l'enquête.

◆ **Corrigé :** 1 c – 2 e – 3 a – 4 b – 5 d

> **OBJECTIF DE L'ACTIVITÉ 4** ◀ **Écrire un témoignage où l'on raconte une rencontre amoureuse.**

4 Faire lire le document déclencheur de l'activité et en vérifier la compréhension globale : *Radio France lance l'opération « Nos plus belles rencontres... nos plus belles histoires d'amour » ; les contributions donneront lieu à des émissions et à un livre, entre autres.*
Avant de faire rédiger le témoignage par les apprenants (individuellement ou par deux, en classe ou à la maison), expliciter la consigne comme indiqué dans la partie « préparation ». Ne pas hésiter à revenir sur les témoignages travaillés en début de leçon afin de vérifier si leur matrice discursive a bien été comprise (circonstances de la rencontre, description des personnes, faits, conclusion de l'histoire).

■ **POUR ALLER PLUS LOIN :** Après la remise des productions, on peut réaliser un concours avec un jury à l'intérieur de la classe, voire dans l'école. Comme dans la proposition de Radio France, les apprenants peuvent apporter d'autres supports pour illustrer leurs travaux : photos, objets...

RACONTER LES SUITES D'UNE RENCONTRE

Ⅷ Comprendre
Oral
Act. 5 et 6

Ⅷ Point Langue
Les marqueurs temporels
il y a, pendant, dans
S'exercer nᵒˢ 3 et 4

Ⅷ S'exprimer
Oral
Act. 7 et 8

Dialogue

> ▶ **OBJECTIF DES ACTIVITÉS 5 ET 6** ◀   Comprendre un témoignage sur les circonstances et les suites d'une rencontre, dans le cadre d'une émission de radio « Chanson-souvenir ».

5 **a)** Faire écouter l'enregistrement, manuels fermés, puis en vérifier la compréhension globale : *Il s'agit d'une émission de radio où l'on diffuse des chansons à la demande des auditeurs, qui racontent à l'antenne un souvenir lié à la chanson choisie.*

b) En fonction du groupe, faire réécouter l'enregistrement pour mieux saisir le contexte ; proposer aux apprenants d'échanger par deux afin de vérifier s'ils ont compris la même chose. Lors de la mise en commun, vérifier la compréhension de la situation : *Une auditrice, Patricia, a choisi la chanson « Raphaël » de Carla Bruni car elle lui rappelle sa rencontre avec celui qui va bientôt devenir son mari. À la différence des situations travaillées dans le premier parcours, cela n'a pas été un coup de foudre ; ils se sont rencontrés une première fois chez un ami commun et l'amour n'est venu que lorsqu'ils se sont revus, six mois plus tard.*

▶ **CORRIGÉ : a)** Il s'agit d'une émission de radio où l'on diffuse des chansons à la demande des auditeurs, qui racontent à l'antenne un souvenir lié à la chanson choisie.

b) Une auditrice, Patricia, appelle pour qu'on diffuse la chanson *Raphaël* ; elle raconte sa rencontre avec celui qui va bientôt devenir son mari, et les suites de cette rencontre.

6 Avant l'activité, proposer aux apprenants de prendre connaissance des éléments donnés (items 1 à 8) et annoncer la tâche à effectuer : reconstituer la chronologie de l'histoire d'amour de Patricia. En fonction du groupe, des hypothèses peuvent être faites, individuellement, avant la réécoute de l'enregistrement. Faire réécouter le dialogue, puis proposer aux apprenants de comparer leurs réponses, avant la mise en commun en grand groupe.

▶ **CORRIGÉ :** 3 – 2 – 8 – 1 – 7 – 4 – 5 – 6

Point **Langue**   › **LES MARQUEURS TEMPORELS** *IL Y A, PENDANT, DANS*

Ce Point Langue vise à faire conceptualiser les expressions temporelles *il y a, pendant, depuis*.
Revenir sur le support de départ afin d'identifier les énoncés qui sont donnés à compléter ; vérifier la compréhension de ces expressions, en dessinant éventuellement au tableau une frise avec les événements racontés par Patricia et les repères temporels. Faire compléter la règle.

▶ **Corrigé :** – Pour indiquer une **période,** on utilise *pendant* + durée
Ex. : On ne s'est pas revus *pendant six mois.*
– Pour indiquer un **événement dans le passé,** on utilise la formule *il y a* + quantité de temps écoulé entre l'événement passé et le moment où l'on parle.
Ex. : C'était à l'anniversaire d'un ami, *il y a trois ans.*
– Pour indiquer un **événement dans le futur** : on utilise la formule *dans* + quantité de temps qui s'écoulera entre le moment où l'on parle et l'événement futur.
Ex. : Nous allons nous marier *dans trois semaines.*

S'EXERCER nᵒˢ 3 et 4 Corrigé ▶ p. 31

> ▶ **OBJECTIF DE L'ACTIVITÉ 7** ◀   Parler de souvenirs musicaux de l'adolescence.

7 Cette activité a pour but de faire parler librement les apprenants entre eux, à partir de leur vécu. Selon la composition du groupe, il peut être intéressant de regrouper des personnes appartenant à des catégories d'âge proches, car elles auront probablement des références communes. Ces échanges déclencheront certainement des souvenirs qui seront utiles dans l'activité suivante.

→ OBJECTIF DE L'ACTIVITÉ 8 ←   Raconter un souvenir lié à une chanson.

8 Former deux grands groupes dans la classe : ceux qui ont un souvenir précis lié à une chanson joueront le rôle d'« auditeurs », les autres de « présentateurs ». Donner un temps de préparation, afin que le présentateur puisse prendre connaissance, de manière authentique, du choix de la chanson et du souvenir qui en découle, pour celui qui joue le rôle d'auditeur/trice. Puis, proposer aux apprenants de jouer « en simultané » la scène. Enfin, demander à deux ou trois groupes de jouer la scène devant le groupe classe

■ **VARIANTE :** Proposer à des apprenants volontaires d'effectuer à la maison « l'enregistrement de l'émission », avec le témoignage et l'amorce de la chanson évoquée (comme dans le dialogue écouté en début de parcours). Le lendemain, faire écouter à la classe les enregistrements produits.

S'EXERCER – CORRIGÉ

1. a. J'ai rencontré/j'ai craqué pour son sourire/nous avons échangé nos numéros/Nous nous sommes retrouvés chez mon amie/nous ne nous sommes plus quittés...
b. J'ai connu la femme de ma vie/nos regards se sont croisés/j'ai été immédiatement attiré/elle a frôlé ma main/j'ai été électrisé par ce contact/nous nous sommes revus souvent/nous nous sommes mariés...
2. a. j'assistais/j'ai aperçu/elle ne faisait pas partie/elle était photographe/Elle s'est approchée/j'ai senti/je lui ai proposé/elle est entrée/Nous sommes restés...

b. C'était l'été/nous étions/Nous dînions/ma sœur a reconnu/Elle est allée/elle est venue/j'ai senti mon cœur qui battait et je n'ai pas dit un mot/on s'est revus/on ne s'est plus quittés.
3. a. *il y a* dix ans – **b.** *dans* un mois – **c.** *il y a* six ans – **d.** *pendant* trois ans – **e.** *dans* quinze jours
4. *pendant* deux ans – *il y a* trois mois – *dans* six mois – *pendant* deux ans – *il y a* un an – *dans* un an

---

Activités de phonie-graphie

3 Faire écouter la phrase en entier (sans la faire lire) et demander aux apprenants quel son ils entendent le plus. Puis, faire réécouter en faisant lire et souligner à chaque fois qu'ils entendent le son [ɛ]. Faire répondre à la question.

→ **CORRIGÉ :** Les premières semaines, je travaillais avec des collègues qui m'aidaient, notre relation était naturelle et directe. J'ai découvert un grand intérêt à connaître le sujet grâce à elles.
→ Le son [ɛ] s'écrit : « e » + 2 consonnes ; -ê ; -aî ; -et ; -è ; -ai + consonne prononcée ; -ais ; -aient ; -ait.

4 Il s'agit ici d'identifier le son [e] ou le son [ɛ] dans les mots proposés et de classer ces mots selon leur prononciation et leur graphie. Faire écouter le premier mot. Corriger afin de s'assurer que tout le monde a bien compris la consigne, puis procéder à l'écoute de tout l'enregistrement (faire réécouter à la demande). Faire regrouper les graphies d'un même son et les faire noter en complétant le deuxième tableau, avec les mots du premier tableau. Les apprenants font l'exercice individuellement. Ils peuvent se concerter par deux avant la correction en grand groupe.

→ **CORRIGÉ :** 1. [e] = amitié, chez, chercher, année, téléphone
[ɛ] = très, chercher, même, briquet, anniversaire, baguette, vitesse
2. [e] = « -é » ; « -ez » ; « -er » ; « -ée » = amitié/téléphone ; chez ; chercher ; année
[ɛ] = « -è » ; « -e + 2 consonnes » ; « -ê » ; « -et » ; « ai + consonne prononcée » =
très ; chercher/baguette/vitesse ; même ; briquet ; anniversaire

Livre-élève
▶ p. 157

Ce `Carnet de voyage` se compose d'un seul volet :

Ce volet, intitulé *Les amis, les amours...*, reprend les trois thématiques abordées dans le dossier : l'amitié, l'amour et les relations de voisinage.

Dans un premier temps, les apprenants prendront connaissance de trois documents relevant de la culture francophone : un extrait d'article sur Hergé et *Le Lotus bleu* évoque l'amitié, un tableau de Magritte l'amour, un extrait littéraire de Philippe Delerm les relations de voisinage. Dans un deuxième temps, les apprenants échangeront à propos de leurs connaissances culturelles sur la France. Enfin, la fiche de présentation du film *Voisins, voisines* servira de point de départ pour la création, à la manière d'un scénario, d'une histoire de voisinage dans un immeuble avec des relations amoureuses et amicales.

Les amis, les amours

1 Cette activité amène à découvrir les trois premiers documents du *Carnet de voyage*. Avant de faire l'activité, faire observer les documents afin de les identifier : *un article, un tableau, un texte littéraire (avec la photo de son auteur, Philippe Delerm)*.

Annoncer l'activité : il s'agit d'associer chaque document à un thème abordé dans le dossier. Vérifier la compréhension de la consigne : les apprenants doivent associer chaque document à une des thématiques suivantes : l'amitié, l'amour et les relations de voisinage. Leur laisser le temps de prendre connaissance des documents et, éventuellement, d'échanger par deux. Lors de la mise en commun en grand groupe, faire justifier les réponses. Enfin, faire identifier les références des documents : l'article est extrait du *Quotidien du peuple*, l'extrait littéraire du chapitre « Rencontre à l'étranger » dans le livre *La Sieste assassinée*, de Philippe Delerm. En ce qui concerne le tableau, vérifier si les apprenants en connaissent l'auteur. Si tel n'est pas le cas, dire qu'il s'agit du tableau *Les amants* de Magritte. Compte tenu de l'activité 3, ne pas donner d'autres informations.

➔ CORRIGÉ : **document 1 :** Le thème de l'amitié est présent dans le titre de l'article (*Tintin, Hergé et son ami chinois*), les paroles de Tintin dans la vignette de la bande dessinée (*tu es un véritable ami*) et dans le texte, qui raconte l'histoire d'amitié entre Hergé et le chinois Tchang Tchong Jen. – **document 2 :** Le thème de l'amour : dans le tableau de Magritte, on voit un couple qui s'embrasse, la femme rêve à son amoureux – **document 3 :** Le thème des relations de voisinage : bien que le terme *voisins* ne figure pas dans le texte, les indices de relations de proximité sont nombreux dans le premier paragraphe (*D'habitude, on se contente de les saluer d'un signe de tête, chez la boulangère ou dans le bureau de tabac/ Dix ans qu'on les croise... une sorte de contiguïté familière...*).

POINT **INFO**
– **Hergé et Tintin**
– **Magritte**
– **Delerm**   ▶ p. 180

2 Cette activité porte uniquement sur le document 1. Après avoir vérifié si les apprenants connaissent Hergé et son héros Tintin, donner quelques informations complémentaires (*cf.* Point info, p. 180) et montrer si possible un (des) album(s) de Tintin (*Le Lotus bleu* si vous l'avez). Puis, faire relire l'article afin de comprendre pourquoi *Le Lotus bleu* possède une place particulière dans l'œuvre d'Hergé. Mettre en commun en grand groupe : vérifier de manière globale la compréhension du document.

■ VARIANTE : Monter un projet sur un mois dans la classe : proposer aux apprenants de lire *Le Lotus bleu*, puis d'écrire une fiche de lecture.

➔ CORRIGÉ : **a)** Réponses variables selon les connaissances des apprenants (*cf.* Point info sur Hergé et Tintin, p. 180).
b) Hergé raconte l'histoire d'amitié entre Tintin et un jeune Chinois, Tchang. Ce personnage a réellement existé et était l'ami d'Hergé. Celui-ci l'avait rencontré pour se documenter sur la Chine, avant d'écrire *Le Lotus bleu*.

3 Ce tableau de Magritte illustre le thème de l'amour dans la peinture et est le prétexte pour les apprenants d'aborder la peinture surréaliste et de tester leurs connaissances. Si aucun d'entre eux ne connaît ce peintre, faire faire une recherche à la maison ou au centre de ressources pour le lendemain. Toutefois, susciter les commentaires spontanés sur le tableau. Pour les apprenants qui connaissent *Alter Ego*, on pourra (faire) rappeler le tableau *Ceci n'est pas une pipe* déjà mentionné dans *Alter Ego 1* (**Carnet de voyage** du dossier 7) et la façon qu'avait Magritte de détourner les objets du quotidien.

➡ **CORRIGÉ : a) 1. belge – 2. René – 3. surréalistes – 4. 1928**

4 Faire relire l'extrait afin d'expliquer son titre, *Rencontre à l'étranger*. Proposer aux apprenants d'échanger par deux avant la mise en commun en grand groupe. Vérifier la compréhension globale du document.

■ **POUR ALLER PLUS LOIN :** faire observer qu'il y a deux paragraphes : le premier évoque les relations de voisinage, le deuxième la rencontre à l'étranger. Affiner la compréhension en proposant aux apprenants de relever dans chaque paragraphe : les personnes – les lieux – les moments évoqués.
Puis, demander de compléter les points de suspension qui terminent la dernière phrase. En conclusion, revenir sur le titre et échanger sur le propos de l'auteur. Que veut-il démontrer sur les relations de voisinage ? Qu'en pensent les apprenants ?

➡ **CORRIGÉ : a) et b) Le narrateur est en vacances à l'étranger, à Londres ; il rencontre des voisins à Hyde Park. Il les croise souvent dans le quartier depuis dix ans, il les salue, mais il ne sait rien d'eux, il ne connaît même pas leur nom.**

5 Constituer des groupes de trois ou quatre selon l'effectif de la classe. Équilibrer les groupes selon les connaissances supposées ou les centres d'intérêts. Donner cinq ou dix minutes pour effectuer l'activité ; chaque groupe nomme un secrétaire pour prendre des notes. Pour éviter une mise en commun trop longue, faire une mise en commun intermédiaire (deux ou trois groupes ensemble, en fonction des effectifs) afin d'effectuer une liste commune. Effectuer une mise en commun rapide.

■ **POUR ALLER PLUS LOIN :** (Entre autres si les résultats du test réalisé dans l'activité 3 sont très faibles) proposer une recherche hors classe sur plusieurs semaines. Chaque groupe doit faire trois fiches : une sur un peintre français, une autre sur un réalisateur et un(e) acteur(trice), et une troisième sur un écrivain français ou francophone. Rassembler les fiches pour constituer un fichier disponible en classe et le compléter dès que d'autres noms de personnalités françaises et francophones apparaissent dans les dossiers et **Carnets de voyage** du manuel.

6 Avant de faire l'activité, faire observer les documents afin de les identifier : *Il s'agit de l'affiche et de la fiche de présentation du film* Voisins, voisines. Faire repérer les noms sur les boîtes à lettres et les faire correspondre avec les visages en médaillon. Attirer l'attention sur l'origine des noms, de celui du réalisateur et des films qu'il a déjà réalisés : *Hexagone, Douce France.* Puis, demander aux apprenants de lire la fiche du film et en vérifier la compréhension globale.

➡ **CORRIGÉ : Le thème du film est la diversité culturelle et sociale de la résidence Mozart :** *des propriétaires de toutes origines, un gardien d'origine espagnole nommé Paco, qui sort de prison.*

7 Cette dernière activité appelle à la créativité de chacun et sa réalisation demande du temps. Si possible, constituer six groupes de trois personnes. Donner cinq minutes à chaque groupe afin d'imaginer un personnage et d'écrire sa fiche d'identité. Songer à équilibrer les personnages féminins et masculins, célibataires ou non. Puis, demander à chaque groupe de présenter son personnage à la classe, écrire ses caractéristiques au tableau. Toujours en grand groupe, décider de l'étage et de l'appartement pour chaque personnage et dessiner le plan de l'immeuble au tableau. Ensuite, reformer des groupes et proposer aux apprenants d'imaginer différents types de relation : une histoire d'amour entre deux personnages, une histoire d'amitié entre deux autres personnages, une relation conflictuelle entre les deux derniers. Cette liste n'est bien sûr pas exhaustive ; adapter la consigne en fonction du contexte de la classe. Enfin, chaque groupe raconte son histoire ou joue la scène sous forme de jeux de rôles.

■ **VARIANTE :** Ce travail peut servir à une simulation globale. Les fiches des personnages peuvent être réutilisées à chaque dossier : le monde du travail (réaliser leur CV), les vacances (leurs choix de vacances), la presse (un de ces personnages a un accident, disparaît et devient le héros d'un fait divers), etc. Consulter l'ouvrage *L'immeuble* de Francis Debyser, Simulations globales, Ciep, Hachette FLE, 1996.

DOSSIER 2

Jobs **à gogo**

CONTENUS SOCIOCULTURELS – THÉMATIQUES

Recherche d'emploi et présentation en situation professionnelle

OBJECTIFS SOCIOLANGAGIERS

OBJECTIFS COMMUNICATIFS & SAVOIR-FAIRE	
Être capable de...	
Postuler pour un job	– comprendre une petite annonce d'offre d'emploi – comprendre quelqu'un qui évoque son parcours professionnel – comprendre et rédiger un curriculum vitæ simple
Se présenter dans une situation professionnelle	– comprendre un entretien d'embauche au cours duquel une personne évoque son parcours – comprendre et rédiger une lettre de motivation simple
OBJECTIFS LINGUISTIQUES	
GRAMMATICAUX	– les marqueurs temporels (2) : *pendant, depuis, en, de... à, en*
LEXICAUX	– termes pour parler des études et du salaire – formules de la lettre formelle, de motivation
PHONÉTIQUES	– opposition [ɥ]/[w]

SCÉNARIO DE LA LEÇON

La leçon se compose de deux parcours :

Dans le premier parcours, les apprenants entreront dans le monde du travail en lisant des petites annonces d'offre d'emploi (job pour étudiants). Ensuite, ils liront un curriculum vitæ et ils écouteront une personne évoquant son parcours professionnel. Enfin, ils rédigeront leur propre curriculum vitæ.

Dans le second parcours, les apprenants écouteront un entretien d'embauche et liront la lettre de motivation qui lui correspond, ce qui leur permettra de comprendre l'organisation d'une lettre formelle. À la fin de la leçon, ils rédigeront la lettre de motivation destinée à accompagner leur CV.

POSTULER POUR UN JOB

🎬 Comprendre Écrit Act. 1 et 2	🎬 Point Langue Chercher un emploi **S'exercer n° 1**	🎬 Point Culture Le salaire brut et net	🎬 Comprendre Écrit/Oral Act. 3 et 4	🎬 Point Langue Les marqueurs temporels **S'exercer n° 2**	🎬 Phonétique Act. 5	🎬 S'exprimer Écrit Act. 6

Petites annonces d'emploi   CV + Monologue

▶ OBJECTIF DES ACTIVITÉS 1 ET 2 ◀   Comprendre une petite annonce d'offre d'emploi.

1 Avant d'effectuer l'activité, faire observer les documents afin de les identifier : *Ce sont des petites annonces.* Puis, faire lire les annonces et en vérifier la compréhension globale.

▶ CORRIGÉ **:** emplois proposés : serveurs/ses (Pizza Lino), professeurs de langue (Acadomia : n° 1 du soutien scolaire), animateurs/trices (Sports et langues : séjours linguistiques). Ce type d'annonce est souvent destiné à des jeunes (étudiants) à la recherche d'un job.

2 Faire relire les annonces afin de dire quel type d'informations est donné. Ensuite, faire identifier les informations dans chaque annonce. Pour cela, on peut partager la classe en trois groupes : chaque groupe travaille sur une annonce. Pour faciliter la mise en commun, il est possible de dessiner au tableau la grille ci-dessous, qui sera remplie ensuite sous la dictée des apprenants. À l'issue de la mise en commun, faire remarquer aux apprenants qu'il s'agit bien d'annonces qui conviennent à des jeunes, compte tenu de la nature des jobs et des profils recherchés (soutien scolaire, animateurs ayant un BAFA...), et de la durée des contrats (ce sont des emplois à durée déterminée).

➡ CORRIGÉ : Toutes les informations mentionnées dans l'activité figurent dans les annonces, à l'exception de l'adresse. Faire remarquer que les annonces portent en revanche une référence (en bas à droite), comme c'est souvent le cas dans les agences d'emploi ou à l'ANPE.

	Pizza Lino	Academia	Sports et langues
Emploi proposé	serveurs/serveuses	professeurs de langue : anglais, allemand, espagnol, russe, italien	animateurs/animatrices
Rémunération	salaire fixe + pourboires	17 à 25 € brut de l'heure	variable selon les séjours
Profil des candidats	seule précision donnée : anglais apprécié	Niveau Bac + 3 exigé	titulaires du BAFA, bilingues ou trilingues : français, anglais, espagnol, allemand
Horaires	18 h – 24 h	–	–
Lieu du travail	région PACA	régions Rhône-Alpes/Bretagne/Normandie	Angleterre/Écosse/Malte Espagne/Allemagne/ Autriche
Durée contrat	juillet à septembre	(s'agissant de soutien scolaire, on peut penser qu'il s'agit de la période hors vacances ; peut-être s'agit-il d'un recrutement pour la rentrée)	du 1er au 30 juillet

POINT INFO *Jobs d'été/BAFA* ▶ p. 180

Point **Langue**   › **CHERCHER UN EMPLOI**

Ce Point Langue permet de travailler sur le lexique lié à l'offre d'emploi. Proposer aux apprenants de relire les annonces afin de retrouver les termes à compléter. Avant la mise en commun en grand groupe, chaque apprenant pourra comparer ses réponses avec son voisin.

➡ **Corrigé : a)** salaire : *rémunération* – rechercher quelqu'un pour un emploi : *recruter*
b) variable – brut – appréciées

S'EXERCER n° 1 Corrigé ▶ p. 39

Le salaire brut et net   **POINT CULTURE**

Ce Point Culture permet de travailler sur les notions de salaire **brut** et de salaire **net**. Revenir rapidement sur l'annonce d'Academia, qui mentionne un *salaire brut*. Vérifier la compréhension de cette expression, puis proposer aux apprenants de travailler par deux, pour compléter la définition.

■ **POUR ALLER PLUS LOIN :** L'enseignant peut apporter une fiche de salaire française s'il en a la possibilité ou encore amener les apprenants à comparer avec le système de leur pays. En effet, dans certains pays, on prélève les impôts à la source.

➡ **Corrigé :** brut – net – brut – net

> ➡ OBJECTIF DES ACTIVITÉS 3 ET 4 ⬅   Comprendre un curriculum vitæ et une personne qui évoque son parcours professionnel.

3   Avant de faire l'activité, faire identifier le document : *Il s'agit d'un* curriculum vitæ. Vérifier la compréhension : *Un curriculum vitæ (CV) retrace le parcours d'une personne (études, expérience professionnelle) et sert à obtenir un entretien pour un travail.* Ensuite, faire observer le document et en vérifier la compréhension globale : *Il s'agit du CV d'Anne-Marie Alvarez.* Faire remarquer les informations « personnelles » (coordonnées, âge, état civil, nationalité) et la photo du candidat, puis les quatre rubriques du CV : formation (études, diplômes), expérience (parcours professionnel, stages), langues et divers (connaissances informatiques, sports, loisirs et voyages/séjours à l'étranger). Puis, interroger brièvement les apprenants sur le CV dans leur pays : type de rubriques, photo jointe ou non, ordre de présentation des informations...

Effectuer l'activité : demander aux apprenants de lire le CV d'Anne-Marie afin de dire quelle(s) annonce(s) de la p. 28 peut/peuvent lui correspondre. Proposer aux apprenants de comparer leurs réponses. Lors de la mise en commun en grand groupe, faire justifier les réponses à l'aide des éléments du CV.

> ➡ CORRIGÉ : Anne-Marie peut postuler à l'annonce de *Academia* comme professeur d'espagnol et d'anglais (*cf.* formation/expérience et langues du CV) et aussi à celle de *Sport et Langues* comme animatrice puisqu'elle possède le BAFA et qu'elle est trilingue (*cf.* formation et langues). Quant à l'emploi de serveuse chez *Pizza Pino*, elle pourrait postuler, mais elle serait sous-employée par rapport à ses compétences.

4   Avant de faire l'activité, faire écouter l'enregistrement, manuels fermés, et en vérifier la compréhension globale : *Anne-Marie est en train de taper son CV ; les informations qu'elle mentionne se réfèrent à son expérience professionnelle bien qu'elle mentionne le mot formation en réfléchissant à voix haute (on peut penser qu'elle est en train de se relire et qu'elle récapitule avant de passer à la rubrique suivante).* Revenir sur le CV et faire remarquer que les dates de cette partie sont absentes. Proposer aux apprenants de réécouter l'enregistrement afin de les repérer. Pour clore cette activité, faire remarquer que, dans le CV, le parcours de la personne est donné « à l'envers » : les informations les plus récentes en premier, les plus lointaines en dernier (norme française pour la présentation du parcours). Cette activité sert de transition vers le Point Langue.

> ➡ CORRIGÉ : Depuis février 2004 :   cours particuliers d'espagnol et d'anglais
> juillet 2004 :   animation d'ateliers
> juillet 2002-janvier 2003 :   jeune fille au pair

Point **Langue**   › LES MARQUEURS TEMPORELS *EN, DEPUIS, DE... À, PENDANT*

Ce Point Langue vise à travailler sur les marqueurs temporels. Demander aux apprenants d'associer les phrases contenant les marqueurs (signalés en gras) et l'idée exprimée.

Lors de la mise en commun en grand groupe, vérifier les réponses. Ensuite, afin de renforcer les acquis, on peut demander de donner d'autres exemples à partir de la partie *Formation* du CV d'Anne-Marie : *elle a suivi des cours d'anglais **de** juillet 2002 **à** janvier 2003, **en** juillet 2002 elle a eu son bac...* .

> ➡ **Corrigé :** *de... à...* = une période (début-fin) – *en...* = une date – *pendant...* = une durée complète – *depuis...* = le point de départ d'une situation toujours actuelle

S'EXERCER n° 2 Corrigé ▶ p. 39

> ➡ OBJECTIF DE L'ACTIVITÉ 5 ⬅   **Phonétique :** Distinction des sons [ɥ] et [w].

5   **a)** L'exercice de discrimination auditive proposé a pour but de vérifier que tous les apprenants entendent bien la diff[é]rence entre ces deux phonèmes. Il n'est pas inutile de se renseigner, dans la mesure des possibilités, sur l'existence de ces deux phonèmes dans la langue des apprenants.

Procéder à l'écoute des huit paires minimales ou paires de mots identiques en demandant aux apprenants de dire si les deux mots entendus sont identiques ou s'ils sont différents.

Proposer de faire dessiner aux apprenants une grille de ce type :

	=	≠
1.		✓
2. ...		

Pendant l'écoute de l'enregistrement (écoute séquentielle recommandée), chaque apprenant note ce qu'il entend. Procéder à la correction collective après une deuxième écoute (écoute continue).

b) Après cet exercice de discrimination, on peut proposer une activité d'identification des sons [ɥ] et [w] dans des phrases. Après l'écoute de chacune de ces phrases, les apprenants doivent dire combien de fois ils ont entendu le son [ɥ]. On peut aussi demander aux apprenants de situer le son [ɥ] dans les phrases entendues en présentant cet exercice sous la forme suivante (le nombre de carrés est équivalent au nombre de syllabes dans chaque phrase et les groupes rythmiques sont identifiables par un espace) :

1ʳᵉ phrase : ▪▪▪▪ ▪▪▪▪ .
2ᵉ phrase : ▪▪ ▪▪▪▪▪▪ ▪▪▪ .
3ᵉ phrase : ▪▪▪▪ ▪▪▪▪ ▪▪▪▪▪ ▪ .
4ᵉ phrase : ▪▪▪▪▪ ▪ .
5ᵉ phrase : ▪▪▪▪ ▪▪ !
6ᵉ phrase : ▪▪▪▪▪▪▪ ▪▪▪▪▪▪ ▪▪▪▪▪ ▪▪▪▪▪▪ .

Procéder de la même manière pour le son [w].

On poursuivra l'activité sur ces sons en faisant réécouter les phrases et en proposant aux apprenants de les répéter à tour de rôle.

c) L'exercice proposé ensuite est une activité de reproduction des sons dans des phrases de type « virelangues » (petites phrases d'entraînement à l'articulation pour les acteurs et les conteurs). Lire les phrases et demander aux apprenants de les lire à leur tour jusqu'à ce qu'ils puissent les dire par cœur sans se tromper. Pour dynamiser l'exercice, mettre les apprenants en compétition. Le but du jeu sera de dire les phrases sans se tromper et de plus en plus vite.

➔ CORRIGÉ : **a) mots identiques** : 1, 4, 5 et 8

              mots différents : 2, 3, 6 et 7

    b) – 1. (2) – 2. (1) – 3. (2) – 4. (1) – 5. (0) – 6. (4)

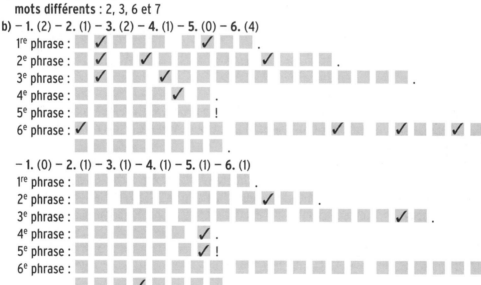

    – 1. (0) – 2. (1) – 3. (1) – 4. (1) – 5. (1) – 6. (1)

➔ OBJECTIF DE L'ACTIVITÉ 6 ◀   Rédiger un CV en vue d'une recherche d'emploi.

6 La rédaction d'un CV finalise le premier parcours par une tâche à effectuer : les apprenants sont mis en situation de répondre à une annonce et de faire leur CV.

Selon le public, effectuer l'activité indiquée en partant des petites annonces, p. 28 du manuel, ou proposer d'autres annonces adaptées au profil des apprenants (adolescents, jeunes adultes, étudiants d'université, travailleurs, hommes d'affaires…). On pourra « casser » le côté sérieux de la thématique en proposant des annonces plutôt fantaisistes ou pour des emplois « atypiques », afin de permettre une approche plus ludique (du type « On recherche de bons nageurs qui aiment les animaux aquatiques pour nourrir/jouer avec les requins/otaries du zoo, etc.). Les apprenants sélectionneront l'annonce qui leur correspondra le mieux ou encore un poste de leur choix.

En fonction du public, proposer d'écrire le CV à la maison (saisie en traitement de texte) ou en classe. L'enseignant conservera les CV afin de les redonner à l'activité 12, au moment de la rédaction de la lettre de motivation.

Pour terminer, on pourra constituer des équipes représentant les différentes sociétés/entreprises qui recrutent ; elles liront les CV et choisiront les candidats les plus intéressants.

SE PRÉSENTER DANS UNE SITUATION PROFESSIONNELLE

% Comprendre	*%* Aide-mémoire	*%* Comprendre	*%* Point Culture	*%* S'exprimer
Écrit/Oral	Pour parler des études	Écrit	La lettre formelle	Écrit
Act. 7 et 8	S'exercer n° 3	Act. 9, 10 et 11	S'exercer nos 4 et 5	Act. 12

Entretien et CV ‖ Lettre de motivation →

➔ OBJECTIF DES ACTIVITÉS 7 ET 8 ◀ Comprendre un entretien d'embauche au cours duquel une personne évoque son parcours.

7 Faire écouter l'enregistrement, manuels fermés, et en vérifier la compréhension globale : *Il s'agit d'un entretien d'embauche ; Anne-Marie expose son parcours au recruteur.*

➔ **CORRIGÉ :** Anne-Marie répond aux questions d'un recruteur dans le but d'obtenir un emploi ; elle parle de son expérience professionnelle.

8 La compréhension orale se fait en complémentarité avec le CV travaillé p. 29 du manuel. Faire réécouter le dialogue afin de repérer les informations présentes dans le CV et mentionnées lors de l'entretien. Ensuite, faire réécouter l'enregistrement afin d'identifier les informations complémentaires données par Anne-Marie pendant l'entretien. En fonction du public, faire une (ou plusieurs) écoute(s) avec des pauses.

➔ **CORRIGÉ : a)** Anne-Marie parle de son séjour comme jeune fille au pair dans une famille à Londres. Pendant ce séjour, elle a suivi six mois de cours intensif d'anglais. À son retour en France, elle a donné des cours particuliers d'anglais à des jeunes de collège.
b) Les informations complémentaires en ce qui concerne **les langues** : elle a toujours entendu plusieurs langues autour d'elle ; son père est espagnol et sa mère française, elle a vécu entre l'Espagne et la France et a fait plusieurs séjours en Angleterre – en tant que **jeune fille au pair** : elle s'est bien entendue avec les petits et leur écrit toujours – **cours d'anglais** : elle a pris des cours à l'Institut britannique.

AIDE-MÉMOIRE

Cet Aide-mémoire permet de fixer des structures avec les verbes *suivre*, *apprendre*, *enseigner* et *donner* dans le contexte des études.

➔ OBJECTIF DES ACTIVITÉS 9, 10 ET 11 ◀ Comprendre une lettre de motivation.

9 Avant d'effectuer l'activité, demander aux apprenants d'observer le document afin de l'identifier : *Il s'agit d'une lettre.* Attirer l'attention sur le destinataire, l'expéditeur et l'objet de la lettre, qui permettent de faire le lien avec l'entretien qui vient d'être travaillé : *Il s'agit de la lettre de candidature qu'Anne-Marie a envoyée à Sports et langues.* Introduire l'expression « lettre de motivation », qui figure dans la consigne. Puis, revenir brièvement sur les petites annonces, p. 28 du manuel, afin d'identifier celle qui a retenu l'attention de la jeune fille. Ensuite, reconstituer brièvement la chronologie de ses démarches de recherche d'emploi à partir des différents supports travaillés dans la leçon : l'annonce de *Sports et langues* a intéressé Anne-Marie car elle donne des cours d'anglais et a le BAFA. Elle a donc envoyé sa candidature (lettre de motivation, p. 30 + CV, p. 29) à l'organisme de séjours linguistiques ; sa candidature a retenu l'attention du recruteur, qui l'a convoquée à un entretien (enregistrement activité 7).

➔ **CORRIGÉ :** l'annonce de « Sports et langues », pour un poste d'animateur/rice de séjour linguistique à l'étranger

10 Faire relire la lettre afin d'en identifier les différentes parties. Demander aux apprenants de compléter les encadrés, puis mettre en commun en grand groupe.

➔ **CORRIGÉ :** 1. lieu et date – 2. destinataire – 3. corps de la lettre – 4. signature – 5. expéditeur – 6. motif de la lettre – 7. formule d'appel

11 Proposer aux apprenants de relire la lettre afin d'en identifier le plan.

■ **POUR ALLER PLUS LOIN :** Une relecture peut être proposée afin de mieux identifier la matrice discursive de la lettre (formulations pour effectuer chacun des actes de parole identifiés). Ex. : Elle cite l'annonce et pose sa candidature → À la suite de votre annonce, je vous adresse ma candidature pour la période du 1er au 30 juillet.

▶ CORRIGÉ : 4 – 3 – 1 – 2

La lettre formelle

POINT CULTURE

Ce Point Culture permet de travailler sur la lettre formelle française.

A. Faire faire l'activité individuellement, puis mettre en commun en grand groupe.

B. Comme pour le CV (activité 3), travailler sur l'interculturel en demandant aux apprenants de comparer le modèle étudié avec la lettre formelle dans leur pays.

■ **POUR ALLER PLUS LOIN :** En contexte scolaire, l'enseignant peut travailler en interdisciplinarité avec le professeur de langue du pays sur la rédaction d'une lettre formelle.

❸ **Corrigé : A.** en haut à gauche – on précise – on écrit une formule d'appel – une formule longue

S'EXERCER nᵒˢ 4 et 5 Corrigé ▶ p. 39

▶ OBJECTIF DE L'ACTIVITÉ 12 ◀   Rédiger une lettre de motivation, à la suite d'une annonce d'offre d'emploi.

12 Avant de faire l'activité, reprendre les CV rédigés dans l'activité 6 ainsi que les annonces sélectionnées ; cela aidera les apprenants à définir un contexte cohérent pour leur lettre de motivation. Comme pour le CV, leur demander de soigner la présentation. Une fois corrigées par l'enseignant, les lettres devront être réécrites au propre et des « équipes de recruteurs » sélectionneront les meilleures lettres de motivation.

S'EXERCER - CORRIGÉ

1. 1. recrute – **2.** expérience – **3.** présentation – **4.** apprécié – **5.** rémunération – **6.** horaires

2. *en* 2004 – *pendant* presque deux ans : *de* juin 2003 *à* mai 2005 – *depuis* mon retour d'Allemagne, c'est-à-dire *en* juin 2005

3. je *suis* des cours... – je *donne* aussi des cours... – quelles matières *enseignez*-vous ? – ils *apprennent* vite

4. 2 d – 3 b – 4 e – 5 a

5. *Suite à* votre annonce.../je vous *adresse ma candidature*.../ je *possède une expérience* de 20 ans/Je *me tiens à votre disposition*.../*Dans l'attente d'une réponse...*

Clés pour **la réussite**

CONTENUS SOCIOCULTURELS – THÉMATIQUES

Conseils pour un entretien d'embauche

OBJECTIFS SOCIOLANGAGIERS

OBJECTIFS COMMUNICATIFS & SAVOIR-FAIRE	
Être capable de...	
Donner des conseils, mettre en garde	– comprendre des conseils pour un entretien d'embauche (attitudes/comportements à avoir) – comprendre un entretien d'embauche – reconnaître des registres de langue (standard/familier) – donner des conseils aux personnes à la recherche d'un emploi
Indiquer des changements nécessaires	Dans un contexte d'entretien d'embauche : – comprendre une fiche d'évaluation disant les points forts et les points faibles d'un candidat – comprendre les conseils donnés à un candidat – passer l'entretien – donner des conseils à un candidat – indiquer les points forts et faibles d'un candidat, dans une fiche d'évaluation
OBJECTIFS LINGUISTIQUES	
GRAMMATICAUX	– structures pour exprimer le conseil : impératif, *devoir* + infinitif, *si* + présent/futur, *il faut que* + subjonctif – le subjonctif pour exprimer la nécessité
LEXICAUX	– le registre standard et familier – formules impersonnelles de la nécessité : *il est important/essentiel de...*
PHONÉTIQUES	– registres de langue à l'oral – intonation : conseil/obligation – prononciation du subjonctif

SCÉNARIO DE LA LEÇON

La leçon se compose de deux parcours :

Dans le premier parcours, les apprenants liront une brochure de l'ANPE avec des conseils pour se préparer à un entretien d'embauche. Puis, ils écouteront une simulation d'entretien d'embauche dans le cadre d'un atelier de l'ANPE, où un candidat (Simon) présente ses motivations, ses points forts et ses points faibles. À cette occasion, les apprenants seront amenés à reconnaître la différence entre le registre standard et le registre familier. Enfin, ils donneront à leur tour des conseils, dans le cadre d'une page Internet destinée à des personnes à la recherche d'un emploi.

Dans le second parcours, les apprenants retrouveront la même situation de simulation d'entretien à l'atelier de recherche d'emploi de l'ANPE. Ils écouteront d'abord l'évaluation de l'entretien de Simon par ses co-stagiaires (réactions positives et négatives, conseils), puis ils liront la fiche d'évaluation rédigée par l'animatrice (points forts, changements nécessaires pour réussir). À la fin de la leçon, les apprenants simuleront à leur tour un entretien d'embauche et seront évalués par le groupe, comme s'ils étaient dans l'atelier évoqué précédemment (points positifs, conseils pour augmenter ses chances de réussir). Enfin, ils écriront une fiche d'évaluation comme celle de la formatrice ANPE.

DONNER DES CONSEILS, METTRE EN GARDE

🎞 Comprendre Écrit	🎞 Aide-mémoire	🎞 Point Langue	🎞 Point Culture	🎞 Comprendre Oral/Écrit	🎞 Point Langue	🎞 Phonétique	🎞 S'exprimer Écrit
Act. 1 et 2	Donner des conseils	Donner un conseil S'exercer n° 1	Le chômage en France	Act. 3, 4 et 5	Le registre standard et familier S'exercer n° 2	Act. 6	Act. 7

Deux brochures ANPE

Entretien d'embauche
Brochure ANPE

➔ OBJECTIF DES ACTIVITÉS 1 ET 2 ⬅   Comprendre des conseils pour un entretien d'embauche (attitudes/comportements à avoir).

1 Cette activité est la première étape de la simulation d'entretien d'embauche que les apprenants seront amenés à faire en fin de parcours. Faire observer les deux supports afin de les identifier : *Il s'agit de documents (brochures) destinés à des demandeurs d'emploi*. Le premier s'intitule « Se préparer à l'entretien d'embauche », le deuxième « Trois heures pour se préparer à l'entretien ». La thématique posée, faire observer/lire en transversale les documents, puis proposer de faire l'activité par deux. Mettre en commun en grand groupe.

◼ **VARIANTE :** Démarrer la leçon par le Point Culture afin de contextualiser les brochures de l'ANPE, organisme sûrement inconnu des apprenants. Enchaîner ensuite sur l'activité 1. On peut aussi aborder le Point Culture à la suite de l'activité 1, avant de prendre connaissance des conseils donnés dans le document.

➔ CORRIGÉ : **1.** vrai : l'ANPE produit des documents (dépliants, brochures) visant à aider les chômeurs lors des différentes étapes de la recherche d'emploi. – **2.** faux : les documents se destinent à des personnes désirant se préparer à passer un entretien d'embauche. – **3.** vrai, en ce qui concerne le document p. 32 : il comporte des conseils/ recommandations et des mises en garde. Le document p. 33 propose des ateliers de préparation aux demandeurs d'emploi inscrits à l'ANPE. – **4.** faux : le premier document évoque les moments suivants : avant l'entretien/le jour de l'entretien et pendant l'entretien. – **5.** vrai : « vous pouvez vous entraîner à passer des entretiens, dans un atelier de recherche d'emploi ».

2 Faire lire le document afin d'identifier les points sur lesquels portent les conseils. Demander aux apprenants de comparer leurs réponses par deux et de les justifier en citant les énoncés concernés. Mettre en commun en grand groupe.

➔ CORRIGÉ : Tous les points sont abordés, sauf la durée de l'entretien.
La préparation de l'entretien : « *Renseignez-vous sur l'entreprise/Vous devez bien connaître l'annonce d'emploi/Entraînez-vous à décrire votre parcours professionnel.*
Le comportement, l'attitude : *Il est important de se mettre en valeur : si vous réussissez le premier contact, vos chances d'obtenir le poste seront plus importantes. /Ayez à l'esprit deux mots clés : curiosité et motivation/Regardez votre interlocuteur en face et donnez une poignée de main énergique/soyez attentif à votre attitude physique/évitez de vous asseoir au bord de votre siège...*
La manière de parler : *Surveillez votre manière de parler, évitez les expressions familières*
Ce qu'il faut dire ou ne pas dire : *Indiquez clairement vos motivations pour le poste/Si votre recruteur vous demande pourquoi vous souhaitez quitter votre emploi actuel, évitez d'être négatif.../Si le recruteur vous demande quels sont vos points forts, citez deux ou trois qualités en relation avec le poste proposé et pour votre principal défaut, indiquez une qualité excessive .*

AIDE-MÉMOIRE

L'Aide-mémoire reprend et fixe les structures utilisées dans le document pour donner des conseils (impératif, verbe *devoir* + infinitif, expressions impersonnelles *il est important/essentiel de* + infinitif).

 Point **Langue** > **DONNER UN CONSEIL**

Ce Point Langue permet de conceptualiser deux structures différentes pour donner un conseil : *si + présent, futur simple* et *si + présent, impératif*.

a) et b) Faire observer les deux phrases exprimant un conseil. Après avoir fait remarquer les similitudes entre les deux (toutes les deux débutent par *si* et comportent deux parties), demander pour chacune, dans quelle partie est exprimé le conseil : **1re phrase** : *si vous suivez les conseils...* (→ 1re partie) – **2e phrase** : *... citez deux ou trois qualités* (→ 2e partie) Demander ensuite aux apprenants de dire à quoi correspond l'autre partie, pour chaque phrase : **1re phrase** → dans la 2e partie de la phrase, on indique **le résultat futur** (conséquence positive) du conseil exprimé dans la 1ère partie. Le conseil donné est donc la condition du résultat espéré. (Sous-entendu : si vous ne suivez pas ces conseils, vous ne serez pas efficace.) – **2e phrase** → La 1re partie de la phrase indique **une situation éventuelle**, pour laquelle on donne ensuite un conseil sur ce qu'il faut faire dans cette situation.

À signaler pour conclure : dans les deux cas, *si* est suivi d'un verbe au présent.

> ⊇ **Corrigé : a)** 1re partie ; *Si* + verbe au présent, verbe au futur simple
> **b)** 2e partie ; *Si* + verbe au présent, verbe à l'impératif

S'EXERCER nº 1 Corrigé ▶ p. 45

Le chômage en France

POINT CULTURE

Ce Point Culture donne des informations sur le chômage en France et le rôle de l'ANPE.

Faire lire le Point Culture et en vérifier la compréhension globale : *Il s'agit du chômage en France et du rôle de l'ANPE*. Travailler sur les chiffres (nombre de chômeurs, pourcentages) et faire remarquer que ce sont les jeunes de moins de 26 ans qui sont le plus touchés par le chômage.

➡ **Corrigé : B.** L'ANPE : c'est l'agence nationale pour l'emploi.

POINT **INFO** *ANPE* ▶ p. 181

➡ OBJECTIF DES ACTIVITÉS 3, 4 ET 5 ⇦   Comprendre un entretien d'embauche.

3 **a)** Avant d'effectuer l'activité, il est important de bien poser le contexte de l'échange que les apprenants vont écouter. Revenir rapidement sur le document présentant l'atelier de recherche d'emploi de l'ANPE afin de rappeler les activités proposées (simulations d'entretien, évaluation des entretiens...). Puis, demander aux apprenants d'écouter l'enregistrement, manuels fermés, et de dire de quelle activité il est question, le but étant qu'ils comprennent qu'il s'agit *d'une simulation d'entretien d'embauche* : le recruteur et le candidat sont en fait des stagiaires participant à l'atelier. Au besoin, faire un parallèle entre cette situation et celle des simulations en classe, lorsque deux étudiants jouent un rôle face au groupe. Enfin, faire réécouter le dialogue afin d'effectuer l'activité. Proposer aux apprenants de comparer leurs réponses, puis mettre en commun en grand groupe, en demandant de justifier les réponses.

b) Demander aux apprenants si leur impression générale concernant la prestation de Simon est positive ou négative. Ils feront probablement des commentaires négatifs sur la manière de parler de Simon (trop familière). Ne pas rentrer dans les détails, l'activité 5 étant prévue pour le repérage du registre.

> ➡ CORRIGÉ : **a)** 1. vrai : il dit qu'il aime bien la vente, qu'il est bon vendeur – 2. faux : il a 15 ans d'expérience dans l'électroménager – 3. vrai : il voudrait être chef de rayon – 4. faux : il est trop à l'aise
> **b)** Réponse libre des apprenants. Ils feront probablement des commentaires négatifs sur la manière de parler de Simon (trop familière).

4 Faire relire les conseils de l'ANPE pour un entretien d'embauche (p. 32) afin de dire lesquels sont utiles pour Simon. Proposer aux apprenants de comparer leurs réponses par deux avant la mise en commun en grand groupe.

> ➡ CORRIGÉ : *Réponses non exhaustives* : Surveillez votre manière de parler/évitez les expressions familières/
> Si votre recruteur vous demande pourquoi vous souhaitez quitter votre emploi actuel, évitez d'être négatif.../
> Si le recruteur vous demande quels sont vos points forts, citez deux ou trois qualités en relation avec le poste proposé et pour votre principal défaut, indiquez une qualité excessive.

5 Rappeler ce qui a été observé globalement dans l'activité 3 : *La manière de parler de Simon est inadaptée car trop familière et contraste avec la manière de s'exprimer du recruteur.* Proposer une réécoute avec des pauses afin que les apprenants puissent repérer les interventions qu'ils jugent trop familières dans le cadre d'un entretien d'embauche. Écrire au tableau les expressions inconnues et en vérifier la compréhension. Cette activité constitue une transition vers le Point Langue et l'activité 6 de phonétique.

➡ CORRIGÉ : La manière de parler de Simon est inadaptée car trop familière (*cf.* Point Langue) et contraste avec la manière de s'exprimer du recruteur, qui utilise un français standard.

Point **Langue**   **> LE REGISTRE STANDARD ET FAMILIER**

Ce Point Langue permet de reconnaître la différence entre les registres standard et familier.
Faire relier les phrases de sens équivalent dans la liste proposée. Puis, proposer une réécoute afin de noter les marques de l'oralité : la suppression du *ne* de la négation, du *e* dans le pronom *je*, de *il* dans *il y a* et de « *ou* » dans « *V 'z 'êtes* » et les expressions familières.

➡ **Corrigé** : je n'aime pas qu'on me contrarie = j'aime pas qu'on me marche sur les pieds – D'accord = Ok – Il me surveille en permanence = il est tout le temps sur mon dos – je suis patient, tolérant = j'suis cool – oui = ouais

S'EXERCER n° 2 Corrigé ▸ p. 45

➡ OBJECTIF DE L'ACTIVITÉ 6 ⬅   **Phonétique :** Registres de langue à l'oral et intonation du conseil ou de l'obligation.

6 **a)** Lors de la première partie de l'activité, les apprenants doivent identifier le registre familier et le distinguer du registre standard dans les énoncés qu'ils entendent. Il s'agit là d'un exercice de discrimination du registre, comme pour les sons. On peut proposer aux apprenants de reproduire la grille suivante pour noter leurs réponses :

	Standard	Familier
1.	a	b
2. ...		

Pendant l'écoute de l'enregistrement (écoute séquentielle recommandée), chaque apprenant note ce qu'il entend. On procède à la correction collective après une deuxième écoute de l'enregistrement (écoute continue).
b) Lors de la deuxième partie de l'activité, les apprenants doivent différencier l'intonation du conseil (légèrement montante en fin d'énoncé) de celle de l'obligation (descendante à la fin de l'énoncé). Il s'agit là d'un exercice de discrimination de l'intonation, comme pour les sons. On peut proposer aux apprenants de reproduire la grille suivante pour noter leurs réponses :

	Conseil	Obligation
1.	✓	
2. ...		

Pendant l'écoute de l'enregistrement (écoute séquentielle recommandée), chaque apprenant note ce qu'il entend. On procède à la correction collective après une deuxième écoute de l'enregistrement (écoute continue).

➡ CORRIGÉ : **a)** standard = 1 a, 2 b, 3 b, 4 a, 5 b – **familier** = 1 b, 2 a, 3 a, 4 b, 5 a
b) conseils = 1, 3, 5, 6 et 9 – obligations = 2, 4, 7, 8 et 10

➡ OBJECTIF DE L'ACTIVITÉ 7 ⬅   Écrire une page de site Internet donnant des conseils aux personnes à la recherche d'un emploi.

7 Il s'agit ici de faire transférer ce que les apprenants ont appris tout au long du parcours et de rédiger un document assimilé à celui des conseils de l'ANPE. Proposer aux apprenants de travailler en sous-groupes par trois. Si vous disposez d'un rétroprojecteur, il peut être intéressant de faire rédiger les conseils pour trouver un emploi sur un transparent car cela facilitera la mise en commun/correction en grand groupe. Enfin, la classe choisira le site qui donne les meilleurs conseils.

INDIQUER DES CHANGEMENTS NÉCESSAIRES

Comprendre Écrit	**Comprendre Oral/Écrit**	**Point Langue** Le subjonctif pour donner un conseil, exprimer la nécessité	**Point Langue** La formation du subjonctif	**Phonétique** Act. 13	**S'exprimer Oral**	**S'exprimer Écrit**
Act. 8, 9 et 10	Act. 11 et 12		S'exercer nos 3 et 4		Act. 14	Act. 15

Fiche d'évaluation   Dialogue

→ **OBJECTIF DES ACTIVITÉS 8, 9 ET 10** ←   Comprendre une fiche d'évaluation disant les points forts et les points faibles d'un candidat, lors d'un entretien d'embauche.

8   Faire lire le document afin de l'identifier : *Il s'agit d'une fiche d'évaluation disant les points forts et les points faibles d'un candidat, lors d'un entretien d'embauche.* Attirer l'attention des apprenants sur le nom du stagiaire : *Il s'agit en fait de la **simulation** d'entretien de Simon dans le cadre de l'atelier de recherche d'emploi de l'ANPE*, écoutée dans le premier parcours. Faire déduire que cette fiche d'évaluation a été écrite par le formateur animant l'atelier.

→ **CORRIGÉ :** C'est la fiche d'évaluation de la conseillère de l'ANPE, après l'entretien de Simon.

9   Revenir sur le document afin d'identifier les parties concernant la prestation de Simon : la partie « Points positifs » est bien plus courte que la partie « Points à améliorer ». Dans la première, le formateur décrit l'attitude de Simon pendant l'entretien ; dans la deuxième, il indique les changements nécessaires dans l'attitude de Simon.

→ **CORRIGÉ :** – on indique les changements nécessaires dans l'attitude de Simon → Points à améliorer (on remarque des expressions de nécessité comme *il faut... il est nécessaire/essentiel...*) – on décrit l'attitude de Simon pendant l'entretien → Points positifs

10   Faire relire la fiche d'évaluation afin d'identifier le dessin qui correspond à la situation. Lors de la mise en commun, faire justifier les réponses.

→ **CORRIGÉ :** Il s'agit du dessin 2, car le candidat ne montre pas de signes de nervosité et n'a pas une tenue adaptée pour un entretien.

→ **OBJECTIF DES ACTIVITÉS 11 ET 12** ←   Comprendre les conseils donnés à un candidat à la suite d'un entretien d'embauche.

11   Faire écouter le dialogue, manuels fermés, et en vérifier la compréhension globale : *À la suite de la simulation d'entretien (déjà travaillée dans le premier parcours), les co-stagiaires de Simon font des commentaires sur sa prestation et lui donnent des conseils, lui disent ce qu'il doit faire pour réussir son entretien d'embauche.*

→ **CORRIGÉ : Qui parle ?** la formatrice animant l'atelier ANPE/les stagiaires de l'atelier ayant assisté à la simulation d'entretien de Simon – **Où ?** à l'atelier de recherche d'emploi de l'ANPE – **Quand ?** après la simulation d'entretien de Simon – **Dans quel but ?** pour évaluer la prestation de Simon (points positifs/à améliorer), pour lui donner des conseils, lui dire ce qu'il doit faire pour progresser et réussir son entretien d'embauche.

12   Faire réécouter l'enregistrement afin d'identifier les conseils repris sur la fiche d'évaluation, sans faire noter comment c'est dit, car les apprenants ne connaissent pas encore le subjonctif. En fonction du niveau du groupe, proposer une réécoute avec des pauses. Lors de la mise en commun, vérifier que les apprenants comprennent qu'il s'agit de conseils exprimant des changements nécessaires. En effet, l'expression de la nécessité servira de transition vers la conceptualisation du subjonctif, effectuée dans le Point Langue.

→ **CORRIGÉ :** *il faut que Simon fasse attention à son vocabulaire* (→ *il faut que tu surveilles ta façon de parler !* – *[il faut] que vous fassiez attention à votre vocabulaire*) – *Il est essentiel qu'il donne de vraies motivations professionnelles* (→ *il faut pas que tu dises ta vraie motivation comme ça, il faut que tu dises des choses plus sérieuses, plus intéressantes pour un employeur !*) – *il faut qu'il montre son ambition mais aussi qu'il sache rester réaliste* – *il ne faut surtout pas qu'il dise du mal de ses anciens employeurs et il faut qu'il agisse avec diplomatie* (→ *il faudrait que tu sois plus positif/ il faut que vous soyez moins direct dans vos propos, que vous évitiez de dire vos défauts*) – *il est indispensable qu'il ait une tenue plus adaptée pour un entretien* (→ *[il faut] que tu aies une tenue plus adaptée*)

Point **Langue**

> **LE SUBJONCTIF**

Ce Point Langue vise à aborder le subjonctif dans le cadre de l'expression du conseil et de la nécessité.
a) Faire lire les phrases afin de faire ressortir l'idée de conseils exprimant des changements nécessaires. Puis, faire identifier les formules qui expriment la nécessité. Ensuite, demander aux apprenants de souligner chaque verbe qui suit les formules : *qu'il fasse, qu'il ait, qu'il donne, que tu dises*. Vérifier si certains connaissent cette forme verbale, la nommer : *Il s'agit du subjonctif présent*. Le subjonctif est un mode.
b) Faire compléter la règle, qui vise à conceptualiser la valeur du subjonctif par rapport à l'indicatif.

> **Corrigé : a)** *il faut que – il est indispensable que – il est essentiel que – il ne faut pas que*
> **b)** on décrit une réalité avec le mode *indicatif* – on exprime la nécessité de l'action avec le mode *subjonctif*

Point **Langue**

> **LA FORMATION DU SUBJONCTIF**

Ce Point Langue porte sur la formation du subjonctif présent, en deux temps : les trois personnes du singulier + la troisième personne du pluriel, car elles ont la même base, puis les deux premières personnes du pluriel, pour les mêmes raisons.
a) et **b)** Faire observer les exemples cités afin de compléter les terminaisons des verbes et la règle.

> **Corrigé : a)** la *3e personne* du pluriel du présent de l'indicatif
> **b)** à la 2e personne du pluriel *de l'imparfait*

S'EXERCER n° 3 et 4 Corrigé ▶ p. 45

> **OBJECTIF DE L'ACTIVITÉ 13** ◀   **Phonétique :** Prononciation du subjonctif.

13 Il s'agit d'une activité de reproduction dans laquelle les formes du subjonctif côtoient les formes de l'indicatif de quelques verbes, afin que les apprenants les distinguent et maîtrisent mieux leur prononciation. Procéder à l'écoute du dialogue en entier et demander aux apprenants de quoi il s'agit (description rapide de la situation de communication, comme pour une compréhension orale). Puis, faire réécouter chaque phrase et proposer aux apprenants de les répéter, à tour de rôle.

> **OBJECTIF DE L'ACTIVITÉ 14** ◀   Passer un entretien d'embauche/donner des conseils à un candidat, à la suite d'un entretien d'embauche.

14 Dans cette activité, les apprenants sont mis dans le contexte de l'atelier ANPE et invités à simuler un entretien d'embauche.
a) Constituer des équipes de deux. Donner deux fiches à chaque équipe : une pour caractériser le recruteur et une autre pour le demandeur d'emploi. Sur celle du recruteur, les apprenants notent en quelques minutes ses caractéristiques (agréable, froid...) et sur celle du demandeur d'emploi ses points positifs et négatifs.
b) Proposer aux apprenants de jouer la scène par deux (tous les binômes improvisent simultanément).
c) Inviter deux ou trois groupes à présenter la simulation devant la classe. Les autres jouent le rôle de co-stagiaires dans l'atelier ANPE : ils écoutent et notent les points positifs et les points à améliorer. (NB : Les notes seront particulièrement importantes si l'activité 15 se fait en travail à la maison). À l'issue de la simulation, ils évaluent la prestation du candidat en signalant les aspects positifs, puis en donnant des conseils, comme dans l'enregistrement travaillé dans les activités 11 et 12.

> **OBJECTIF DE L'ACTIVITÉ 15** ◀   Rédiger une fiche d'évaluation disant les points forts et les points faibles d'un candidat, lors d'un entretien d'embauche.

15 Ce travail peut se faire à la maison. Proposer à chaque apprenant de rédiger une fiche d'évaluation sur le modèle de celle de la p. 34 du manuel en indiquant les « points positifs » et les « points à améliorer » relevés lors de l'entretien d'un candidat (*cf.* simulation, activité 14).

---

1. a. Si tu *suis*..., tu *apprendras*... – **b.** Si vous *multipliez*..., vous *obtiendrez*... – **c.** Si vous *écoutez*..., vous *progresserez*... – **d.** Si tu *n'as pas confiance*..., *inscris*-toi...– **e.** Si vous *voulez* vous entraîner..., *allez*...– **f.** Si vous *souhaitez*..., *soyez*...
2. a) **a.** ouais – **b.** j'aime pas qu'on me marche sur les pieds – **c.** je suis cool – **d.** il est tout le temps sur mon dos
b) **a.** oui – **b.** je n'aime pas qu'on me contrarie – **c.** je suis patient/tolérant – **d.** il me surveille en permanence
3. a. il faut que vous fassiez attention... – **b.** il faut qu'il soit plus positif – **c.** il faut que nous ayons... – **d.** il faut que vous regardiez...
4. *Réponses à titre indicatif :* **a.** Il ne faut pas que tu sois timide/ il faut que tu nous poses des questions, si tu ne sais pas. – **b.** Il faut que tu sois patiente avec lui mais que tu te fasses respecter, il ne faut pas que tu dises oui à tout. – **c.** Il faut que vous vous fassiez respecter, il faut que les employés obéissent à vos ordres mais il faut que vous soyez en même temps à l'écoute des salariés.

Riches en **expériences**

CONTENUS SOCIOCULTURELS – THÉMATIQUES

Expériences de stages en entreprise

OBJECTIFS SOCIOLANGAGIERS

OBJECTIFS COMMUNICATIFS & SAVOIR-FAIRE	
Être capable de...	
Raconter une expérience professionnelle	– comprendre un article sur les stages en entreprise effectués par les jeunes – comprendre des témoignages oraux sur des expériences professionnelles passées – comprendre des précisions données sur une action – parler de l'accès au monde du travail pour les jeunes, dans son pays – raconter une expérience de stage professionnel et/ou de job, oralement et sous forme de témoignage dans la presse
Parler de ses activités professionnelles	– comprendre la présentation d'une émission dans un programme de télévision – comprendre des personnes parlant de leur relation au travail, dans le cadre d'une émission de télévision – parler de sa relation au travail et/ou évoquer celle de ses proches – comprendre des données sur la durée du travail en France – informer sur la durée du travail dans son pays
OBJECTIFS LINGUISTIQUES	
GRAMMATICAUX	– le plus-que-parfait – les pronoms et adverbes indéfinis : *quelqu'un, rien, personne, nulle part*, etc.
LEXICAUX	– termes liés à la recherche d'emploi – termes liés à l'entreprise
PHONÉTIQUES	– prononciation des adverbes en « ment » – phonie-graphie : le son [ɛ̃]

SCÉNARIO DE LA LEÇON

La leçon se compose de deux parcours :

Dans le premier parcours, à partir de témoignages lus et entendus de jeunes qui ont fait des stages en entreprise, les apprenants seront amenés à raconter une expérience de stage, à évoquer des expériences passées et à informer sur l'accès au monde du travail dans leur pays.

Dans le second parcours, les apprenants entendront des personnes de tous âges parler de leur relation au travail. Puis, ils s'exprimeront sur leur relation au travail et/ou évoqueront celle de leurs proches. Ils seront amenés à interpréter les données implicites dans le support oral concernant la durée du travail et l'âge de la retraite en France (données qui seront précisées dans un petit texte informatif), puis à comparer avec la situation dans leur pays.

RACONTER UNE EXPÉRIENCE PROFESSIONNELLE

| 🎬 Comprendre Écrit/Oral Act. 1, 2, 3 et 4 | 🎬 Point Langue Le plus-que-parfait S'exercer n° 1 | 🎬 Comprendre Écrit Act. 5 et 6 S'exercer n° 2 | 🎬 Point Langue Les adverbes pour donner une précision S'exercer n° 3 | 🎬 Phonétique Act. 7 | 🎬 S'exprimer Oral Act. 8 | 🎬 S'exprimer Écrit Act. 9 |

Article de journal
Témoignages

Article de journal (suite)

→ OBJECTIF DES ACTIVITÉS 1, 2, 3 ET 4 ← Comprendre un article de presse sur les stages en entreprise et les témoignages oraux des jeunes cités dans l'article.

1 Avant de faire l'activité, faire observer le document afin de l'identifier : *Il s'agit d'un article* (extrait du journal *Le Parisien*, 9 août 2005). Ensuite, faire observer le titre, le chapeau, les sous-titres, les photos... et vérifier la compréhension globale du document : *C'est un article sur les stages d'été ; on y rapporte le témoignage de quatre jeunes ayant effectué un stage en entreprise.*

→ CORRIGÉ : **a)** des stages professionnels des jeunes – **b)** viennent de faire un stage dans une entreprise

2 Avant de faire l'activité, revenir sur l'article afin de mieux identifier les quatre jeunes dont il est question : *Aurélia, 20 ans ; employée dans un studio photo ; Tom, 19 ans, stagiaire dans une boîte de production audiovisuelle ; Armelle, 22 ans, a travaillé dans une agence de création ; Mathieu, 21 ans, en stage à la RATP.* Puis, faire écouter l'enregistrement afin d'identifier les deux jeunes qui témoignent.

→ CORRIGÉ : **1.** Les informations suivantes permettent de comprendre qu'il s'agit d'Armelle : *j'avais déjà suivi un stage dans une boutique de mode/un stage auprès de créateurs/ on me traitait comme un chien* – **2.** Mathieu : *j'ai été chargé de calculer la fréquentation de certaines lignes de bus, j'ai compris la signification du mot travail*

3 Revenir un court instant sur le chapeau de l'article afin de restituer le contexte des témoignages : *Les stages en entreprise sont difficiles à obtenir mais ils sont devenus obligatoires pour trouver un premier emploi.* Ensuite, faire découvrir la fiche « bilan du stagiaire » et attirer l'attention des apprenants sur les différentes rubriques, car elles correspondent aux informations à repérer. Faire d'abord compléter la fiche à partir des informations données dans l'article (nom, formation, secteur d'activité du stage...). Ensuite, faire écouter l'enregistrement afin de compléter les autres rubriques (comme s'ils étaient les stagiaires en question). Puis, proposer aux apprenants de travailler par deux pour compléter la fiche de chaque stagiaire. Vérifier la compréhension lors de la mise en commun en grand groupe.

→ CORRIGÉ :

Stagiaire	Armelle	Mathieu
Âge	22 ans	21 ans
Formation en cours	École de mode	–
Secteur d'activité du stage	la mode	les transports (RATP)
Durée du stage	–	1 mois
Tâches effectuées pendant le stage	j'ai passé mon temps à faire ce que les autres ne voulaient pas faire (aller chercher un café...)	calculer la fréquentation de certaines lignes de bus
Rémunération	stage non payé	400 Euros (30 % du SMIC)
Niveau de satisfaction	mauvais	bon

POINT **INFO**
– **SMIC**
– **RATP** ▶ p. 181

4 Cette activité permet une compréhension finalisée afin de constituer un corpus de phrases qui seront reprises et observées dans le Point Langue suivant. Demander aux apprenants, au cours d'une dernière écoute, de repérer s'il s'agit de la première expérience professionnelle d'Armelle et de Mathieu et de noter les phrases concernées.

→ CORRIGÉ : **Armelle** : ce n'est pas son premier stage : « *j'avais déjà suivi un stage de quinze jours dans une boutique de mode l'année dernière* » – **Mathieu** : c'est un premier stage : « *Ça a été mon premier contact avec le monde du travail parce que je n'avais jamais travaillé avant* »

Point **Langue** ❭ **LE PLUS-QUE-PARFAIT pour raconter une expérience passée : l'antériorité dans le passé**

Ce Point Langue permet de conceptualiser la valeur du plus-que-parfait ainsi que sa morphologie. À partir de l'observation des exemples, faire remarquer que les deux actions *je n'avais jamais travaillé avant* et *j'avais déjà suivi un stage* sont l'une et l'autre antérieures à l'action *quand j'ai effectué mon stage*, elle-même passée. Faire constater que les temps utilisés sont différents : faire identifier d'abord le passé composé (puisqu'il est déjà connu) et dire que le temps qui marque l'antériorité dans le passé se nomme le « plus-que-parfait ».

... / ...

... / ... Point **Langue**

Enfin, faire dégager la règle de formation. Faire repérer et formuler le point commun avec le passé composé déjà connu : *C'est également un temps composé avec l'auxiliaire et le participe passé* ; puis, faire observer et nommer la différence : *l'auxiliaire est à l'imparfait* (déjà connu).

➡ **Corrigé :** Le plus-que-parfait est un temps *composé* formé avec l'auxiliaire
à l'*imparfait*.

S'EXERCER n° 1 Corrigé
▶ p. 50

➡ OBJECTIF DES ACTIVITÉS 5 ET 6 ◀ Comprendre un article de presse sur les stages en entreprise. Comprendre des précisions sur une action.

5 Cette activité permet aux apprenants de s'approprier quelques expressions du monde du travail et de l'entreprise (leur faire donner des définitions concernant des actions professionnelles). Faire répondre seul, puis faire comparer les réponses avec le voisin.

➡ CORRIGÉ : 1 d – 2 e – 3 a – 4 b – 5 c

S'EXERCER n° 2 Corrigé
▶ p. 50

6 Faire relire l'article afin d'y trouver les précisions données par les stagiaires. L'activité sert de transition vers le Point Langue.

➡ CORRIGÉ : **Aurélia :** elle a travaillé **gratuitement** à temps plein pendant l'été mais elle juge **positivement** son expérience. – **Tom :** Grâce à une relation de son père, Tom a obtenu ce stage **facilement**. – **Armelle :** Elle a réussi **brillamment** le concours d'entrée... – **Mathieu :** juge **différemment** le monde du travail.

Point **Langue** ❯ **LES ADVERBES pour donner une précision sur une action**

Ce Point Langue permet de conceptualiser la formation des adverbes. Revenir sur les énoncés repérés dans l'activité 6 et faire observer les mots qui donnent une précision sur une action : *Ce sont des adverbes.* Ensuite, faire observer les listes d'adverbes présentées dans le Point Langue. Faire constater la terminaison en -*ment* de tous ces adverbes. Faire observer la liste de gauche et attirer l'attention sur la base qui correspond à l'adjectif au féminin (cela est évident pour *positivement*). Demander pourquoi les deux adverbes à droite sont placés à part, guider en demandant de retrouver l'adjectif qui correspond pour chaque adverbe (brillant.../différent). Pour terminer, faire compléter la règle.

➡ **Corrigé :** au féminin – par -*ent* – par -*ant*

S'EXERCER n° 3 Corrigé
▶ p. 50

➡ OBJECTIF DE L'ACTIVITÉ 7 ◀ **Phonétique :** Prononciation des adverbes en « ment ».

7 L'activité vise à faire entendre, pour bien reproduire, la prononciation des adverbes en « ment » dont la prononciation diffère selon leur construction. Pour les adverbes construits à partir d'un adjectif dont le phonème final est [ã], les deux dernières syllabes écrites se prononcent *consonne* + [a] + [mã]. Pour les autres, les deux dernières syllabes écrites se prononcent *consonne* + [mã]. Procéder à l'écoute de l'enregistrement. Proposer aux apprenants de reproduire la grille suivante pour noter les réponses :

	consonne + [mã]	[amã]
1.	✓	
2. ...		

Pendant l'écoute de l'enregistrement (écoute séquentielle recommandée), chaque apprenant note ce qu'il entend. Procéder à la correction collective après une deuxième écoute de l'enregistrement (écoute continue). Pour terminer cette activité, faire réécouter et répéter chaque adverbe par les apprenants, individuellement.

➡ CORRIGÉ : **consonne +** [mã] = 1, 4, 5, 7 et 9 – [amã] = 2, 3, 6, 8 et 10

➡ OBJECTIF DE L'ACTIVITÉ 8 ◀ Raconter une expérience professionnelle (ou celle d'un proche) et parler de l'accès au monde du travail pour les jeunes, dans son pays.

8 **a)** Pour faciliter les échanges en petits groupes, proposer aux apprenants de parler d'une expérience professionnelle (stage/job...) en se basant sur les types d'informations travaillées dans l'article : formation, secteur, durée, travail effectué, rémunération et appréciation. Lors de la mise en commun, proposer à chaque sous-groupe de choisir un apprenant, pour raconter son expérience à la classe.
b) En fonction de la classe, cette activité interculturelle peut être faite en sous-groupes ou en grand groupe. Proposer aux apprenants de raconter dans quel cadre les jeunes font des stages dans leur pays et d'exprimer leur point de vue sur cette manière d'entrer en contact avec le monde de l'entreprise.

→ OBJECTIF DE L'ACTIVITÉ 9 ←   Raconter une expérience de stage professionnel et/ou de job, sous forme de témoignage dans la presse.

9 Avant la rédaction du témoignage qui se fait seul, en classe ou à la maison, faire lire les deux encadrés afin que les apprenants choisissent un des deux personnages en indiquant les quatre points précisés dans le manuel.

■ **POUR ALLER PLUS LOIN :** Faire lire quelques témoignages en classe et demander aux apprenants de compléter une fiche de bilan du stagiaire, comme à l'activité 3.

PARLER DE SES ACTIVITÉS PROFESSIONNELLES

🎵 Comprendre	🎵 Point Langue	🎵 Aide-mémoire	🎵 Point Culture	🎵 S'exprimer
Écrit/Oral	Les pronoms indéfinis	Parler de sa relation	La durée du travail	Oral
Act. 10, 11, 12 et 13	**S'exercer n° 4**	au travail	en France	Act. 14

Programme télé / Extrait d'émission

→ OBJECTIF DES ACTIVITÉS 10, 11, 12 ET 13 ←   Lire un extrait de programme de télévision et comprendre des personnes parlant de leur relation au travail, dans le cadre d'une émission télé.

10 Avant d'effectuer l'activité, faire identifier le document : *Il s'agit d'un extrait de programme de télévision.* Puis, proposer aux apprenants de lire le document et en vérifier la compréhension globale.

➡ **CORRIGÉ :** 1. L'émission *C'est ma vie* est un magazine de société − 2. Le travail, c'est le bonheur ? − 3. L'animatrice Mireille Alexandre reçoit quatre invités : Jacques (retraité et bénévole), Nordine (rentier), Adrien (étudiant et veilleur de nuit) et Rémy (cuisinier et gérant d'une discothèque).

11 **a)** Faire écouter le dialogue, manuels fermés, afin d'identifier les personnes interviewées par Mireille Alexandre. Pour cela, demander aux apprenants de revenir sur la présentation des participants à l'émission, découverte précédemment.
b) Faire réécouter le dialogue afin de caractériser les participants et proposer aux apprenants de comparer leurs réponses par deux. Lors de la mise en commun en grand groupe, demander aux apprenants de justifier leurs choix.

➡ **CORRIGÉ :** **a)** Jacques et Rémy − **b)** **Jacques** est généreux : il aide des enfants en difficulté scolaire ; il assure une permanence dans une association tous les jours de 16 h à 20 h. / **Rémy** est hyperactif : il cumule deux activités à temps complet ; il est cuisinier le jour et gérant d'un night club la nuit.

12 Faire réécouter l'enregistrement afin de répondre au vrai-faux. Proposer aux apprenants de comparer les réponses par deux. Lors de la mise en commun en grand groupe, faire justifier les réponses.

➡ **CORRIGÉ :** 1. faux : il est retraité − 2. faux : il travaille dans une association − 3. vrai : il fait du soutien scolaire − 4. faux : il cumule deux emplois à temps complet − 5. faux : il n'est pas un adepte des 35 heures, quand il ne fait rien, il est malheureux − 6. vrai : il ne dort que trois ou quatre heures par nuit

13 Pour effectuer cette activité, recommander aux apprenants de s'appuyer sur le dialogue qui vient d'être entendu et sur la présentation des participants à l'émission. Proposer aux apprenants de prendre connaissance des quatre extraits de témoignages et d'identifier qui s'exprime à chaque fois. Proposer aux apprenants de comparer les réponses par deux. Lors de la mise en commun en grand groupe, faire justifier les réponses.

➡ **CORRIGÉ :** 1 : Rémy − 2 : Adrien − 3 : Jacques − 4 : Nordine

Point **Langue**   › **LES PRONOMS INDÉFINIS**

Ce Point Langue permet une réflexion sur le sens et l'usage des pronoms (et des locutions adverbiales) indéfinis.
a) Faire observer les phrases données et demander aux apprenants d'identifier dans chacune quel mot marque une idée d'imprécision. Ensuite, faire réfléchir à la fonction de ces pronoms dans chaque phrase : sont-ils sujet, complément... demander en synthèse d'effectuer l'appariement proposé (*cf.* corrigé).
b) Faire classer les pronoms dans les trois catégories proposées.
c) Revenir aux exemples afin de faire sélectionner les pronoms indéfinis négatifs ; faire remarquer l'existence et la place de la négation *ne*. Puis, faire sélectionner les pronoms indéfinis complément afin de compléter la deuxième règle.

.../...

➡ **Corrigé : a)** *quelqu' un* et *personne, quelque chose* et *rien* peuvent être *sujet ou complément – quelque part* et *nulle part* peuvent être *seulement complément* – **b) personne** : *quelqu' un, personne* – **action**/**chose** : *quelque chose, rien* – **lieu** : *quelque part, nulle part* – **c)** *personne, rien* et *nulle part* – **S'EXERCER n° 4** Corrigé ▶ p. 50
après le verbe

AIDE-MÉMOIRE

Cet Aide-mémoire permet de fixer quelques formules permettant de parler de sa relation au travail. Elles seront utiles pour l'activité 14.

La durée du travail en France   POINT CULTURE

Ce Point Culture amène les apprenants à revenir sur les témoignages afin d'y identifier des données concernant la durée du temps de travail hebdomadaire en France et l'âge minimum de la retraite. Il leur permet aussi de prendre connaissance d'informations sur la retraite. Enfin, il les amène à comparer ces données avec celles de leur pays.

A. B. Faire faire les activités individuellement. Lors de la mise en commun en grand groupe, vérifier les réponses et la compréhension du texte informatif. Pour clore l'activité, faire comparer brièvement les données (durée du temps de travail hebdomadaire et l'âge minimum de la retraite) avec celles du pays des apprenants.

➲ **Corrigé : A.** 35 heures – 55 ans

POINT **Durée du temps de travail en France** ▶ p. 181

➡ OBJECTIF DE L'ACTIVITÉ 14 ◀   Parler de sa relation au travail et/ou évoquer celle de ses proches.

14 **a)** Former des groupes de trois personnes afin d'effectuer l'activité. Demander à chaque groupe de nommer un rapporteur. Lors de la mise en commun, interroger brièvement les rapporteurs, qui devront rendre compte de l'avis du groupe.
b) Proposer aux apprenants de travailler par deux afin de parler de leur relation au travail et/ou d'évoquer celle de leurs proches. Lors de la mise en commun, interroger brièvement le groupe en prenant éventuellement comme point de départ les extrêmes (personnes hyperactives/passionnées et personnes ne travaillant pas/plus).

1. a. elle avait bien préparé – **b.** j'avais rédigé – **c.** l'école leur avait communiqué – **d.** il était arrivé en retard – **e.** vous aviez fait
2. stage – une boîte – suivre – gratuitement – le monde de l'entreprise

3. a. dangereusement – **b.** violemment – **c.** définitivement – **d.** tristement – **e.** négativement – **f.** bruyamment
4. a. quelqu'un/quelque chose/rien – **b.** personne – **c.** quelque part/personne

---

Activité de phonie-graphie

L'activité proposée est une activité de repérage du son dans des phrases, lues et écoutées en même temps.
a) Passer l'enregistrement (manuels fermés d'abord) et demander aux apprenants de dire quel est le son le plus fréquent. Une fois cette découverte du son effectuée, faire réécouter, manuels ouverts, afin que les apprenants soulignent à chaque fois qu'ils entendent le son [ɛ̃]. Corriger et faire conceptualiser avec la question **b)**. Pour finir, faire lire les phrases à tour de rôle, afin de vérifier la prononciation du son.

➡ CORRIGÉ : **a)** Mon vois<u>in</u> est quelqu'<u>un</u> de b<u>ien</u>, de s<u>ym</u>pa et de s<u>im</u>ple. – Les gens viennent la sema<u>in</u>e dans l'ancienne cité des cito<u>yens</u>. – Il v<u>ient</u> dem<u>ain</u> mat<u>in</u> en tr<u>ain</u> avec son ch<u>ien</u> Firm<u>in</u> qui aboie pour un r<u>ien</u>.
b) Le son [ɛ̃] s'écrit : « in », « un », « en », « ym », « im » et « ain ».

 Livre-élève ▶ p. 158

Ce `Carnet de voyage` se compose de deux volets :

Le premier volet, intitulé *Le jeu de l'oi(e)siveté*, propose une approche ludique de la thématique du travail. Il s'agit d'un jeu de l'oie imitant le jeu de société traditionnel, mais adapté au monde du travail... et de l'inactivité (d'où le nom jeu de l'oi(e)siveté).

Le second volet, intitulé *Les Français et le travail*, permet un travail de réflexion et d'analyse sur les rapports entre vie privée et vie professionnelle, à partir de documents sociologiques (article de presse, enquête, statistiques). Cette réflexion débouche sur une évocation de l'expérience des apprenants (ou de celle de leurs proches, s'ils n'ont jamais travaillé).

Le jeu de l'oi(e)siveté

1 Avant de commencer l'activité, faire observer le document afin de l'identifier : *C'est un jeu de société*. Vérifier si les apprenants connaissent le jeu (le jeu de l'oie existe dans beaucoup de pays). Demander aux apprenants d'identifier le nom du jeu en question (*jeu de l'oi(e)siveté*). Puis, leur demander de lire les définitions (jeu de l'oie/oisiveté) ainsi que les inscriptions dans les cases afin d'expliquer le nom du jeu. Préciser que l'objectif est de saisir le thème du jeu et non pas de comprendre chaque mot. Lors de la mise en commun, vérifier la compréhension du nom du jeu et attirer l'attention des apprenants sur le parcours de 24 cases qui se termine dans un lit, au centre.

> **CORRIGÉ :** Le nom joue sur l'homophonie entre « oie » et la première syllabe du mot « oisiveté ». La plupart des cases gagnantes sont des cases qui prônent l'inactivité, voire la paresse.

2 Proposer aux apprenants de travailler en petits groupes afin d'identifier le numéro des cases qui évoquent les catégories indiquées dans la consigne. Lors de la mise en commun, vérifier la compréhension du lexique.

> **CORRIGÉ : Problèmes de santé :** cases 6, 8, 13 et 21
> **Problèmes sociaux :** cases 4 et 12
> **Périodes de travail :** cases 5, 9, 11, 15, 19, 20 et 23
> **Périodes d'inactivité, sans travail :** cases 2, 3, 10, 16, 17, 18, 22 et 24
> **Autre :** cases 1, 7 et 14

3 Après avoir vérifié la compréhension des règles, proposer aux apprenants de jouer au jeu de l'oisiveté. Si possible, prévoir des plateaux de jeu agrandis, pour plus de commodité. Former des groupes de quatre ou cinq personnes et distribuer des dés. Passer dans les équipes pour vérifier la compréhension des consignes et des indications des cases.

Les Français et le travail

4 Avant d'effectuer l'activité, faire identifier le document : *Il s'agit d'un article de presse* (d'après *Le Point*, hors série n° 4, sept.-oct. 2005). Faire observer le gros titre ainsi que les sous-titres en gras (des questions, en fait) afin d'identifier globalement le sujet de l'article. Demander aux apprenants de lire l'article, puis en vérifier la compréhension globale : *L'article commente les résultats d'une enquête sociologique sur les Français et le travail*. Demander aux apprenants de retrouver le titre de l'étude présentée parmi ceux qui sont proposés.

> **CORRIGÉ :** Bien-être et implication des salariés au travail.

5 Avant de faire l'activité, faire observer les schémas afin de mettre en évidence le lien avec l'article : *Les trois schémas correspondent à des questions/résultats commentés dans l'extrait de presse.* Puis, faire retrouver dans l'article les commentaires en rapport avec chaque schéma. En fonction du groupe, prévoir un moment d'échange, au cours duquel les apprenants commenteront librement l'article qu'ils viennent de lire : *Sont-ils surpris par les résultats ? Ceux-ci correspondent-ils aux représentations qu'ils se faisaient des Français et de leur rapport au travail ?*

➔ CORRIGÉ : L'article commente, dans l'ordre, les schémas qui correspondent aux questions suivantes :
    – **Début de la première colonne** : *Pensez-vous souvent, de temps en temps ou jamais que vous êtes heureux dans votre travail ?*
    – **Deuxième colonne** : *Arrivez-vous à concilier les exigences de votre vie professionnelle et les contraintes de votre vie personnelle ? Pouvez-vous me dire quelles sont les principales contraintes que vous rencontrez dans votre vie quotidienne et dehors de votre travail ?*

■ **POUR INFORMATION :** Si vous souhaitez prendre connaissance de l'étude dont il est question dans cette partie du *Carnet de voyage*, *cf.* http://www.ipsos.fr/Canallpsos/articles/1469.asp

6 Former des groupes de trois ou quatre personnes afin d'observer les schémas et de faire le parallèle avec leur expérience et/ou de leurs proches.

■ **VARIANTE :** Réaliser le sondage dans la classe. Former des groupes de trois ou quatre personnes et proposer de répondre aux questions des trois schémas. Laisser un temps de commentaire libre, puis faire désigner un rapporteur dans chaque groupe, qui communiquera les résultats à la classe. Comptabiliser les résultats et faire un parallèle avec le sondage sur les Français.

Ils sont fous ces **Français** !

CONTENUS SOCIOCULTURELS – THÉMATIQUES

Stéréotypes : les Français vus d'ailleurs

OBJECTIFS SOCIOLANGAGIERS

OBJECTIFS COMMUNICATIFS & SAVOIR-FAIRE Être capable de...	
Parler d'un pays et de ses habitants	– comprendre la présentation d'un livre sur un site Internet et l'interview de ses auteurs à la radio – comprendre un extrait de livre sur la France et les Français – comparer avec son pays – rédiger un texte sur son pays et ses habitants pour un site Internet
Découvrir des stéréotypes	– comprendre la page d'accueil d'un site Internet – comprendre les résultats d'un sondage sur la vision que les Français et les Belges ont les uns des autres – comprendre des histoires drôles fondées sur des stéréotypes – évoquer des blagues qu'on raconte dans son pays – parler des stéréotypes concernant des populations

OBJECTIFS LINGUISTIQUES	
GRAMMATICAUX	– pronoms relatifs *où* et *dont* – pronoms démonstratifs *celui/celle*...
LEXICAUX	– expressions pour parler d'un pays (conditions de vie, mentalités)
PHONÉTIQUES	– phonie-graphie : le son [ɔ̃] – distinction des sons [ɔ̃]/[ɔ]

SCÉNARIO DE LA LEÇON

La leçon se compose de deux parcours :

Dans le premier parcours, les apprenants liront la présentation d'un livre sur un site Internet, puis ils écouteront l'interview de ses auteurs à la radio. À cette occasion, ils découvriront le thème du livre : « la France et les Français » et ils écouteront l'introduction du livre lue par les auteurs. À leur tour, ils liront cette introduction pour aller plus loin dans sa compréhension. Ils termineront par la présentation de leur propre pays et de ses habitants dans le cadre d'un site Internet, pour donner envie de le visiter.

Dans le second parcours, les apprenants découvriront un site Internet sur la région frontalière entre la France et la Belgique : ils prendront connaissance des résultats d'un sondage sur les stéréotypes de part et d'autre de la frontière, puis ils écouteront des blagues belges sur les Français. Pour finir, ils parleront des blagues dans leur pays et des stéréotypes sur les Français. Enfin, ils présenteront une région frontalière de leur pays et les stéréotypes sur ses habitants.

PARLER D'UN PAYS ET DE SES HABITANTS

Comprendre Écrit	Comprendre Oral/Écrit	Point Langue Parler d'un pays	Point Langue Les pronoms relatifs *où* et *dont*	S'exprimer Oral	S'exprimer Écrit
Act. 1	Act. 2, 3, 4 et 5	**S'exercer n° 1**	**S'exercer n° 2**	Act. 6	Act. 7

Présentation d'un livre	Interview radio Extrait d'un livre				

→ OBJECTIF DE L'ACTIVITÉ 1 ←   Comprendre la présentation d'un livre sur un site Internet

1 Avant de faire l'activité, demander aux apprenants de regarder le document afin de l'identifier : *Il s'agit de la présentation d'un livre sur un site Internet. On y voit la couverture du livre « Pas si fous, ces Français ! » et son résumé.* Faire remarquer la couverture du livre, qui met en évidence l'idée de contraste entre l'ancien et le moderne (le personnage « sorti tout droit » de la cour de Louis XIV a un téléphone portable à la main). Puis, faire lire le document et demander de faire l'activité. Lors de la mise en commun en grand groupe, vérifier les réponses et demander de les justifier.

→ CORRIGÉ : 1. vrai – 2. faux : ils sont canadiens – 3. vrai : « les deux journalistes ont analysé la France et les Français »

→ OBJECTIF DES ACTIVITÉS 2, 3, 4 ET 5 ←   Comprendre la présentation d'un livre et de ses auteurs, dans une interview à la radio ; comprendre un extrait de livre sur un pays et ses habitants.

2 Faire écouter l'enregistrement, manuels fermés, et en vérifier la compréhension globale : *Il s'agit d'une interview des auteurs de « Pas si fous, ces Français » à la radio. Dans un premier temps, on apprend qui sont les auteurs et le thème du livre. Puis, les auteurs lisent un passage du livre.* Ensuite, faire ouvrir les manuels afin de remplir le mél.

→ CORRIGÉ : journalistes canadiens – étudier la France et les Français – près de 3 ans – « Pas si fous, ces Français »

POINT   *Canada, Québec et langue française* ▶ p. 181

3 **a)** et **b)** Faire réécouter le passage (manuels fermés) où les auteurs lisent l'introduction de leur livre, afin d'identifier dans quel ordre les thèmes apparaissent et si l'opinion des auteurs est positive ou négative. Proposer aux apprenants de vérifier leurs réponses par deux (en les justifiant globalement), avant la mise en commun en grand groupe.

→ CORRIGÉ : **a)** d'abord les conditions de vie, puis la mentalité des Français
   b) 1ᵉʳ paragraphe : opinion positive – 2ᵉ paragraphe : opinion négative

4 **a)** et **b)** Faire réécouter la présentation du livre afin d'identifier, dans la liste donnée, de quoi parlent précisément les auteurs. Proposer aux apprenants de vérifier leurs réponses par deux avant la mise en commun en grand groupe. Si certains éléments n'ont pas été identifiés, passer directement à l'activité 5, où l'on propose aux apprenants de lire l'introduction du livre afin de confirmer les réponses.

→ CORRIGÉ : **a) mentalité des Français** : l'accueil dans les commerces, l'attitude envers l'action humanitaire, envers la politique et l'attitude des propriétaires de chiens – **b) conditions de vie** : la santé, la durée de vie, les commerces, les conditions de travail, les habitudes alimentaires

5 **a)** Faire lire l'introduction du livre afin de confirmer les réponses données à l'activité 4. Mettre en commun en grand groupe.
   b) Former deux groupes dans la classe : l'un relit l'extrait afin de relever les informations positives sur la France et ses habitants, l'autre relève les informations négatives. Lors de la mise en commun en grand groupe, vérifier la compréhension.

→ CORRIGÉ : **Informations positives** : 35 h de travail/semaine, 5 semaines de congés par an, longue espérance de vie, petit commerce à l'ancienne, le meilleur système de santé, les Français adorent faire le marché
   Informations négatives : Les Français attendent trop de l'État, ont peu de civisme, ne contribuent pas aux œuvres caritatives. Les clients sont, en général, servis avec nonchalance, voire impolitesse.

Point **Langue**   ▸ **PARLER D'UN PAYS**

Ce Point Langue vise à travailler le lexique utilisé dans l'extrait pour parler d'un pays et de ses habitants.
a) Faire relire le texte et sélectionner deux équivalents lexicaux pour désigner les gens d'un pays.
b) Faire apparier les éléments des deux colonnes « de mémoire », puis faire relire le texte pour vérifier les réponses. Mettre en commun en grand groupe.

   → **Corrigé : a)** les habitants et les citoyens — **b)** bénéficier d'un bon système de santé/de bonnes conditions de vie — faire preuve de civisme/nonchalance — avoir droit à cinq semaines de congé

S'EXERCER nº 1 Corrigé
▶ p. 57

Point **Langue**   > LES PRONOMS RELATIFS *OÙ* ET *DONT* pour donner des précisions

Ce Point Langue permet de conceptualiser l'usage des pronoms *où* et *dont*.
a) Faire relire le texte afin de compléter les exemples.
b) Faire l'activité en grand groupe. Pour chaque exemple, faire retrouver ce que le pronom relatif remplace et quelle est sa fonction dans la phrase. Pour cela, faire décomposer chaque phrase complexe. Ex. : *Imaginez un pays. Le petit commerce survit **dans ce pays** ; Imaginez un pays. Les habitants **de ce pays** travaillent 35 h par semaine.* Puis, faire compléter la règle.
c) Vérifier la compréhension de la règle d'usage en proposant une formulation plus économique des deux phrases données.

> **Corrigé : a)** Imaginez un pays *où* le petit commerce survit, *où* le client est servi avec nonchalance, *dont* les habitants travaillent 35 h par semaine, *dont* les citoyens font preuve de peu de civisme
b) *Où* remplace un complément de lieu/*Dont* remplace un complément introduit par *de*
c) C'est un pays *dont* les gens sont très heureux./C'est un pays *où* les conditions de vie sont agréables.

S'EXERCER n° 2 Corrigé ▶ p. 57

> OBJECTIF DE L'ACTIVITÉ **6** ⇐   Comparer la réalité française avec celle de son pays.

6 Former des groupes de trois ou quatre personnes, afin de commenter librement le texte lu sur la France et les Français et de comparer avec la réalité de son propre pays. Effectuer une brève mise en commun en grand groupe.

> OBJECTIF DE L'ACTIVITÉ **7** ⇐   Rédiger un texte présentant son pays et ses habitants, pour un site Internet.

7 Poser d'abord le contexte : *Chaque année en France, un pays est à l'honneur.* Dans ce cadre, des manifestations diverses sont prévues, pour faire connaître et diffuser la culture du pays en question. Un site Internet est à chaque fois créé. Effectuer l'activité : proposer aux apprenants d'écrire un court texte pour présenter leur pays sur le site et donner envie aux gens de le visiter, en suivant la même matrice que celle du texte étudié. En fonction du temps disponible, la tâche à réaliser se fera en classe ou à la maison.

DÉCOUVRIR DES STÉRÉOTYPES

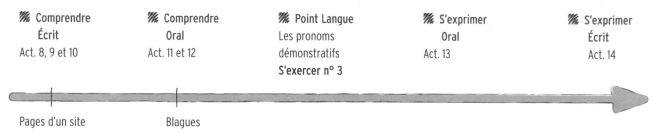

▨ Comprendre Écrit	▨ Comprendre Oral	▨ Point Langue	▨ S'exprimer Oral	▨ S'exprimer Écrit
Act. 8, 9 et 10	Act. 11 et 12	Les pronoms démonstratifs **S'exercer n° 3**	Act. 13	Act. 14

Pages d'un site   Blagues

> OBJECTIF DES ACTIVITÉS **8** ET **9** ⇐   Comprendre la page de présentation d'un site Internet.

8 Avant l'activité, faire identifier le document : *Il s'agit de la page de présentation d'un site frontalier du nom de* Frontièreland. Faire lire le document afin de répondre au vrai-faux. Proposer aux apprenants de comparer leurs réponses par deux. Vérifier la compréhension globale du document lors la mise en commun en grand groupe.

> **CORRIGÉ : 1. vrai :** on y mentionne les Belges et les Français. – **2. faux :** il s'agit d'un site frontalier. – **3. vrai :** la créatrice du site s'appelle Sylvie. – **4. faux :** *nous espérons donner envie aux gens qui ne connaissent pas notre région de venir la découvrir.* – **5. vrai :** on incite les personnes à envoyer leur contribution.

9 **a)** et **b)** Cette activité permet d'identifier les destinataires du site et de vérifier si les apprenants comprennent que certaines expressions ont le même référent : Belges et Français → vous → gens → ceux.

> **CORRIGÉ : a)** aux Belges et aux Français – **b)** Belges et Français... Ce site a une ambition : vous faire partager...
Nous espérons donner envie aux *gens* qui ne connaissent pas cette région de venir la découvrir ; à *ceux* qui la connaissent un peu de la découvrir mieux ; à *ceux* qui la connaissent bien de nous envoyer leur contribution.

→ OBJECTIF DE L'ACTIVITÉ 10 ←   Comprendre les résultats d'un sondage sur la vision que les Français et les Belges ont les uns des autres.

10 **a)** Faire lire le document. Avant de faire l'activité, vérifier la compréhension du contexte du document : *Il s'agit du résultat d'un sondage sur l'opinion qu'ont les Français des Belges et vice-versa ; on y évoque certains stéréotypes.* Faire observer le parallélisme entre les paragraphes des deux textes et, éventuellement, faire retrouver les questions qui ont servi de base pour les commentaires. Conclure en faisant l'activité.

b) Faire relire le document afin d'identifier les stéréotypes liés aux habitudes alimentaires et à la mentalité. Lors de la mise en commun, vérifier la compréhension du lexique et de certains implicites.

→ CORRIGÉ : **a) 1.** et **2.** L'opinion est plutôt positive autant pour les Belges que pour les Français. – **b) Stéréotypes liés aux habitudes alimentaires des Belges** : bière, frites, (chocolat) Léonidas ; **à leur mentalité** : joyeux fêtards, fête – **Stéréotypes liés aux habitudes alimentaires des Français** : baguette, bon repas ; **à leur mentalité** : intellos plutôt accueillants, ouverts, intellectuels, joviaux, amicaux

POINT **INFO**
Belges et histoires belges ▶ p. 181

→ OBJECTIF DES ACTIVITÉS 11 ET 12 ←   Comprendre des blagues sur les stéréotypes nationaux.

11 Avant de faire l'activité, faire lire les deux vignettes de BD et vérifier la compréhension du contexte : *Un Français raconte une histoire belge.* Puis, vérifier la compréhension de la blague. Ensuite, faire écouter le dialogue, manuels fermés, et en vérifier la compréhension globale : *Des amis rentrent de Belgique et racontent les blagues sur les Français qu'ils ont entendues lors de leur séjour.*

→ CORRIGÉ : Des personnes racontent à des amis des blagues sur les Français, entendues en Belgique. Le lien avec le site : les rapports entre les Belges et les Français et les blagues que les uns font sur les autres, évoquées dans les résultat du sondage.

12 **a)** Avant de faire l'activité, faire réécouter le dialogue afin de repérer les différentes blagues. Proposer de les compter et d'identifier le stéréotype évoqué à plusieurs reprises. Faire réécouter et demander aux apprenants pourquoi les gens rient ; élucider si nécessaire. En fonction du niveau du groupe, se référer à la transcription.

b) Faire réécouter le dialogue (avec des pauses) afin de relever les expressions utilisées pour annoncer les blagues. Ce repérage sert de transition vers le Point Langue.

→ CORRIGÉ : **a)** le complexe de supériorité – **b)** par exemple, celle-ci... – y'a aussi celle de l'autoroute – et celle-ci, c'est le même genre – et encore celle-là pour finir

---

Point **Langue**   **> LES PRONOMS DÉMONSTRATIFS *CELUI, CELLE, CEUX, CELLES...***
pour désigner, définir

Ce Point Langue permet de catégoriser les différents pronoms démonstratifs selon le genre et le nombre, et d'en conceptualiser l'usage.
a) Faire trouver ce que les pronoms démonstratifs désignent dans les exemples. Faire reformuler les énoncés.
Ex. : à **ceux** qui la connaissent = aux **gens** qui la connaissent.
b) Faire compléter le tableau avec les pronoms démonstratifs présents dans les exemples. Faire observer plus particulièrement le dernier exemple : *vous connaissez cette histoire ? celle de l'autoroute ? et celle-ci ? et celle-là ?*
Faire trouver dans quelle partie de la phrase **on donne une précision** sur le type d'histoire (*celle **de l'autoroute***) et dire que dans l'autre cas **on désigne** seulement. Faire lire en synthèse la rubrique « Attention » en soulignant la variation possible suivante : celle-ci/celle-là.

→ **Corrigé : a)** aux gens — aux femmes et aux hommes — l'histoire de l'autoroute — cette histoire-ci/cette histoire-là — **b)** féminin singulier : *celle* — masculin et féminin pluriel : *ceux, celles*

S'EXERCER n° 3   Corrigé
▶ p. 57

➡ OBJECTIF DE L'ACTIVITÉ 13 ⬅ | Évoquer des blagues que l'on raconte dans son pays et des stéréotypes sur les Français ou les habitants de son propre pays.

13 **a)** et **b)** Cette approche interculturelle permet aux apprenants d'échanger sur les stéréotypes concernant leur pays ou d'autres. Si les apprenants sont tous du même pays, on peut travailler sur les différences régionales. Veiller à ne pas vexer les sentiments nationaux et régionaux, cette activité doit se faire dans la bonne humeur. C'est l'enseignant qui jugera bon ou non de faire ce travail sur les blagues.

➡ OBJECTIF DE L'ACTIVITÉ 14 ⬅ | Parler d'une région frontalière et de ses habitants, des stéréotypes.

14 Il s'agit ici de faire rédiger une page de site comme celle de www.frontiereland.be. Veiller à ce que les apprenants choisissent une région frontalière qu'ils connaissent ou qu'ils imaginent facilement afin qu'ils puissent citer des informations sur les habitants des deux côtés de la frontière (stéréotypes, etc.). La rédaction de la page de présentation peut se faire à la maison, selon le temps disponible.

S'EXERCER - CORRIGÉ

1. 1 e – 2 b – 3 d – 4 a – 5 f – 6 c
2. a. le château où – **b.** le lac dont – **c.** cette pièce dont les murs – **d.** le parc où – **e.** les photos dont

3. a. *celles* qui représentent /*celle-ci* par exemple. / – Et *celles-là* ? / – *Celle-ci*, c'est le centre... et *celle-là* représente...
b. – *celui qui* joue ? / *celui-là*, il est français !
c. – Moi, je préfère *ceux-là*... / j'aime *ceux qui* ne sont pas aromatisés

Activités de phonie-graphie

1 **a)** Faire écouter les deux premiers items. Demander quels sons ont été perçus. Puis, faire écouter le reste de l'enregistrement et demander d'indiquer le son entendu pour chaque mot. Les apprenants notent ce qu'ils entendent individuellement. Ils peuvent comparer leur grille en binômes avant la correction en grand groupe. À partir de la correction, faire observer et conceptualiser les graphies des deux sons.

➡ CORRIGÉ : **a)** [ɔ̃] = 1, 3, 5, 6, 8, 10, 12, 16, 18, 19 – [ɔ] = 2, 4, 7, 9, 11, 13, 14, 15, 17, 20
b) Le son [ɔ̃] s'écrit : « -*on* », « *om* » (devant *p* ou *b*) ou « *on* + consonne autre que *n* ».
Le son [ɔ] s'écrit : « *o* + consonne autre que *n* » ou « *onn* » ou « *omm* ».

2 Faire écouter l'enregistrement en faisant lire l'exercice sans rien écrire. Une deuxième écoute est recommandée pour faire compléter avec les graphies correspondant aux sons entendus. Concertation par deux avant la correction en grand groupe.

➡ CORRIGÉ : Nous espérons que les traditions complexes concernant les nourrissons seront comprises de tout le monde.
– Une personne connue ne peut pas contribuer au développement du commerce mondial et donner une bonne image de son pays avec cette nonchalance.

🎧 Livre-élève
▶ p. 158

Destination : **L'insolite**

CONTENUS SOCIOCULTURELS – THÉMATIQUES

Tourisme vert et tourisme insolite

OBJECTIFS SOCIOLANGAGIERS

OBJECTIFS COMMUNICATIFS & SAVOIR-FAIRE Être capable de...	
Informer sur un itinéraire	– comprendre une conversation dans laquelle on explique l'itinéraire et le programme d'une journée
Informer sur des prestations touristiques	– comprendre une page de site Internet informant sur un lieu et des prestations touristiques – comprendre un texte informatif sur le tourisme vert en France – comparer les saisons touristiques et de vacances en France, dans son pays
Faire une réservation touristique	– comprendre une brochure touristique proposant des week-ends insolites – comprendre une conversation téléphonique dans laquelle on fait une réservation touristique – donner son avis sur des propositions touristiques – faire/confirmer une réservation touristique – présenter une formule touristique dans une brochure
OBJECTIFS LINGUISTIQUES	
GRAMMATICAUX	– les pronoms *en* et *y* de lieu – le gérondif
LEXICAUX	– termes liés à la réservation et aux renseignements touristiques (repas, hébergement)
PHONÉTIQUES	– le son [ã] – phonie-graphie : le son [ã]

SCÉNARIO
DE LA LEÇON

La leçon se compose de trois parcours :

Dans le premier parcours, les apprenants découvriront la thématique grâce à une photo de vacances, puis ils écouteront une conversation entre des touristes et un guide qui explique l'itinéraire et le programme de la journée de randonnée. Ils liront ensuite deux programmes et détermineront lequel correspond aux informations données dans le dialogue.

Dans le deuxième parcours, les apprenants liront un document sur Internet, informant sur un lieu touristique et sur les prestations assurées. La compréhension de ce document leur permettra de compléter un texte informant sur le tourisme vert en France, puis de comparer les saisons touristiques et de vacances en France et dans leur pays.

Dans le troisième parcours, ils liront une brochure pour des formules de week-ends insolites, sur lesquelles ils donneront ensuite leur avis. Puis, ils écouteront la réservation faite par téléphone pour un de ces week-ends et compléteront le mél de confirmation. Finalement, ils rédigeront une page de brochure pour un lieu touristique en présentant les prestations offertes : activités, hébergement, etc.

INFORMER SUR UN ITINÉRAIRE

▨ **Comprendre**
    Oral
    Act. 1 et 2

▨ **Point Langue**
Les pronoms *y* et *en* pour indiquer le lieu
S'exercer n° 1

Photos + Dialogue + Programme touristique

> ➡ OBJECTIF DES ACTIVITÉS 1 ET 2 ⬅   Comprendre un itinéraire et un programme touristique.

1 **a)** Avant d'écouter l'enregistrement, faire observer la photo et faire des hypothèses sur la situation : *Où sont les personnes ? Qui sont-elles ? Que font-elles ? C'est à quel moment de la journée ?* Veiller à ce que l'essentiel soit observé : *une famille, en pleine nature, avec des bagages et des ânes, en été.*
b) Faire écouter la conversation, manuels fermés ; selon les cas, confirmer les hypothèses ou faire préciser la situation.

> ➡ CORRIGÉ : **a)** C'est la photo d'une famille, en pleine nature, avec des bagages et des ânes, en été. Hypothèses sur la région, le type de vacances. – **b)** Une famille (le père, la mère et leurs deux enfants) est en vacances et se prépare à partir le matin pour une journée de promenade/randonnée en montagne avec des ânes. On entend une personne (guide/organisateur) qui donne des indications sur la journée.

2 **a)** Avant de faire l'activité, faire lire les deux programmes pour la journée de randonnée. Puis, après la réécoute, faire choisir celui qui correspond au programme entendu.
b) Procéder à une dernière écoute séquentielle et demander aux apprenants de relever les phrases correspondant aux informations données dans le programme. Une partie des phrases relevées constitue le corpus d'observation pour le Point Langue.

> ➡ CORRIGÉ : **a)** premier programme – **b)** *direction le petit village de Pradelles, on y arrivera vers une heure – on pique-nique là-bas ? Exactement, on s'arrête là-bas, on va y rester 1/4 d'heure environ et on en repartira vers deux heures.*

Point **Langue**   › **LES PRONOMS *Y* ET *EN* pour indiquer le lieu**

a) Faire observer les exemples ainsi que l'alternative proposée (*à* Pradelles ou *de* Pradelles). Vérifier que la différence de sens est bien perçue : destination/provenance. L'usage du pronom *y* étant déjà connu (*cf. Alter Ego 1*), il sera aisé de faire constater par opposition celui du pronom *en* pour indiquer la provenance. Faire choisir pour chaque phrase le sens du pronom.
b) Faire compléter la formulation de la règle.

> ➡ **Corrigé : a)** on *y* arrivera = **à** Pradelles – On va *y* rester = **à** Pradelles – On **en** repartira = **de** Pradelles
> **b)** Pour indiquer le lieu de provenance, on utilise le pronom *en*.

S'EXERCER n° 1 Corrigé ▶ p. 62

INFORMER SUR DES PRESTATIONS TOURISTIQUES

📖 **Comprendre**	📖 **Point Langue**	📖 **Point Culture**
Écrit	Les informations sur les prestations touristiques	Le tourisme vert,
Act. 3 et 4	**S'exercer n° 2**	la randonnée

Page d'un site touristique

> ➡ OBJECTIF DES ACTIVITÉS 3 ET 4 ⬅   Comprendre des informations sur un lieu et des prestations touristiques.

3 Avant d'effectuer l'activité, demander aux apprenants d'observer le document afin de l'identifier : *Il s'agit d'une page de site Internet.* À partir de la photo, du titre et du chapeau, faire trouver de quoi il est question sur ce site : *d'une ferme, dans la région des Cévennes, qui propose des prestations touristiques.* Si cela est possible, situer sur une carte de France (*cf. Alter Ego 1*) les Cévennes dans les départements de la Lozère, de l'Ardèche et du Gard. Puis, faire lire et répondre aux quatre questions. Pour vérifier la compréhension, on peut demander à qui appartient la ferme : *À Jean-Christophe et Jocelyne Palmier.* Ce travail de compréhension globale se fait en grand groupe et permet de vérifier la compréhension des mots comme *gîte, hébergement, itinérante, circuits,* etc. Il sera utile de préciser qu'une partie des Cévennes est un parc naturel régional, c'est-à-dire une zone protégée.

> ➡ CORRIGÉ : **1.** Le point commun : la randonnée avec un âne. Les personnes sur la photo font une randonnée organisée par la ferme de Marance (*cf.* le logo de la ferme sur le programme de la randonnée) – **2.** Ce site s'adresse à des vacanciers, des touristes. – **3.** Il propose l'organisation de randonnées avec des ânes et la location d'un gîte rural. – **4.** La première partie du document correspond à l'organisation de randonnées et la deuxième partie donne des précisions sur le gîte et les conditions de location.

4 **a)** Faire relire le document et repérer dans la première partie, par deux, les informations concernant : le logement, le programme proposé et la nourriture.

b) Ensuite, faire rechercher, par deux, le prix pour chaque prestation s'il est indiqué sur le site, ainsi que les prix pour la location du gîte. Mettre en commun en grand groupe.

⊒ CORRIGÉ : **a)** **le logement pendant les randonnées** (*hébergement*) : dans des gîtes ruraux, chez l'habitant, ou en camping – **le programme proposé** : circuits sur une journée ou sur plusieurs jours (randonnées itinérantes) / 18 à 19 km par jour (bagages portés par les ânes) – **la nourriture** : demi-pension, 95 € par personne, possibilité de pension complète – **b)** **Pour les randonnées** : 32 €/jour pour louer un âne / 95 €/personne pour l'accompagnement (guide) et la demi-pension (2 repas) / réduction pour les groupes à partir de cinq personnes – **Pour la location du gîte** : 250 €/semaine hors saison / 290 € en moyenne saison / 320 € en haute saison

---

Point **Langue** > **LES INFORMATIONS SUR LES PRESTATIONS TOURISTIQUES**

Ce Point Langue de type lexical permet de vérifier la compréhension des mots et expressions concernant les prestations touristiques.

a) Revenir rapidement sur la zone du texte qui informe sur le type d'hébergement pendant les randonnées, puis faire choisir les réponses attendues. Faire relier de même manière les autres éléments.

b) Faire sélectionner la bonne réponse pour chaque série et demander de justifier avec des exemples pris dans le document.

⊒ **Corrigé : a) Le type d'hébergement** : chez l'habitant – à l'hôtel – en camping – en gîte rural – en location.

Le type de séjour : en pension complète – en demi-pension – nuit + petit déjeuner.

Les prix/tarifs : en basse saison/hors saison – en moyenne saison – en haute saison –

b) Le prix sera plus élevé : à l'hôtel – en pension complète – en haute saison

S'EXERCER n° 2 Corrigé ▶ p. 62

Le tourisme vert et la randonnée

POINT CULTURE

Ce Point Culture amène les apprenants, à l'appui des situations travaillées, à mieux comprendre ce qu'est le tourisme vert en France et à vérifier la compréhension de certains éléments rencontrés dans le document touristique.

A. Faire lire le texte et faire compléter avec les mots proposés. Proposer aux apprenants de se référer au document étudié précédemment.

Cette partie du Point Culture peut déboucher sur des petits groupes de recherche de sites touristiques nationaux proposant des circuits originaux ou traditionnels avec présentation en classe et sur une comparaison avec la situation dans les pays des apprenants : *Existe-t-il aussi chez eux un tourisme vert ? En quoi consiste-t-il ? Y a-t-il des zones naturelles protégées ? etc.*

B. Demander aux apprenants de se référer au document étudié (La Ferme des Marance) et d'identifier le passage qui permet de comprendre quelle est la principale période de congés en France : *Il s'agit des tarifs de location du gîte, variables en fonction de la période.* Apporter les précisions nécessaires sur les périodes de petites vacances scolaires.

➲ **Corrigé : A.** loger *chez l'habitant* – louer un *gîte* – les *parcs* naturels – sept *parcs* nationaux et 42 *parcs* naturels – la randonnée *pédestre* – les plus longs *circuits* – randonnée *itinérante*

POINT **INFO**
– *Tourisme vert et randonnée*
– *Périodes de vacances* ▶ p. 182

FAIRE UNE RÉSERVATION TOURISTIQUE

▓ Comprendre Écrit	▓ Point Langue Le gérondif	▓ Phonétique	▓ S'exprimer Oral	▓ Comprendre Oral	▓ S'exprimer Écrit
Act. 5, 6 et 7	**S'exercer n° 3**	Act. 8	Act. 9	Act. 10 et 11	Act. 12

Brochure touristique   Dialogue de réservation + mél

> OBJECTIF DES ACTIVITÉS 5, 6 ET 7 ←   Comprendre une brochure touristique proposant des week-ends insolites.

5 Faire d'abord observer le document (forme, titre, photos) pour le faire identifier : *Il s'agit d'une page de brochure touristique.* En faisant observer les photos seules, on pourra faire imaginer de quel type de week-end il s'agit. Puis, faire regarder le document plus attentivement mais sans lecture exhaustive (seulement les phrases d'accroche pour chaque formule) et demander de répondre aux questions de compréhension globale en grand groupe.

> **CORRIGÉ :** **1.** C'est une publicité/brochure touristique. – **2.** à des touristes – **3.** pour proposer des formules originales de week-end

6 **a)** Former des groupes de deux ou trois apprenants ; leur demander de lire le document entier afin de déterminer ce qui fait l'originalité de chaque formule de week-end, en quoi elle est insolite. Faire ensuite une mise en commun, en demandant de justifier les réponses.
b) Enfin, demander de classer les trois propositions de week-ends selon les critères demandés. Puis, faire une mise en commun en grand groupe.

> **CORRIGÉ :** **a) formule au Sénégal** : originalité de l'hébergement (cabane dans les arbres) et des activités (construction de cabanes) / **Suède** : originalité de l'hébergement (hôtel de glace) / **Barcelone** : originalité de l'activité (visite de l'atelier d'un grand chef) – **b)** *de la plus originale à la moins originale* : Les réponses pourront varier car ce classement est subjectif ; mais la Suède ou le Sénégal peuvent être les formules les plus originales devant Barcelone / *de la plus chère à la moins chère* : Suède/Barcelone (tout dépend si on compte la journée avec le cuisinier)/Sénégal / *de la plus chaude à la plus froide* : Sénégal/Barcelone/Suède

7 **a)** Cette activité vise à faire repérer le plan (la matrice discursive) de la présentation des séjours. Avant de faire l'activité, veiller à faire d'abord repérer les points de suspension avant la phrase en couleur au début de chaque annonce. Il s'agit de faire comprendre que chacune de ces phrases fait suite au titre global *Vous allez vivre des week-ends inoubliables...* (terminé par des points de suspension pour annoncer une suite) et fait office de titre pour la formule. Demander ensuite de trouver dans chaque texte l'ordre dans lequel apparaissent les quatre parties citées. En petits groupes, les apprenants pourront par exemple encadrer les différentes parties sur les textes. La mise en commun des réponses peut se faire sous forme de tableau.
b) Demander de souligner les phrases annonçant les formules et passer au Point Langue

> **CORRIGÉ :** **a)**

	week-end au Sénégal	**week-end en Suède**	**week-end à Barcelone**
1. description des personnes	*quand vous étiez petit, vous aimiez grimper aux arbres...*	*vous voulez fuir la canicule, vous n'êtes pas frileux...*	*vous êtes amateur d'art...*
2. type de week-end	*un hôtel qui propose une cabane dans les arbres, au Sénégal*	*hôtels de glace dans les endroits les plus froids du monde*	*week-end de 3 jours dans un hôtel 3 ☆ au centre de Barcelone*
3. précisions sur le week-end	*Activité possible : construction de cabanes...*	*– un hôtel de 5 000 m² et de 60 chambres* *– vêtements particuliers et sacs de couchage* *– température au-dessous de 0 °C*	*Possibilité d'assister à une journée de travail dans l'atelier du grand chef Ferran Adria*
4. informations pratiques	*Lieu : lodge dans un baobab...* *Prix : 131 € par jour en pension complète*	*Lieu : hôtel de glace...* *Prix : 312 € la nuit par personne*	*Lieu : Hôtel à Barcelone* *Prix : 230 € la nuit en chambre double*

b) *en dormant dans un arbre et en construisant votre cabane – en faisant une expérience unique – en découvrant Barcelone*

Point **Langue**   **> LE GÉRONDIF**

Ce Point Langue permet de conceptualiser l'usage et la morphologie du gérondif.
a) Faire observer les exemples et faire identifier le type de précision donnée avec le gérondif.
b) Revenir aux exemples pour faire constater la simultanéité de l'action principale et des actions au gérondif, ainsi que l'identité de leur sujet.
c) Faire observer les gérondifs et faire remarquer que ces formes comportent deux éléments : *en* + une forme verbale nommée participe présent. Faire observer la terminaison du participe présent et réfléchir sur la base : partir de la forme *faisant* pour mettre en évidence que cette base est identique à celle de *nous* au présent de l'indicatif. Procéder de la même façon avec les deux autres gérondifs pour vérifier la compréhension de la règle.   ... /...

Point **Langue**

... / ...

d) Faire identifier la valeur temporelle du gérondif.

> ➡ **Corrigé : a)** comment ? – **b)** Le gérondif indique une action **simultanée** à celle du verbe principal. Le sujet des deux verbes est **identique.** – **c)** on utilise **en** + participe présent. Le participe présent = base de la **1ʳᵉ** personne du **pluriel** au présent + **ant.** – **d)** le temps

S'EXERCER n° 3 Corrigé ▶ p. 62

➡ OBJECTIF DE L'ACTIVITÉ 8 ⬅ **Phonétique : Le son [ɑ̃].**

8 L'activité proposée est une activité de reproduction du son [ɑ̃] dans des phrases, où le phonème [a] est aussi présent et s'oppose à la nasale. Faire écouter les phrases une par une et demander aux apprenants de les répéter en les sollicitant individuellement.

➡ OBJECTIF DE L'ACTIVITÉ 9 ⬅ **Donner son avis sur des propositions touristiques.**

9 Cette activité permet aux apprenants de faire part de leur point de vue personnel à propos des formules de week-ends, en petits groupes. Lors de la mise en commun en grand groupe, veiller à ce que les apprenants justifient leur choix.

➡ OBJECTIF DES ACTIVITÉS 10 ET 11 ⬅ **Comprendre une réservation et sa confirmation.**

10 Faire écouter l'enregistrement, manuels fermés. Faire identifier la situation et le lien avec la brochure touristique p. 50.

> ➡ CORRIGÉ : **1.** Un client appelle une agence de voyages et parle à une employée pour obtenir des renseignements sur un séjour touristique. – **2.** L'homme est intéressé par le week-end à Barcelone avec la visite de l'atelier du chef cuisinier.

11 Faire réécouter la conversation téléphonique et faire compléter le mél afin de vérifier la compréhension des différents éléments de la réservation : la période, le nombre de personnes, les prestations qui intéressent le client. Faire une correction en grand groupe.

> ➡ CORRIGÉ : le week-end – octobre – visite guidée – samedi

➡ OBJECTIF DE L'ACTIVITÉ 12 ⬅ **Présenter des formules de week-ends.**

12 Rappeler la brochure p. 50 du manuel et demander aux apprenants d'imaginer en petits groupes d'autres week-ends insolites, soit par le lieu ou le type d'hébergement, soit par les activités proposées (imaginaires ou à partir de lieux de leur pays). Leur demander de rédiger la présentation de leur formule (pour la brochure de l'agence) en respectant la matrice proposée. On pourra ensuite présenter les formules et faire choisir le week-end que la classe préfère comme à l'activité 9. Pourquoi ne pas décerner un prix au groupe gagnant ?

S'EXERCER - CORRIGÉ

1. a) a. *y* = en haut de la Tour Eiffel/en haut de la Tour Montparnasse – **b.** *y/en* = au/du cinéma – **c.** *en* = des magasins – **d.** *y/en* = à/de la piscine – **e.** *s'y /en* = dans/de l'avion
b) Production libre de devinettes sur un lieu, par groupes de deux ou de trois, puis chaque groupe pose la/les devinette(s) à toute la classe.

2. a. la saison haute – **b.** en demi-pension – **c.** le camping – **d.** un gîte rural – **e.** la saison basse /hors saison – **f.** une chambre chez l'habitant ou une chambre d'hôte – **g.** en pension complète
3. a. en la traversant – **b.** en visitant – **c.** en téléphonant – **d.** en quittant

---

Activité de phonie-graphie

3 L'objectif de cette activité est de faire conceptualiser les graphies les plus fréquentes du son [ɑ̃]. Procéder comme pour les nasales précédemment étudiées : faire écouter les phrases de l'exercice, manuels fermés, et demander quel son les apprenants entendent le plus. Une fois que le son [ɑ̃] a été repéré, faire réécouter manuels ouverts et demander de souligner à chaque fois que le son [ɑ̃] est perçu. Après la correction, faire conceptualiser.

> ➡ CORRIGÉ : **a)** La ch<u>am</u>bre chez l'habit<u>ant</u> coûte c<u>ent</u> euros. C'est différ<u>ent</u> des vac<u>an</u>ces sous la t<u>en</u>te <u>en</u> camping. – J'aime la r<u>an</u>donnée <u>en</u> Prov<u>en</u>ce sur les s<u>en</u>tiers d<u>an</u>s la lav<u>an</u>de. - <u>En</u> r<u>en</u>trant, <u>en</u> septembre, je me mets au parap<u>en</u>te. **b)** Le son [ɑ̃] peut s'écrire « *an, am, en* » ou «*em* » / « *am* » et « *em* » se rencontrent devant les lettres *p* et *b* .

Livre-élève ▶ p. 158

Paris-province : **le match**

CONTENUS SOCIOCULTURELS – THÉMATIQUES

Qualité de vie Paris-province

OBJECTIFS SOCIOLANGAGIERS

OBJECTIFS COMMUNICATIFS & SAVOIR-FAIRE	
Être capable de...	
Comprendre une étude comparative	– comprendre une étude qualitative et un classement sur la qualité de vie – présenter un classement sur la vie dans différentes villes
Parler de son lieu de vie	– comprendre des personnes qui témoignent sur la vie en ville et le choix de leur lieu de vie – parler de sa ville/région et expliquer le choix de son lieu de vie – rédiger un témoignage donnant son avis sur son lieu de vie
OBJECTIFS LINGUISTIQUES	
GRAMMATICAUX	– le superlatif – *ce qui, ce que* pour mettre en relief
LEXICAUX	– termes liés à la ville – quelques verbes pour parler des avantages d'une ville
PHONÉTIQUES	– prononciation de « plus »

SCÉNARIO
DE LA LEÇON

La leçon se compose de deux parcours :

Dans le premier parcours, les apprenants liront un article de presse sur les avantages et les inconvénients de la vie à Paris et en région parisienne, et découvriront un classement de grandes villes de France qui présentent des records en fonction de certains critères. Ils réaliseront ensuite un classement du même type pour un journal à propos de villes de leur pays. Enfin, ils échangeront pour établir des records concernant une ville ou un pays par rapport à d'autres.

Dans le second parcours, les apprenants écouteront l'interview de deux Français évoquant la qualité de vie dans leur ville ou région. Ensuite, ils répondront à leur tour aux mêmes questions en parlant de la qualité de vie dans leur ville ou région, puis ils rédigeront leur témoignage destiné à paraître dans un journal.

COMPRENDRE UNE ÉTUDE COMPARATIVE, UN CLASSEMENT

▰ Comprendre Écrit S'exprimer Oral Act. 1, 2 et 3	▰ Point Culture Paris-province	▰ Aide-mémoire Parler d'une ville **S'exercer n° 1**	▰ Comprendre Écrit Act. 4 et 5	▰ Point Langue Le superlatif **S'exercer n° 2**	▰ Phonétique Act. 6	▰ S'exprimer Écrit Act. 7	▰ S'exprimer Oral Act. 8

Article de presse   Tableau de classement

➡ OBJECTIF DES ACTIVITÉS 1, 2 ET 3 ⬅   Entrer dans la thématique Paris-province, comprendre un article commentant une étude qualitative et y réagir.

1 Cette activité permet d'entrer dans la thématique Paris-province. Faire identifier le document ainsi que le titre et le sous-titre : *Il s'agit d'un article de presse, intitulé « Paris-province : où vit-on le mieux ? »* ; l'article commente une enquête sur la qualité de vie. Proposer aux apprenants de lire la définition de *province* et d'échanger par deux, afin de faire des hypothèses sur le contenu de l'article. Lors de la mise en commun en grand groupe, vérifier la compréhension du terme *province* et la pertinence des hypothèses soulevées sur le thème de l'article.

➡ CORRIGÉ : L'article commente une enquête sur la qualité de vie à Paris et en province ; la question *Où vit-on le mieux ?* permet de comprendre qu'il s'agit d'une étude comparative proposant un classement.

2 Proposer aux apprenants de lire silencieusement l'article et en vérifier la compréhension globale afin de valider les hypothèses émises précédemment : *L'article commente une enquête sur la qualité de la vie à Paris et en province ; l'approche est contrastive*. Le nom de la leçon peut aider à faire comprendre que l'on va au-delà de la comparaison : pour chaque point traité, on dit qui « est le champion » en positif ou en négatif : la région parisienne ou la province. Puis, proposer aux apprenants d'échanger en petits groupes, afin de dire si les résultats de l'enquête leur donnent envie de vivre à Paris. Il s'agit là d'une manière de les amener à prendre connaissance des « extrêmes » positifs et négatifs présentés et de se positionner. Lors de la mise en commun, demander de justifier les réponses sans pour autant rentrer dans un travail rigoureux de classement des atouts et des inconvénients de la vie à Paris.

3 Faire relire l'article afin de répondre au vrai-faux. Cette activité permet de vérifier la compréhension des énoncés présentant les résultats de l'enquête. Il s'agit donc d'un travail au niveau du sens ; les formes au superlatif seront observées dans le Point Langue prévu après le travail sur le classement.

➡ CORRIGÉ : **1.** faux : *c'est dans la capitale qu'on gagne le plus* – **2.** faux : *c'est la région qui offre le plus de divertissements* – **3.** vrai : *c'est dans Paris et sa région que les logements sont les plus chers* – **4.** faux : *[l'Île-de-France] bénéficie du plus important réseau de transports en commun* – **5.** vrai : *c'est en Île-de-France que le temps de transport... est le plus long*

Paris-province   POINT CULTURE

Ce Point Culture permet de revenir sur la notion de « province » afin de mieux la fixer et d'amener les apprenants à s'exprimer à partir de leur vécu, en comparant avec leur pays.
A. Faire relire l'article afin de relever trois expressions pour désigner ce qui n'est pas la province, autrement dit les termes qui désignent Paris et sa région.
B. Proposer aux apprenants d'échanger en petits groupes afin de dire s'ils vivent dans un pays où les notions de « capitale » et de « province » sont importantes, et si la capitale de leur pays est la ville la plus importante.

➲ **Corrigé : A.** région parisienne, l'Île-de-France, la capitale – francilien

---

POINT **INFO**
– *La France centralisée*
– *Principales villes de France* ▶ p. 182

AIDE-MÉMOIRE

Cet Aide-mémoire reprend et permet de fixer des expressions pour parler d'une ville découvertes dans l'article : *offrir, bénéficier de, posséder, être adapté à*. Elles seront utiles lors des activités d'expression.

S'EXERCER n° 1   Corrigé ▶ p. 68

➡ OBJECTIF DES ACTIVITÉS 4 ET 5 ⬅   Comprendre un classement sur la qualité de vie.

4 Faire observer le document afin de l'identifier : *Il s'agit d'un classement, intitulé 44 villes au banc d'essai, publié dans le journal* Le Parisien *du 25 avril 2005*. Faire observer rapidement les différents titres (rubriques du classement) ainsi que la partie centrale (commentaire et illustration). Vérifier la compréhension : *Dans ce classement, on rend compte d'une étude menée dans 44 villes de France, à partir de différents critères ; on y indique « les extrêmes » positifs (titres en bleu) et les négatifs (titres en rouge) ; le « palmarès » est donné à chaque fois à cinq villes, nommées par ordre d'importance*. Élucider le sens de l'expression « banc d'essai » : étude comparative en termes de résultats objectifs. Puis, demander aux apprenants d'observer le tableau du classement afin de retrouver les informations sur la vie à Paris citées dans l'article et de comparer leurs réponses, par deux. Lors de la mise en commun, vérifier les réponses. Clore l'activité en faisant observer la différence de point de vue dans les deux documents : *Le classement rend compte de l'étude menée auprès de 44 villes (dont Paris) à partir de critères disparates ; l'article du journal reprend certaines informations dans une optique contrastive Paris-province, en ce qui concerne la qualité de la vie (en mettant l'accent sur les points négatifs qui amènent les Franciliens à quitter Paris pour la province).*

CORRIGÉ :

Classement	Article
Le meilleur niveau de vie	*C'est dans la capitale qu'on gagne le plus,* et aussi, indirectement : *L'Île-de-France possède le plus grand nombre d'entreprises.*
Le plus de cinémas	*C'est la région qui offre le plus de divertissement.*
Le plus de transports urbains	*L'Île-de-France bénéficie du plus important réseau de transports en commun.*

POINT

Départ des Parisiens vers la province ▶ p. 182

5 **a)** et **b)** Proposer aux apprenants de travailler par deux afin d'effectuer les points a) et b) à la suite. Conseiller aux apprenants de repérer à chaque fois sur la carte de France les villes « championnes ». Lors de la mise en commun en grand groupe, vérifier les réponses (et l'intitulé exact des rubriques) ainsi que le repérage des villes sur la carte. Pour les points positifs, faire remarquer que les villes qui bénéficient de la meilleure météo se trouvent dans le sud de la France. Pour les points négatifs, faire remarquer que le chômage se trouve dans trois villes de la région du Nord-Pas-de-Calais (anciennes villes minières) et dans deux villes du sud.
c) Demander aux apprenants de consulter à nouveau le classement afin de conseiller aux quatre personnes indiquées quelle ville leur convient le mieux, en fonction de leur profil. Lors de la mise en commun en grand groupe, faire justifier les réponses.

CORRIGÉ : **a)** le plus de logements sociaux : Cherbourg / le plus de dépenses pour aménager les espaces verts : Vichy / la meilleure météo : Perpignan / la meilleure offre de soins : Montpellier / la plus forte réussite au bac : Toulouse
b) chômage le plus fort : Maubeuge / la plus forte criminalité : Mulhouse / le plus de vols de voitures : Avignon / le plus d'accidents de la circulation : Cannes
c)

	Ville	Rubrique
Mathias	Nantes	Les mieux adaptées aux jeunes
Florian	Toulouse	La plus forte réussite au bac
Naïma et Yann, 3 enfants	Clermont-Ferrand	Les mieux adaptées aux familles
Arthur	Paris	Le plus de cinémas

Point **Langue** > LE SUPERLATIF pour désigner les extrêmes dans un classement

Ce Point Langue permet de conceptualiser les structures du superlatif.
Rappeler que les documents travaillés présentent un classement des villes selon différents critères : on indique la ville qui est la première ou la dernière d'un classement, c'est-à-dire les extrêmes. Faire trouver dans le tableau, un exemple de la notion de premier (*le plus...*) et de celle de dernier (*le moins*). Préciser qu'on peut désigner une place de premier ou de dernier en utilisant différentes catégories grammaticales (colonne de gauche). Puis, faire compléter le tableau en allant chercher dans le document le correspondant opposé de chaque exemple.
Une fois le tableau complété, faire remarquer les deux formes irrégulières : le superlatif de *bon(ne)* et de *bien*.

Corrigé : Adjectif → les logements *les plus chers*, le temps de transport *le plus court, le meilleur* niveau de vie (faire remarquer que *bon* a disparu) – **Adverbe →** On vit *le mieux* (faire remarquer que *bien* a disparu) – **Verbe →** On gagne *le plus* – **Nom →** *le plus de* divertissements, *le moins* d'argent

S'EXERCER n° 2 Corrigé ▶ p. 68

→ OBJECTIF DE L'ACTIVITÉ 6 ← **Phonétique :** Prononciation de « plus » : [ply], [plyz] ou [plys].

6 Cette activité a pour but d'aider les apprenants à distinguer les différentes prononciations de « plus », en leur proposant d'écouter des phrases, qui serviront de corpus d'observation en vue d'une conceptualisation. Procéder à l'écoute et demander aux apprenants d'indiquer quelle prononciation ils entendent pour chaque série de phrases. Après l'exercice d'écoute et la correction, on pourra montrer la grille complète suivante :

[plys]	[ply]	[plyz]
C'est là qu'il y a le *plus* **de** monde, le *plus* **de** gens, le *plus* **de** divertissements. Il me faut *plus* **de** temps, *plus* **de** possibilités et *plus* **d'**argent. On travaille *plus* mais c'est là qu'on gagne *le plus*. Je veux *plus* travailler et *plus* étudier. C'est deux fois *plus* que les autres.	Des loisirs de plus en *plus* **n**ombreux, une vie *plus* **p**aisible, le week-end le *plus* **l**ong, le coût le *plus* **l**ourd, les logements *les plus* **ch**ers.	On veut une vie *plus* **a**gréable et *plus* **é**quilibrée. Il bénéficie du *plus* **im**portant réseau. C'est là qu'on trouve le coût *le plus* **é**levé.

Les apprenants pourront remarquer que :
– **quand le comparatif ou le superlatif porte sur la quantité** (suivi de la préposition *de* + nom, ou après un verbe)
• *plus* est prononcé [plys] pour bien faire la différence avec *(ne)... plus* négatif, prononcé [ply] ;
• *plus* est prononcé [plys] aussi dans l'expression *en plus*.
– **quand le comparatif ou le superlatif porte sur la qualité**
• *plus* est prononcé [ply] devant un adjectif ou un adverbe qui commence par une consonne ;
• *plus* est prononcé [plyz] devant un adjectif ou un adverbe qui commence par une voyelle.
Terminer cette activité en faisant lire les phrases aux apprenants.

▶ CORRIGÉ : On prononce : 1. [plys] quand « plus » sert à comparer une quantité. **Remarque** : on ne prononce pas le [s] de « plus » dans les expressions de quantité suivantes : *Plus d'un millier de salles – Plus de la moitié des Parisiens – Plus d'un quart de la population*, car il s'agit d'une structure différente : ce n'est pas une comparaison mais un ordre de grandeur. – **2.** [ply] quand « plus » sert à comparer une qualité et que l'adjectif commence par une consonne. – **3.** [plyz] quand « plus » sert à comparer une qualité et que l'adjectif commence par une voyelle.

→ OBJECTIF DES ACTIVITÉS 7 ET 8 ← Présenter un classement sur la vie dans différentes villes.

7 Cette activité écrite peut être réalisée à la maison ou en classe, selon le temps disponible. Faire réaliser un classement désignant les extrêmes pour les villes du pays des apprenants, selon les six critères demandés : *activités culturelles, niveau de vie, transports, tourisme, nombre d'universités, climat*, et formuler les extrêmes, positifs ou négatifs, comme dans le document travaillé en compréhension. Si les apprenants sont de différentes nationalités, créer si possible des groupes selon leurs origines.

8 Il s'agit d'une activité orale, mais les apprenants peuvent prendre des notes en vue de la mise en commun. Proposer aux apprenants d'échanger afin d'établir des « records ». En fonction du groupe, proposer d'établir un classement de quartiers, de villes ou de pays. Si les apprenants sont du même pays, constituer des groupes selon leur ville natale, leur quartier. Si les apprenants sont de pays différents, regrouper les nationalités, mais veiller à ce que cela se fasse avec humour et bienveillance.

PARLER DE SON LIEU DE VIE

🎞 Comprendre	🎞 Comprendre	🎞 Point Langue	🎞 S'exprimer	🎞 S'exprimer
Oral	Oral/Écrit	*Ce qui, ce que... c'est...*	Oral	Écrit
Act. 9 et 10	Act. 11	pour mettre en relief	Act. 12	Act. 13
		S'exercer n° 3		

Interview

➡ OBJECTIF DES ACTIVITÉS 9 ET 10 ⬅   Comprendre des témoignages sur le choix du lieu de vie, ses avantages et inconvénients.

9 **a)** Avant de faire l'activité, faire identifier les documents : *Il s'agit d'une fiche d'enquête et des photos de deux personnes avec leur nom et leur profession.* Faire faire des hypothèses sur ces deux photos : *Ce sont des personnes qui répondent à l'enquête sur leur lieu de vie.* Annoncer aux apprenants qu'ils devront faire le travail du journaliste, c'est-à-dire remplir la fiche d'enquête pour chaque personne qui témoigne. Faire écouter l'enregistrement manuels fermés, puis demander de remplir la première partie du questionnaire. Demander de comparer les résultats par deux, puis mettre en commun. Demander également combien de questions le journaliste a posées, pour préparer la tâche suivante.

b) Faire réécouter l'enregistrement et demander aux apprenants de noter les questions du journaliste. Faire une écoute séquentielle pour permettre de relever les questions. Faire comparer les relevés avec ceux du voisin, puis mettre en commun : noter au tableau les questions du journaliste, qui seront exploitées dans le Point Langue et serviront pour le jeu de rôles de l'activité 12.

➡ CORRIGÉ : **a)** Gérard Leroux est originaire de province et vit en province, en Bourgogne. Michel Clairet est originaire de province, de Bretagne, mais vit à Paris. – **b)** Trois questions : *Premièrement, pourquoi vous avez choisi d'habiter là – Deuxièmement, ce qui vous plaît, ce que vous appréciez dans ce lieu – Finalement, ce qui vous déplaît, quels inconvénients vous trouvez.*

10 Faire d'abord lire la deuxième partie du questionnaire et faire remarquer qu'elle correspond aux trois questions du journaliste. Puis, avec une écoute supplémentaire, demander aux apprenants de noter les raisons du choix, les avantages et inconvénients du lieu de vie. Ils réaliseront seuls cette activité, puis compareront par deux ou trois. On pourra mettre les réponses en commun sous forme de tableau.

➡ CORRIGÉ :

Personnages	Gérard Leroux	Michel Clairet
Raisons du choix	N'a pas choisi la Bourgogne, y habite depuis l'âge de 1 an	ses activités professionnelles : Prend l'avion une fois par semaine – Plus pratique pour les rendez-vous de travail
Avantages	*L'état d'esprit ... les paysages et tous les produits de la région*	La vie culturelle, les musées, le théâtre
Inconvénients	Pas d'inconvénient	La vie plus chère qu'en Bretagne La circulation – Il n'y a pas la mer

➡ OBJECTIF DE L'ACTIVITÉ 11 ⬅   Faire le lien avec les données découvertes au début de la leçon sur la vie à Paris ou en province.

11 **a)** Faire tout d'abord rappeler que G. Leroux vit en province et M. Clairet à Paris. Demander aux apprenants de se reporter au document du *Parisien* étudié précédemment, p. 52, et de trouver les informations correspondant aux avantages et inconvénients cités par les deux hommes.

b) Demander aux apprenants de reconstituer les énoncés entendus dans les témoignages. Faire une dernière écoute séquentielle, si nécessaire. Cette tâche sert de transition vers le Point Langue qui suit.

➡ CORRIGÉ : **a)**

Témoignage de Gérard Leroux	Document du *Parisien*, p. 52
– *J'apprécie la vie culturelle* – *Mes activités professionnelles me font prendre l'avion au moins une fois par semaine* – *C'est plus pratique pour mes rendez-vous de travail* – *La vie est plus chère qu'en Bretagne* – *La circulation insupportable*	– *le plus de cinémas* – *le plus de transports urbains* – *le plus grand nombre d'entreprises et le plus important réseau de transports en commun d'Europe* (information donnée dans l'article) – *le coût de la vie le plus élevé* (information donnée dans l'article) – *le plus d'accidents de la circulation* (Paris est en cinquième position)
Témoignage de Michel Clairet	
Les paysages	*Pollution, bruit [...] placent Paris en dernier pour l'environnement*

b) 1 d – 2 a – 3 e – 4 c – 5 b

Point Langue

> **CE QUI, CE QUE..., C'EST... pour mettre en relief**

Ce Point Langue permet de conceptualiser une façon de mettre en relief un élément de la phrase.

a) Faire observer la première colonne, puis la deuxième afin d'identifier quelles phrases mettent en relief un élément. Faire dégager la structure de la mise en relief avec les modifications qui en résultent. **Ce qui** + verbe, **c'est...**- **ce que** + sujet + verbe, **c'est...**

b) Revenir aux deux exemples et faire identifier quel est l'élément mis en relief, faire remarquer à cette occasion qu'il s'agit d'une chose ou d'un concept. Puis, aborder la réflexion sur la fonction de *ce qui* et *ce que* dans la phrase. Pour cela, revenir aux deux phrases basiques et faire identifier pour chacune la fonction de l'élément mis en relief dans la deuxième colonne. Ex. : *La circulation est insupportable* → *la circulation* est sujet du verbe. Faire constater ensuite comment sont mis en relief un sujet (*ce qui...*) et un COD (*ce que*). Terminer la réflexion en signalant un autre usage de *ce qui* et *ce que*.

➲ Corrigé : a) L'élément en relief se trouve dans les phrases de la colonne de droite.
b) *ce* = la chose – *ce qui* est *sujet* du verbe qui suit – *ce que* est *COD* du verbe qui suit

S'EXERCER n° 3 Corrigé ▶ p. 68

➲ OBJECTIF DE L'ACTIVITÉ 12 ◀ Expliquer le choix de son lieu de vie et parler de sa ville/région.

12 Former des groupes de deux. Rappeler les trois questions du journaliste notées à l'activité 9 b). Si cela est possible, reproduire des fiches d'enquête comme dans l'activité 9 afin de les distribuer aux apprenants. Ceux qui jouent le rôle du journaliste remplissent la fiche en fonction des réponses des interviewés. Puis, changer les rôles : les « interviewés » peuvent devenir « journalistes » et aller mener l'enquête auprès d'une autre personne de la classe. Puis, faire jouer la scène devant la classe. Faire remplir une fiche par le reste de la classe, ce qui permettra de concentrer l'écoute et de préparer la correction qui suivra le jeu de rôles.

➲ OBJECTIF DE L'ACTIVITÉ 13 ◀ Rédiger un témoignage donnant son avis sur son lieu de vie.

13 Cette production se fera individuellement, en classe ou à la maison. La matrice proposée suit la structure de l'interview travaillée et permet aux apprenants d'organiser leur écrit tout en laissant leur imagination libre.

S'EXERCER – CORRIGÉ

1. a. *Cette ville offre de* nombreuses activités culturelles et sportives. – **b.** *Elle bénéficie d'un* faible taux d'accidents. – **c.** *Elle possède/offre un* système efficace d'aide aux personnes âgées. – **d.** *Elle possède/offre des* crèches et garderies pour les enfants. – **e.** *Elle possède de* nombreux parcs et jardins. – **f.** *Elle bénéficie d'un réseau* de bus et minibus dans tous les quartiers.

2. Christophe a le plus d'enfants des deux. Jacques a le moins d'enfants. Christophe a le salaire le plus élevé/le plus haut/le plus gros salaire des deux et travaille le plus. Jacques a le salaire le moins élevé/le plus bas/le plus petit salaire et travaille le moins. Christophe a le plus grand appartement. Jacques a le moins grand/le plus petit appartement.

3. a. Ce que j'adore, c'est l'architecture du centre ville. – **b.** Ce qui m'amuse énormément, c'est l'accent marseillais. – **c.** Ce qui me plaît bien, c'est l'architecture moderne de la ville. – **d.** Ce que je déteste, c'est le bruit et la foule de la ville. – **e.** Ce que j'apprécie, c'est le calme de la province. – **f.** Ce qui est très gênant pour moi, c'est la pollution. – **g.** Ce qui me choque, c'est la saleté de la rue.

Ce **Carnet de voyage** se compose de deux volets :

Le premier volet, intitulé *Quel vacancier êtes-vous ?*, est un parcours ludique où les apprenants prennent connaissance de stéréotypes de vacanciers et sont amenés à se définir en tant que vacancier, en « mettant en scène » une de leurs manies en vacances.

Le deuxième volet, nommé *Les Français, n° 1 mondial des grandes vacances*, propose un article sur les vacances des Français ; il est suivi d'une activité d'expression qui amène les apprenants à parler de leurs propres pratiques ou de celles de leurs concitoyens en matière de vacances.

Quel vacancier êtes-vous ?

1 Les comportements en vacances sont étudiés sous l'angle anthropologique, c'est-à-dire le vécu à travers les témoignages de deux vacancières. Avant l'activité, faire identifier le document par la lecture du gros titre, les photos et l'identité des personnes : *Il s'agit de témoignages recueillis lors d'un micro-trottoir, extrait du* Parisien *du 7 avril 2004 ; la question posée est :* « Avez-vous une manie en vacances ? ». Ensuite, faire observer les vignettes afin d'élucider le terme « manie ». Vérifier la compréhension des manies de vacances présentées en demandant quelques exemples *(les amoureux de la routine* apprécient de faire la même chose tous les jours, le matin baignade, l'après-midi sieste, puis visite culturelle, etc.). Puis, faire lire silencieusement les deux témoignages afin de les associer à une des vignettes. Lors de la mise en commun, vérifier globalement la compréhension des témoignages en faisant justifier les réponses données.

➜ CORRIGÉ : **Marie** = les acheteurs compulsifs de souvenirs
Malvina = les dépendants du portable

2 Cette activité est essentiellement ludique. Revenir rapidement sur les vignettes afin de renommer quelques types de vacanciers et montrer que la liste n'est pas fermée (vignette « vacancier mystère »). Proposer aux apprenants de travailler par deux afin de préparer la mise en scène d'une manie de vacances (vraie ou imaginaire, personnelle ou de quelqu'un qu'ils connaissent). Préciser que la « mise en scène » peut se faire par le mime, ou par un bref jeu de rôles. Laisser quelques minutes pour la préparation. Chaque groupe présente sa mise en scène devant la classe ; les autres apprenants devinent à chaque fois le type de vacancier représenté.

3 Proposer aux apprenants de rédiger un témoignage comme ceux de Marie ou de Malvina (micro-trottoir du *Parisien*). Cette activité peut se faire par deux ou individuellement, en classe ou à la maison. Le choix de la manie est libre (et facilité par l'activité orale précédente).

Les Français, n° 1 mondial des grandes vacances

4 Le système français des congés est étudié à travers un article de type sociologique. Il permet ainsi aux apprenants de dépasser leur représentation « subjective » en s'appuyant sur des données objectives et d'élargir ainsi leurs connaissances.

Avant l'activité, faire observer globalement le document et ses (inter)titres : *Il s'agit d'un « article de presse » sur les Français et les vacances.* Faire lire silencieusement le document, puis faire répondre individuellement au vrai-faux. Proposer aux apprenants de comparer leurs réponses avec leur voisin. Lors de la mise en commun, vérifier de manière globale la compréhension en faisant justifier les réponses. Veiller à ne pas faire une compréhension écrite « mot à mot », l'objectif étant avant tout de découvrir des informations socioculturelles.

➡ CORRIGÉ : **a)** et **b)** **L'article donne des informations sur** : – *la durée des vacances des Français* : ils ont 39 jours en moyenne de congés (30 jours de congés et 9 jours de RTT) – *le pourcentage de personnes qui partent en vacances* : 60 % chaque année – *la durée des séjours* : les séjours sont plus courts, mais aussi plus nombreux ; avec les RTT, les Français divisent davantage leurs congés annuels ; les mini voyages de quatre ou cinq nuits sont en augmentation de 20 % – *les destinations préférées* : d'abord, la France (8 séjours sur 10), la mer (39 % des longs séjours) ; les séjours à l'étranger se développent ; les destinations préférées l'été sont, traditionnellement, l'Espagne, l'Italie, l'Afrique du Nord... l'hiver, ce sont les USA, les Caraïbes...

POINT INFO
– *Vacances des Français* ▶ p. 182
– *RTT* ▶ p. 183

5 **a)** Si les apprenants sont de nationalités différentes, former des petits groupes d'origines diverses (quatre personnes) pour permettre un travail interculturel basé sur les similitudes et les différences entre les vacances des Français et celles des habitants de leur pays. Proposer à chaque sous-groupe de désigner deux rapporteurs pour la mise en commun en grand groupe.

b) Former de nouveaux groupes, et proposer des échanges basés sur le vécu : les pratiques de chacun concernant les vacances. Faire désigner deux rapporteurs (des apprenants n'ayant pas encore pris la parole) pour la mise en commun en grand groupe. Cette activité peut aussi être faite en grand groupe.

Chez soi ou **en kiosque ?**

CONTENUS SOCIOCULTURELS – THÉMATIQUES

Presse écrite et autres médias

OBJECTIFS SOCIOLANGAGIERS

OBJECTIFS COMMUNICATIFS & SAVOIR-FAIRE	
Être capable de...	
Comprendre des titres de presse	– parler de sa façon de s'informer et de ses lectures de presse – comprendre un sommaire de journal et des titres de presse – comprendre des informations à la radio – rédiger des titres de presse – présenter les grands titres d'un journal (télé/radio)
Donner son opinion sur une émission	– comprendre un programme de télévision et justifier le choix d'une émission – comprendre quelqu'un qui donne son avis et donner son avis sur une émission télévisée
OBJECTIFS LINGUISTIQUES	
GRAMMATICAUX	– la nominalisation – le genre des noms – *c'est qui..., c'est... que* pour mettre en relief
LEXICAUX	– termes liés à la presse, la radio et la télévision
PHONÉTIQUES	– le rythme de la phrase et l'intonation de la mise en relief

SCÉNARIO DE LA LEÇON

La leçon se compose de deux parcours :

Dans le premier parcours, les apprenants échangeront d'abord sur leurs habitudes de lecture de la presse. Puis, ils prendront connaissance d'un graphique indiquant la fréquentation de la presse en ligne par les Français et la compareront à la leur. Ils observeront ensuite deux sommaires de journaux afin d'y observer les types de rubriques et de tirer des conclusions sur leur lectorat respectif. Puis, ils liront des titres de presse et écouteront les titres d'un journal à la radio afin de les mettre en relation. Pour finir, ils imagineront des titres de presse et les développeront dans le cadre d'une présentation du journal télévisé (ou radio) simulée devant la classe.

Dans le second parcours, les apprenants choisiront une émission de télévision après consultation du programme du jour. Ensuite, ils écouteront les réactions de téléspectateurs laissées sur répondeur téléphonique à propos des émissions de télévision du programme, ceci dans le cadre d'une séquence radiophonique. Puis, ils prendront connaissance du paysage audiovisuel français (chaînes nationales, thématiques). Enfin, ils exprimeront à leur tour leur opinion à propos d'une émission de leur choix.

COMPRENDRE DES TITRES DE PRESSE

▓ S'exprimer Oral Act. 1	▓ Point Culture La presse en ligne	▓ Comprendre Écrit Act. 2, 3 et 4	▓ Comprendre Oral/Écrit Act. 5	▓ Point Langue La nominalisation Le genre des noms **S'exercer n⁰ˢ 1 et 2**	▓ S'exprimer Écrit/Oral Act. 6

Deux sommaires
Titres de presse

Infos radio

➡ OBJECTIF DE L'ACTIVITÉ 1 ⬅ **Parler de sa façon de s'informer (télé, radio, presse) et de ses lectures de presse.**

1 Cette activité vise à faire s'interroger les apprenants sur leurs manières de s'informer. Apporter si possible des journaux, du pays et de la France, pour que cette activité prenne tout son sens. Constituer des groupes de quatre, afin de répondre aux différentes parties de l'activité (questions 1 à 4) et les faire échanger. L'enseignant peut désigner un rapporteur qui résumera les pratiques de son groupe. Constituer, lorsque cela est possible, des groupes de personnes de nationalités, d'âges et de sexes différents (on apprend plus au contact des autres).

■ **VARIANTE :** Le dossier 4 peut commencer par les activités 1, 2 et 3 du *Carnet de voyage*, p. 72 du manuel. Ce travail de découverte permettra de donner une réalité aux activités du dossier 4 reposant sur des journaux et magazines français. Si l'école possède un centre de ressources, l'enseignant apportera des exemplaires de *Aujourd'hui, Le Monde* et d'autres journaux et/ou magazines afin que les apprenants les manipulent.

La presse en ligne   **POINT CULTURE**

Ce Point Culture permet de revenir sur le phénomène de la lecture de la presse sur Internet, abordé dans l'activité 1. Faire observer le graphique afin de commenter la hausse de la lecture de la presse en ligne en France. Puis, amener les apprenants à comparer avec leurs propres pratiques et la situation dans leur pays.

➡ OBJECTIF DES ACTIVITÉS 2 ET 3 ⬅ **Comprendre un sommaire de journal et ses rubriques.**

2 Faire identifier le type de support (documents 1 et 2) : *Il s'agit de deux sommaires de journaux.* Faire observer que celui du *Monde* est en ligne.

■ **VARIANTE :** Si l'enseignant a la possibilité d'apporter des exemplaires de journaux comme *Aujourd'hui en France* et *Le Monde*, l'activité sera plus authentique.

➡ **CORRIGÉ :** **1.** Ce sont deux sommaires de journaux quotidiens (le sommaire du *Monde* est celui de la version en ligne). – **2.** Les rubriques présentées sont celles qu'on trouve dans la plupart des journaux. Certains indices permettent de comprendre qu'il s'agit de sommaires de quotidiens. Pour *Aujourd'hui en France* : le nom du journal, les rubriques « le fait du jour », « 24 HEURES dans les régions », la météo ; pour *Le Monde* : la météo et la mise à jour à 11 h 46.

3 Faire observer les deux sommaires afin de les comparer. Attirer l'attention des apprenants sur des rubriques comme *éducation, environnement, sciences...* et leur faire déduire que les lecteurs du *Monde* sont sans doute différents de ceux du journal *Aujourd'hui*. En effet, dans ce dernier nous trouvons des rubriques comme le *sport hippique, le loto, les jeux* qui s'adressent à un public qui cherche à se divertir et pas uniquement à s'informer. Faire ressortir les caractéristiques de presse populaire et intellectuelle sans tomber dans le mépris du lectorat du journal *Aujourd'hui*, plus connu sous le nom de son édition régionale *Le Parisien*, avec ses cahiers sur Paris et l'Île-de-France.

➡ **CORRIGÉ :** **1.** Le sommaire d'*Aujourd'hui en France* présente des rubriques très variées ; plusieurs rubriques ont trait à la vie en société (*Le fait du jour, Vivre mieux, Faits divers...*) ; on observe plusieurs rubriques liées au pari ou au divertissement (*Sport hippique, Jeux, Loto...*). Le sommaire du *Monde* en ligne (qui est différent de celui de la version papier) présente des rubriques à contenu essentiellement informatif. – **2.** Compte tenu des rubriques observées, on peut conclure que le public d'*Aujourd'hui en France* est plus populaire que celui du *Monde*.

POINT **INFO** *Quotidiens français* ▶ p. 183

➡ OBJECTIF DE L'ACTIVITÉ 4 ⬅ **Comprendre des titres de presse et les relier aux rubriques correspondantes.**

4 Avant de faire l'activité, faire observer les extraits pour les identifier : *Il s'agit de titres de presse.* Proposer aux apprenants de les lire et de les relier aux rubriques du *Monde*. Préciser que chaque titre correspond à une rubrique différente. Cette activité peut se faire par deux ou trois. Lors de la mise en commun en grand groupe, vérifier la compréhension des titres au fur et à mesure des réponses et noter au tableau le nom de la rubrique devant chaque numéro.

➡ **CORRIGÉ :** **1.** Médias – **2.** Société – **3.** Économie – **4.** International – **5.** Éducation – **6.** Environnement – **7.** Sciences – **8.** Météo – **9.** Culture – **10.** Sports – **11.** France – **12.** Europe

➡ OBJECTIF DE L'ACTIVITÉ 5 ⬅   Comprendre le sommaire d'un journal radio et le relier aux titres de presse.

5 Avant de faire l'activité, faire écouter l'enregistrement, manuels fermés, afin d'identifier l'extrait : *Il s'agit du sommaire d'un journal radiophonique*. Au besoin, faire réécouter le début afin que les apprenants comprennent qu'il s'agit du journal de midi sur radio FM. Vérifier la compréhension du terme « sommaire » : *Il s'agit de titres qui seront développés au cours du journal ; contrairement au sommaire d'un journal écrit, il n'annonce pas des rubriques mais les titres des informations qui vont être développées ensuite*. Vérifier si les apprenants font le lien entre le journal radio et les titres de presse sur lesquels ils viennent de travailler. Ensuite, leur proposer de réécouter l'extrait afin de repérer le nombre de titres, cela aidera leur compréhension. Puis, effectuer une écoute séquentielle afin que les apprenants associent les informations données à la radio aux titres de presse. Selon le niveau de la classe, faire réécouter l'extrait afin de noter comment sont formulées les informations contenues dans les titres : cela permettra une transition naturelle vers le Point Langue.

➡ CORRIGÉ : **1.** Le froid polaire arrive, le temps change radicalement : titre de presse n° 8 – **2.** Le dollar baisse encore : titre 3 – **3.** Les Chiliens ont élu hier une femme à la présidence : titre 4 – **4.** Les femmes manifestent aujourd'hui : titre 2 – **5.** Les enfants vont apprendre leurs premières notions d'informatique à l'école primaire : titre 5 – **6.** Les artistes sont en colère : on télécharge de plus en plus illégalement : titre 1 – **7.** Le dernier Spielberg est arrivé : son nouveau film sort aujourd'hui dans les salles : titre 9

Point **Langue**   › **LA NOMINALISATION**

Ce Point Langue permet de conceptualiser un procédé couramment utilisé dans la presse pour donner une information : la nominalisation.
Faire lire la liste des informations communiquées à la radio au moyen d'une phrase complète avec un verbe (colonne de gauche), puis faire retrouver dans les titres de presse (activité 4) les noms correspondant à ces différentes informations, de manière à reconstituer les titres incomplets. Faire constater qu'une information peut être communiquée au moyen d'un verbe, c'est-à-dire une phrase complète, ou bien résumée au moyen d'un nom.

➡ **Corrigé :** *Manifestation* des femmes – *Baisse* du dollar – *Changement* de temps – *Apprentissage* à l'école primaire
*Pour annoncer rapidement une information, o*n peut la présenter de deux façons : avec *un verbe* ou avec *un nom*.

Point **Langue**   › **LE GENRE DES NOMS**

Ce Point Langue reprend l'ensemble des noms rencontrés dans les titres de presse de l'activité 4, pour faire conceptualiser leur genre selon leur terminaison.
a) Faire trouver ou vérifier le genre (masculin ou féminin) des noms de la liste, à l'aide du lexique qui figure en fin de manuel. Faire observer les différentes terminaisons de ces noms : *-ion, -ment, -ée, -age, -ique, -té* et *-ie*.
b) Faire constater le genre des noms d'après leur terminaison. Faire compléter la règle.

➡ **Corrigé : a) noms masculins :** téléchargement, changement, apprentissage, féminisme, optimisme – **noms féminins :** manifestation, élection, disparition, liberté, égalité, arrivée, sortie, victoire
b) Sauf exceptions, les noms qui se terminent en *-isme, -age, -ment* sont masculins. Sauf exceptions, les noms qui se terminent en *-sse, -oire, -ion, -ée, -ique, -té, -ie* sont féminins.
Les exceptions sont : une jument – une image, une plage, une cage, une page, une nage, la rage – un pion, un million, un camion, un avion – un lycée, un musée – un traité, un comité – un incendie

S'EXERCER n°ˢ 1 et 2 Corrigé ▶ p. 76

➡ OBJECTIF DE L'ACTIVITÉ 6 ⬅   Rédiger des titres de presse et présenter les informations dans un journal (télé/radio).

6 Cette activité permet de transférer ce qui a été travaillé en compréhension.
a) Proposer aux apprenants de travailler par trois afin de rédiger des titres pour le journal en ligne @ujourd'hui. Préciser qu'ils peuvent laisser libre cours à leur imagination, imaginer des informations fantaisistes, par exemple : *Disparition de la Tour Eiffel dans la nuit,* etc.

b) Proposer aux apprenants de simuler l'ouverture d'un journal radio ou télé, en prenant comme point de départ les titres élaborés dans l'étape précédente. Pour jouer la scène, aménager l'espace : le bureau de l'enseignant devient celui du studio de télé ou radio, etc. Tous les groupes ne pourront s'exprimer ; prendre des volontaires. Proposer une écoute active aux apprenants « auditeurs »/ « téléspectateurs », en leur proposant de noter les titres. Lors de la mise en commun, vérifier la compréhension des titres et leur formulation.

DONNER SON OPINION SUR UNE ÉMISSION

🎞 S'exprimer Oral	🎞 Point Langue	🎞 Comprendre Oral/Écrit	🎞 Point Langue	🎞 Point Culture	🎞 Phonétique	🎞 S'exprimer Oral
Act. 7	Parler de la radio et de la télé	Act. 8, 9 et 10	La mise en relief	Le paysage audiovisuel français	Act. 11	Act. 12
	S'exercer n° 3		**S'exercer n° 4**			

Programme télé   Messages sur répondeur

➡ OBJECTIF DE L'ACTIVITÉ 7 ⬅   Comprendre un programme de télévision et justifier le choix d'une émission.

7 Cette activité permet aux apprenants d'entrer dans la thématique du parcours : la télévision. Avant l'activité, faire identifier le document : *C'est un programme de télévision*. Puis, effectuer l'activité en demandant aux apprenants de lire ce programme et de choisir une des six émissions proposées. Proposer aux apprenants d'échanger en petits groupes afin d'exposer leur choix et de le justifier. Effectuer une brève mise en commun en grand groupe, afin de constater s'il y a des émissions majoritairement retenues (ou non).

Point **Langue**   **> PARLER DE LA RADIO ET DE LA TÉLÉVISION**

Ce Point Langue a pour vocation de faciliter l'appropriation du lexique de la radio et de la télévision.
a) et **b)** Faire faire les activités d'association à la suite. Proposer aux apprenants de comparer leurs réponses par deux avant la mise en commun en grand groupe. Puis, mettre en commun en grand groupe.
  ➡ Corrigé : a) Un spectateur/une spectatrice regarde une émission sur une chaîne de télévision.
Un auditeur/une auditrice écoute une émission sur une station de radio.
  b) Dans un reportage, on informe sur un événement de l'actualité. – Dans un documentaire, on témoigne sur un sujet particulier. – Dans un téléfilm, une série, on raconte une histoire. – Dans un magazine de société, on parle de la vie des gens et de thèmes de société. – Dans une émission de téléréalité, on montre la vie des gens comme un spectacle. – Dans un débat on discute, on échange des opinions.   **S'EXERCER n° 3**   Corrigé ► p. 76

➡ OBJECTIF DES ACTIVITÉS 8, 9 ET 10 ⬅   Comprendre des personnes donnant un avis sur un programme de télévision.

8 Manuels fermés, faire écouter l'enregistrement et en vérifier la compréhension globale : *Il s'agit de trois messages laissés sur le répondeur de l'émission de radio* Planète Télévision *; dans ces messages, les auditeurs donnent leur avis sur des émissions de télévision.*
  ➡ CORRIGÉ : 1. chez eux, au téléphone – 2. émission de télévision

9 Faire réécouter l'enregistrement et regarder le programme.
  a) Faire entourer sur le programme l'émission dont parle chaque personne.
  b) Vérifier que les apprenants comprennent si la personne a une opinion positive ou négative de l'émission.
  ➡ CORRIGÉ : a) Edmond : TF1, « Qui veut gagner des millions ? » – **Sonia :** M6, « On a échangé nos mamans » –
      Corinne, Canal +, « 24 heures chrono »
      b) Edmond : opinion négative → « ... *Moi je dis non, non et non, arrêtez ! Arrêtez ce genre d'émission stupide* » –
      Sonia : opinion positive → « ... *bravo à la nouvelle téléréalité* » – **Corinne :** opinion négative → « *à cette heure de grande audience, je suis pas d'accord, c'est pas un spectacle pour les enfants* »

O Faire réécouter l'enregistrement afin de repérer les réactions correspondant aux points évoqués dans l'activité. Effectuer des pauses afin que les apprenants puissent noter les opinions prononcées par les auditeurs. Ces repérages serviront de transition vers le Point Langue.

➡ **CORRIGÉ :** **la présence de scènes violentes dans l'émission** : Corinne → « ... *c'est la violence de certaines scènes que je n'accepte pas...* » − **le succès de l'émission** : Edmond → « ... *ce sont les émissions comme ça qui marchent, ça distrait les téléspectateurs...* » − **les candidats de l'émission** : Edmond → « *c'est l'ignorance des candidats qui me choque le plus* » − **l'originalité de l'émission** : Sonia → « *C'est l'originalité de l'émission qui m'a plu, c'est ça que j'aime avant tout* »

Point **Langue** › **LA MISE EN RELIEF**

Ce Point Langue permet de conceptualiser un nouveau procédé de mise en relief d'un élément d'information (sujet ou COD) dans la phrase. Il vient compléter ceux des dossiers 1 (leçon 1) et 3 (leçon 3).
Faire observer les trois exemples. Faire identifier l'élément d'information mis en relief dans chacun et la fonction de cet élément dans la phrase. Guider en posant les questions « qu'est-ce qui choque ? », « qu'est-ce que je n'accepte pas ? », « qu'est-ce qui marche ? », puis faire constater que :
− l'élément sujet est encadré par *c'est/ce sont... qui*
− l'élément COD est encadré par *c'est/ce sont... que*
et que ces éléments se trouvent placés alors avant le verbe. Faire observer qu'il s'agit des pronoms relatifs sujet et COD déjà étudiés (dossier 1, leçon 1). Faire compléter la règle.

➡ **Corrigé :** Pour mettre en relief le sujet du verbe : *C'est/Ce sont* + nom/pronom + *qui* + verbe. Exemples nᵒˢ 1 et 3. Pour mettre en relief le COD du verbe : *C'est* + nom/pronom + *que* + verbe. Exemple nᵒ 2.

S'EXERCER nᵒ 4 Corrigé ▶ p. 76

POINT CULTURE

Le paysage audiovisuel français

Ce Point Culture vise à faire prendre connaissance du paysage audiovisuel français.
A. Faire observer la liste des chaînes nationales majeures, puis le programme de télévision, dans le pavé blanc à l'intérieur du Point Culture, et comparer avec les chaînes apparaissant sur l'extrait de programme télé (il s'agit des émissions du soir, après le journal de 20 heures ; cela a été évoqué par les auditeurs qui ont laissé des messages à propos des émissions), afin de trouver la chaîne qui n'émet pas le soir. Terminer l'activité par une mise en commun des connaissances ou une brève information par l'enseignant sur les six chaînes indiquées (publiques/commerciales). Vérifier si les apprenants connaissent/regardent *TV5 Monde*.
B. et **C.** Faire lire les informations, en vérifier la compréhension.
Pour clore ce Point Culture, proposer un bref échange entre les apprenants sur les chaînes de télévision en France (s'ils les connaissent) et/ou dans leur pays.

■ **POUR ALLER PLUS LOIN :** Proposer aux apprenants d'aller sur le site de *TV5 Monde* (www.tv5.org) afin de s'informer sur cette chaîne française diffusée dans le monde entier. En fonction du public, faire consulter la grille des programmes de *TV5* afin de choisir une émission que toute la classe regardera. Pour conclure, prévoir un échange au cours duquel les apprenants donneront leur point de vue sur l'émission regardée.

➔ **Corrigé : A.** La chaîne *France 5* à dominante culturelle/éducative partage son canal avec *Arte* chaîne franco allemande également à dominante thématique et culturelle.

POINT **INFO** *Chaînes de télévision françaises* ▶ p. 183

➡ **OBJECTIF DE L'ACTIVITÉ 11** ⬅ Phonétique : Le rythme de la phrase et l'intonation de la mise en relief.

11 **a)** L'activité d'écoute vise à faire entendre et reproduire l'accentuation des groupes de mots mis en relief dans un message. Cette accentuation expressive se manifeste par une montée mélodique, souvent accompagnée d'une augmentation du volume de la voix. Faire écouter l'exemple, demander aux apprenants de repérer l'élément qui est accentué. Procéder à l'écoute de chaque message en demandant à chaque fois de repérer la partie accentuée.
b) Faire lire les énoncés en respectant le rythme et la mélodie.

➡ CORRIGÉ : **a) 1.** C'est l'ignorance de la plupart <u>des candidats</u> qui me choque le plus. – **2.** C'est l'originalité <u>de l'émission</u> qui m'a plu, c'est <u>ça</u> que j'aime avant tout. – **3.** C'est la violence <u>de certaines scènes</u> que je n'accepte pas.

➡ OBJECTIF DE L'ACTIVITÉ 12 ⬅   Donner son opinion sur une émission.

12 Proposer aux apprenants de travailler par deux afin de choisir une émission de télévision (réelle ou fictive) et réfléchir aux commentaires (positifs ou négatifs) qu'ils souhaitent faire. Préciser qu'il s'agit de faire comme les auditeurs entendus lors de l'activité 8 : donner son nom, nommer l'émission regardée et exprimer ses réactions et son opinion sur l'émission. Pour que l'activité soit plus concrète, ne pas hésiter à apporter une grille de programmes.

S'EXERCER - CORRIGÉ

1. a) a. *Lancement de* la fusée Ariane hier – **b.** *Arrivée du* tour de France dimanche – **c.** *Disparition d'*un reporter d'Europe FM depuis deux jours – **d.** *Augmentation* de 2 % *du* salaire minimum – **e.** *Passage* à l'heure d'été dimanche – **f.** *Sortie du* dernier album de Tété dans une semaine – **g.** *Construction d'*un nouvel aéroport

b) a. la diminution – **b.** le téléchargement – **c.** la progression – **d.** l'apprentissage – **e.** l'égalité – **f.** la dictée – **g.** la réparation

2. a. *le* socialisme – **b.** *une* égalité – **c.** *une* baisse – **d.** *la* nomination – **e.** *la* victoire – **f.** *le* mariage

3. a. magazine – chaîne – émission – documentaire – débat – regarder

b. émission – l'écoute – auditeurs

4. a. C'est le programme de demain qui me convient très bien. – **b.** Ce sont les émissions de téléréalité que j'adore. – **c.** C'est le premier documentaire sur cette région que je regarde. – **d.** Ce sont les thèmes de ce débat qui m'ont beaucoup intéressé. – **e.** Ce sont les gens ordinaires que la téléréalité met en scène. – **f.** Ce sont les nouveautés qui intéressent les spectateurs.

Flash spécial

CONTENUS SOCIOCULTURELS – THÉMATIQUES

Faits divers dans la presse et à la radio, témoignages

OBJECTIFS SOCIOLANGAGIERS

OBJECTIFS COMMUNICATIFS & SAVOIR-FAIRE Être capable de...	
Comprendre des événements rapportés dans les médias	– comprendre des faits divers dans la presse et à la radio – établir la chronologie des faits dans un récit au passé – raconter un fait divers oralement et dans un court article
Témoigner d'un événement	– comprendre un témoignage – rapporter un événement dont on a été témoin – comprendre un avis de recherche – remplir un récépissé de déclaration de vol
OBJECTIFS LINGUISTIQUES	
GRAMMATICAUX	– les temps du passé – la forme passive – l'accord du participe passé avec le COD
LEXICAUX	– termes liés à la déclaration de vol : personnes et actions
PHONÉTIQUES	– l'enchaînement vocalique – phonie-graphie : l'accord du participe passé avec *avoir*

SCÉNARIO DE LA LEÇON

La leçon se compose de deux parcours :

Dans le premier parcours, les apprenants liront des articles sur des faits divers insolites, puis entendront l'un d'eux relaté à la radio. Ils raconteront ensuite des faits divers dont ils ont connaissance et, pour finir, ils rédigeront un article rapportant un fait divers.

Dans le second parcours, à partir de l'écoute d'un dépôt de plainte auprès d'un agent de police, les apprenants complèteront le récépissé de déclaration de vol. Ils continueront en témoignant eux-mêmes sur un incident auquel ils auraient assisté, ce qui donnera lieu à la rédaction de récépissés de déclarations. Ils termineront en racontant dans une lettre amicale un incident dont ils ont été témoins.

COMPRENDRE DES ÉVÉNEMENTS RAPPORTÉS DANS LES MÉDIAS

▨ Comprendre Écrit Act. 1, 2 et 3	▨ Point Langue Les temps du passé **S'exercer n° 1**	▨ Comprendre Oral Act. 4	▨ Comprendre Écrit/Oral Act. 5 et 6	▨ Point Langue La forme passive **S'exercer nᵒˢ 2 et 3**	▨ Phonétique Act. 7	▨ S'exprimer Oral/Écrit Act. 8 et 9

Articles de faits divers   Flash infos

➡ **OBJECTIF DES ACTIVITÉS 1, 2 ET 3** ◀   Comprendre des faits divers et établir la chronologie des faits dans un récit au passé.

1 Avant l'activité, demander aux apprenants d'observer les documents et de dire de quoi il s'agit : *Ce sont deux articles extraits d'un magazine*. Avant de demander une lecture des deux faits divers, faire lire les deux gros titres ; puis demander de répondre aux deux questions de l'activité.

➡ **CORRIGÉ :** 1. La semaine insolite – 2. Il s'agit de faits divers.

2 Demander de lire les articles, puis, par deux, de repérer les éléments demandés et leur ordre d'apparition. Mettre en commun. Cela peut se faire sous la forme du tableau ci-dessous : une fois que les apprenants ont donné l'ordre d'apparition, compléter le tableau sous leur dictée.

Demander ensuite aux apprenants de repérer les précisions concernant l'événement principal, sur le déroulement des faits, ce qui aidera la compréhension du Point Langue.

Article 1 : *un projectile est entré par la fenêtre et lui a cassé le nez.*

Article 2 : *... [elle] a disparu entre mercredi après-midi et jeudi après-midi*

[nous soupçonnons qu'] elle a été soulevée et emportée par les voleurs

⊡ CORRIGÉ :

	Événement principal	Contexte/ circonstances de l'événement	Cause de l'événement	Conséquences/ suites de l'événement
« Un automobiliste britannique blessé par une saucisse »	*Un automobiliste a eu le nez cassé dans sa voiture*	*le blessé [...] rentrait chez lui lundi soir*	*Apparemment, la saucisse avait été jetée par la fenêtre d'une voiture qui arrivait dans l'autre sens.*	*Le conducteur a été transporté à l'hôpital [...] La police a ouvert une enquête*
« On a volé la voiture de Harry Potter ! »	*la voiture volante du 2ᵉ film a été dérobée*	*dans les studios du sud-est de l'Angleterre où elle était entreposée*		*une enquête a été ouverte par la police de Cornouailles*

3 **a)** Faire souligner dans chaque article la première expression qui désigne le « héros » du fait divers ; puis demander aux apprenants, par deux, de trouver dans la suite des articles toutes les autres façons de le désigner. Mettre en commun.

b) Faire observer les trois dessins ; demander aux apprenants de retrouver la chronologie des événements et de l'indiquer en mettant les dessins dans l'ordre, puis faire comparer avec son voisin. Mettre en commun et faire justifier le choix : la saucisse a d'abord été lancée, l'homme a reçu la saucisse sur le nez et, à la fin, la police a ouvert une enquête. Faire ensuite remarquer que l'ordre d'apparition des trois événements dans l'article ne correspond pas à l'ordre chronologique observé, afin de préparer la réflexion du Point Langue.

⊡ CORRIGÉ : a) Article 1 : le héros est un automobiliste britannique (un automobiliste britannique, le blessé, un homme de 46 ans, lui, le conducteur) ; **Article 2 :** le héros est la voiture de Harry Potter (la voiture de Harry Potter, la voiture volante, le véhicule bleu, elle). – **b)** L'ordre correct des dessins : 2, 3 et 1.

➡ OBJECTIF DE L'ACTIVITÉ 4 ⬅ Comprendre globalement un fait divers rapporté à la radio.

4 Cette activité permet de vérifier la compréhension globale de l'enregistrement. Après une première écoute, s'assurer que les apprenants comprennent la nature du document sonore, et identifient le fait divers comme celui qu'ils viennent de comprendre dans l'article 2.

➡ CORRIGÉ : Cet enregistrement vient de la radio. – C'est la fin/un extrait d'un flash d'informations.

➡ OBJECTIF DES ACTIVITÉS 5 ET 6 ⬅ Comparer les précisions données et identifier différentes façons de rapporter les faits.

5 Demander aux apprenants de parcourir rapidement l'article 2 pour se le remettre en mémoire, puis demander de repérer dans le flash radio les précisions supplémentaires apportées. Procéder à la deuxième écoute, puis leur demander de comparer leurs notes avec leur voisin. Mettre en commun : quelques précisions sont apportées, concernant la localisation de la voiture et les hypothèses des policiers sur les moyens qui ont pu être utilisés pour la soulever.
Lors de la mise en commun, faire expliquer ou expliquer les termes qui posent problème.

➡ CORRIGÉ : « on la voyait depuis la route/on imagine que les voleurs ont utilisé les machines d'un chantier de construction, ont soulevé la voiture pour la faire passer par-dessus la clôture »

6 Faire lire les trois phrases données à l'activité 6 et demander de chercher dans l'article sur le même fait divers les phrases de même sens, afin de constituer le corpus d'observation sur les constructions actives et passives repris dans le Point Langue qui suit.

➡ CORRIGÉ : 1. la voiture volante du 2e film a été dérobée – 2. elle a été soulevée par les voleurs – 3. une enquête a été ouverte par la police

---

Point **Langue**   › **LA FORME PASSIVE**

Ce Point Langue permet de conceptualiser l'usage et la formation de la forme passive.
a) Faire observer les phrases des deux colonnes et faire constater les différences entre elles : place des informations, forme du verbe, sujets du verbe différents. Faire constater que pour les phrases de gauche, le sujet du verbe est aussi l'auteur de l'action et dire que cette tournure est appelée « forme active », à la différence des phrases de droite qui sont à la forme passive (le sujet grammatical ne fait pas l'action exprimée par le verbe)
b) Faire constater la symétrie entre les phrases actives et passives : le même élément (la voiture, une enquête) se retrouve à une place et avec une fonction différente. Faire compléter la règle.
c) Faire observer les verbes à la forme passive et demander quel est le temps du verbe. (On peut aider en faisant identifier le temps des verbes dans les phrases à la forme active.) Faire identifier les deux parties de chaque verbe pour montrer que c'est le verbe *être* qui "porte" le temps. Ex. : *a été* → verbe *être* au passé composé ; *dérobée* → participe passé.
Faire remarquer et justifier l'accord du participe passé avec le sujet. Ex. : la voiture a été dérobé̲e̲
d) Faire relire les deux articles pour sélectionner les quatre autres verbes à la forme passive. Au besoin, écrire au tableau la sélection obtenue, décomposer le verbe en ses deux parties : verbe *être* + participe passé. Faire identifier isolément le temps du verbe *être* pour faire trouver le temps de chaque verbe à la forme passive.
Faire remarquer à partir des exemples relevés qu'on ne précise pas toujours qui fait l'action. Faire observer le mot *par* pour indiquer l'auteur de l'action.

➡ **Corrigé : a)** Les sujets des verbes sont différents : dans la colonne de gauche, le sujet du verbe est celui qui fait l'action ; dans les phrases de droite, le sujet grammatical ne fait pas l'action. Le verbe est au passé composé dans les phrases de gauche (2 éléments) ; dans les phrases de droite, il y a trois éléments ; le verbe *être* au passé composé + le participe passé du verbe. Les éléments en fin de phrase à gauche sont les sujets dans les phrases de droite.
b) Le *complément d'objet direct* de la phrase active devient le *sujet* de la phrase passive.
c) Un verbe à la forme passive est formé avec le verbe *être* au présent, au futur, au passé composé, etc. – Le participe passé s'accorde avec le *sujet*.
d) la saucisse *avait été jetée* par la fenêtre → plus-que-parfait – le conducteur *a été transporté* → passé composé – elle *était entreposée* → imparfait – *être conduite* → infinitif

S'EXERCER nᵒˢ 2 et 3 ➡ Corrigé ▶ p. 82

➡ OBJECTIF DE L'ACTIVITÉ 7 ⬅   Phonétique : L'enchaînement vocalique.

7 **a)** Faire écouter l'exemple. Demander de compter les syllabes de la phrase : « Une enquête a été ouverte » (= 8 syllabes). Proposer de découper le message en syllabes : **U / n(e) en / quê / t(e) a / é / té / ou / verte/.** Proposer ensuite d'observer le segment : **a / é / té / ou /** et de repérer les enchaînements vocaliques : **a / é ; té / ou.** Faire répéter par quelques apprenants en insistant sur la continuité de l'émission sonore entre les voyelles (pas d'interruption). Procéder ensuite à l'écoute de l'enregistrement et demander de noter les enchaînements vocaliques.

b) Faire réécouter et répéter ces phrases en respectant les enchaînements (sans interrompre la voix).

➡ **CORRIGÉ :** **a) 1.** Henri‿a‿été‿alerté‿à‿huit heures. – **2.** Le requin‿Hawaïen‿a‿été récupéré‿en‿haute mer. – **3.** André‿a‿eu‿un doigt cassé‿à‿un arrêt de bus. – **4.** Le blessé‿a‿été‿autorisé‿à parler‿à sa famille.

➡ OBJECTIF DES ACTIVITÉS 8 ET 9 ⬅   Raconter un fait divers oralement et dans un article de magazine.

8 Cette activité permet aux apprenants d'échanger sur le thème des faits divers. Former des petits groupes de trois à quatre apprenants et leur demander de raconter chacun un fait divers dont ils ont connaissance. Mettre en commun : demander à chaque sous-groupe de sélectionner le plus insolite pour le raconter à la classe. Vérifier à ce moment-là que les apprenants respectent bien l'organisation du récit au passé et emploient la forme passive quand cela est nécessaire. Vérifier, à travers la compréhension des auditeurs (la classe), que la chronologie des faits a été clairement établie et, en fonction, procéder aux éventuelles corrections après chaque récit.

9 Constituer des groupes de trois apprenants (différents de ceux de l'activité précédente). Demander à chaque groupe de choisir un titre, puis de se mettre d'accord sur les faits, le contexte et les circonstances, les causes éventuelles et les suites/conséquences de l'événement, afin de rédiger ensuite l'article. Leur demander d'être attentifs à la chronologie des faits et à la cohérence de leur texte. On pourra, selon les groupes, proposer d'illustrer l'article en recherchant une photo prise dans des journaux, sur Internet, ou même par un dessin.

TÉMOIGNER D'UN ÉVÉNEMENT

▨ Comprendre	▨ Point Langue	▨ S'exprimer	▨ S'exprimer
Oral/Écrit	Rapporter un événement,	Oral/Écrit	Écrit
Act. 10, 11 et 12	témoigner	Act. 13 et 14	Act. 15
		S'exercer nᵒˢ 4 et 5	

Dépôt de plainte
Récépissé de déclaration de vol
Avis de recherche

➡ OBJECTIF DES ACTIVITÉS 10, 11 ET 12 ⬅   Comprendre un dépôt de plainte dans un commissariat et remplir le récépissé correspondant.

10 Procéder en deux étapes. Manuels fermés : faire écouter le premier enregistrement et demander aux apprenants ce qui vient de se passer : *Un homme vient de se faire voler son téléphone mobile.* Puis, toujours manuels fermés, faire écouter une première fois le deuxième enregistrement dans sa totalité et faire identifier la situation : *Qui parle ? À qui ? De quoi ? Un agent de police pose des questions au jeune homme, Maxime, qui raconte les circonstances du vol, comment on lui a volé son téléphone.* Puis, faire ouvrir les manuels et demander de répondre aux deux questions de l'activité.

➡ **CORRIGÉ : 1. 1ᵉʳ enregistrement :** Maxime est dans la rue ; **2ᵉ enregistrement :** il est dans un commissariat (un poste) de police. – **2.** Maxime est là pour déposer une plainte parce qu'on lui a volé son téléphone mobile. **Que fait-il ?** Il raconte comment cela s'est passé, il rapporte des faits, il témoigne d'un événement.

11 Cette activité a pour objectif de vérifier la compréhension des détails donnés dans la conversation à travers deux tâches concrètes : compléter le récépissé de la déclaration de vol et identifier l'avis de recherche correspondant à la description faite. Lors de l'écoute, dire aux apprenants de prendre des notes individuellement afin de préciser les circonstances du vol : *Où ? Quand ? Comment ?*, et l'identité des voleurs (sexe, description/caractéristiques). À l'aide de leurs notes, les apprenants complètent le récépissé, choisissent l'avis de recherche et comparent avec leur voisin. Faire une correction avec le groupe-classe et une vérification avec une écoute séquentielle. Faire expliquer le vocabulaire au fur et à mesure de cette écoute en utilisant d'abord les connaissances des apprenants ; donner l'explication si le terme leur est inconnu.

> CORRIGÉ : vol simple – le mardi 18/03/06 à 18 h 10 devant la gare – téléphone arraché par une femme à l'arrière d'une moto Honda – plainte déposée le 18/03/06 – fait à Brunoy, le 18/03/06.
> L'agent va lancer l'avis de recherche n° 2.

12 Cette dernière étape de la compréhension permet de relever les énoncés à partir desquels va se mener la réflexion pour le Point Langue qui suit.
Faire réécouter le dialogue afin que les apprenants puissent noter les phrases dans lesquelles on donne des précisions sur le véhicule et les voleurs. Demander aux apprenants de relever non seulement la description faite, mais également ce qui a permis d'apporter cette précision, la justification. Chacun compare ses notes avec son voisin. Puis, mettre en commun en grand groupe : écrire au tableau les phrases formulées à l'oral par les apprenants.

> CORRIGÉ : **Précisions sur le véhicule** : *J'ai entendu la moto, elle arrivait à toute vitesse derrière moi ; la moto, je l'ai reconnue parce que j'ai la même : c'était une Honda, une 125CG* – **Précisions sur les voleurs** : *Je les ai vus, ils étaient deux, ils portaient un casque – la femme que j'ai aperçue, à l'arrière, elle avait des cheveux longs, blonds, et elle avait l'air petite ; elle avait un casque avec des dessins rouges, un blouson noir.*

Point **Langue**   › **RAPPORTER UN ÉVÉNEMENT, TÉMOIGNER**

1. Personnes et actions
Ce Point Langue permet de travailler le lexique concernant le témoignage à propos d'un délit.
a) Faire apparier les éléments des deux colonnes pour faire déterminer qui fait quoi.
b) Faire discriminer les actions faites au commissariat.

2. L'accord du participe passé
Ce Point Langue permet la conceptualisation de l'accord du participe passé avec le COD placé avant le verbe.
a) Faire relier les éléments des deux colonnes afin de recontextualiser les énoncés.
b) Faire observer les phrases de gauche, faire remarquer pour chacune la nature et la place du COD. Guider en posant des questions sur les deux phrases dont le COD est la moto. Ex. : Qu'est-ce que j'ai entendu ? Qu'est-ce que j'ai reconnu ? Faire observer ensuite la variation (ou non) du participe passé et faire interpréter cette variation en fonction de la place du COD. Pour finir, faire compléter la règle.

> **Corrigé : 1. a)** un voleur → commettre un délit ; une victime → déposer une plainte ;
> un agent de police → enregistrer une plainte – **b)** déposer une plainte ; enregistrer une plainte
> **2. b)** Pour les temps composés avec le verbe *avoir*, le participe passé s'accorde avec le complément d'objet direct placé *avant* le verbe.

S'EXERCER n⁰ˢ 4 et 5 Corrigé ▶ p. 82

> OBJECTIF DES ACTIVITÉS 13 ET 14 ◁ Rapporter un vol dont on a été témoin/ rédiger le récépissé de la déclaration de vol.

13 Former des groupes de trois apprenants : deux témoins d'un vol (voiture, vélo, sac, baladeur MP3, ordinateur portable, etc.) et un policier. Pour la préparation, la classe est divisée en deux, d'un côté, les témoins, deux par deux, imaginent le vol dont ils ont été témoins (les circonstances, le déroulement des faits) ; de l'autre, les policiers préparent leur interrogatoire et un récépissé de déclaration chacun. Prévoir 10 mn de préparation pour chaque groupe. Puis, tirer au sort les témoins et le policier qui vont jouer ensemble. Le policier remplit le récépissé de déclaration au fur et à mesure de l'échange. Selon le temps disponible, tous les groupes joueront devant l'ensemble de la classe. Pendant les jeux de rôles, faire prendre des notes par les apprenants « spectateurs » en vue de l'activité 14. Ramasser les récépissés remplis par les policiers.

14 Demander à chaque apprenant de reprendre ses notes et de rédiger avec son voisin le récépissé de déclaration correspondant à un des témoignages entendus. Mettre en commun : comparer chaque récépissé avec celui qui avait été rempli par le policier pendant le jeu de rôles.

➡ OBJECTIF DE L'ACTIVITÉ 15 ⬅ **Raconter un vol/incident dont on a été témoin dans une lettre amicale**

15 Cette activité est un travail individuel à faire en classe ou à la maison, selon le temps disponible. Chaque apprenant est amené à rédiger un message destiné à un(e) ami(e) afin de raconter un vol (ou autre incident) dont il a été témoin. Chacun peut choisir de s'inspirer d'une des scènes jouées dans la classe ou d'imaginer un autre incident.

S'EXERCER – CORRIGÉ

1. a. un avion qui avait décollé/se dirigeait/a dû/avait/une voiture arrivait/le conducteur a réussi/les deux hommes ont eu très peur/ils sont repartis – **b.** la vache qui avait reçu/a disparu/son propriétaire était parti/il avait constaté/il manquait/il a prévenu/a cherché/on n'a pas retrouvé

2. a. Une valise pleine de billets de banque a été retrouvée dans une poubelle. – **b.** On a cambriolé la Banque du Nord la nuit dernière. – **c.** La tempête d'hier a endommagé plusieurs maisons. – **d.** On installera un nouveau système de contrôle des bagages le mois prochain dans les aéroports. – **e.** Ce matin, le Salon de l'éducation et de la formation profession-nelle a été inauguré par le ministre de l'Éducation.

3. les visiteurs se dirigeaient/l'alarme s'est déclenchée/un homme qui avait décroché/La police a prévenu/les sorties ont été bloquées/l'homme a réussi/On l'a retrouvé/il avait trouvé/il avait passé/Le tableau a été récupéré/l'homme a été emmené

4. a. un agent de police/un policier – **b.** témoigner/déposer une plainte – **c.** le commissariat (ou poste) de police – **d.** un récépissé de déclaration – **e.** un voleur/un cambrioleur – **f.** une victime

5. a. vous avez vu/je les ai entendues – **b.** je les ai aperçus – **c.** avez-vous rencontré cette personne/la personne que nous avons trouvée – **d.** j'ai déposé une plainte/il l'a enregistrée/je l'ai signée

---

Activité de phonie-graphie

Le but de cette activité est de sensibiliser les apprenants à la prononciation de l'accord du participe passé avec *avoir*, qui est diffé-rente au féminin et au masculin quand le participe s'accorde avec l'objet direct placé avant le verbe (pour les participes passés se terminant par une consonne). Faire écouter la phrase 1. Demander de quoi la personne parle. Demander si les apprenants ont perçu la terminaison des participes et s'il faut les compléter. Corriger, puis faire écouter le reste de l'enregistrement en alertant les appre-nants sur la terminaison des participes passés. Concertation par deux avant la correction en grand groupe.

➡ CORRIGÉ : **1.** Cette phrase, je l'ai dite et répétée pendant des années. – **2.** Cette veste, je l'avais choisie et je l'avais mise pour sortir ce soir-là. – **3.** Cette carte, je l'ai trouvée sur la table d'un café et je l'ai mise dans ma poche. – **4.** Cette lettre, il l'a écrite après son accident. – **5.** Ma valise, je l'ai faite en un clin d'œil quand j'ai appris que je partais. – **6.** Mon travail, je l'ai fait en un clin d'œil quand j'ai appris que je partais. – **7.** Sa voiture, je l'ai conduite très facilement.

 Livre-élève
▶ p. 159

À la **une**

CONTENUS SOCIOCULTURELS – THÉMATIQUES

Critiques de film et festival de cinéma

OBJECTIFS SOCIOLANGAGIERS

OBJECTIFS COMMUNICATIFS & SAVOIR-FAIRE Être capable de...	
Comprendre la présentation d'un film	– comprendre la présentation d'un événement cinématographique – comprendre la présentation et la bande-annonce d'un film – rédiger la fiche technique et le synopsis d'un film
Exprimer des appréciations sur un film	– comprendre l'annonce d'un palmarès – comprendre des réactions et commentaires de spectateurs – exprimer des réactions et appréciations sur un film – écrire à un ami pour recommander ou déconseiller un film
OBJECTIFS LINGUISTIQUES	
GRAMMATICAUX	– les pronoms personnels après *à* et *de*
LEXICAUX	– termes liés au cinéma – verbes pour annoncer un palmarès
PHONÉTIQUES	– l'intonation expressive : enthousiasme, étonnement, déception

SCÉNARIO DE LA LEÇON

La leçon se compose de deux parcours :

Dans le premier parcours, les apprenants liront la une d'un journal sur le Festival de Cannes et un article sur un film en compétition. Ensuite, ils vérifieront leurs connaissances sur le Festival de Cannes et échangeront sur ce type de manifestation. Puis, ils écouteront l'extrait d'une bande-annonce. En fin de parcours, ils rédigeront la fiche de présentation d'un long-métrage.

Dans le second parcours, les apprenants écouteront l'annonce du palmarès du Festival, puis ils liront des commentaires de spectateurs sur le film primé. À la fin de la leçon, ils exprimeront à leur tour leurs réactions et appréciations sur un film et rédigeront une lettre à un ami pour lui (dé)conseiller de le voir.

COMPRENDRE LA PRÉSENTATION D'UN FILM

▓ Comprendre Écrit Act. 1 et 2	▓ Point Culture Le Festival de Cannes	▓ Comprendre Oral Act. 3	▓ Point Langue Les pronoms personnels après *à* et *de* **S'exercer n° 1**	▓ Point Langue Parler du cinéma **S'exercer n° 2**	▓ S'exprimer Écrit Act. 4

Une de journal
+ fiche de film

Bande-annonce de film

> **→ OBJECTIF DES ACTIVITÉS 1 ET 2 ←** Comprendre la présentation d'un événement cinématographique/comprendre la présentation d'un film.

1 Avant l'activité, faire observer les documents afin de les identifier : *Il s'agit de la une d'un journal et d'un article de presse*. Ensuite, les faire lire et en vérifier la compréhension globale : *Dans la une, il est question du Festival de Cannes ; dans l'article, on parle d'un film en compétition :* L'Enfant, *des frères Dardenne*. Faire observer la photo afin de vérifier si les apprenants y identifient les frères Dardenne et les acteurs principaux, qui apparaissent par ailleurs de profil sur l'affiche du film (dans la fiche en bas de page).

> **➔ CORRIGÉ :** Sur la photo, les frères Luc et Jean-Pierre Dardenne, réalisateurs belges, entourent les acteurs Jérémie Rénier et Déborah François à l'occasion de la projection de leur film *L'Enfant*, au Festival de Cannes.

2 Demander de relire l'article et faire compléter la première partie de la fiche du film.

> **➔ CORRIGÉ :** un film de Luc et Jean-Pierre Dardenne avec Jérémie Rénier (dans le rôle de Bruno) et Déborah François (dans le rôle de Sonia).

> **■ VARIANTE :** Toute la leçon reposant sur le Festival de Cannes et son palmarès, on peut commencer par un « remue-méninges » sur les connaissances des apprenants sur le cinéma français et le festival, et enchaîner par la lecture du Point Culture pour donner des références culturelles sur lesquelles s'appuie la leçon, avant d'effectuer les activités 1 et 2.

POINT CULTURE

Le Festival de Cannes

Ce Point Culture vise à faire rechercher des informations sur le Festival de Cannes dans les documents de la page 68 et à permettre un échange interculturel sur ce type de manifestation.

Les activités A, B et C peuvent être faites à la suite, en petits groupes de trois personnes. Pour la mise en commun en grand groupe, chaque apprenant peut être le rapporteur d'une partie.

A. Proposer aux apprenants de revenir sur les documents afin de choisir l'information correcte parmi celles proposées en gras.

B. Faire trouver dans la liste donnée d'autres villes ayant un Festival international de cinéma.

C. Demander aux apprenants de dire s'il existe une manifestation similaire dans leur pays et la commenter en quelques mots (lieux, période de l'année, types de films…).

➔ Corrigé : A. au mois de mai – pendant 12 jours – au palais des Festivals – un jury – la Palme d'or
                 B. Berlin (l'Ours d'or) – Venise (le Lion d'or) – Deauville (le Festival du cinéma américain) – Marrakech (le festival du cinéma du Maghreb et de l'Afrique) – Toronto et Rio ont aussi leur festival de cinéma

POINT ***Festival de Cannes*** ▶ p. 183

> **→ OBJECTIF DE L'ACTIVITÉ 3 ←** Comprendre une bande-annonce de film.

3 **a)** Faire écouter la bande-annonce du film et en vérifier la compréhension globale : *Il s'agit de deux échanges entre les personnages principaux, à des moments différents ; le premier a lieu tout de suite après la naissance du bébé ; dans le deuxième, Bruno annonce à Sonia qu'il a vendu le bébé.*

> **■ VARIANTE :** Dans la mesure du possible, passer l'extrait vidéo de cette bande-annonce. Il sera alors plus facile de comprendre le contexte : dans un premier temps, Bruno et Sonia sont au bord de l'eau. C'est la première fois qu'ils se retrouvent après l'accouchement et c'est pour cela qu'elle lui dit *Mets ta main sur mon ventre.* Bruno ne montre aucun intérêt pour le bébé. Les deux sont très jeunes, ils commencent à jouer, à rire et à courir l'un après l'autre. Dans un deuxième temps, ils sont dans une grotte ; l'attitude de Bruno, froide et indifférente, contraste avec le choc ressenti par Sonia lorsqu'elle apprend que Jimmy a été vendu.

> **b)** En fonction du groupe, proposer une nouvelle écoute et éventuellement la relecture de l'article afin de rédiger le synopsis. Cette activité peut être faite par deux. Lors de la mise en commun, vérifier la compréhension.

> **➔ CORRIGÉ : a)** Sonia et Bruno – **b) Synopsis :** […] Sonia vient de mettre au monde leur fils, Jimmy, mais Bruno n'est pas prêt à être père. Il vend leur enfant à des gens qui doivent le placer dans une famille. Lorsque Sonia l'apprend, elle est désespérée…

Point **Langue** › Les pronoms personnels après *de* et *à*

Ce Point Langue permet de conceptualiser l'usage de pronoms personnels toniques après *à* et *de*.

a) Faire observer les exemples et faire relire l'article, afin de préciser ce que les pronoms soulignés remplacent dans le contexte. Faire noter qu'il s'agit, dans tous les cas, de personnes.

b) Faire remarquer la construction avec *de* pour les phrases de gauche et la construction avec *à* pour celles de droite. Faire compléter la double liste fournie avec les verbes présents dans les exemples.

c) Rappeler la construction avec *à* d'autres verbes déjà connus et l'utilisation des pronoms indirects dans ce cas. Exemple : Il pose des questions à l'actrice → il *lui* pose des questions. Ils ont parlé aux réalisateurs → ils *leur* ont parlé. Faire retrouver de mémoire l'ensemble de ces pronoms (*me/te/lui/nous/vous/leur*) et rappeler leur position avant le verbe.

Revenir à la liste des verbes construits avec *à* que les apprenants viennent de compléter. Faire constater le recours aux pronoms personnels toniques quand il s'agit de verbes pronominaux ainsi que du verbe *penser*. Préciser, pour finir, que pour les verbes construits avec *de*, sans exception, on utilise les pronoms toniques.

> **Corrigé : a)** d'eux = les frères Dardenne – de lui = de leur fils, Jimmy – à eux = aux frères Dardenne – à elle = à la jeune fille qui...
>
> **b)** Verbes construits avec **de** : *se souvenir, s'occuper* de quelqu'un – Verbes construits avec **à** : *penser* à quelqu'un / *s'adresser* à quelqu'un
>
> **c)** La majorité des verbes de construction indirecte avec *à* fonctionnent avec les pronoms personnels indirects *me*, *te*, *lui*, *nous*, *vous*, *leur* placés avant le verbe. Mais, pour les verbes pronominaux et le verbe *penser*, on utilise la construction *à* + pronom tonique (*moi, toi, lui/elle, nous, vous, eux/elles*).

S'EXERCER n° 1 Corrigé ▶ p. 87

Point **Langue** › Parler du cinéma

Ce Point Langue vise à travailler sur le lexique du cinéma. Proposer aux apprenants de localiser les mots de la colonne de droite dans les documents, puis faire apparier les éléments des deux colonnes.

> **Corrigé :** Un acteur joue un rôle dans le film. – Un producteur finance le film. – Un réalisateur fait/tourne le film. – Un scénario présente les dialogues du film. – Une fiche technique donne des informations sur le film. – Un synopsis résume l'histoire du film. – Une bande-annonce présente le film en vidéo ou à la radio.

S'EXERCER n° 2 Corrigé ▶ p. 87

➔ **OBJECTIF DE L'ACTIVITÉ 4** ◖   Rédiger la fiche technique et le synopsis d'un film.

4 Revenir un bref instant sur la fiche de présentation du film *L'Enfant*, p. 68, afin de mettre en évidence sa matrice, composée d'une fiche technique et d'un synopsis. Puis, proposer aux apprenants de rédiger la fiche de présentation d'un film de leur choix. Cette activité peut se faire individuellement ou par deux, en classe ou à la maison.

EXPRIMER DES APPRÉCIATIONS SUR UN FILM

Comprendre Oral	Aide-mémoire	Comprendre Écrit	Point Langue	Phonétique	S'exprimer Oral	S'exprimer Écrit
Act. 5	Annoncer un palmarès	Act. 6 et 7	Exprimer des appréciations sur un film	Act. 8	Act. 9	Act. 10
			S'exercer n° 3			

Annonce du palmarès .... Commentaires sur un film

➔ **OBJECTIF DE L'ACTIVITÉ 5** ◖   Comprendre l'annonce d'un palmarès.

5 Avant de faire écouter l'enregistrement, demander aux apprenants d'observer la photo : *Les frères Dardenne entourent Emir Kusturica (président du jury) qui tient la Palme d'or.* Ensuite, passer l'enregistrement et faire compléter la dépêche de presse.

➔ **CORRIGÉ :** Palme d'or

AIDE-MÉMOIRE

Cet Aide-mémoire permet de fixer les différentes expressions qui servent à annoncer un palmarès. Faire lire les énoncés et en vérifier la compréhension.

> ➡ OBJECTIF DES ACTIVITÉS 6 ET 7 ⬅   **Comprendre des réactions et commentaires de spectateurs sur un film, sur un site Internet.**

6 a) Avant l'activité, faire observer le document afin de l'identifier : *Il s'agit de « Critiques spectateurs » sur un site Internet sur le cinéma,* Allocine.com. Proposer aux apprenants de parcourir brièvement le document et en vérifier la compréhension globale : *Les spectateurs réagissent à propos du film* L'Enfant *et font des commentaires qui sont, selon les cas, positifs ou négatifs.* Demander de lire le document afin d'identifier l'appréciation qui correspond à chaque commentaire. Proposer aux apprenants de comparer leurs réponses par deux, puis d'enchaîner sur l'activité 6 b).

b) Faire identifier la réaction de chaque personne : enthousiasme, déception ou surprise. Lors de la mise en commun, faire justifier les réponses.

➡ CORRIGÉ : **a)** **Pascal** : très positif ★★★★ – **Wahida** : plutôt négatif ★☆☆☆ – **Jérémy** : mitigé ★★☆☆ –
Flore : très positif ★★★★ – **Sandra** : assez positif ★★★☆

b) **Pascal** : enthousiasme → *Tout simplement magnifique ! Pour moi ce sont là de grands moments de cinéma.* – **Wahida** : déception → *j'ai été très déçue* – **Jérémy** : déception → (message global) –
Flore : enthousiasme → *j'ai ADORÉ ! À voir absolument !* – **Sandra** : surprise/enthousiasme →
quelle surprise !... c'est un film que je recommande !

7 Faire relire le document afin d'identifier sur quoi portent les commentaires. Proposer de comparer les réponses par deux. Lors de la mise en commun, faire justifier les réponses et en vérifier la compréhension.

➡ CORRIGÉ : **Pascal** : certaines scènes du film (*je ne suis pas près d'oublier... Par exemple, la séquence où...*) – **Wahida** :
le jeu des acteurs (*j'ai apprécié l'interprétation de la comédienne qui joue le rôle de Sonia*), la mise en scène
(*pas de vrai scénario, pas de musique... ce n'est pas du cinéma*) – **Jérémy** : les sentiments dans le film (*Il y a de l'émotion, du suspens*), le rythme du film (*j'ai trouvé ce film long et sans grand intérêt*) – **Flore** : le jeu des acteurs (*J. Rénier et D. François sont des acteurs formidables*), les sentiments dans le film (*C'est réaliste, plein de sensibilité et d'émotion*) – **Sandra** : le jeu des acteurs (*les acteurs sont excellents*), les sentiments dans le film (*C'est un film riche et émouvant...*), le rythme du film (*Il y a des scènes trop longues*).

Point **Langue**   › **EXPRIMER DES APPRÉCIATIONS**

Ce Point Langue vise à travailler sur les formules exprimant des appréciations sur un film.
Faire classer les formules en deux catégories : appréciations positives ou négatives. Prévoir une mise en commun par deux avant celle en grand groupe.

➡ **Corrigé : appréciations positives** : de grands moments de cinéma – je ne suis pas près d'oublier certaines scènes – j'ai apprécié l'interprétation de la comédienne – à voir absolument ! – les acteurs sont excellents – c'est plein de sensibilité et d'émotion – c'est un film riche et émouvant – c'est un film que je recommande /
appréciations négatives : il n'y a pas de vrai scénario – j'ai trouvé ce film long et sans grand intérêt – ce n'est pas du cinéma – il y a des scènes trop longues   **S'EXERCER n° 3** ➡ Corrigé ▶ p. 87

> ➡ OBJECTIF DE L'ACTIVITÉ 8 ⬅   **Phonétique :** L'intonation expressive : enthousiasme, étonnement, déception.

8 Cette activité a pour but de sensibiliser les apprenants à l'intonation dans l'expression des sentiments. Dans cette activité, les apprenants ne peuvent s'appuyer que sur l'intonation des énoncés pour distinguer les sentiments exprimés. Proposer de reproduire la grille suivante pour noter les réponses :

	Enthousiasme	Déception	Surprise/étonnement
1.	✓		
2...			

Pendant l'écoute de l'enregistrement (écoute séquentielle recommandée), chaque apprenant note quel sentiment il entend. Procéder à la correction collective après une deuxième écoute de l'enregistrement (écoute continue).

Après cet exercice, faire réécouter l'enregistrement et solliciter les apprenants à tour de rôle pour répéter les phrases, en leur demandant de reproduire l'intonation proposée. Pour les phrases 3 et 10, qui expriment l'étonnement, proposer de les répéter d'abord avec l'intonation proposée, ensuite avec l'intonation de la déception (mélodie descendante en finale), puis de l'enthousiasme (mélodie montante en finale).

➔ CORRIGÉ : **enthousiasme** = 1, 5, 6 et 9 – **déception** = 2, 4, 7 et 8 – **surprise/étonnement** = 3 et 10

➔ OBJECTIF DE L'ACTIVITÉ 9 ◄   **Exprimer des réactions et appréciations sur un film, dans le cadre d'un micro-trottoir.**

9 Avant de faire l'activité, vérifier quels films ont été vus par une majorité d'apprenants afin de constituer des groupes. Prévoir un moment pour que, dans chaque groupe, les apprenants donnent leur point de vue sur le film qu'ils ont vu. Puis, demander à un apprenant par groupe de jouer le rôle du journaliste effectuant un micro-trottoir. Effectuer la mise en scène : le journaliste aborde les spectateurs un à un à la sortie du cinéma ; ceux-ci réagissent au film qu'ils viennent de voir et expriment des appréciations.

➔ OBJECTIF DE L'ACTIVITÉ 10 ◄   **Écrire à un ami pour recommander ou déconseiller un film.**

10 Cette activité permet de transférer tout ce qui a été travaillé dans la leçon. Proposer aux apprenants d'écrire à un ami (un mél, par exemple) afin de recommander ou déconseiller un film qu'ils viennent de voir. Préciser la matrice de la lettre, indiquée dans la consigne de l'activité. Cette production peut se faire en classe ou à la maison.

S'EXERCER - CORRIGÉ

1. a. m'adresser à lui – **b.** rêve de lui – **c.** Je pense à elle – **d.** il s'occupe beaucoup d'eux – **e.** Je ne m'intéresse pas du tout à eux – **f.** la presse parle d'elle – **g.** j'ai besoin de toi
2. jeune réalisateur – un/une producteur/productrice – les cent pages du scénario – le synopsis du film – le nom des acteurs – la bande-annonce

3. a) et **b)** 1 (appréciation négative) ≠ **e** (appréciation positive) – 2 (appréciation positive) ≠ **c** (appréciation négative) – 3 (appréciation positive) ≠ **d** (appréciation négative) – 4 (appréciation positive) ≠ **b** (appréciation négative) – 5 (appréciation négative) ≠ **a** (appréciation positive)

Ce `Carnet` `de` `voyage`, qui propose un parcours à dominante culturelle, se compose d'un seul volet :

Ce volet, intitulé *La presse en France*, permet de découvrir la presse écrite quotidienne, nationale et régionale, ainsi que quelques magazines.

Les activités 1 à 4 de ce *Carnet de voyage* peuvent être utilisées avant la leçon 1 du dossier 4, afin d'aborder la thématique de la presse de manière concrète et accessible. Dans la mesure du possible, apporter des journaux et magazines en classe afin que les apprenants les manipulent.

La presse en France

1 Avant de commencer le *Carnet de voyage*, il est possible de procéder à un « remue-méninges », manuels fermés, afin d'évaluer les connaissances des apprenants sur la presse française. Leur demander : *Quels journaux, magazines connaissez-vous ? Quelle diffé-rence faites-vous entre un journal et un magazine ?* Inscrire les titres au tableau. Selon leurs réponses, les activités du *Carnet* auront un sens différent et prendront plus de temps. Ensuite, ouvrir les manuels et faire observer les différentes couvertures de magazines. Former des petits groupes afin que les apprenants échangent à partir de leurs connaissances sur les magazines français, caractérisent les magazines présentés et disent si ces magazines existent dans leur pays.

Pour information : *Gala* : magazine sur les « people » (célébrités), *Elle* : magazine féminin, *L'Express* : magazine socio politique et économique, *National Géographic* : géographie humaine/ ethnographie/voyages.

POINT **INFO** 🌐   *Magazines français*   ▶ p. 183

2 **a)** Faire lire les questions de la partie a) et faire le sondage avec le groupe-classe. Pour faciliter l'enquête et la mise en commun, reporter éventuellement les questions sur une fiche qui sera distribuée à chaque apprenant. Proposer un dépouillement des résul-tats et faire reporter les réponses au tableau. Comptabiliser les résultats pour donner une véritable photographie de la consomma-tion de la presse chez les apprenants.

b) Faire comparer les préférences des Français et celles de la classe. Expliquer le mot *diffusion* : nombre total d'exemplaires d'une catégorie de journaux répandus dans la population. Attirer l'attention sur le fait que ce sont les magazines de télé et les magazines féminins qui sont les plus lus, les magazines d'actualité venant en troisième position. En fonction du contexte, la comparaison peut aller au-delà de la classe : faire rechercher par les apprenants intéressés (ou apporter) des données chiffrées sur les pratiques de consommation de la presse écrite dans leur pays.

3 Cette activité permet de faire découvrir aux apprenants la presse quotidienne nationale et régionale française. Former des équipes de deux à quatre apprenants, selon les effectifs de la classe. Faire formuler des hypothèses à partir des titres. Naturellement, cette activité prendra tout son sens si l'enseignant a la possibilité d'apporter certains exemplaires de journaux ou si les apprenants ont la possibilité de faire une recherche sur Internet. Ensuite, mettre en commun en grand groupe.

➡ CORRIGÉ : **Quotidiens nationaux :** *Le Figaro, Libération, Le Monde, France Soir.*

              Quotidiens régionaux : *Sud Ouest, Ouest France, La voix du Nord, Nice Matin.*

              Le journal sportif le plus lu est un quotidien : *L'Équipe.*

POINT **INFO** 🌐   *Quotidiens français*   ▶ p. 183

4 Faire observer les deux documents et faire répondre au vrai-faux par groupe de deux ou trois. Effectuer une mise en commun pour vérifier les réponses.

■ **VARIANTE :** Donner ce travail à faire à la maison, puis le corriger avec le groupe-classe le lendemain.

➡ **CORRIGÉ :** **a) Faux :** le journal le plus lu est un quotidien régional : *Ouest-France*. Il est suivi du *Parisien/Aujourd'hui en France*, quotidien national avec une version régionale – **b) Faux :** c'est la presse gratuite d'actualité qui progresse. – **c) Faux :** elle est en hausse. – **d) Vrai :** dans le monde, ce sont les Français qui lisent le plus de magazines. 5,7 millions de magazines sont vendus chaque jour ; la France bat des records mondiaux de consommation de ce type de presse. – **e) Faux :** ce sont les Britanniques et les Allemands qui en consomment le plus.

5 Cette activité inaugure le travail en « atelier », dont l'objectif est de « créer un journal ». Former d'abord des groupes de trois ou quatre apprenants. Puis, leur laisser 10 minutes pour décider si le quotidien sera national ou régional, pour choisir un titre et son prix de vente et dessiner le bandeau-titre. Préciser aux apprenants qu'ils devront au préalable se mettre d'accord sur le type de quotidien et le type de contenu, en fonction du type de lecteurs qu'ils souhaitent. Cela les aidera ensuite pour l'activité 6.

■ **VARIANTE :** Ce travail peut être un travail collectif à réaliser en dehors de la classe et à présenter quelques jours après. Cette activité peut également être l'occasion de créer un vrai journal de classe qui, tout au long de la session d'apprentissage mensuelle/annuelle, aura des éditions différentes en fonction des productions écrites réalisées par la classe au cours des dossiers du manuel.

6 Cette dernière activité vient compléter le travail commencé à l'activité 5. Le même groupe réunit son comité de rédaction et décide des titres et des rubriques pour l'édition du lendemain, à la manière de ce qui a été étudié dans le dossier. Les apprenants « journalistes » rédigeront des titres et des chapeaux. Apporter le matériel nécessaire pour la mise en page (papier, ciseaux, stylos de couleur...). La contribution des « dessinateurs » est bien sûr la bienvenue.

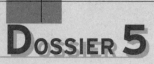

LEÇON **1**

DOSSIER **5**

Rêver sa vie

OBJECTIFS SOCIOLANGAGIERS

OBJECTIFS COMMUNICATIFS & SAVOIR-FAIRE	
Être capable de...	
Envisager l'avenir	– comprendre un article de présentation d'un spectacle – comprendre la fiche biographique/discographique d'un groupe musical – comprendre une chanson, sa structure et son univers – comprendre l'expression de souhaits et espoirs – présenter un artiste et donner son avis sur lui
Exprimer des souhaits, faire des suggestions	– comprendre des souhaits et suggestions pour l'avenir – exprimer des souhaits/espoirs et faire des suggestions concernant l'avenir
OBJECTIFS LINGUISTIQUES	
GRAMMATICAUX	– expression du souhait : *souhaiter que* + subjonctif, *espérer que* + indicatif, *j'aimerais, je voudrais que* + subjonctif / *j'aimerais* + infinitif – la suggestion : le conditionnel, morphologie
LEXICAUX	– termes liés à la musique, genres et groupes musicaux – formules pour exprimer le souhait
PHONÉTIQUES	– prononciation de [r] – distinction imparfait/conditionnel

SCÉNARIO DE LA LEÇON

La leçon se compose de deux parcours :

Dans le premier parcours, les apprenants découvriront un groupe musical français dans un article présentant son spectacle et en complèteront la fiche biographique, puis ils échangeront sur des groupes de leur pays. Ils prendront ensuite connaissance d'une manifestation annuelle importante pour la chanson française et échangeront sur les événements semblables dans leur pays. Enfin, ils écouteront une chanson du groupe découvert et termineront en présentant un artiste musical/album de leur pays.

Dans le second parcours, ils liront des déclarations concernant l'avenir sur un forum Internet, puis ils échangeront à propos des souhaits et suggestions exprimés. Finalement, ils s'exprimeront à leur tour au sujet de l'avenir et rédigeront leurs interventions sur un forum de discussion.

ENVISAGER L'AVENIR

✂ Comprendre Écrit Act. 1	✂ S'exprimer Oral Act. 2	✂ Point Culture Les Victoires de la musique	✂ Comprendre Oral/Écrit Act. 3, 4 et 5	✂ Point Langue Exprimer un souhait, un espoir **S'exercer n° 1**	✂ S'exprimer Oral Act. 6

Affiche + article + Fiche artiste TV5

Chanson

➡ OBJECTIF DE L'ACTIVITÉ 1 ⬅   Comprendre un article sur un groupe de musique et compléter sa fiche biographique.

1 Demander aux apprenants d'observer d'abord uniquement l'affiche, d'identifier l'événement annoncé (concert) et d'imaginer le groupe (nombre de musiciens, style musical). Puis, faire lire l'article et demander de préciser s'il s'agit d'un seul concert ou de plusieurs, afin de vérifier la compréhension : faire dire qu'on annonce en fait une série de concerts dans toute la France, c'est-à-dire une tournée. Demander ensuite de lire la partie biographie de la fiche artistes de TV5 Monde, puis, par deux, de compléter la fiche à partir de ces informations et de l'article. Solliciter les apprenants qui s'y connaissent en musique afin d'expliquer les styles de musique ragga, world ou de citer des exemples d'artistes connus.

➡ **CORRIGÉ** : Nom de scène : Sinsemilia – Lieu de naissance : fête de la musique à Grenoble, le 21 juin 1991 –
Début de carrière : en 1996 avec leur premier disque, *Première récolte* – Style musical : entre rock et reggae –
Discographie 2004 : *Debout les yeux ouverts*

➡ OBJECTIF DE L'ACTIVITÉ 2 ⬅   Parler de groupes musicaux de son pays.

2 À partir de la présentation du groupe Sinsemilia, inviter les apprenants à évoquer des groupes de leur pays, soit parce qu'ils appartiennent au même univers musical, soit parce que leur histoire est semblable, ou encore en raison de leur succès.

Les Victoires de la musique   **POINT CULTURE**

A. Demander aux apprenants de repérer dans l'article l'autre événement évoqué, en-dehors de la tournée ; faire lire le Point Culture et demander de retrouver, par deux, le style musical de Sinsemila, et de déduire la date de leur nomination aux Victoires de la musique. En fonction du contexte, et si cela est possible, apporter un enregistrement avec quelques secondes de différents styles musicaux (rap, hip-hop, reggae, r'n'b…) afin de les faire découvrir/identifier par les apprenants, ou encore demander aux apprenants qui connaissent les différents genres d'apporter des extraits pour le cours suivant s'ils en ont la possibilité.

B. Amener les apprenants à comparer avec les manifestations de même nature, pour la promotion de la chanson, dans leur pays

➔ **Corrigé : A.** 2005 : nomination de Sinsemilia aux 20e Victoires de la musique, catégorie reggae/ragga/world

---

➡ OBJECTIF DES ACTIVITÉS 3, 4 ET 5 ⬅   Comprendre une chanson, sa structure et les thèmes évoqués.

3 **a)** Faire une première écoute de la chanson, manuels fermés, pour le plaisir de découvrir une nouvelle chanson et le style du groupe Sinsemilia. Demander aux apprenants, avant l'écoute, d'être attentifs aux passages identiques, qui se répètent (= refrains), et ceux dont les paroles changent (= couplets). Mettre en commun par deux après l'écoute, puis en grand groupe.
b) Manuels ouverts (veiller à ce qu'ils ne lisent pas la transcription sur la page de gauche ; pour cela, plier/cacher une partie de la page gauche du manuel), demander de trouver le titre parmi les trois propositions. Procéder, si nécessaire, à une deuxième écoute du premier refrain si le choix est difficile.

➡ **CORRIGÉ** : **a)** La chanson commence par le refrain suivi d'un couplet, et ainsi de suite. On trouve en tout 4 refrains
et 3 couplets. – **b)** *Tout le bonheur du monde*

4 **a)** Faire une écoute supplémentaire afin de faire repérer qui s'adresse à qui et la période évoquée. Mettre en commun.
b) La transcription de la chanson est nécessaire pour aller plus loin dans la compréhension. Faire découvrir le texte de la chanson avec une écoute simultanée plutôt qu'en lecture silencieuse et repérer les passages qui justifient la période choisie en a).
c) Faire rechercher par deux les thèmes abordés et souligner les passages correspondants, puis mettre en commun.

➡ **CORRIGÉ** : **a) et b)** On parle de l'avenir. → « *Pour aujourd'hui comme pour demain..., Puisque l'avenir vous appartient...,
votre envol est pour demain..., toute une vie s'offre devant vous* ») – Des adultes s'adressent à leurs enfants. →
« *Puisque on ne sera pas toujours là comme on le fut aux premiers pas, je ne sais pas quel monde on vous
laissera* » **c)** **la liberté** : « *Dans cette liberté à venir..., Libres de faire vos propres choix, De choisir quelle sera
votre voie* » – **la paix** : « *Que votre chemin évite les bombes, Qu'il mène vers de calmes jardins* » – **le bonheur** :
« *On vous souhaite tout le bonheur du monde..., Sûrement plein de joie au rendez-vous..., De profiter de chaque
instant* » – **l'amour** : « *Et que quelqu'un vous tende la main, Que votre soleil éclaircisse l'ombre,
Qu'il brille d'amour au quotidien* »

5 **a)** Demander aux apprenants de relire les paroles, puis de faire la sélection par deux. Lors de la mise en commun, faire justifier avec des passages du texte : *on vous souhaite, j'espère, j'ose espérer...* Ce repérage sera repris dans le Point Langue.
b) Cette deuxième partie permet de vérifier la compréhension en faisant appel à l'interprétation personnelle et à une expression plus libre et spontanée. Chacun réagira à sa façon à cette chanson, à partir des paroles comprises mais également de la mélodie.

→ CORRIGÉ **:** **a)** Dans la chanson, sont exprimés des souhaits : *on vous souhaite tout le bonheur... (on vous souhaite) que...* et des espoirs : *j'espère juste que vous prendrez le temps, j'ose espérer que ça suffira* ; on exprime aussi des peurs (de façon plus implicite) : *je sais pas quel monde on vous laissera* . – **b)** Reprendre les thèmes et les phrases de la chanson vus à l'activité 4 c), ces thèmes sont optimistes, cependant la chanson peut sembler pessimiste à travers l'idée qu'elle diffuse : *Quel monde, quelle planète allons-nous laisser à nos enfants ?* – la mélodie, elle, est plutôt optimiste

■ **POUR ALLER PLUS LOIN :** Pour confirmer ce qui est travaillé dans l'activité 5, proposer aux apprenants d'aller sur le site www.sinsemilia.com afin de visionner le vidéoclip de la chanson *Tout le bonheur du monde.*

Point **Langue**   › **EXPRIMER UN SOUHAIT, UN ESPOIR**

Ce Point Langue permet une nouvelle rencontre avec le subjonctif dans les complétives (déjà vu au dossier 2, dans l'expression de la nécessité), cette fois dans l'expression du souhait ; il permet également une première approche du contraste subjonctif/indicatif dans les complétives.
a) L'exercice d'association s'appuie sur les énoncés repérés à l'activité 5 b). Faire reconstituer les phrases.
b) Attirer l'attention des apprenants sur les formes verbales dans la 2e partie des phrases et demander de compléter la règle de l'utilisation du subjonctif. Dans les phrases exprimant le souhait, le subjonctif est identifiable à partir de *que quelqu'un vous tende la main* et de *que votre soleil éclaircisse l'ombre*, car pour les autres verbes il ne se distingue pas du présent de l'indicatif.

→ **Corrigé : a)** *On* souhaite que **quelqu'un** *vous tende la main* / que **votre chemin** *évite les bombes, qu'il mène vers de calmes jardins* / que **votre soleil** *éclaircisse l'ombre, qu'il brille d'amour. J'espère que* **vous** *prendrez le temps de profiter de chaque instant* / que **cela** *suffira.* **b)** Lorsqu'on exprime un souhait, le verbe dans la deuxième partie de la phrase est *au subjonctif.* — Lorsqu'on exprime un espoir, le verbe dans la deuxième partie de la phrase est *à l'indicatif.*

S'EXERCER n° 1 → Corrigé ▶ p. 94

→ **OBJECTIF DE L'ACTIVITÉ 6** ←   Présenter un artiste/un album, justifier sa sélection pour une récompense.

6 Cette activité peut être un simple échange informel et spontané sur un artiste de son pays à sélectionner pour la compétition des Victoires de la musique. Le choix de l'artiste peut se faire de la manière suivante : si la classe est constituée d'apprenants de pays différents, leur demander de choisir un artiste de leur pays ; si les apprenants sont tous du même pays, former des petits groupes d'apprenants intéressés par les mêmes artistes. Ce travail peut être réalisé à la maison ; demander d'apporter le lendemain un disque du chanteur/chanteuse choisi(e), ou de l'album choisi.

■ **POUR ALLER PLUS LOIN :** On pourra faire rédiger à la maison une fiche sur l'artiste comme celle du site de *TV5 Monde.*

EXPRIMER DES SOUHAITS, FAIRE DE SUGGESTIONS

▨ Comprendre Écrit Act. 7	▨ Comprendre Écrit S'exprimer Oral Act. 8	▨ Aide-mémoire Exprimer un souhait S'exercer n° 2	▨ Point Langue Le conditionnel S'exercer n° 3	▨ Phonétique Act. 9	▨ S'exprimer Oral/Écrit Act. 10

Forum de discussion

▸ OBJECTIF DE L'ACTIVITÉ 7 ◀ Comprendre des souhaits et suggestions concernant l'avenir sur un forum de discussion.

7 Avant de faire l'activité, faire identifier le document : *Il s'agit d'un forum de discussion sur Internet, sur le site* LesamisdeSinsé.com ; *cinq personnes différentes, dont le pseudonyme apparaît à gauche, interviennent.*
a) Demander de lire les interventions par deux et de choisir le sujet parmi les trois proposés.
b) Demander de lire les interventions et de trouver le domaine pour chacune, puis de comparer avec les réponses de son voisin. Mettre en commun.
▸ **CORRIGÉ : a)** Le sujet du jour : Vos souhaits et suggestions pour l'avenir.
          b) Valou : économie – **Yannlemalin** : société – **maud06** : politique – **pablo32** : environnement – **lala2000** : santé

▸ OBJECTIF DE L'ACTIVITÉ 8 ◀ Donner son avis sur des souhaits et suggestions.

8 Demander aux apprenants de repérer d'abord les souhaits dans les interventions, puis d'y réagir en petits groupes. Mettre en commun. Faire ensuite identifier les suggestions pour dire ce qu'ils en pensent.

AIDE-MÉMOIRE

Cet Aide-mémoire permet de fixer les différentes formulations du souhait, verbes ou formes verbales.   **S'EXERCER n° 2** Corrigé ▸ p. 94

Point **Langue**   ▸ **LE CONDITIONNEL POUR EXPRIMER UN SOUHAIT, FAIRE UNE SUGGESTION**

Ce Point Langue permet de découvrir une fonction du conditionnel, et sa morphologie. Les exemples donnés sont en partie ceux qui auront été relevés à l'activité 8. Demander de souligner les formes verbales exprimant un souhait et celles pour faire une suggestion.

▸ **Corrigé : Les souhaits** : *J' <u>aimerais</u> que les guerres s' arrêtent. — Je <u>voudrais</u> qu' on fasse plus pour la prévention.*
Phrases qui expriment un souhait ou une suggestion : *Chacun <u>devrait</u> acheter des produits du commerce équitable. — Nous <u>pourrions</u> avoir une réflexion humaniste. — Les pays riches <u>pourraient</u> aider les pays pauvres. — On <u>pourrait</u> éduquer davantage les enfants.*

▸ **LA FORMATION DU CONDITIONNEL**

a) Faire trouver l'infinitif de chacun des verbes soulignés.
b) Faire observer les formes verbales soulignées et faire compléter la règle.
c) Pour vérifier la compréhension de la règle dégagée, faire trouver les formes manquantes du conditionnel pour chaque verbe.

▸ **Corrigé : a)** aimer — vouloir — devoir — pouvoir
b) Le conditionnel se forme avec la base du *futur* et les terminaisons de *l'imparfait.*
c) tu aimerais, on/il/elle aimerait, nous aimerions, vous aimeriez, ils aimeraient — tu voudrais, on/il/elle voudrait, nous voudrions, vous voudriez, ils voudraient — je devrais, tu devrais, nous devrions, vous devriez, ils devraient — je pourrais, tu pourrais, vous pourriez
          S'EXERCER n° 3 Corrigé ▸ p. 94

▸ OBJECTIF DE L'ACTIVITÉ 9 ◀ **Phonétique :** Prononciation de [r] — Distinction imparfait/conditionnel.

9 a) Prononciation de [r] : Il s'agit d'une activité de reproduction du son [r] dans différentes positions (finale, intervocalique, initiale...), utilisant des mots de la leçon. Faire écouter l'enregistrement (numéros de 1 à 5) et faire répéter chaque mot par un apprenant différent. Proposer ensuite de faire dire un numéro entier (= 5 mots) par un même apprenant. Les numéros 6 et 7 sont des phrases entières comportant plusieurs occurrences de [r] dans différentes positions, à faire écouter, puis répéter par les apprenants à tour de rôle.

b) Distinction imparfait/conditionnel : L'activité est une comparaison dirigée et a pour but de vérifier que les apprenants entendent bien la différence entre les deux formes : l'imparfait et le conditionnel.

Proposer de reproduire la grille suivante pour noter les réponses :

Procéder à l'écoute en demandant aux apprenants de noter quelle phrase est au conditionnel.

	Phrase au conditionnel
1.	a
2...	

Pendant l'écoute de l'enregistrement (écoute séquentielle recommandée), chaque apprenant note ce qu'il entend. Procéder à la correction collective après une deuxième écoute (écoute continue). Terminer cette activité en faisant lire les phrases par quelques apprenants.

➡ CORRIGÉ : 1 a – 2 a – 3 b – 4 b – 5 a – 6 b

➡ OBJECTIF DE L'ACTIVITÉ 10 ⬅ Échanger des souhaits et suggestions concernant la société de demain/rédiger une intervention à ce sujet pour un forum de discussion.

10 **a)** Former des groupes de trois. Chaque groupe choisit son sujet, puis les apprenants échangent leurs souhaits et suggestions. Mettre en commun : pendant qu'un groupe présente ses souhaits et suggestions à toute la classe, les autres apprenants les notent afin de dire ensuite s'ils coïncident avec ceux de leur sous-groupe.

b) Faire rédiger individuellement l'intervention pour le forum de discussion en classe ou à la maison selon le temps disponible.

1. à un mariage : j'espère/nous espérons que vous aimerez notre cadeau – je souhaite/nous souhaitons que vous soyez toujours heureux ensemble – je souhaite/nous souhaitons que vous ayez beaucoup d'enfants

avant un examen : j'espère/nous espérons que tu n'auras pas de difficultés avec le sujet

au nouvel an : je souhaite/nous souhaitons que vous soyez toujours en bonne santé – je souhaite/nous souhaitons que l'année soit belle et prospère

pour un départ à la retraite : je souhaite/nous souhaitons que vous profitiez de votre temps libre – je souhaite/nous souhaitons que vous sachiez trouver de nouvelles passions – j'espère/nous espérons que vous resterez en contact avec nous

2. Johan aimerait faire le tour du monde. Il voudrait que la mairie fasse des propositions pour des activités sportives gratuites. – **Sylvia** aimerait travailler à l'étranger/discuter avec ses collègues plus souvent. Elle voudrait que le ministre de l'Éducation comprenne les problèmes des professeurs. – **Romain** voudrait que ses parents soient plus généreux et moins exigeants. Il aimerait avoir un ordinateur dans sa chambre et que ses parents l'autorisent à regarder la télévision tous les soirs.

3. a) nous devrions – pourraient – on pourrait
les gens devraient – il faudrait – nous devrions – le ministère de la Santé devrait

b) *Corrigé indicatif :* Les parents devraient mieux surveiller leurs enfants. Il faudrait que le gouvernement sanctionne davantage l'abus d'alcool au volant, etc.

Construire sa vie

CONTENUS SOCIOCULTURELS – THÉMATIQUES

Projet de vie : l'humanitaire

OBJECTIFS SOCIOLANGAGIERS

OBJECTIFS COMMUNICATIFS & SAVOIR-FAIRE	
Être capable de...	
Parler de ses centres d'intérêt, de ses engagements	– comprendre la présentation d'une association humanitaire et de ses objectifs – comprendre des appels à bénévolat : la description de profils de personnes et de centres d'intérêt – comprendre un bénévole qui explique son engagement – raconter une expérience de bénévolat
Présenter un projet, imaginer une situation hypothétique	– comprendre la présentation d'un projet humanitaire, de ses objectifs – exposer un projet hypothétique, définir les actions envisagées et les buts recherchés – comprendre la position d'une personne (favorable/défavorable) face à un projet – comprendre quelqu'un qui parle d'une situation hypothétique – réagir à une situation hypothétique – rapporter des témoignages sur une situation hypothétique
OBJECTIFS LINGUISTIQUES	
GRAMMATICAUX	– le but : *afin que* + subjonctif, *afin de* + infinitif, *pour, pour que* – le conditionnel (projet – situation irréelle)
LEXICAUX	– verbes pour indiquer les centres d'intérêt – quelques formules verbales pour indiquer un objectif
PHONÉTIQUES	– opposition [k]/[g] – les groupes consonantiques – phonie-graphie : les groupes consonantiques

SCÉNARIO DE LA LEÇON

La leçon se compose de deux parcours :

Dans le premier parcours, les apprenants observeront des logos d'ONG (organismes non gouvernementaux) présents en France et échangeront en fonction de leur connaissance de ces organismes, puis ils comprendront le champ d'action et les objectifs de chaque ONG. Ils liront ensuite deux annonces d'appel à bénévolat et les mettront en relation avec deux des ONG présentées. Ils écouteront le témoignage d'un bénévole expliquant son engagement dans une ONG*. Finalement, ils raconteront une expérience de bénévolat, personnelle ou d'une de leurs connaissances.

Dans le second parcours, ils écouteront la présentation dans une émission de radio d'un projet humanitaire, de ses objectifs et du fonctionnement imaginé. Ils mettront au point leur propre projet humanitaire et le présenteront dans une lettre à une ONG. Ils liront ensuite le témoignage de deux personnes qui s'expriment sur le projet présenté et imaginent leur réaction dans une situation hypothétique. Pour finir, les apprenants imagineront à leur tour leur réaction dans une situation fictive, puis rapporteront certains des témoignages pour un journal.

---

* Bien que le sigle ONG (prononcé O-N-G) signifie organisme (nom masculin) non gouvernemental, on le décline au féminin lorsqu'on le cite : une ONG internationale.

PARLER DE SES CENTRES D'INTÉRÊT, DE SES ENGAGEMENTS

⁄⁄⁄ S'exprimer Oral	⁄⁄⁄ Comprendre Écrit	⁄⁄⁄ Aide-mémoire Indiquer l'objectif d'une organisation	⁄⁄⁄ Point Culture Les ONG	⁄⁄⁄ Comprendre Écrit	⁄⁄⁄ Comprendre Oral/Écrit	⁄⁄⁄ Aide-mémoire Paler de ses centres d'intérêt	⁄⁄⁄ Point Langue Exprimer le but	⁄⁄⁄ S'exprimer Oral
Act. 1	Act. 2			Act. 3 et 4	Act. 5 et 6	S'exercer n° 1	S'exercer n° 2	Act. 7

Logos ONG   Champs d'action des ONG   Annonces   Témoignage

➡ **OBJECTIF DE L'ACTIVITÉ 1** ⬅   À partir de logos, identifier/échanger sur des ONG internationales présentes en France

1 Cette activité sert d'entrée en matière, ne pas trop s'y attarder. Faire observer les six logos et demander de quoi il s'agit (*des logos d'associations humanitaires*), quel est leur point commun (*elles aident les personnes dans des situations difficiles, voire tragiques*), et, si les apprenants le savent, comment elles fonctionnent (*sur la base du bénévolat*), ce qui revient à répondre à la première question. Puis, faire répondre à la question suivante.

➡ **OBJECTIF DE L'ACTIVITÉ 2** ⬅   Comprendre la présentation des objectifs d'une association.

2 Faire lire les textes pour trouver l'objectif/le champ d'action de chaque organisme. Demander de comparer les réponses en petits groupes, puis mettre en commun.

➡ **CORRIGÉ :** **1.** ACF (Action contre la faim) – **2.** Amnesty International – **3.** Handicap International –
4. La Croix-Rouge française – **5.** MSF (Médecins sans frontières) – **6.** L'instruction, c'est l'espoir

AIDE-MÉMOIRE

Il s'agit ici de mettre en évidence les formulations *lutter contre* + nom, *chercher à prévenir* + nom, *avoir pour objectif/ vocation* + *de* + verbe infinitif + nom, pour aider à les mémoriser.

POINT CULTURE

Les ONG

Ce Point Culture est informatif : il permet de préciser le statut des ONG et leur champ d'action, et de donner quelques chiffres sur la France. Bien qu'aucune tâche ne soit prévue, selon le profil et l'intérêt du groupe on pourra susciter des échanges sur les ONG les plus importantes dans les pays d'origine des apprenants, en fonction de ce qui aura déjà été évoqué à l'activité 1.

POINT INFO **ONG** ▶ p. 184

➡ **OBJECTIF DES ACTIVITÉS 3 ET 4** ⬅   Comprendre des annonces d'appels à bénévolat.

3 Avant l'activité, faire observer les écrits afin de les identifier et de repérer le contexte : *Il s'agit de deux annonces diffusées pendant le Salon de l'aide internationale, sans doute pour rechercher des personnes* (attirer l'attention sur la mention « CV » en bas de la première annonce).
a) Demander de parcourir rapidement les deux annonces afin de répondre. Mettre en commun.
b) Faire relire afin de relier chaque appel à l'ONG correspondante parmi celles listées p. 80. Demander de comparer sa réponse avec le voisin, puis mettre en commun.

➡ **CORRIGÉ :** **a)** Il s'agit d'appels à bénévolat. – **b) annonce 1 :** le logo d'Action contre la faim (« *vous êtes motivé par la lutte contre la faim* ») ; **annonce 2 :** L'instruction, c'est l'espoir (« *vous avez exercé un métier en relation avec l'éducation* »)

4 Il s'agit, dans cette activité, de prendre conscience de l'organisation discursive, ou progression, de chaque annonce. Demander aux apprenants de relire les annonces et de se mettre d'accord par deux, sur l'ordre des parties (pour faciliter la tâche, attirer l'attention sur le nombre de paragraphes). Mettre en commun.

➡ **CORRIGÉ :** **1.** le profil de la personne recherchée – **2.** les centres d'intérêt de la personne recherchée –
3. l'action proposée et ses objectifs – **4.** les façons de contacter l'organisation

AIDE-MÉMOIRE

Avant de faire lire l'Aide-mémoire, demander de rechercher dans les paragraphes 2 les formulations exprimant *« les centres d'intérêts de la personne recherchée »* et de les souligner. Faire remarquer la différence entre la forme pronominale : *se passionner pour…/s' intéresser à…* et les formes passives *être passionné/intéressé par…*   **S'EXERCER n° 1** Corrigé ▶ p. 100

➡️ **OBJECTIF DES ACTIVITÉS 5 ET 6** ⬅️   Comprendre quelqu'un qui explique son engagement.

5 Faire écouter le témoignage et en vérifier la compréhension globale : *Il s'agit du témoignage d'un bénévole sur son action dans une association.* Puis, rappeler les deux appels à bénévolat et faire trouver auquel il a répondu. Faire réécouter si nécessaire pour que les apprenants repèrent l'indice : *la nourriture.* Mettre en commun par deux, puis en grand groupe.

➡️ **CORRIGÉ :** Jean-Pierre a répondu à la 1re annonce → « *…j'ai compris qu'il fallait l'action de vrais professionnels pour répondre à des problèmes comme faire venir l'eau, réparer des routes pour faire passer les camions de nourriture, etc.* »

6 a) Faire réécouter le début du témoignage de Jean-Pierre afin d'identifier sa situation professionnelle.
b) Faire écouter la suite du témoignage et relever les précisions qu'il donne sur la raison de son engagement et sur son action spécifique dans l'association. Mettre en commun le repérage par deux, puis en grand groupe. Noter au tableau les phrases qui expriment le but afin de créer un début de corpus, en transition vers le Point Langue.

➡️ **CORRIGÉ : a)** Non, Jean-Pierre ne correspond pas au profil *professionnel* décrit dans l'annonce car il n'est ni médecin ni spécialiste en développement ou en logistique. Il dit avoir compris *qu'il fallait l'action de vrais professionnels pour…* ce qui implique qu'il n'en est pas un **– b)** La motivation de Jean-Pierre pour être bénévole : Il a décidé de faire du bénévolat *pour être utile et aider les gens.* **Son action** : Il s'occupe donc « d'une lettre d'information » qu'il diffuse tous les mois. **Le but de cette action** : *pour que toutes les personnes de l'association soient régulièrement informées.*

Point **Langue**   ❯ **EXPRIMER LE BUT**

Ce Point Langue a pour objectif une réflexion sur les formules exprimant le but, et leur construction avec l'infinitif ou le subjonctif.
a) Faire relire les deux annonces et particulièrement les paragraphes 3 sur « *l'action proposée et ses objectifs* » et faire identifier les formules qui expriment le but. Faire faire le même travail sur les phrases du témoignage oral relevées à l'activité 6. Compléter les phrases dans le Point Langue
b) Attirer l'attention sur les différentes formules : d'un côté *pour que/afin que,* de l'autre *pour/afin de.* Faire identifier les formes verbales qui suivent ces formules et faire justifier la différence de construction en attirant l'attention sur les sujets de la première et de la deuxième partie des phrases, sujet unique ou deux sujets différents. Puis, faire compléter la règle.

➡️ **Corrigé : a)** Donnez une partie de votre temps libre *pour/afin d'* aider ceux qui n'ont pas la chance d'aller à l'école. – Partez quelques mois *pour que/afin que* des enfants puissent découvrir le plaisir d'apprendre. – Vous pourriez consacrer une année ou plus à l'étranger *pour/afin d'*encadrer les équipes locales. – J'ai décidé de faire du bénévolat *pour/afin d'* être utile et aider des gens. –
Depuis février, je la diffuse chaque mois *pour que/afin que* les personnes de l'organisation soient régulièrement informées.
b) On utilise *pour que/afin que* quand le sujet dans la deuxième partie de la phrase est *différent du premier.* –
Le verbe après *pour que/afin que* est *au subjonctif.* –
Le verbe après *pour/afin de* est *à l'infinitif.*   **S'EXERCER n° 2** Corrigé ▶ p. 100

➡️ **OBJECTIF DE L'ACTIVITÉ 7** ⬅️   Raconter une expérience de bénévolat, les actions effectuées et leurs objectifs.

7 Cet échange se fera spontanément, selon les expériences de chacun. Afin de faire une écoute active, demander au reste de la classe de noter le nom de l'association, les actions effectuées et les objectifs de ces actions.

■ **VARIANTE 1 :** Si les apprenants n'ont pas d'expérience de ce type à rapporter, cette activité peut être remplacée par la suivante sous forme de jeu.

a) Former des sous-groupes de quatre apprenants et fournir à chaque groupe le logo d'une association (au nom explicite, par exemple *Le droit au logement, Pharmaciens sans frontières, Reporters sans frontières, Villages d'enfants SOS, SOS Amitié*, etc.). Demander à chaque groupe d'imaginer le champ d'action et les objectifs de l'association.

b) Distribuer à chaque groupe la fiche indicative d'une des associations présentées par les autres groupes. Un groupe après l'autre présente le champ d'action et les objectifs de l'association dont ils avaient le logo, sans en donner le nom. Le groupe qui a la fiche correspondant à l'association doit la « reconnaître » et confirmer ou rectifier les objectifs imaginés.

■ **VARIANTE 2 :** Former des groupes de quatre apprenants et demander de créer l'association « qui n'existe pas encore », toutefois sans imaginer un projet spécifique, car cela est demandé dans le parcours suivant. Faire présenter l'association et ses objectifs par chaque groupe devant la classe.

PRÉSENTER UN PROJET, IMAGINER UNE SITUATION HYPOTHÉTIQUE

✂ Comprendre Oral	✂ Point Langue	✂ S'exprimer Écrit	✂ Comprendre Écrit	✂ Point Langue	✂ Phonétique	✂ S'exprimer Oral/Écrit
Act. 8, 9 et 10	Le conditionnel pour présenter un projet **S'exercer n° 3**	Act. 11	Act. 12 et 13	Imaginer une situation hypothétique, irréelle **S'exercer n° 4**	Act. 14	Act. 15

Interview radio   Témoignages

➡ OBJECTIF DES ACTIVITÉS 8, 9 ET 10 ⬅   Comprendre la présentation d'un projet humanitaire.

8 Demander d'observer la photo et de faire des hypothèses sur le World Lotto et sur l'identité des personnes. Faire écouter l'enregistrement, manuels fermés, et vérifier la compréhension globale de la situation en faisant faire le lien avec la photo : *Il s'agit d'une interview à la radio, dans laquelle on questionne deux personnes (celles de la photo) sur leur projet de loto humanitaire*. Puis, faire choisir la légende correspondant à la situation identifiée.

➡ **CORRIGÉ :** 1. Les personnes sur la photo sont à côté d'une affiche où apparaît le slogan « world lotto » ; on peut donc en déduire qu'il s'agit d'Ondine Khayat et Frédéric Koskas, les personnes interrogées dans l'enregistrement et qui parlent de leur projet de loto humanitaire – 2. Ondine Khayat et Frédéric Koskas lancent un projet de loto humanitaire.

9 Faire réécouter l'interview (1ʳᵉ partie, jusqu'à *C'est pour ça que nous avons eu l'idée de ce loto humanitaire*) afin de faire identifier le slogan et le but exprimé.

➡ **CORRIGÉ :** Le but d'Ondine Khayat et de Frédéric Koskas est « de lutter contre la pauvreté dans le monde ». Leur slogan est : « Parions pour un monde meilleur ».

10 Faire écouter d'abord la question du journaliste : *Ça se présenterait sous quelle forme ?*, s'assurer que les apprenants en comprennent bien le sens : *Le journaliste veut savoir quel fonctionnement les créateurs du loto humanitaire ont imaginé*. Demander de relever les précisions données sur le fonctionnement prévu, et procéder à l'écoute de la deuxième moitié de l'enregistrement. Faire mettre en commun en petits groupes et faire une dernière écoute si nécessaire. Mettre en commun, oralement.

➡ **CORRIGÉ :** Le loto humanitaire se présenterait comme le loto français : « il y aurait un tirage supplémentaire qui serait à vocation humanitaire. Tous les heureux gagnants donneraient 20 % de leurs gains à un collectif qui ensuite distribuerait l'argent en fonction des urgences ». Il y aurait donc redistribution de l'argent.

Point **Langue**   **> LE CONDITIONNEL pour présenter un projet**

Ce Point Langue permet de découvrir l'usage du conditionnel pour parler d'un projet en cours d'élaboration.
a) Faire réécouter l'enregistrement pour faire identifier la forme utilisée parmi les trois formes proposées à chaque fois et la faire nommer : *Il s'agit du conditionnel*.

... /...

... /...   Point **Langue**

b) Faire remarquer que les personnes qui s'expriment parlent de faits qui ne sont pas encore réels, mais qu'il s'agit seulement d'un projet pas encore totalement finalisé, en cours d'élaboration.

➡ **Corrigé : a)** Ça se *présenterait* comment ? Il y *aurait* un tirage supplémentaire. Tous les gagnants *donneraient* 20 % de leurs gains. Un collectif *distribuerait* tout l'argent.

b) Pour indiquer qu'un fait n'est pas encore réel, mais existe seulement à l'état de projet, on utilise le conditionnel présent.

S'EXERCER n° 3 Corrigé ▶ p. 100

➡ OBJECTIF DE L'ACTIVITÉ **11** ◀   Définir un projet et ses objectifs et le présenter dans une lettre.

11 Former des petits groupes, si possible de personnes intéressées pour agir dans les mêmes domaines. Demander à chaque groupe de se mettre d'accord sur les buts recherchés, puis d'élaborer un projet concret, avec des actions précises et leurs objectifs, les étapes et le fonctionnement prévus. Chaque groupe présente son projet dans une lettre à l'ONG de son choix. S'assurer que les apprenants ont en mémoire la présentation d'une lettre formelle (*cf.* dossier 2).

➡ OBJECTIF DES ACTIVITÉS **12** ET **13** ◀   Comprendre des réactions face à un projet et face à une situation hypothétique.

2 Faire observer le document et identifier le type d'écrit : *Des personnes (photos + informations sur leur identité) témoignent (guillemets) dans un journal* (il s'agit de la rubrique « Voix Express » du journal *Le Parisien*, que les apprenants connaissent depuis *Alter Ego 1*). Faire lire les témoignages pour comprendre sur quoi ils s'expriment : *le projet du loto humanitaire*. Faire choisir la question à laquelle ils ont répondu. Puis, faire préciser s'ils parlent d'une situation réelle ou imaginaire.

➡ CORRIGÉ : **1.** La question posée est : Seriez-vous prêts à participer à un loto humanitaire ? – **2.** Les personnes évoquent une situation imaginaire.

3 Faire relire et demander de répondre en deux temps : **a)** repérer la position des deux personnes sur le loto humanitaire, **b)** souligner les phrases sur la réaction imaginée par chaque personne en cas de gros gain au loto. Comparer les réponses par deux. Mettre en commun.

➡ CORRIGÉ : **a) Ambre** est favorable : « *C'est une excellente idée !* » ; **Denis** est défavorable : « *Si ce type de loto existait, je ne participerais pas, je me méfierais trop de l'utilisation qui pourrait être faite de mon argent.* » – **b) Ambre** : « *Moi, si je gagnais une grosse somme, j'accepterais sans difficulté d'en donner le cinquième.* » ; **Denis** : « *... si je gagnais le gros lot, je préférerais faire un don à une petite association [...] comme ça je saurais où irait mon argent.* »

Point **Langue**   **> IMAGINER UNE SITUATION HYPOTHÉTIQUE, IRRÉELLE**

Ce Point Langue permet de conceptualiser la structure utilisée pour développer une hypothèse concernant le présent et en imaginer la conséquence irréelle.

Faire observer les deux exemples et faire identifier les deux parties de chaque phrase : on exprime d'abord une hypothèse avec *si*, puis on imagine la conséquence. Faire remarquer que l'hypothèse concerne une situation imaginaire, considérée comme peu probable, irréelle. Faire identifier les deux temps et compléter la règle.

➡ **Corrigé : b)** Les deux personnes utilisent la structure *si* + imparfait, suivie du conditionnel présent pour faire une hypothèse qui concerne le présent et en imaginer la conséquence. — Dans ces cas, le conditionnel présent exprime *l'irréel dans le présent*.

S'EXERCER n° 4 Corrigé ▶ p. 100

➡ OBJECTIF DE L'ACTIVITÉ **14** ◀   **Phonétique :** Prononciation de [k]/[g] et des groupes consonantiques.

4 L'activité proposée est une activité de reproduction des sons [k] et [g] dans des phrases. Faire écouter les phrases une par une et demander aux apprenants de les répéter en les sollicitant individuellement.

⇥ OBJECTIF DE L'ACTIVITÉ 15 ⇤   Réagir à une situation hypothétique.

15 **a)** Mener l'activité sous la forme d'un micro-trottoir, où un journaliste questionne plusieurs personnes à la suite, lesquelles réagissent spontanément, sans préparation. Diviser la classe en deux ou quatre groupes selon l'effectif. Un groupe répond au micro-trottoir (interrogé par l'enseignant) pendant que les autres prennent des notes pour le journal. Faire « tourner » l'activité, de façon à ce que les apprenants de tous les groupes puissent intervenir, et prendre des notes en tant que journaliste.
b) Faire écrire, en classe ou à la maison, deux ou trois des témoignages pris en note, pour la rubrique « Voix Express ».

■ **VARIANTE :** Effectuer le *Carnet de voyage* à la suite de cette leçon. Cela présente l'avantage de proposer des activités interactives, en lien avec les contenus travaillés, avant d'aborder la leçon 3.

S'EXERCER – CORRIGÉ

1. a. Vous vous passionnez pour/vous êtes passionné(e) par les actions humanitaires – **b.** Vous vous intéressez à la défense de l'environnement/vous êtes intéressé(e) par la défense de l'environnement – **c.** Il (elle) se passionne pour/il (elle) est passionné(e) par la recherche médicale – **d.** Il (elle) s'intéresse aux médecines naturelles/il (elle) est intéressé(e) par les médecines naturelles – **e.** Nous nous intéressons à l'aide aux enfants en difficulté/nous sommes intéressés (ées) par l'aide aux enfants en difficulté.
2. a. pour/afin de construire – **b.** pour que/afin que toute la population puisse manger – **c.** pour/afin de vous sentir utile – **d.** pour que/afin que la population puisse être soignée –

e. pour que/afin que les enfants apprennent à lire et à écrire – **f.** pour/afin de venir en aide aux plus pauvres
3. a. On les *accueillerait* – **b.** On leur *offrirait* – **c.** Elles *pourraient* – **d.** On les *écouterait* – **e.** Nous *chercherions* – **f.** Des spécialistes les *aideraient*
4 a. Si je *pouvais*, je *jouerais* au loto humanitaire. – **b.** Tout *irait* mieux si les pays riches *étaient* plus généreux. – **c.** Si chaque personne *donnait* 1 € à une ONG, la pauvreté *serait* moins grande. – **d.** Si tu *économisais* un peu d'argent, tu *pourrais* faire un don à une association humanitaire. – **e.** Si vous *choisissiez* d'aider une ONG, vous *auriez* un comportement responsable.

Activité de phonie-graphie

Après l'activité de phonétique sur la prononciation de [r] (leçon 1) et celle sur les groupes consonantiques (leçon 2), cette activité renforcera la perception et facilitera la reproduction de ces sons, difficiles pour beaucoup d'apprenants. Faire écouter les trois phrases (manuels fermés). Demander de dire quels sons les apprenants perçoivent le plus souvent dans les trois phrases. Une fois que les sons [r] et [l], combinés avec d'autres consonnes, ont été repérés, faire réécouter l'exercice (manuels ouverts) et faire compléter. Concertation par deux avant la correction en grand groupe.

⇥ CORRIGÉ : **1.** Le titre de cet article consacré à ce groupe grenoblois a été remplacé par un autre après la lettre du directeur de la publication. – **2.** Ces interprètes francophones offrent une création libre en changeant l'ordre des couplets et des refrains. – **3.** Il devrait vraiment profiter de sa retraite pour encadrer des projets contre la pauvreté ou pour protéger la planète.

Livre-élève
▶ p. 159

Réaliser **ses rêves**

CONTENUS SOCIOCULTURELS – THÉMATIQUES

Réalisation d'un rêve

OBJECTIFS SOCIOLANGAGIERS

OBJECTIFS COMMUNICATIFS & SAVOIR-FAIRE	
Être capable de…	
Comprendre le résumé et la présentation d'un livre	– comprendre le résumé et la présentation d'un livre – définir la catégorie d'un livre – présenter un livre
Donner son avis, justifier ses choix	– comprendre une discussion où l'on donne son avis sur un livre et où l'on justifie son opinion – donner son avis sur une lecture – exprimer l'accord, le désaccord
OBJECTIFS LINGUISTIQUES	
GRAMMATICAUX	– connecteurs pour exprimer la cause et la conséquence
LEXICAUX	– termes liés au récit de voyage – quelques expressions pour donner son avis, l'accord/désaccord
PHONÉTIQUES	rythme du discours dans le récit (intonation expressive)

SCÉNARIO **DE LA LEÇON**

La leçon se compose de deux parcours :

Dans le premier parcours, les apprenants liront la couverture et la quatrième de couverture de deux livres, puis écouteront la présentation de l'un d'eux au cours d'une séquence radio. En fin de parcours, les apprenants rédigeront le résumé du livre de leur choix, qu'ils présenteront ensuite à la classe.

Dans le second parcours, les apprenants écouteront les délibérations d'un jury littéraire à propos des deux ouvrages découverts précédemment. Enfin, à la manière d'un jury de concours, ils exprimeront leurs appréciations sur un livre et justifieront leur choix devant la classe.

COMPRENDRE LE RÉSUMÉ ET LA PRÉSENTATION D'UN LIVRE

∭ Comprendre Écrit S'exprimer Oral Act. 1, 2 et 3	∭ Point Langue Faire un récit de voyage **S'exercer n° 1**	∭ Comprendre Oral Act. 4 et 5	∭ Point Langue La cause / conséquence **S'exercer n⁰ˢ 2 et 3**	∭ S'exprimer Oral Act. 6	∭ S'exprimer Écrit Act. 7

Couvertures de
livres de voyages

Présentation radio
d'un livre

➡ OBJECTIF DES ACTIVITÉS 1, 2 ET 3 ⬅ Comprendre le résumé d'un livre, donner son avis.

1 Avant de faire l'activité, faire identifier les documents : *Il s'agit de couvertures de livres avec leur résumé (la quatrième de couverture).* Puis, faire retrouver dans le catalogue du club de lecture la catégorie à laquelle ces livres appartiennent.

➡ **CORRIGÉ :** Ces deux livres peuvent être classés dans la catégorie *Récit de voyages/aventures.*

2 Faire lire les résumés des deux livres afin de les associer à la couverture correspondante. Lors de la mise en commun, vérifier que les apprenants perçoivent les points communs et les différences entre les deux livres.

➡ **CORRIGÉ :** En partant de la gauche, le premier texte correspond au deuxième livre et inversement.
Les points communs entre les deux livres : voyage familial avec enfants, goût de l'aventure. Les différences : la destination, il s'agit d'un tour du monde dans le premier livre, alors que dans le deuxième ils se rendent dans un seul lieu, Le Grand Nord.

3 Demander aux apprenants de relire les extraits afin de dire lequel les attire le plus. Proposer un échange en petits groupes, puis effectuer une brève mise en commun.

Point **Langue** > **FAIRE UN RÉCIT DE VOYAGE**

Ce Point Langue permet de travailler les expressions liées au récit de voyage précédemment rencontrées. Faire travailler par deux pour :
a) retrouver l'ordre chronologique des expressions données ;
b) trouver des équivalents sémantiques dans les textes ;
c) retrouver les expressions complètes (au besoin faire relire les textes pour vérifier) et recueillir l'ensemble des réponses lors d'une mise en commun.

➡ **Corrigé : a)** d'abord rêver d'aventure, puis se lancer dans/tenter l'aventure, enfin réaliser/accomplir son rêve. –
b) « un extraordinaire voyage » = le tour du monde, un périple
c) *partir pour* une année sabbatique – *accomplir* un extraordinaire voyage – *se lancer dans* un périple – *tenter* une aventure – *faire* le tour du monde

S'EXERCER n° 1 Corrigé ▶ p. 105

➡ OBJECTIF DES ACTIVITÉS 4 ET 5 ⬅ Comprendre la présentation d'un livre.

4 Faire écouter l'enregistrement, puis en vérifier la compréhension globale : *Une personne présente le livre* Le tour du monde en famille, *dans le cadre d'une émission.* Au besoin, préciser que ce type de présentation existe à la télévision : lors d'émissions comme « Une minute pour un livre », des lecteurs sont invités à présenter un livre qui les a marqués.

➡ **CORRIGÉ :** Il s'agit du premier livre : Le tour du monde en famille. – Il est présenté lors d'une émission littéraire.

5 Faire réécouter l'enregistrement, manuels fermés, afin d'identifier les précisions données sur le livre. Proposer aux apprenants de comparer leurs réponses, par deux. Lors de la mise en commun, demander de justifier les réponses.

➡ **CORRIGÉ :** On donne les précisions suivantes : la durée du voyage (*pendant un an*) – le but du voyage (*le narrateur part à la recherche de lui-même*) – le comportement des voyageurs (*tout n'est pas simple... il y a des moments de crise*).

Point **Langue** > **EXPRIMER LA CAUSE ET LA CONSÉQUENCE**

Ce Point Langue permet de réfléchir sur différentes manières d'exprimer un lien de cause/conséquence.
a) Faire réécouter l'enregistrement afin de retrouver la relation logique entre les phrases ainsi que le cheminement argumentatif qui les sous-tend.
b) À partir du corpus reconstitué, faire identifier les expressions de cause et conséquence.

➡ **Corrigé : a)** *ce n'est pas qu'une suite de visites et d'anecdotes <u>car</u> le narrateur part à la recherche de lui-même – <u>c'est pourquoi</u> le livre est plus qu'un simple récit – <u>comme</u> tout n'est pas simple dans cette aventure, il y a des moments de crise – on s'identifie <u>donc</u> aux personnes – ce sont des êtres qui nous ressemblent, <u>alors</u>, on se dit que nous aussi, on peut le faire*
b) termes qui introduisent une cause : *car, comme* – termes qui introduisent une conséquence : *c'est pourquoi, donc, alors*

S'EXERCER n°s 2 et 3 Corrigé ▶ p. 105

> → OBJECTIF DE L'ACTIVITÉ 6 ← Présenter oralement un livre.

6 Le goût de la lecture étant variable, former des groupes hétérogènes. Demander à ceux qui ont lu un livre qu'ils ont bien aimé de le présenter aux autres. Puis, proposer à chaque groupe de choisir une personne, qui présente le livre à la classe, dans une simulation de l'émission « Une minute pour un livre ». Pour chaque présentation de livre, le reste de la classe prend des notes. Enfin, par un vote à main levée, la classe désigne les présentations qui donnent envie de lire le livre.

> → OBJECTIF DE L'ACTIVITÉ 7 ← Rédiger une présentation de livre.

7 Proposer aux apprenants de rédiger à la maison le résumé du meilleur livre de la semaine. Leur recommander de préciser le nom du livre, l'auteur et le contexte : lieu(x), moment(s), personnages, intrigue...

■ **VARIANTE :** Inverser les activités 7 et 6, afin que la rédaction du résumé donne lieu ensuite à la présentation du livre lors de l'émission « Une minute pour un livre ».

DONNER SON AVIS, JUSTIFIER SES CHOIX

| 🎞 Comprendre Écrit/Oral Act. 8 et 9 | 🎞 Aide-mémoire Donner son avis | 🎞 Point Langue Exprimer l'accord/ le désaccord **S'exercer n° 4** | 🎞 Comprendre Oral/Écrit Act. 10 et 11 | 🎞 Point Langue L'expression de la cause/ conséquence pour justifier ses choix **S'exercer n° 5** | 🎞 Phonétique Act. 12 | 🎞 S'exprimer Oral Act. 13 |

Titre de presse + délibérations
d'un jury littéraire

> → OBJECTIF DES ACTIVITÉS 8 ET 9 ← Comprendre un titre de presse et comprendre une discussion où l'on donne son avis sur un livre.

8 Faire d'abord découvrir le titre de presse, car il permet de comprendre le contexte de l'enregistrement qui va suivre. Vérifier la compréhension globale : *La station de ski Les Angles décerne le Grand prix du livre d'aventure et du suspense ; l'annonce du lauréat aura lieu ce soir.* Puis, demander aux apprenants de fermer les manuels et d'écouter l'enregistrement. Vérifier la compréhension globale du document, en lien avec le titre de presse.

→ **CORRIGÉ :** **1. situation :** réunion du jury littéraire pour le Grand Prix du livre d'aventure et du suspense – **2.** Quatre personnes s'expriment : le président puis trois membres du jury (deux femmes et un homme) – **3.** à propos des livres de J. Bourgine et N. Vanier – **4.** afin de remettre le Grand Prix du livre d'aventure et du suspense

Faire réécouter l'enregistrement afin de dire pourquoi les personnes ne sont pas du même avis.

9 ■ **POUR ALLER PLUS LOIN :** Faire réécouter l'enregistrement avec des pauses afin que les apprenants puissent noter les différentes expressions utilisées pour donner son avis et pour exprimer son accord/son désaccord. Ce repérage permettra une transition naturelle vers le Point Langue.

→ **CORRIGÉ :** Les personnes ont des avis différents sur ces livres.

	avis positif	avis contraire
Un tour du monde en famille de Jérôme Bourgine	*l'auteur n'a pas écrit seulement un récit... c'est une véritable réflexion sur soi Il y a un réel talent d'écrivain*	*où est l'aventure dans ce livre ?... l'auteur raconte juste des vacances en famille... c'est plein de bons sentiments, mais l'ensemble manque de dynamisme*
L'enfant des neiges de Nicolas Vanier	*Partir dans le Grand Nord avec un enfant de 2 ans, ça c'est original !*	*un sujet, même original, ça ne suffit pas pour faire un bon livre, parce qu'il faut juger l'écriture aussi*

AIDE-MÉMOIRE

Cet Aide-mémoire reprend et fixe différentes expressions utilisées pour donner son avis. Les apprenants pourront réemployer les phrases ici répertoriées dans le cadre du jeu de rôles proposé en fin de leçon.

Point **Langue**   **› EXPRIMER L'ACCORD/LE DÉSACCORD**

Ce Point Langue permet de travailler sur les expressions utilisées pour exprimer son accord/son désaccord.
Faire classer les expressions dans le tableau, puis mettre en commun en grand groupe.

⊡ Corrigé :

Accord	Désaccord
Je suis tout à fait d'accord	Je ne suis pas (du tout) de votre avis
Je suis tout à fait/complètement/entièrement de votre avis	Je ne pense pas (du tout) comme vous
Je pense (vraiment) comme vous	Je ne suis pas du tout/vraiment pas d'accord

S'EXERCER n° 4 Corrigé ▶ p. 105

⊡ OBJECTIF DES ACTIVITÉS 10 ET 11 ◨   Comprendre une discussion où l'on donne son avis sur un livre et où l'on justifie son opinion (suite).

10   Avant de faire l'activité, faire observer le document afin de l'identifier : *Il s'agit des notes prises par le président, concernant les appréciations exprimées par les membres du jury réuni pour décerner le Grand prix du livre d'aventure et du suspense.* Vérifier que les apprenants comprennent que ces notes concernent les appréciations déjà exprimées, avant l'intervention des deux personnes que l'on entend dans l'enregistrement. Formuler la tâche à effectuer : réécouter l'enregistrement et, comme le président, ajouter dans le tableau les bâtons supplémentaires correspondant aux arguments pour ou contre. Ensuite, enchaîner directement sur l'activité 11.
■ POUR ALLER PLUS LOIN : Afin de permettre une transition naturelle vers le Point Langue, prévoir une écoute séquentielle afin que les apprenants notent les justifications données par le jury.

	avis positif	avis contraire
Un tour du monde en famille	ouvrage de réflexion force de l'écriture	manque de dynamisme aventure banale
L'enfant des neiges	originalité de l'aventure	écriture banale

11   Proposer aux apprenants de comparer leurs notes par deux et de décider qui va gagner le prix. Lors de la mise en commun, faire justifier les choix.

Point **Langue**   **› L'EXPRESSION DE LA CAUSE/CONSÉQUENCE POUR JUSTIFIER SES CHOIX**

Ce Point Langue permet de poursuivre la conceptualisation d'autres expressions de la cause et de la conséquence, dans un contexte argumentatif.
a) Faire observer les différentes justifications du jury et faire identifier pour chacune les expressions de cause ainsi que les expressions de conséquence utilisées.
b) Faire compléter la règle.

  ⊡ Corrigé : b) Pour exprimer la *cause*, on peut utiliser *en effet, parce que*
  Pour exprimer la *conséquence*, on peut utiliser *c'est pour ça que, c'est pour cette raison que*   **S'EXERCER n° 5** Corrigé ▶ p. 105

➡ OBJECTIF DE L'ACTIVITÉ 12 ⬅   **Phonétique :** Rythme du discours dans le récit (intonation expressive).

12 Faire écouter la première phrase. Demander aux apprenants s'ils ont entendu les mots prononcés avec une accentuation plus forte. Faire écouter le reste de l'enregistrement et demander aux apprenants, soit de souligner les mots accentués dans le document du manuel, soit de redire les mots qui ont été accentués, s'ils ne regardent pas la transcription. Corriger au fur et à mesure. Terminer en faisant répéter les phrases avec l'accentuation proposée.

➡ **CORRIGÉ :** Oh, je ne suis pas <u>du tout</u> de votre avis. <u>Où est</u> l'aventure dans ce livre ? Selon <u>moi</u>, l'auteur raconte <u>juste</u> des vacances en famille! Bien <u>sûr</u>, c'est <u>plein</u> de bons sentiments, mais je trouve que l'ensemble <u>manque</u> de dynamisme ! Alors que Nicolas Vanier, <u>au contraire</u> ! (*enthousiaste*) ...... Partir dans le Grand Nord avec un enfant <u>de 2 ans,</u> ça c'est original !
(*2e femme*) Mais je ne suis <u>pas d'accord</u> avec vous. C'est peut-être original, <u>oui</u>, mais ...... à <u>mon avis</u>, un sujet, même original, ça ne suffit pas pour faire un <u>bon livre</u>, parce qu'il faut juger <u>l'écriture</u> aussi. C'est pour cette raison que je choisis <u>sans hésiter</u> *Un tour du monde en famille*. <u>Là</u>, il y a un <u>réel</u> talent d'écrivain !

➡ OBJECTIF DE L'ACTIVITÉ 13 ⬅   Donner son avis sur une lecture et exprimer l'accord/le désaccord.

13 Former des sous-groupes de quatre ou cinq apprenants.
a) Chaque apprenant donne son avis, justifie ses choix sur le dossier qu'il préfère: 1, 2, 3 ou 4 d'*Alter Ego 2*. Les autres membres écoutent les arguments, puis expriment leur accord ou désaccord. Chaque sous-groupe fait un choix commun et sélectionne un dossier. Cette activité permet aux apprenants de s'entraîner à donner leur avis, leur point de vue personnel.
b) Chaque groupe communique son choix à la classe et présente ses raisons. Le dossier « vainqueur » est celui qui a été choisi par le plus grand nombre de groupes.
■ **VARIANTE :** Selon les contextes, le choix du livre peut bien sûr être adapté, l'essentiel étant que tous les apprenants aient lu le même ouvrage et aient leur mot à dire.

S'EXERCER - CORRIGÉ

1. son tour du monde à vélo – elle rêvait de – une année sabbatique – s'est lancée dans l'aventure – a accompli son rêve – un long périple – cette formidable aventure
2. a. *Comme* j'adore la Thaïlande, je suis partie dans ce pays. – **b.** *Comme* il y a des paysages sublimes, on visitera la Norvège. – **c.** *Comme* nous recherchons les contacts, nous habiterons chez l'habitant. – **d.** *Comme* j'organise mon prochain voyage, j'achète des guides.
3. *Plusieurs réponses possibles :* **a.** Je voulais faire partager mon expérience *c'est pourquoi* j'ai écrit un livre. – **b.** On a trois semaines de vacances *alors* on part au Brésil. – **c.** Ils ont fait un long voyage *c'est pourquoi* ils ont beaucoup de choses à raconter. – **d.** Tu es jeune *donc* tu as le temps de réaliser tes rêves.
4. – *Je pense qu'*il est moins bon que les précédents. *D'après moi,* elle a voulu renouveler le succès avec le même type de scénario.
– Ah non, *je ne suis pas d'accord* c'est son meilleur roman depuis le premier. Et le style ! *Selon moi,* l'écriture est magnifique !
– Bon, là, *je suis tout à fait d'accord*, c'est très bien écrit.
5. a) a. conséquence : Je n'ai pas apprécié le livre / cause : je n'ai pas cru à l'histoire – **b.** conséquence : Tout le monde a acheté ce livre / cause : il a reçu un prix – **c.** conséquence : La majorité des membres du jury a voté pour le même livre / cause : son histoire est originale – **d.** conséquence : C'est une histoire que les enfants vont aimer / cause : elle est très simple à lire – **e.** cause : L'auteur a un vrai talent d'écriture – conséquence : j'ai adoré son livre
b) a. Je n'ai pas apprécié le livre *parce que* je n'ai pas cru à l'histoire. – **b.** Tout le monde a acheté ce livre, *en effet* il a reçu un prix. – **c.** La majorité des membres du jury a voté pour le même livre, *parce que* son histoire est originale. – **d.** C'est une histoire que les enfants vont aimer *parce qu'*elle est très simple à lire. – **e.** J'ai adoré son livre, *en effet* l'auteur un vrai a talent d'écriture.
c) a. Je n'ai pas cru à l'histoire, *c'est pour ça que/c'est pour cette raison que* je n'ai pas apprécié le livre – **b.** Il a reçu un prix, *c'est pour ça que/c'est pour cette raison que* tout le monde a acheté ce livre. – **c.** Son histoire est originale, *c'est pour ça que/c'est pour cette raison que* la majorité des membres du jury a voté pour le même livre. – **d.** Elle est très simple à lire *c'est pour ça que/c'est pour cette raison que* c'est une histoire que les enfants vont aimer. – **e.** L'auteur a un vrai talent d'écriture, *c'est pour ça que/c'est pour cette raison que* j'ai adoré son livre.

Ce `Carnet de voyage` se compose de deux volets, à dominante interactive et interculturelle :

Le premier volet, intitulé *Portraits chinois*, propose des activités amenant les apprenants à interagir, à partir de portraits imaginaires. Dans un premier temps, les apprenants découvriront le portrait chinois et écouteront deux personnes se présentant à travers des situations fictives. Ensuite, ils seront amenés à effectuer eux-mêmes des portraits chinois.

Le second volet, intitulé *Si j'étais...*, propose aux apprenants un extrait littéraire où l'auteur imagine sa vie avec une origine différente. Ensuite, ils prendront connaissance d'un graphique concernant l'immigration en France. Enfin, ils seront amenés à imaginer leur vie avec une origine étrangère.

Portraits chinois

1 À partir d'une amorce de portrait imaginaire (les questions données comme déclencheur, p. 88, ou l'écoute du premier enregistrement), demander aux apprenants s'ils connaissent le portrait chinois. Vérifier qu'ils comprennent qu'il s'agit d'une manière de parler de soi, en s'imaginant en tant qu'objet, saison, couleur... Demander si ce type de portrait imaginaire existe dans leur pays. Puis, faire lire l'explication de la méthode du portrait chinois et enchaîner sur l'activité suivante, qui vise à vérifier la compréhension.

2 Vérifier la compréhension de l'explication du portrait chinois.

➔ **CORRIGÉ :** La première personne pose des questions, amenant l'autre à parler de soi à travers des situations fictives : « *Si vous étiez... une couleur/un vêtement/un paysage... ».* La deuxième personne répond aux questions, sans trop réfléchir. La troisième fait un collage ou un dessin pour traduire ses réponses en images.

3 Faire écouter les deux portraits chinois à la suite, faire dire à quelle personne correspond l'illustration et faire justifier les réponses. Selon le niveau de la classe, cette première écoute suffira comme déclencheur pour l'activité suivante.

■ **POUR ALLER PLUS LOIN :** Faire réécouter le deuxième dialogue afin de retrouver les questions, puis les éléments nommés, sur l'illustration. Ensuite, faire réécouter les deux dialogues pour observer que les personnes justifient souvent leurs réponses.

➔ **CORRIGÉ :** L'illustration correspond à la deuxième personne ; on y retrouve les éléments suivants : *si j'étais... une couleur* → le turquoise – *une pièce de la maison* → la cuisine ; *un paysage* → un coucher de soleil, au bord de la mer – *un animal* → un ours blanc ; *un vêtement* → un maillot de bain – *un élément de la nature* → le feu – *un objet* → une brosse à dents

4 Avant de faire l'activité, vérifier que les apprenants ont compris le type de questions que l'on pose dans une activité « portrait chinois » et préciser qu'ils peuvent formuler des questions « inédites » (*si vous étiez un livre/un plat/une profession/un parfum...*). Puis, proposer aux apprenants de se poser des questions, par deux. Ensuite, effectuer l'activité : inviter deux personnes (ou plus, selon les effectifs) à répondre, l'une après l'autre, aux questions posées par la classe. Ensuite, identifier des « dessinateurs » parmi les apprenants et former des sous-groupes de manière à ce que chacun soit en mesure d'effectuer le portrait des personnes entendues (prévoir le matériel nécessaire : papier, crayons...). Enfin, afficher les portraits dans la classe et procéder à l'identification des personnes concernées.

Si j'étais

5 Avant d'effectuer l'activité, faire identifier le document : *Il s'agit de la quatrième de couverture du livre* Kiffe Kiffe demain, *de Faïza Guène*. Expliquer l'expression *kiffe kiffe,* (ce mot d'origine arabe s'écrit aussi *kik-kif* ou *kifkif*), qui veut dire *pareil, la même chose*. Faire lire l'extrait et en vérifier la compréhension globale : *La narratrice est française d'origine marocaine ; elle imagine sa vie avec une origine différente*. Revenir sur le titre afin de vérifier que les apprenants ont compris que la narratrice s'ennuie dans sa cité car les jours s'enchaînent, tous pareils.

> ➡ CORRIGÉ : **a) La narratrice est française d'origine marocaine.**
> **b) Elle imagine sa vie avec une origine différente.**

6 Faire d'abord observer le graphique, qui présente les pays de naissance des immigrés de 18 ans ou plus, en France, et le nombre de personnes par origine, en 1968 et en 2004. Expliciter, si nécessaire, les lieux d'origine (le Maghreb, notamment) et faire remarquer quelles sont les origines majoritaires. Faire trouver dans l'extrait le passage qui indique de quelle origine est Nabil, puis faire situer les parents de la narratrice et ceux de Nabil sur le graphique.

> ➡ CORRIGÉ : **a)** *Même Nabil a disparu. Peut-être que lui aussi est parti avec ses parents en Tunisie.*
> **b) Les parents de la narratrice étant marocains et Nabil tunisien, on situe ces personnes parmi les gens originaires du Maghreb, deuxième origine des immigrés de 18 ans et plus en France, après l'Union Européenne.**

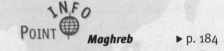

Maghreb ▶ p. 184

7 Proposer un rapide échange interculturel. Demander aux apprenants de dire, à partir de l'observation du graphique, si chez eux les personnes d'origine étrangère sont issues des mêmes pays qu'en France. En fonction du contexte, cette activité peut être supprimée.

8 Faire relire l'extrait afin de trouver trois stéréotypes que la narratrice associe aux gens d'origine russe.

> ➡ CORRIGÉ : **Les stéréotypes sont : le patinage artistique, les prénoms compliqués, la blondeur des cheveux** → *Si j'étais d'origine russe… je ferais peut-être du patinage artistique… j'aurais sûrement un prénom super compliqué à prononcer et je serais sûrement blonde.*

9 Proposer aux apprenants de travailler en petits groupes afin de s'imaginer, comme Faïza Guène, dans la peau d'une personne d'origine étrangère. Les questions proposées dans l'activité servent de fil conducteur. Lors de la mise en commun en grand groupe, vérifier si plusieurs personnes ont choisi la même origine et si les caractéristiques et la vie imaginées (donc les stéréotypes) sont les mêmes.

Nouveau **départ**

CONTENUS SOCIOCULTURELS – THÉMATIQUES

Changement de vie, de voie professionnelle

OBJECTIFS SOCIOLANGAGIERS

OBJECTIFS COMMUNICATIFS & SAVOIR-FAIRE Être capable de...	
Évoquer un changement de vie	– comprendre quelqu'un qui parle d'un choix de vie – décrire les résultats d'un changement de vie – rédiger un témoignage sur un changement de vie
Comprendre une biographie	– comprendre quelqu'un qui précise les étapes d'un parcours de vie – comprendre une courte biographie – indiquer la chronologie de deux actions – rédiger une biographie : présenter une personnalité et préciser les étapes de son parcours de vie
OBJECTIFS LINGUISTIQUES	
GRAMMATICAUX	– pronoms indirects *y* et *en* – exprimer des rapports temporels : *avant de* + infinitif, *après* + infinitif passé
LEXICAUX	– quelques articulateurs chronologiques – termes liés à la biographie
PHONÉTIQUES	– liaison, enchaînement et fluidité du discours – phonie-graphie : *liaisons et enchaînements*

SCÉNARIO DE LA LEÇON

La leçon se compose de deux parcours :

Dans le premier parcours, les apprenants seront amenés à comprendre un article sur une femme coach, spécialisée dans le développement personnel, et deux témoignages oraux sur des changements de vie. Ils seront ensuite en mesure de rédiger eux-mêmes un témoignage sur un changement de vie d'une personne, imaginaire ou connue, sur laquelle ils auront échangé précédemment.

Dans le second parcours, les apprenants seront amenés à écouter une chronique sur un chanteur au double parcours, puis à comparer les informations entendues avec des informations écrites dans un programme de télévision, sous forme de biographie. Ils seront capables, en fin de parcours, de parler d'une personnalité au parcours de vie original, de la présenter aux autres et de rédiger une courte biographie.

ÉVOQUER UN CHANGEMENT DE VIE

| 🎬 Comprendre Écrit
Act. 1 | 🎬 Point Langue
Les pronoms indirects
y et *en*
S'exercer n° 1 | 🎬 Comprendre Oral
Act. 2 | 🎬 Point Langue
Les marqueurs chronologiques
S'exercer n° 2 | 🎬 S'exprimer Oral
Act. 3 | 🎬 Phonétique
Act. 4 | 🎬 S'exprimer Oral/Écrit
Act. 5 et 6 |

Page Internet · · · · · · · · · · · · · · · · · · · Témoignages

→ OBJECTIF DE L'ACTIVITÉ 1 ←   Comprendre un article d'une page de site Internet.

1 Faire observer la disposition de la page : gros titre, chapeau, photos et texte. Faire identifier le type de document : *Il s'agit d'une page de site Internet*. L'article parle d'une femme qui est coach en développement personnel. Puis, faire trouver l'autre métier de Joëlle d'après les photos de la page de droite et, faire commenter la première photo : *Il s'agit d'un homme qui saute de joie*. Enfin, faire lire le titre, le chapeau et le texte, et faire répondre aux questions.

→ CORRIGÉ : 1. Joëlle aide les personnes qui viennent la voir à identifier leurs envies et elle les accompagne dans leur nouvelle voie (elle les encourage, les conseille). Elle aide à développer leurs talents. – **2.** On vient la consulter parce qu'on ressent un malaise dans son quotidien. – **3.** Elle est peintre et décoratrice. – **4.** Selon Joëlle, pour réussir sa vie, il faut faire ce qu'on aime et être soi-même, mais il faut d'abord en avoir envie et y croire.

Point **Langue**   **> LES PRONOMS INDIRECTS *Y* ET *EN***

Ce Point Langue permet de travailler sur les pronoms indirects *y* et *en*. À partir de la réponse à la question 4 de l'activité 1, demander aux apprenants ce que remplacent les deux pronoms dans ces deux énoncés : *il faut d'abord **en** avoir envie* et *il faut **y** croire* = il faut avoir envie **du bonheur** (avoir envie d'être heureux). Il faut croire **au bonheur**. Puis, faire relire le texte pour trouver d'autres occurrences de ces deux pronoms.
a) Faire trouver de quoi on parle à chaque fois. Les apprenants comparent par deux leurs réponses avant la mise en commun en grand groupe.
b) et **c)** Ensuite faire répondre aux questions en vue de la conceptualisation.
d) Puis, faire systématiser les règles découvertes.

→ Corrigé : a) Certains pensent *à une nouvelle vie/un nouveau départ*. – On parle *de leur malaise face à leur quotidien*. – D'autres rêvent *d' une nouvelle vie/d' un nouveau départ*. – Il faut croire *au bonheur*. – Il faut avoir envie *du bonheur*.
b) *y* → à quoi / *en* → de quoi
c) Pour ne pas répéter un complément introduit par *à*, on utilise *y*. Pour ne pas répéter un complément introduit par *de*, on utilise *en*.
d) Je m'occupe de quelque chose. – Je réfléchis à quelque chose. – J'ai besoin de quelque chose. – Je me souviens de quelque chose. – Je me sers de quelque chose.

S'EXERCER n° 1   Corrigé ▶ p. 112

→ OBJECTIF DE L'ACTIVITÉ 2 ←   Comprendre deux témoignages oraux sur des changements de vie.

2 Faire écouter les deux témoignages. Demander de quoi il s'agit : *Qui sont les personnes qui témoignent ? Où ? Dans quel but ? Paul et Julie témoignent sur le site de Joëlle pour donner envie à d'autres de faire comme eux*. Faire réécouter et faire compléter les fiches. Les apprenants comparent par deux leurs réponses avant la mise en commun en grand groupe.

→ CORRIGÉ : Fiche de Paul : *situation initiale* : étudiant étranger, amoureux, voulait écrire un roman en France. – *problème qui a amené à consulter* : le roman n'avançait pas, quelque chose n'allait pas (créativité bloquée, n'osait pas...). – *résultats* : est toujours en France ; a publié un livre et en écrit un deuxième.
Fiche de Julie : *situation initiale* : responsable dans une grande entreprise – *problème qui a amené à consulter* : stressée, ne se trouvait pas assez performante – *résultats* : a monté un projet, a ouvert un spa.

POINT INFO *Spa* ▶ p. 184

Point **Langue**   **> LES MARQUEURS CHRONOLOGIQUES**

Ce Point Langue permet de travailler sur les marqueurs chronologiques utilisés dans un court récit de vie. Faire réécouter l'enregistrement de l'activité 2 et demander aux apprenants de relever comment Paul organise la chronologie de son témoignage, les expressions qui permettent de comprendre que les événements se succèdent. Les faire comparer aux expressions proposées dans le Point Langue. Les apprenants comparent leurs réponses par deux avant la mise en commun en grand groupe.

→ Corrigé : Au départ = au début — Après quelques mois = au bout de quelques mois — C'est à ce moment-là = c'est alors que — Petit à petit = au fur et à mesure — Pour finir = finalement

S'EXERCER n° 2   Corrigé ▶ p. 112

→ OBJECTIF DE L'ACTIVITÉ 3 ←   Élargir le champ sémantique autour d'un thème.

3 Former des groupes de trois ou quatre apprenants. Leur demander de trouver le plus d'équivalents possibles pour l'expression « Réussir sa vie », dans les textes lus ou en faisant appel à leurs acquis.

→ CORRIGÉ : *Réponses possibles* : **Réussir sa vie** = se développer personnellement, développer ses talents, trouver sa voie, trouver le bonheur, vivre heureux, avoir de bonnes relations avec les autres, travailler sans être stressé, être performant dans ce qu'on fait, être créatif...

→ OBJECTIF DE L'ACTIVITÉ 4 ←   **Phonétique :** Liaison, enchaînement et fluidité du discours.

4 Procéder à l'écoute du premier énoncé, *On parle ensemble*, et faire remarquer l'enchaînement entre le *l* de *parle* et le *en* de *ensemble*. Faire observer qu'on enchaîne la consonne finale d'un mot (toujours prononcée), avec la voyelle initiale du mot qui suit. Procéder à l'écoute des autres enchaînements et les faire répéter à tour de rôle. Procéder de même pour les liaisons, en faisant déduire que la consonne finale dans ce cas n'est pas toujours prononcée, seulement quand on fait la liaison avec la voyelle initiale du mot qui suit. Faire écouter, puis répéter les énoncés avec les liaisons.

En renforcement de cet exercice d'écoute, il est opportun de proposer l'activité 1 de phonie-graphie sur le même sujet, p. 159 du manuel.

→ OBJECTIF DES ACTIVITÉS 5 ET 6 ←   Transférer, à l'oral, puis à l'écrit, ce qui a été vu depuis le début de la leçon.

5 Former des groupes de trois ou quatre apprenants, de profils différents si possible (âge, sexe, personnalité...). Leur demander d'échanger sur des personnes qu'ils connaissent, qui ont décidé de changer de vie et qui ont réussi ce changement. Prévoir ensuite de mettre en commun.

6 Par deux, les apprenants réfléchissent à leur propre situation ou à une situation fictive qu'ils s'approprient et imaginent un changement dans leur vie (ce qui peut le provoquer). Leur demander ensuite de rédiger un témoignage en expliquant les raisons de ce changement et en prenant modèle sur les témoignages entendus.

COMPRENDRE UNE BIOGRAPHIE

🎵 Comprendre Oral	🎵 Comprendre Écrit/Oral	🎵 Point Langue	🎵 Point Langue	🎵 S'exprimer Oral/Écrit
Act. 7 et 8	Act. 9 et 10	Les marqueurs chronologiques dans une biographie **S'exercer n° 3**	Indiquer la chronologie de deux actions **S'exercer n° 4**	Act. 11 et 12

Chronique radio + mél   Extrait de programme télé

→ OBJECTIF DES ACTIVITÉS 7 ET 8 ←   Comprendre quelqu'un qui précise les étapes d'un parcours de vie.

7 Faire écouter l'enregistrement, manuels fermés. Demander aux apprenants de quoi il s'agit : *Qui parle ? De quoi ?.*

→ CORRIGÉ : Il s'agit d'un présentateur à la radio qui annonce un programme d'émission sur une chaîne de télévision le soir même. Le présentateur fait une chronique sur un chanteur français populaire, Yannick Noah, qui a changé plusieurs fois de métier au cours de sa carrière. Il résume son parcours.

8 Faire lire le mél et faire réécouter l'enregistrement (en occultant la transcription) pour le compléter. Faire effectuer l'activité individuellement ou par deux avant la mise en commun.

→ CORRIGÉ : Notre chanteur préféré vient d'être élu *personnalité préférée des français* ! Et il passe à la télé ce soir, mais je ne serai pas chez moi. Peux-tu enregistrer le documentaire pour moi, s'il te plaît ? Ça s'appelle *La Force du rêve* et ça passe à *20 h 50*, sur *France 2.*

→ OBJECTIF DES ACTIVITÉS 9 ET 10 ← Comprendre une courte biographie écrite.

9 **a)** Faire lire l'extrait de programme de télévision et faire répondre à la question.

b) Faire réécouter l'enregistrement (toujours en occultant la transcription) et faire trouver l'activité du programme oubliée dans la chronique.

> **→ CORRIGÉ :** **a)** les activités citées : champion de tennis, chanteur, activiste humanitaire
> **b)** l'activité oubliée : entraîneur de tennis

10 Faire compléter le programme avec les dates qui manquent, en faisant réécouter, si nécessaire, l'enregistrement (écoute séquentielle).

> **→ CORRIGÉ :** 1983 (« à 23 ans ») : victoire à Roland-Garros
> 1991 : capitaine de l'équipe de France
> 1991 (« la même année ») : victoire de l'équipe en Coupe Davis
> 2003 (« trois ans plus tard ») : séjour au Népal
> 2004 (« l'année suivante ») : sortie de l'album « Pokhara »

POINT INFO
– *Roland-Garros, Coupe Davis,*
– *Lycées sport-études* ▶ p. 184

Point **Langue** > **LES MARQUEURS CHRONOLOGIQUES DANS UNE BIOGRAPHIE**

Ce Point Langue permet de travailler sur les marqueurs chronologiques qui organisent la succession des événements dans une biographie. Faire comparer les « justifications » des dates trouvées dans l'activité 10 avec les expressions du Point Langue. Puis, faire remplacer les éléments soulignés par les expressions proposées. Les apprenants comparent par deux leurs réponses avant la mise en commun en grand groupe.

> **→ Corrigé :** J'ai commencé à travailler *à l'âge de 23 ans*. *Trois ans plus tard*, j'ai suivi une formation. En 1990, j'ai changé de profession. *L'année suivante*, j'ai obtenu un poste à l'étranger. Je suis rentrée en France en 1995. *La même année*, je me suis mariée. Mon premier enfant est né *deux ans après*.

S'EXERCER n° 3 Corrigé ▶ p. 112

> **INDIQUER LA CHRONOLOGIE DE DEUX ACTIONS**

Ce Point Langue permet de travailler sur la chronologie de deux actions.

a) Faire retrouver le passage de la chronique qui parle du changement de métier de Yannick Noah : « Après avoir été entraîneur, il devient... chanteur ! » et demander aux apprenants de donner l'ordre de ces deux actions : *Après avoir été entraîneur* = action n° 1 / *il devient... chanteur !* = action n° 2. Faire comparer avec la première proposition de la question. Faire trouver l'ordre chronologique des autres actions. Faire effectuer le travail individuellement ou par deux.

b) Puis, après la mise en commun, faire conceptualiser.

> **→ Corrigé : a)** Noah devient chanteur **après avoir été** entraîneur.
>   N° 2   N° 1
> **Avant de** lancer son deuxième album, il séjourne au Népal.
>   N° 2   N° 1
> **b)** L'infinitif passé indique une action accomplie.
> On le forme avec : *avoir* ou *être* à l'infinitif + participe passé. Avec *avant de*, on utilise un verbe à l'infinitif.

S'EXERCER n° 4 Corrigé ▶ p. 112

→ OBJECTIF DES ACTIVITÉS 11 ET 12 ← Transférer les acquis du parcours en échangeant oralement, puis en rédigeant une courte biographie.

11 Former des groupes de trois ou quatre apprenants, de profils différents si possible (âge, sexe, personnalité...). Leur demander d'échanger sur des personnes qu'ils connaissent et qui ont un parcours varié dans leur vie. Prévoir une mise en commun. Chaque sous-groupe présente au grand groupe la personnalité choisie.

■ **VARIANTE :** Demander à chaque sous-groupe de représenter les événements du parcours de la personnalité qu'ils ont choisie, sous forme de petits dessins, symbolisant ces événements.

Les sous-groupes peuvent échanger les parcours « dessinés » et présenter aux autres oralement la personnalité dont ils ont reçu le parcours dessiné.

12 Par deux, les apprenants imaginent un événement médiatique concernant la personnalité qu'ils ont choisie, rédigent la présentation de cet événement et rappellent les points forts de la biographie et du parcours de la personnalité choisie.

S'EXERCER – CORRIGÉ

1. a. Je *m'en occupe* cette semaine, si tu veux. – **b.** Oui, je *m'en sers* régulièrement. – **c.** Oui, elle *y croit* vraiment ! – **d.** Oui, j'*en rêve* depuis longtemps ! – **e.** Oui, et j'en ai besoin ! – **f.** Je ne sais pas, je *n'y pense* jamais !

2. Au départ, j'étais chirurgien esthétique à Paris et j'avais une clientèle de « people ». Au bout de quelques années, j'en ai eu assez de mon quotidien. C'est alors que j'ai rencontré Anna, un médecin de campagne. Petit à petit, j'ai appris le sens de la vraie vie grâce à elle. Finalement, je suis devenu médecin de campagne comme elle, et nous habitons en Bretagne.

3. a. Il est né en 1950 au Portugal. – **b.** Dix ans plus tard, il est arrivé en France avec sa famille. – **c.** À l'âge de 20 ans, il est entré à l'université. – **d.** Quatre ans plus tard, il a eu un diplôme de sociologie. – **e.** À l'âge de 28 ans, il a commencé à enseigner la philosophie dans un collège. – **f.** Trois ans après, il a écrit un livre sur son enfance bilingue. – **g.** À l'âge de 39 ans, il a découvert une nouvelle passion : l'alpinisme. – **h.** L'année suivante, il est parti dans l'Himalaya. – **i.** Il est revenu en France cinq ans plus tard. – **j.** La même année, il a ouvert une école d'alpinisme.

4. a. J'ai travaillé dans une maison d'édition après avoir fait des études littéraires./J'ai fait des études littéraires avant de travailler dans une maison d'édition. – **b.** Il a remporté le Prix du meilleur acteur après être passé plusieurs fois à côté de la chance./Il est passé plusieurs fois à côté de la chance avant de remporter le Prix du meilleur acteur. – **c.** Vous êtes devenu réalisateur après avoir été acteur./ Vous avez été acteur avant de devenir réalisateur. – **d.** Elle continue son voyage jusqu'au Japon après être passée par Tahiti./Elle passe par Tahiti avant de continuer son voyage jusqu'au Japon. – **e.** Ils se sont retrouvés par hasard après s'être perdus de vue. Ils se sont perdus de vue avant de se retrouver par hasard. – **f.** J'ai changé de travail après avoir hésité longtemps./J'ai hésité longtemps avant de changer de travail.

Activité de phonie-graphie

1 **a)** Faire écouter le premier énoncé, manuels fermés. Demander aux apprenants combien de syllabes ils entendent dans « *elles expriment* » (= 3). Écrire le découpage en syllabes au tableau comme ceci : *elles – [z] ex – priment* et demander aux apprenants s'ils savent comment s'appelle le phénomène qui lie le pronom au verbe en sonorisant le « s » en [z]. Puis, faire écouter le deuxième énoncé. Procéder de la même manière (*d'au – **tr(es)** ex – priment*) et faire observer qu'ici on ne fait pas la liaison avec la consonne finale – le « s » du pluriel – mais qu'on enchaîne avec les consonnes, toujours prononcées, précédant le « e » muet. Préciser que ce phénomène s'appelle un enchaînement consonantique. Donner la consigne de l'exercice et faire écouter l'enregistrement jusqu'au n° 6. Pour ce dernier énoncé, procéder comme pour les n⁰ˢ 1 et 2. (*e(t) – au – fil – des – sé – ances* = 6 syllabes). Préciser que ce phénomène s'appelle un enchaînement vocalique et qu'on ne fait jamais la liaison après « et ». Faire écouter le reste. Les apprenants font l'exercice individuellement et mettent en commun par deux avant la correction en grand groupe.

b) Faire réécouter et répéter chaque énoncé par des apprenants différents en veillant à la prononciation des liaisons et des enchaînements.

➡ CORRIGÉ : a) Enchaînements consonantiques = 2, 4, 5, 7, 9, 14, 18, 19 et 21 – **Enchaînements vocaliques** = 5, 6, 8 et 17 – **Liaisons** = 1, 3, 10, 11, 12, 13, 15, 16, 20, 22, 23 et 24

Livre-élève
▶ p. 159

Défi de **filles !**

CONTENUS SOCIOCULTURELS – THÉMATIQUES

Exploits et réussites – La féminisation des professions

OBJECTIFS SOCIOLANGAGIERS

OBJECTIFS COMMUNICATIFS & SAVOIR-FAIRE	
Être capable de...	
Rapporter une conversation	– comprendre un slogan publicitaire
	– comprendre une conversation sur une rencontre exceptionnelle
	– comprendre quelqu'un qui rapporte des paroles au passé
	– comprendre le récit d'un événement exceptionnel ou d'un exploit
	– rapporter des paroles au passé
	– rapporter dans une lettre une conversation avec une personne qui a fait un exploit
Rapporter un exploit	– comprendre la chronologie d'un récit, à travers différents types d'écrit
	– comprendre l'expression de sentiments, de réactions face à un exploit
	– comprendre des informations sur la féminisation des professions
	– comprendre un message sur une carte postale et des notes dans un journal intime
	– raconter un événement exceptionnel, un exploit personnel
	– exprimer des sentiments par rapport à un exploit personnel
OBJECTIFS LINGUISTIQUES	
GRAMMATICAUX	– le discours rapporté au passé
LEXICAUX	– les professions
	– quelques termes de l'expression du ressenti, des sentiments et des réactions
PHONÉTIQUES	– intonation : découragement et détermination

SCÉNARIO
DE LA LEÇON

La leçon se compose de deux parcours :

Dans le premier parcours, les apprenants seront amenés à comprendre une conversation rapportée et à en déduire les changements par rapport au discours direct. Ils seront ensuite en mesure de rapporter eux-mêmes une conversation dans une lettre amicale.

Dans le second parcours, les apprenants seront amenés à lire plusieurs documents relatant un exploit et exprimant des sentiments. Ils seront capables, en fin de parcours, de rédiger un extrait de journal de bord personnel en s'identifiant à une personne qui a fait un exploit.

RAPPORTER UNE CONVERSATION

S'exprimer Oral Act. 1	Comprendre Oral Act. 2	Comprendre Oral/Écrit Act. 3	Comprendre Oral Act. 4 et 5	Point Langue Le discours rapporté au passé S'exercer nos 1 et 2	Comprendre Oral Act. 6	S'exprimer Écrit Act. 7

Publicité	Conversation	Mél			Extraits oraux	Extraits d'articles

> → OBJECTIF DE L'ACTIVITÉ 1 ←   Sensibiliser à la thématique de la féminisation des professions.

1 a) Faire observer et décrire la photo. Faire dire de quoi il s'agit : *Il s'agit d'une publicité pour une agence de travail par intérim.* Faire lire le commentaire et faire trouver ce que « *on* » représente : la plupart des gens, les personnes qui travaillent dans les agences pour l'emploi, mais aussi tout le monde, les employeurs et les employés.

b) Former des groupes. Demander aux apprenants d'échanger et de faire deux listes sur les métiers d'hommes et les métiers de femmes dans leur pays, afin de comparer avec les autres groupes.

> → **CORRIGÉ : a)** Ce document déclencheur doit attirer l'attention des apprenants sur le fait que la jeune fille de la photo, qui cherche un travail de jardinière, a du mal à trouver un emploi car on attribue ce métier aux hommes en général. On ne lui fait pas confiance en dépit de sa motivation et de ses capacités. On « gâche » donc ses compétences à cause des préjugés.

> → OBJECTIF DE L'ACTIVITÉ 2 ←   Comprendre globalement une conversation.

2 Faire écouter. Demander de quoi il s'agit : *Qui sont les personnes qui parlent ? De qui on parle ?*. Puis, faire identifier le lien avec la publicité.

> → **CORRIGÉ :** Laurence et Paul, un couple, parlent de la cousine de Paul, que Laurence a vue en uniforme de pompier devant la caserne, le matin. Cette conversation a un lien avec la publicité car il s'agit là aussi d'une jeune femme qui exerce une activité, généralement plutôt masculine, et qui, de ce fait, provoque l'étonnement, même de ses proches.

> → OBJECTIF DE L'ACTIVITÉ 3 ←   Vérifier la compréhension d'une conversation en complétant un mél.

3 a) Faire réécouter l'enregistrement et compléter le mél de Frédérique. Les apprenants comparent leurs réponses avant la mise en commun en grand groupe.

b) Demander d'observer les deux photos et faire deviner celle que Frédérique envoie par mél à ses cousins.

> → **CORRIGÉ : a)** Salut les cousins ! Eh oui ! Je suis bien *pompier* depuis *une semaine* ! Sur la photo, je suis devant la caserne, le premier jour où j'ai porté *l'uniforme* de *pompier*. Alors, vous êtes fiers de moi ? Bises Frédérique
> **b)** Elle envoie la photo en uniforme de pompier.

> → OBJECTIF DES ACTIVITÉS 4 ET 5 ←   Comprendre et reconstituer une conversation qui a été rapportée.

4 Faire réécouter et répondre aux questions. Les apprenants comparent leurs réponses avant la mise en commun en grand groupe.

> → **CORRIGÉ : 1.** faux : c'est la cousine de Paul – **2.** vrai : pompier volontaire depuis une semaine –
> **3.** vrai : elle a suivi une formation de huit mois – **4.** faux : elle est toujours professeur

5 Faire réécouter et reconstituer la conversation que Laurence et Frédérique ont eue le matin quand elles se sont rencontrées.

> → **CORRIGÉ :** « Hé ! Frédérique, c'est toi !? Qu'est-ce que tu fais dans cette tenue ? C'est un déguisement ?
> – Non ! J'en rêvais depuis longtemps... J'ai suivi une formation de huit mois et je suis pompier volontaire depuis une semaine.
> – Paul ne va pas me croire !
> – Je vous enverrai une photo par mél. »

Point **Langue**   › **LE DISCOURS RAPPORTÉ AU PASSÉ**

Ce Point Langue permet de travailler sur le discours rapporté au passé.
Après l'activité 5, les apprenants disposent de la conversation entre Paul et Laurence (conversation rapportée) et de la conversation entre Laurence et Frédérique (conversation directe). Ils sont donc en mesure de comparer ce qui change et ce qui ne change pas d'une conversation à l'autre. Leur faire ensuite déduire la règle pour rapporter des paroles au passé.

> → **Corrigé : a)** Pour rapporter :
> – un fait actuel, exprimé avec le *présent*, on utilise l'*imparfait* ;
> – une situation ancienne, exprimée avec l'*imparfait*, on utilise l'*imparfait* ;
> – un fait passé, exprimé avec le *passé composé*, on utilise le *plus-que-parfait* ;
> – un fait futur, exprimé avec le *futur proche*, on utilise l'*imparfait* pour l'auxiliaire *aller* + l'infinitif.
> – un fait futur, exprimé avec le *futur simple*, on utilise le *conditionnel présent*.   **S'EXERCER n°s 1 et 2** Corrigé ▶ p. 117

➔ OBJECTIF DE L'ACTIVITÉ 6 ⬅   Comprendre des extraits de conversation en situation professionnelle.

6 Faire écouter l'enregistrement. Demander aux apprenants si c'est un homme ou une femme qui parle à chaque fois, et s'ils sont surpris d'entendre un homme exerçant une profession généralement féminine et deux femmes des professions généralement masculines.

➔ **CORRIGÉ** : **1.** Homme : sage-femme (dans une maternité, lors d'une naissance) − **2.** Femme : commandant de bord (pilote d'avion) (avant le décollage) − **3.** Femme : conducteur de poids lourd (dans une station-service)

➔ OBJECTIF DE L'ACTIVITÉ 7 ⬅   Transférer les acquis en rapportant une conversation dans une lettre amicale.

7 Faire lire les extraits d'article et faire expliciter la profession des deux femmes photographiées. Faire dire en quoi ces femmes sont des « femmes d'exception » *(parce qu'elles ont osé se destiner à une carrière masculine)*. Faire lire et compléter le début de la lettre en faisant choisir l'un des deux stages proposés et l'une des deux femmes présentées. Les apprenants imaginent la vie d'une de ces femmes, ce qu'elle a fait d'exceptionnel, son parcours et ses difficultés pour en arriver là, avant de compléter la lettre. Cette activité peut être effectuée seul ou par deux.

RAPPORTER UN EXPLOIT

🎞 Comprendre Écrit	🎞 Point Langue	🎞 Phonétique	🎞 Point Culture	🎞 S'exprimer Écrit
Act. 8 et 9	Rapporter un exploit Exprimer des sentiments et réactions **S'exercer n° 3**	Act. 10	La féminisation des professions	Act. 11

Courrier (lettres et mél)   Statistiques   Photos

➔ OBJECTIF DES ACTIVITÉS 8 ET 9 ⬅   Comprendre l'expression des sentiments exprimés dans des courriers rapportant un exploit.

8 D'abord, faire identifier les trois documents : *Il s'agit de trois courriers*. Faire repérer l'auteur de ces courriers. Ensuite, les faire lire et demander de retrouver l'ordre chronologique de ces trois courriers.

➔ **CORRIGÉ** : **1.** Une lettre manuscrite, une carte postale et un mél, écrits ou envoyés par Fred, la cousine de Paul, qui est devenue pompier volontaire. Elle écrit à ses parents au cours du dernier stage de sa formation de pompier, à trois moments différents : au début, au milieu et à la fin. Ces moments sont repérables dans les premières lignes de chaque document.
2. Les documents ne sont pas placés dans l'ordre chronologique. Le mél vient en premier (*2e jour de mon stage incendie*), puis vient la lettre (*13e jour de stage*), et enfin la carte postale (*nous avons appris les résultats de notre stage*).

9 **a)** et **b)** Faire relire les documents et demander quel est l'état d'esprit de Frédérique pour chaque étape en faisant justifier les réponses par des phrases relevées dans les documents. Noter ces phrases au tableau lors de la mise en commun.

➔ **CORRIGÉ** : **a) étape 1** : mitigé (*Je suis contente de commencer..., mais 4 semaines ça risque d'être long...*), puis plutôt négatif (*Hier, j'étais démoralisée, découragée... il faut que je tienne bon...*) − **étape 2** : mitigé (*... quelquefois j'ai envie de tout arrêter... J'étais soulagée, et j'ai décidé que je ne me découragerais plus*) − **étape 3** : très positif (*J'étais émue !... Je suis fière de moi ! Très heureuse d'avoir enfin terminé...*).
b) volontaire − déterminée − courageuse − persévérante

Point **Langue**   › **RAPPORTER UN EXPLOIT / EXPRIMER DES SENTIMENTS ET RÉACTIONS**

Ce Point Langue permet de travailler sur l'expression des sentiments ressentis lors d'un exploit ou d'un événement particulier.
a) À partir des justifications de l'état d'esprit de Frédérique relevées dans l'étape précédente, demander aux apprenants de trouver l'ordre dans lequel Frédérique a ressenti les sentiments donnés en a) en les comparant avec ce qui a été relevé précédemment (souligner ou entourer les sentiments dans le corpus relevé au tableau : *Je suis contente de commencer... Hier j'étais démoralisée, découragée... J'étais soulagée, J'étais émue !... Je suis fière*). Puis, faire classer ces sentiments dans la grille ci-dessous.

... /...

... /...
Point **Langue**

b) Demander ensuite de classer les expressions données selon qu'elles expriment le découragement ou la détermination.

▶ **Corrigé : a)** J'étais... *contente, démoralisée, découragée, soulagée, émue, fière.*

Négatif	Positif
démoralisée, découragée	*contente, soulagée, émue, fière*

b)

Découragement	Détermination
J' ai failli arrêter	*J' ai réussi à surmonter ma peur*
Accepter la discipline, c' est dur !	*Il faut que je tienne bon*
J' ai cru que je n' y arriverais pas	*j' ai décidé que je ne me découragerais plus*
J' ai envie de tout arrêter	

S'EXERCER n° 3 Corrigé ▶ p. 117

▶ **OBJECTIF DE L'ACTIVITÉ 10** ◀   **Phonétique :** Intonation : découragement ou détermination.

10 **a)** Faire écouter l'enregistrement. Demander aux apprenants de repérer les énoncés dits sur l'intonation de la détermination ou du découragement. Faire réécouter, puis répéter avec la même intonation (détermination : débit plus rapide et mélodie légèrement vers le haut, découragement : débit plus lent et mélodie légèrement vers le bas).

b) Faire écouter l'enregistrement (écoute séquentielle) et demander aux apprenants de classer, seulement d'après l'intonation, les énoncés dits avec l'intonation de la détermination ou du découragement. Proposer de noter les réponses dans la grille suivante (travail individuel) :
Mettre en commun après une deuxième écoute en continu.

	Détermination	Découragement
1.	✓	
2...		

▶ **CORRIGÉ : a)** détermination : 1 et 2 – découragement : 3 – **b)** détermination : 1, 3, 6 et 7 – découragement : 2, 4, 5 et 8

La féminisation des professions **POINT CULTURE**

Ce Point Culture doit permettre de donner des informations et d'échanger sur les similitudes et les différences entre la France et le(s) pays des apprenants concernant la féminisation des professions. Faire prendre connaissance des professions indiquées pour chaque schéma, en exemplifiant de façon plus concrète certaines catégories générales : 9. par ex. : assistante sociale / 6. par ex. : personnes responsables du nettoyage dans les entreprises (« femmes de ménage »), etc. Former des groupes, de préférence (si possible) hétérogènes (âge, sexe, pays d'origine…). Les apprenants échangent sur la féminisation des professions citées (ou d'autres) dans leur(s) pays. Mettre en commun en grand groupe avec un rapporteur de chaque sous-groupe.

POINT **INFO**   *Femmes pompiers en France*   ▶ p. 184

▶ **OBJECTIF DE L'ACTIVITÉ 11** ◀   Transférer ce qui a été vu tout au long de la leçon, en rédigeant un extrait de journal de bord relatant un exploit.

11 Faire observer les photos et faire décrire la situation des deux femmes d'après leurs vêtements ou l'endroit où elles se trouvent. Faire lire le commentaire des photos. Demander aux apprenants quel exploit leur fait plus envie ou les fait plus rêver. Puis, demander de rédiger un extrait du journal de bord de la personne choisie, en s'identifiant à elle. Ce travail peut se faire individuellement ou par deux.

S'EXERCER – CORRIGÉ

1. elle avait fait – elle avait fait – elle avait couru – elle allait

2. J'ai rencontré Elsa hier. Je lui ai demandé ce qu'elle faisait dans la région. Ella m'a répondu qu'elle faisait du parachutisme dans un centre à proximité depuis un an. Elle a ajouté que ses amis lui avaient offert un stage pour son anniversaire, qu'elle avait adoré ça, qu'elle avait fait plusieurs stages et que maintenant elle venait une fois par mois pour sauter. Je lui ai dit que je viendrais la voir sauter un jour, si elle voulait bien.

3. a) a. content/fier – **b.** découragé – **c.** content/fier – **d.** soulagé – **e.** ému

b) a. j'ai réussi à surmonter ma peur – **b.** j'ai envie de tout arrêter – **c.** il faut que je tienne bon – **d.** j'ai décidé que je ne me découragerais plus – **e.** j'ai failli arrêter

CONTENUS SOCIOCULTURELS - THÉMATIQUES

Choix de vies

OBJECTIFS SOCIOLANGAGIERS

OBJECTIFS COMMUNICATIFS & SAVOIR-FAIRE	
Être capable de...	
Imaginer un passé différent	– comprendre des témoignages de personnes sur un événement qui a changé leur vie
	– comprendre quelqu'un qui situe un événement dans un récit au passé
	– comprendre quelqu'un qui décrit les conséquences d'un événement, d'un imprévu
	– comprendre un emploi du temps sur un agenda
	– faire des hypothèses concernant un passé différent et formuler les conséquences d'une situation hypothétique
	– situer un événement dans un récit au passé
Exprimer un regret	– comprendre un échange (question et réponses écrites) sur un forum Internet
	– comprendre des témoignages de personnes qui formulent des regrets
	– raconter la vie d'une personne
	– exprimer des regrets
OBJECTIFS LINGUISTIQUES	
GRAMMATICAUX	– irréel du passé *si* + plus-que-parfait, conditionnel passé
	– le passé récent et le futur proche dans un récit au passé
	– le regret : *regretter de* + infinitif passé – *j'aurais aimé/voulu* + infinitif
LEXICAUX	– termes liés à la chance, l'imprévu
PHONÉTIQUES	– intonation : expression du regret ou de la satisfaction
	– phonie-graphie : *distinction des sons* [e]/[ɛ] *(suite)*

SCÉNARIO DE LA LEÇON

La leçon se compose de deux parcours :

Dans le premier parcours, les apprenants seront amenés à comprendre des personnes relatant un événement qui a changé leur vie. Ils apprendront à exprimer des hypothèses concernant le passé et les conséquences de cet événement irréel.

Dans le second parcours, les apprenants écouteront une conversation et liront des témoignages de personnes qui expriment des regrets. En fin de parcours, ils seront amenés à formuler eux-mêmes des regrets, en rédigeant un témoignage et/ou une page de *mémoires*.

IMAGINER UN PASSÉ DIFFÉRENT

▓ Comprendre Oral/Écrit	▓ Point Langue	▓ Aide-mémoire	▓ S'exprimer Oral	▓ S'exprimer Écrit
Act. 1, 2, 3 et 4	*Si* + plus-que-parfait pour imaginer un passé différent	Situer une événement dans un récit au passé	Act. 5	Act. 6
	S'exercer nᵒˢ 1 et 2			

Témoignages à la radio
Pages d'agendas

→ OBJECTIF DES ACTIVITÉS 1, 2, 3 ET 4 ← Comprendre dans un extrait d'émission de radio, une personne qui raconte un événement qui a changé sa vie.

1 Faire écouter l'enregistrement et vérifier la compréhension globale : *Où peut-on écouter cela ?* (à la radio), *Combien de personnes parlent et qui sont-elles ?* (trois personnes, une animatrice et deux personnes interviewées, une femme et un homme). Puis, faire répondre aux questions 1 et 2.

→ CORRIGÉ : **1.** Thème de l'émission : « La chance était au rendez-vous » – **2.** Les personnes qui sont interviewées racontent un événement qui a changé leur vie.

2 Avant l'activité, faire réécouter et repérer les éléments demandés dans l'activité 2. Faire faire cette activité par deux avant de mettre en commun en grand groupe.

→ CORRIGÉ :

	Personne n° 1	Personne n° 2
Situation de départ	Elle était au chômage et n'avait pas envie de sortir le soir.	Il partait à un rendez-vous professionnel à Paris.
Événement heureux	Elle a rencontré un directeur d'agence dans un restaurant.	Il a fait une rencontre amoureuse dans un train.
Conséquence	Elle a retrouvé un emploi.	Il a revu et même épousé la personne rencontrée.

3 Faire réécouter et modifier les emplois du temps de Lucie et de Benjamin. Faire faire cette activité par deux avant de mettre en commun en grand groupe.

→ CORRIGÉ :

Lucie			
Mercredi 15 Février	**Jeudi 16 février**	**Vendredi 17 février**	**Samedi 18**
10 h 00 ANPE 12 h 00 ↓ envoyer CV ↓ 20 h 00	10 h 00 ANPE 12 h 00 ↑ 15 h 00 envoyer CV ↓ *20 h 00 : dîner au restaurant avec Camille*	*10 h 00 : ~~ANPE~~ rendez-vous avec le directeur de l'agence de voyages Caraïbes.*	

Benjamin		
Lundi 9 juin	**Mardi 10 juin**	**Mercredi 11 juin**
~~7 h 22 TGV~~ → Paris *TGV suivant* 10 h 00 réunion hebdomadaire au siège 21 h 03 ~~Retour Lyon~~ *Dîner dans un restaurant à Paris avec...*	~~9 h 00 RV Directeur agence de Lyon~~ ~~12 h 00~~ ~~Visite des ateliers~~ *Journée supplémentaire à Paris avec...* ~~20 h 00 Cinéma Patrick~~	

4 Faire réécouter la fin des deux témoignages et faire relever ce que Lucie et Benjamin disent pour souligner la chance qu'ils ont eue :
– « *Et ce qui est extraordinaire dans cette histoire, c'est que si mon amie n'avait pas insisté pour que je sorte, je n'aurais sans doute jamais rencontré mon directeur, et... je serais peut-être encore au chômage !* »
– « *C'est incroyable hein, si vous étiez arrivé deux minutes plus tôt, vous auriez eu votre train et vous n'auriez pas rencontré cette personne !*
Benjamin : Exactement ! Si je n'avais pas, par chance, raté mon train, nous ne serions pas mari et femme maintenant ! »

→ CORRIGÉ : Les personnes imaginent la suite de ce jour-là sans intervention de la chance.

 Point **Langue** › *SI* + **PLUS-QUE-PARFAIT pour imaginer un passé différent**

Ce Point Langue permet de travailler sur la forme utilisée pour imaginer un passé différent.
Faire observer les hypothèses relevées dans l'activité 4. : *Si mon amie n'avait pas insisté pour que je sorte, je n'aurais sans doute jamais rencontré mon directeur.*
Si je n'avais pas, par chance, raté mon train, nous ne serions pas mari et femme maintenant. Souligner les verbes de ces hypothèses et des conséquences imaginées et faire dire à quel temps/mode ils sont conjugués (*si + plus-que-parfait*, puis *conditionnel passé* ou *présent*). Puis, faire compléter les règles du Point Langue. Les apprenants comparent leurs réponses avant la mise en commun en grand groupe.

➡ **Corrigé :** La personne qui déclare « *Si je n' avais pas raté…* » = *a raté le train*.
On utilise la structure *Si* + plus-que-parfait pour faire une hypothèse *qui concerne le passé*.
Dans la 1re phrase, la personne utilise le conditionnel passé pour imaginer une conséquence *passée*.
Dans la 2e phrase, la personne utilise le conditionnel présent pour imaginer *une conséquence actuelle*.
Dans les deux cas, il s'agit de faits *irréels*. On forme le conditionnel passé avec l'auxiliaire (*avoir* ou *être*) au *conditionnel présent +* le *participe passé du verbe utilisé*.

S'EXERCER nos 1 et 2 Corrigé ▶ p. 122

AIDE-MÉMOIRE

Cet Aide-mémoire présente les deux formes qui permettent de situer un événement dans un récit au passé, en indiquant l'immédiateté de cet événement par rapport à un autre. Cette imminence peut se situer juste avant (*venir de* à l'imparfait + infinitif) ou juste après (*aller* à l'imparfait + infinitif) l'événement principal.

➡ OBJECTIF DE L'ACTIVITÉ 5 ⬅ Transférer les acquis du parcours en faisant des hypothèses concernant le passé et en imaginant les conséquences.

5 Former des groupes de trois ou quatre apprenants, de profils différents si possible (âge, sexe, personnalité…). Leur demander de faire des hypothèses concernant le passé (par ex. : *Si les Égyptiens avaient été plus forts que les Romains au temps de César et Cléopâtre…, si Christophe Colomb n'avait pas découvert l'Amérique…, si la révolution française n'avait pas eu lieu…,* etc.) et d'imaginer les conséquences. Prévoir une mise en commun.

➡ OBJECTIF DE L'ACTIVITÉ 6 ⬅ Transférer les acquis du parcours en faisant des hypothèses et en imaginant les conséquences dans sa vie personnelle.

6 Individuellement, les apprenants réfléchissent à leur propre vie et imaginent des points de départ différents concernant leur passé (lieu de naissance, parents, époque…). Leur demander ensuite de rédiger la première page de leurs *mémoires* en imaginant les conséquences de ces hypothèses sur leur vie passée et/ou actuelle.

EXPRIMER UN REGRET

🎞 Comprendre Oral	🎞 Phonétique	🎞 Comprendre Écrit	🎞 Point Langue	🎞 S'exprimer Écrit
Act. 7 et 8	Act. 9	Act. 10, 11 et 12	Exprimer un regret	Act. 13 et 14
			S'exercer n° 3	

Conversation — Forum Internet

➡ OBJECTIF DES ACTIVITÉS 7 ET 8 ⬅ Comprendre un dialogue entre deux personnes qui expriment des regrets.

7 **a)** Faire écouter l'enregistrement. Demander de quoi il s'agit : *Qui parle ?* et *Où ? Un couple entame une conversation sur des regrets à propos de leur vie, dans un lieu à proximité d'une salle de bain.* Puis, faire identifier les deux moments.
b) et **c)** Faire trouver le sentiment exprimé (satisfaction ou insatisfaction). Et faire repérer le mot clé du dialogue.

➡ **CORRIGÉ : a)** le moment où Julien prend sa douche et chante le « blues du businessman » et le moment où il sort de la douche et discute avec Muriel. — **b)** sentiment exprimé : insatisfaction – **c)** le mot clé = le regret

3 **a)** et **b)** Faire réécouter avant de faire répondre par deux. Puis, faire faire le vrai/faux individuellement, avec une concertation par deux avant de mettre en commun en grand groupe.

➡ CORRIGÉ : **a)** leurs regrets sont surtout de nature matérielle (*riche, 1re classe, produits de luxe*) et un peu existentielle (pour Julien : *vie passionnante*).
b) 1. faux / faux – **2.** vrai / faux / vrai

➡ OBJECTIF DE L'ACTIVITÉ 9 ⬅   **Phonétique :** Intonation : Expression du regret ou de la satisfaction.

9 **a)** La première partie de l'activité a pour but de sensibiliser les apprenants à l'intonation de l'expression du regret ou de la satisfaction. Dans cette première partie, les apprenants peuvent s'appuyer sur l'intonation *et* sur le sens des énoncés pour juger si l'on exprime le regret ou la satisfaction. Proposer de reproduire la grille suivante pour noter les réponses :

	Regret	Satisfaction
1.		✓
2...		

Pendant l'écoute de l'enregistrement (écoute séquentielle recommandée), chaque apprenant note ce qu'il entend. Procéder à la correction collective après une deuxième écoute (écoute continue).

b) Poursuivre cette activité en proposant une nouvelle écoute de chaque item, inviter les apprenants à répéter les énoncés en reproduisant l'intonation de l'enregistrement.

➡ CORRIGÉ : **a) regret** : 2, 3, 7 et 8 – **satisfaction** : 1, 4, 5 et 6

➡ OBJECTIF DES ACTIVITÉS 10, 11 ET 12 ⬅   Comprendre des regrets formulés sur un forum Internet.

10 Faire identifier le document. Faire repérer : *Qui écrit ? Dans quel but ?.*

➡ CORRIGÉ : Ce texte est extrait d'une page de forum Internet.
Il s'agit de questions sur un sujet (les regrets), écrites par Caroline, pour obtenir des témoignages en vue de constituer un dossier pour un magazine de psychologie.

11 Faire lire les trois réponses aux questions posées par Caroline et faire compléter les fiches. Faire travailler par deux avant de mettre en commun en grand groupe.

➡ CORRIGÉ :

Nom : Huguette **Âge :** 64 ans **Profession :** retraitée **Informations sur sa vie :** aurait voulu découvrir d'autres horizons mais n'avait pas les moyens de voyager. **Nature des regrets :** loisirs (voyages)	**Nom :** José **Âge :** 22 ans **Profession :** étudiant **Informations sur sa vie :** enfant unique qui aurait voulu avoir des frères ou des sœurs. **Nature des regrets :** famille	**Nom :** Lucien **Âge :** 41 ans **Profession :** cultivateur **Informations sur sa vie :** n'a pas fait d'étude. Il aurait voulu devenir ingénieur. **Nature des regrets :** profession

12 Demander de relire et de repérer les regrets que chaque personne exprime. Les faire souligner et les reporter sur un tableau, en vue d'obtenir un corpus d'observation pour le Point Langue.

➡ CORRIGÉ : *J'aurais voulu voyager...*
J'aurais voulu avoir des frères et sœurs, j'aurais aimé jouer avec eux...
Je regrette d'avoir été obligé de travailler si tôt, de ne pas avoir fait d'études. J'aurais aimé passer mon bac...

Point **Langue**   > **EXPRIMER UN REGRET**

Ce Point Langue permet de faire découvrir aux apprenants l'expression du regret avec le conditionnel passé et *regretter de* + infinitif passé.
Faire observer les regrets notés dans l'activité précédente. Inviter les apprenants à repérer et souligner trois formes différentes utilisées pour exprimer le regret :
J'aurais voulu avoir des frères et sœurs, j'aurais aimé jouer avec eux...
Je regrette d'avoir été obligé de travailler si tôt....
Puis, faire répondre aux questions du Point Langue.

.../...

➡ **Corrigé : a)** La personne n'a pas eu de frères et sœurs.
Le regret s'exprime avec le verbe *vouloir* au conditionnel *passé*.
b) *J' aurais voulu* + infinitif — *J' aurais aimé* + infinitif — *Je regrette* + de + infinitif passé (action accomplie)
c) J'aurais voulu voyager : *J'aurais aimé voyager — Je regrette de ne pas avoir voyagé*

S'EXERCER n° 3   Corrigé
▶ p. 122

➡ OBJECTIF DE L'ACTIVITÉ 13 ◄   Transférer les acquis du parcours en rédigeant un extrait des *mémoires* d'une personnalité.

13 Former des groupes. Demander aux apprenants de se mettre d'accord sur le choix d'une personne connue (susceptible d'être connue du grand groupe). Leur demander ensuite de rédiger un extrait des *mémoires* de cette personnalité en donnant des informations sur sa vie (informations réelles) et en imaginant des regrets que cette personnalité pourrait exprimer.

➡ OBJECTIF DE L'ACTIVITÉ 14 ◄   Transférer les acquis du parcours en rédigeant un témoignage exprimant des regrets.

14 Faire réécouter l'enregistrement (activité 7) à la demande du groupe ou faire rappeler ce que Muriel exprime comme regrets. Puis, demander de rédiger le témoignage de Muriel, à la manière de ceux figurant sur le forum Internet qui doivent être présentés dans la revue *Psychomag*. Cette activité peut s'effectuer individuellement ou par deux. Faire ensuite une correction individuelle ou en grand groupe.

1. a. S'ils n'étaient pas allés voir le film, ils ne se seraient pas ennuyés. – **b.** Si tu m'avais donné ton numéro de téléphone, j'aurais pu t'inviter. – **c.** Si vous aviez composté votre billet, vous n'auriez pas eu d'amende. – **d.** Si je n'avais pas pris ma voiture, je ne serais pas arrivé en retard. – **e.** Si elle ne l'avait pas épousé, elle n'aurait pas dû déménager.
2. a. Si tu étais resté chez toi, tu n'aurais pas profité de cette belle journée... – **b.** Si je n'avais pas dîné dans ce restaurant, je n'aurais pas été malade (je ne serais pas malade maintenant)... – **c.** S'ils avaient été correctement habillés, ils auraient pu entrer dans la salle... – **d.** Si vous n'étiez pas partis sans payer, vous n'auriez pas tous ces ennuis... – **e.** Si vous n'aviez rien dit, j'aurais été très fâché...

3. a. Il aurait voulu devenir champion olympique. Il aurait pu gagner une médaille d'or, il aurait aimé monter sur les podiums. – **b.** Elle aurait voulu continuer l'équitation. Elle aurait aimé participer aux concours internationaux. – **c.** J'aurais voulu continuer mes études. J'aurais voulu devenir avocat. J'aurais aimé (pu) défendre de grandes causes. – **d.** J'aurais bien aimé aller voir le spectacle. J'aurais voulu demander un autographe aux chanteurs. – **e.** On aurait bien aimé aller avec vous à Cannes. On aurait bien voulu voir les acteurs.

Activité de phonie-graphie

2 Avant de procéder à l'écoute de l'enregistrement, faire le point avec les apprenants sur leur connaissance des graphies des sons proposés, en leur demandant, manuels fermés, de donner des mots avec le son [ε], des mots avec le son [e] et des mots avec la prononciation [εr]. Écrire tous les mots proposés au tableau et les classer selon leur prononciation. Faire observer les graphies différentes. Puis, procéder à l'activité. Faire écouter l'enregistrement une première fois. Les apprenants suivent dans le manuel sans compléter. Ils complètent à la deuxième écoute individuellement. Faire mettre en commun par deux avant la correction.

➡ **CORRIGÉ :** – J'av*ais* rend*ez*-vous sur le qu*ai*. Je ven*ais* de rat*er* le T.G.V.
Deux m*e*ssieurs se sont adress*és* à moi, j'aur*ais* dû *ê*tre *é*tonn*é* m*ais* je l*es* *ai* *é*cout*és*.
J'all*ais* pass*er* sur le qu*ai* quand ils m'ont entr*aî*n*é* v*er*s l'entr*é*e d'un caf*é*. Nous avons parl*é* des aff*ai*r*es* de la soci*é*t*é*.
– Et apr*ès* ?
– Je ne s*ais* plus, je me suis r*é*veill*é* !

 Livre-élève
▶ p. 160

Ce **Carnet de voyage** propose un parcours interactif à dominante sociolinguistique, et prolonge la systématisation du discours rapporté vu dans la leçon 2, de manière ludique et créative. Il se compose d'un seul volet :
Ce volet, intitulé *Double sens*, fera découvrir, à partir d'expressions idiomatiques françaises et étrangères, le jeu sur le double sens (littéral/figuré). À la fin du parcours, les apprenants seront amenés à parler de leur langue, en appliquant la technique humoristique du double sens à des expressions idiomatiques dans leur propre langue.

Pour aller plus loin sur ce thème du double sens, il est possible de consulter certains livres d'Alain Le Saux, comme *Papa m'a dit que son meilleur ami était un homme grenouille*, *Ma maîtresse a dit qu'il fallait bien posséder la langue française*, ou *Mon prof m'a dit que je devais absolument repasser mes leçons* (Éditeur Rivages).

Double sens

1 Avant l'activité, faire observer les vignettes (en masquant les commentaires) et demander de décrire ce qui est « bizarre ». Faire observer les personnages : leur taille, leur âge. Ensuite, faire lire les commentaires et demander de répondre aux questions de l'activité. Les apprenants répondent et vérifient leurs hypothèses par deux avant de mettre en commun en grand groupe.
➡ **CORRIGÉ** : **1.** faux – **2.** vrai – **3.** faux – **4.** vrai

2 Faire faire l'activité. Les apprenants répondent et vérifient leurs hypothèses par deux avant de mettre en commun. Expliquer alors les expressions en se référant au dessin pour le sens littéral et en exemplifiant afin d'illustrer le sens figuré.
➡ **CORRIGÉ** : *se meubler l'esprit = se cultiver – perdre la tête = devenir fou – casser les pieds à quelqu'un = agacer quelqu'un – prendre un coup de vieux = vieillir subitement*

3 Prolonger le travail sur le sens des expressions idiomatiques françaises avec cette activité. Les apprenants doivent d'abord associer les trois dessins aux trois commentaires, puis expliquer ce que ces expressions signifient (ils doivent trouver un équivalent pour le sens figuré).
➡ **CORRIGÉ** : **1er dessin = b.** *Il faut bien posséder la langue française.* = pouvoir s'exprimer avec aisance en français
2e dessin = c. *Ce week-end, on fera le pont.* = ne pas travailler entre un jour férié (de la semaine) et un samedi ou un dimanche. Par exemple, si le 14 juillet tombe un jeudi et si on ne retourne pas travailler le vendredi (le 15), on fait le pont (on ne travaille pas du jeudi au dimanche).
3e dessin = a. *J'ai entendu dire qu'il avait le bras long.* = avoir de l'influence ou connaître des personnes influentes qui ont un pouvoir de décision.

4 Faire observer les dessins sans les commentaires et demander aux apprenants s'ils connaissent l'expression représentée par les deux dessins, en français et en anglais. Puis, former des groupes (si les apprenants sont de nationalités différentes, former des petits groupes d'origines diverses) de quatre personnes pour échanger sur les similitudes et les différences qui existent entre les expressions idiomatiques les plus connues ou les plus utilisées dans leur langue. Demander à chaque groupe de choisir une expression et de l'illustrer par un dessin qui représentera le sens littéral (mot à mot) et qu'ils traduiront en français.

5 Pour finir, les apprenants doivent prolonger la recherche de sens pour quatre nouvelles expressions idiomatiques françaises. Ils doivent ensuite illustrer chaque expression par un dessin et en écrire le commentaire, à la manière de ceux vus dans les activités 1 et 3. Former des groupes pour la préparation du travail et mettre en commun ensuite.
➡ **CORRIGÉ** : **a)** *Dévorer un livre* = lire un livre très vite, en très peu de temps.
Avoir un chat dans la gorge = avoir une irritation dans la gorge, qui empêche de parler.
Poser un lapin à quelqu'un = ne pas venir à un rendez-vous qu'on a fixé.
Avoir une fièvre de cheval = avoir une très forte fièvre.
b) Suggestions : *On m'a dit qu'il avait dévoré un livre dans la nuit.*
Mon mari m'a dit que son chef lui avait posé un lapin.
Mon professeur a dit qu'elle avait un chat dans la gorge et qu'elle ne pouvait plus parler.
J'ai dit à mon patron que j'avais une fièvre de cheval et que je ne pouvais pas aller au bureau.

Défi pour la **Terre**

CONTENUS SOCIOCULTURELS – THÉMATIQUES

Sensibilisation à l'environnement et à l'opération *Défi pour la Terre*

OBJECTIFS SOCIOLANGAGIERS

OBJECTIFS COMMUNICATIFS & SAVOIR-FAIRE	
	Être capable de...
Comprendre un manifeste, inciter à agir	– comprendre un manifeste, un appel à l'engagement – comprendre le plan, l'organisation d'un écrit – comprendre des informations sur l'environnement, l'écologie – comprendre une incitation à agir – indiquer la nécessité d'agir – inciter à l'engagement
Prendre position, exprimer une opinion	– comprendre une prise de position sur l'environnement, l'écologie – comprendre des slogans écologiques – prendre position – exprimer son opinion sur l'environnement, l'écologie – faire des propositions pour sensibiliser l'opinion à l'écologie
OBJECTIFS LINGUISTIQUES	
GRAMMATICAUX	– le subjonctif pour exprimer la nécessité (2) – le contraste subjonctif/indicatif dans les complétives (opinion, certitude, doute, volonté, constat)
LEXICAUX	– termes liés à l'environnement et l'écologie – quelques expressions impersonnelles de nécessité
PHONÉTIQUES	– prononciation du subjonctif – phonie-graphie : *distinction de quelques formes verbales*

SCÉNARIO DE LA LEÇON

La leçon se compose de deux parcours :

Dans le premier parcours, les apprenants liront un manifeste incitant à agir. Ils découvriront l'expression de la nécessité et le lexique leur permettant de s'exprimer oralement sur le thème de l'écologie et de l'environnement. Puis, ils rédigeront un manifeste pour une association de leur choix.

Dans le second parcours, les apprenants seront amenés à comprendre l'enregistrement d'une conversation au cours de laquelle les locuteurs expriment des opinions différentes. En fin de parcours, ils échangeront sur le choix et l'efficacité de slogans pour sensibiliser le public au thème de l'écologie.

COMPRENDRE UN MANIFESTE/INCITER À AGIR

🎬 Comprendre Écrit Act. 1 et 2	🎬 Comprendre Écrit Act. 3	🎬 Point Langue Indiquer la nécessité d'agir **S'exercer n° 1**	🎬 Point Langue Parler de l'environnement et de l'écologie **S'exercer n° 2**	🎬 S'exprimer Oral Act. 4	🎬 S'exprimer Écrit Act. 5

Manifeste   Les « bons gestes au quotidien »

→ OBJECTIF DES ACTIVITÉS 1 ET 2 ←   Comprendre un manifeste incitant à agir.

1 **a)** et **b)** Faire observer la présentation du manifeste en demandant aux apprenants de ne pas lire mais de regarder l'ensemble : *la graphie, la mise en page, les dessins et la couleur.* Leur demander de dire ce qu'ils voient et d'en tirer des conclusions sur le sujet et les auteurs. Puis, faire lire le manifeste et faire répondre aux questions.

→ CORRIGÉ : **a) ses auteurs** : L'Université verte de Toulouse, association universitaire écologiste – **son thème** : l'écologie, la protection de l'environnement – **son objectif** : inciter à agir, à s'engager – **les destinataires** : les étudiants de l'Université de Toulouse, mais aussi tous les étudiants et tous ceux qui cherchent des informations sur Internet au sujet de l'écologie.

b) La couleur verte fait penser à la nature, à la chlorophylle (à l'air frais) et, par conséquent, à l'écologie.

2 Faire relire le manifeste et faire repérer le plan en donnant un titre à chaque partie : trois parties repérables aux trois « doubles feuilles », à la graphie différente des titres, ainsi qu'à la présence de « nous » dans chaque titre de partie : *Nous savons tous...*, *Nous, écologistes*, *Avec nous,...* Faire remarquer l'apparition de « *vous* » dans la dernière partie (incitation à s'engager) : *Avec nous, ENGAGEZ-VOUS !*

→ CORRIGÉ : **première partie** : constat sur la situation – **deuxième partie** : mesures, actions nécessaires – **troisième partie** : incitation à s'engager

→ OBJECTIF DE L'ACTIVITÉ 3 ←   Comprendre une série d'actions présentées sous forme de dessins commentés et les relier au contenu du manifeste.

3 **a)** Faire relire le manifeste et relever les actions écologistes nécessaires. Les noter au tableau en vue de la conceptualisation des Points Langue qui suivent.

b) Faire découvrir le document « Les bons gestes au quotidien » en commençant par les logos dans le bas du document. Demander aux apprenants où on peut trouver cette affiche et faire énoncer les auteurs, les destinataires et le sujet. Faire observer les dessins en demandant aux apprenants de décrire l'action écologique dont il est question pour chaque dessin. (S'il est possible de projeter le document sur écran, masquer les commentaires, ou n'en laisser qu'un comme exemple, dans un premier temps.) Faire lire ensuite en élucidant le lexique inconnu (par exemple : « veille » = position allumée mais non active d'un écran, « pile » = petit réservoir d'énergie pour les appareils, « ampoule » = partie en verre transparent d'une lampe, qui permet à la lumière d'être diffusée, etc.). Puis, faire relier les gestes aux actions relevées dans le manifeste.

■ VARIANTE : Présenter le document avec les dessins seuls. Présenter les commentaires sur une feuille à part, dans le désordre. Puis, faire associer chaque geste à son commentaire.

→ CORRIGÉ : **a)** *Il est important de développer le tri sélectif des déchets – Il est essentiel d'utiliser les transports en commun, de diversifier les types d'énergie – Il est urgent d'économiser l'eau, de plus en plus rare – Il faut préserver les milieux naturels pour empêcher la disparition des espèces animales et végétales – Il est primordial que les consommateurs choisissent de préférence les produits qui respectent l'environnement – Il est nécessaire que chacun de nous économise les ressources naturelles, qui diminuent de jour en jour – Il est indispensable que nous apprenions aux enfants les économies d'énergie au quotidien.*

b) *développer le tri sélectif des déchets* → dessins 7 et 8 – *utiliser les transports en commun* → dessins 9 et 10 – *économiser l'eau* → dessin 3 – *choisir de préférence les produits qui respectent l'environnement* → dessin 6 – *économiser les ressources naturelles* → dessin 5 – *apprendre aux enfants les économies d'énergie au quotidien* → dessins 1, 2 et 4

Point **Langue**   › **INDIQUER LA NÉCESSITÉ D'AGIR**

Ce Point Langue permet de travailler sur les différentes formulations utilisées pour indiquer la nécessité d'agir. Faire observer le relevé des *actions écologistes* demandé à l'activité 3 a). Faire apparaître les expressions qui expriment la nécessité d'agir :

Il est important de développer le tri sélectif des déchets — Il est essentiel d'utiliser les transports en commun, de diversifier les types d'énergie — Il est urgent d'économiser l'eau, de plus en plus rare — Il faut préserver les milieux naturels pour empêcher la disparition des espèces animales et végétales — Il est primordial que les consommateurs choisissent de préférence les produits qui respectent l'environnement — Il est nécessaire que chacun de nous économise les ressources naturelles, qui diminuent de jour en jour — Il est indispensable que nous apprenions aux enfants les économies d'énergie au quotidien.

... /...

Point **Langue**

... /...

Faire regrouper ces expressions selon leur construction (comme dans le Point Langue). Puis, faire compléter la règle. Les apprenants comparent leurs réponses par deux avant la mise en commun en grand groupe.

> **Corrigé** : Il faut + verbe *à l'infinitif.*
> Il est important/nécessaire/indispensable/essentiel *de* + verbe *à l'infinitif.*
> Il faut que + sujet + verbe *au subjonctif.*
> Il est important/nécessaire/indispensable/essentiel *que* + sujet + verbe *au subjonctif.*

S'EXERCER n° 1 Corrigé
▶ p. 129

Point **Langue**   > PARLER DE L'ENVIRONNEMENT ET DE L'ÉCOLOGIE

Ce Point Langue permet de présenter un champ lexical abondant autour du thème de l'environnement et de l'écologie.
a) Faire relever tous les éléments de l'environnement cités. Guider ce relevé de façon à ce que les éléments de ce corpus rejoignent ceux du tableau de la question b). Puis, demander de trouver les mots ou les expressions qui correspondent aux définitions proposées. Faire classer les éléments relevés sous forme d'un tableau comme celui proposé dans le Point Langue, en partageant d'un côté ce qui se passe avec certains éléments (phénomènes : les éléments sont *sujets* des verbes) et ce qu'il faut faire (action écologiste : les éléments sont *compléments*, les sujets étant « nous » ou « les consommateurs »...).
b) Ensuite, faire compléter le tableau avec les termes proposés.

> **Corrigé : a)** *le climat – les ressources naturelles – la biodiversité – le tri sélectif des déchets –*
> *les types d' énergie – l' eau – les milieux naturels – les espèces animales et végétales – l' énergie*
> les êtres vivants dans la nature → *les milieux naturels – les espèces animales et végétales*
> le pétrole, le gaz naturel, le bois, etc. → *les types d' énergie – les ressources naturelles – l' énergie*
> la variété des êtres vivants → *la biodiversité*
> la météo et les températures → *le climat*
> **b)**

	Phénomènes	Action écologiste	
les ressources naturelles	*s' épuiser/diminuer*	*économiser*	l'eau
les espèces animales	*disparaître*	*préserver*	les milieux naturels
le climat	*être bouleversé*	*économiser*	les ressources naturelles
la biodiversité	*être attaqué*	*économiser*	l'énergie
		développer	le tri sélectif
		diversifier	les énergies

S'EXERCER n° 2 Corrigé
▶ p. 129

> OBJECTIF DE L'ACTIVITÉ 4   Transférer les acquis du parcours en échangeant sur le thème.

4 Former des groupes de quatre apprenants, de profils différents si possible (âge, sexe, personnalité...). Les faire échanger sur les questions posées. Un rapporteur dans chaque groupe est chargé de prendre des notes. Prévoir une mise en commun qui pourra prendre la forme d'un débat pour constater les points communs et les disparités.
■ **VARIANTE :** Compte tenu des références à Nicolas Hulot et à l'opération « Défi pour la Terre » dans ce parcours, travailler à la suite le Point Culture « les Français et l'environnement », p. 111 du manuel.

> OBJECTIF DE L'ACTIVITÉ 5   Transférer les acquis du parcours en rédigeant un manifeste incitant à l'engagement.

5 Faire faire cette activité par deux ou en sous-groupes. Demander à chaque groupe de choisir une association parmi celles proposées, ou d'en imaginer une de leur choix et de rédiger un manifeste, selon le modèle de celui de l'Université verte de Toulouse.

PRENDRE POSITION, EXPRIMER UNE OPINION

| ⁂ Comprendre Oral Act. 6 et 7 | ⁂ Point Langue Prendre position, exprimer une opinion S'exercer n° 3 | ⁂ Comprendre Oral/Écrit Act. 8 | ⁂ Point Culture Les Français et l'environnement | ⁂ Phonétique Act. 9 | ⁂ S'exprimer Oral Act. 10 |

Conversation + slogans   Mél

➡ **OBJECTIF DES ACTIVITÉS 6 ET 7** ⬅   Comprendre une conversation et des slogans sur le thème de l'écologie.

6 Faire écouter l'enregistrement. Faire identifier les locuteurs (deux femmes, deux hommes) et le sujet de la conversation, puis faire répondre aux questions.

  ➡ **CORRIGÉ** : **1.** Les personnes commentent des slogans écologistes. − **2.** Les textes s'adressent surtout aux jeunes. − **3.** Les personnes ont des opinions différentes. − **4.** Les personnes désirent faire partie de la fondation Nicolas Hulot.

7 Faire lire les slogans et élucider le lexique inconnu (« rigolo » = drôle, « boulot » = *travail* en français familier...). Puis, faire réécouter l'enregistrement et identifier les slogans dont il est question dans la conversation.

  ➡ **CORRIGÉ** : Le début des deux slogans suivants sont cités dans la conversation : ***Soyez écolo***, *économisez l'eau !/***Hommes en devenir**, *pensez à votre avenir !* Ces slogans s'adressent à des jeunes, d'où la formule : *Hommes en devenir.* Ensuite, les commentaires sur l'utilisation du vélo à la place de la voiture sont directement liés au slogan suivant : *Le vélo, c'est beau. L'auto, c'est pas rigolo !*

Point **Langue**   ❯ **PRENDRE POSITION, EXPRIMER UNE OPINION**

Ce Point Langue fournit aux apprenants un classement des verbes d'opinion suivis de l'indicatif ou du subjonctif, selon l'idée qu'ils expriment.
a) Faire réécouter l'enregistrement et demander aux apprenants de noter comment les personnes expriment leur opinion. Noter au tableau les expressions relevées et les compléter par une ou deux écoutes séquentielles, si besoin. Puis, faire classer ces opinions selon leur nuance de sens.
b) Faire compléter le tableau proposé et faire compléter la règle.

  ➡ **Corrigé : a) opinion** : On pense qu'on peut éveiller les consciences. / Je trouve que vous êtes très optimistes ! – **certitude** : Je suis certaine que c'est bien de viser surtout les jeunes. – **doute** : Je ne crois pas qu'on puisse atteindre facilement tous les publics. / Ça m'étonnerait que les gens veuillent laisser leur voiture – **volonté** : Vous voulez qu'on agisse. / Je propose qu'on devienne... – **constat** : On sait bien que le nombre des voitures est en augmentation.

b) opinion pure :

opinion pure :	croire que *trouver que* *penser que*	**doute :** ne pas penser que ne pas trouver que *ne pas croire que* *ça m'étonnerait que*
certitude :	être sûr(e) que... *être certain(e) que...*	**volonté :** *vouloir que* *proposer que*
constat :	constater que être conscient que *savoir que*	

– Après une expression d'opinion, de certitude, de constat on utilise *l'indicatif.*
– Après une expression de doute, de volonté, on utilise *le subjonctif.*

S'EXERCER n° 3 Corrigé ▶ p. 129

⇥ OBJECTIF DE L'ACTIVITÉ 8 ⇤ | Comprendre un mél, identifier sa relation avec l'enregistrement et le compléter.

8 **a)** Faire lire le mél. Faire identifier l'auteur *(les étudiants de l'Université verte de Toulouse)*, le destinataire *(l'association* Défi pour la terre*)* en faisant observer les adresses du courrier électronique dans les fenêtres « De : » et « A : ». Faire expliciter le lien avec la conversation.

b) Puis, demander aux apprenants de compléter le mél. Faire faire cette activité par deux avant la mise en commun en grand groupe.

⇥ **CORRIGÉ :** **a)** Les étudiants de l'association « Université verte de Toulouse » désirent devenir des ambassadeurs de la fondation Nicolas Hulot, ils exprimaient ce souhait à la fin de l'enregistrement.

b) Bonjour,

À l'Université de Toulouse, nous sommes un petit groupe qui s'intéresse à *l'écologie*. Nous avons pris connaissance de votre campagne « *Défi pour la terre* » et nous nous engageons à faire les *bons* gestes au quotidien. Mais nous souhaitons aller plus loin, en devenant *ambassadeurs* du « Défi pour la Terre ». Nous voudrions avoir des précisions sur le rôle de ses *membres* et sur la façon de procéder pour le devenir. Merci de nous envoyer toutes les informations. Les étudiants de l'association « *Université verte de Toulouse* »

Les Français et l'environnement   **POINT CULTURE**

Ce Point Culture présente, d'une part, Nicolas Hulot, journaliste emblématique de la protection de la nature pour les Français et, d'autre part, l'évolution du comportement des Français en matière d'écologie au quotidien. Faire lire ce Point Culture avant l'activité 4, afin d'enrichir l'échange en comparant les gestes qui sont décrits dans ce Point Culture et dans « Les bons gestes au quotidien », avec ceux pratiqués par les apprenants.

⇥ OBJECTIF DE L'ACTIVITÉ 9 ⇤ | **Phonétique :** Prononciation du subjonctif.

9 **a)** La première partie de l'activité a pour but de sensibiliser les apprenants aux prononciations différentes, et toutefois proches, des formes de certains verbes au subjonctif et à l'indicatif. L'activité proposée est une activité de comparaison dirigée, dans laquelle les apprenants doivent reconnaître la forme écrite de la forme entendue. Faire écouter le premier énoncé. Demander de dire quelle forme correspond à celle de l'enregistrement, afin de s'assurer que tout le monde a bien compris l'activité. Procéder à l'écoute des autres énoncés. Pendant l'écoute de l'enregistrement (écoute séquentielle recommandée), chaque apprenant note ce qu'il entend. Procéder à la correction collective après une deuxième écoute (écoute continue). Il est possible de proposer de reproduire la grille suivante pour noter les réponses :

	1re forme entendue	2e forme entendue
1.		✓
2...		

b) Dans la deuxième partie de l'activité, les apprenants doivent répéter les énoncés proposés. Faire écouter et solliciter les apprenants individuellement pour faire répéter chaque item.

⇥ **CORRIGÉ :** **a)** 1re forme entendue : 1, 3 et 6 − 2e forme entendue : 2, 4 et 5

⇥ OBJECTIF DE L'ACTIVITÉ 10 ⇤ | Transférer ce qui a été vu dans le parcours par un échange d'opinions.

10 Former des groupes et proposer aux apprenants d'échanger sur les slogans de l'activité 7 *Sont-ils clairs, percutants ? Seraient-ils efficaces s'ils étaient affichés dans une ville ?* Demander ensuite aux apprenants si eux-mêmes peuvent avoir d'autres idées pour inciter les gens à agir dans le domaine de l'écologie. Prévoir une mise en commun avec un rapporteur dans chaque groupe.

S'EXERCER - CORRIGÉ

1. a) *Plusieurs réponses sont possibles* : **a.** Il est primordial (important) d'éduquer les enfants et de leur enseigner des gestes quotidiens ! – **b.** Il est nécessaire (indispensable) de développer le tri sélectif ! – **c.** Il est indispensable (important) d'utiliser les transports en commun ! – **d.** Il est essentiel (urgent) de protéger les espèces animales !

b) a. Il est essentiel que les citoyens soient respectueux de l'environnement. – **b.** Il est indispensable que les responsables veillent à diversifier les types d'énergie. – **c.** Il est nécessaire que les consommateurs choisissent des produits naturels pour leur alimentation. – **d.** Il est indispensable que les automobilistes aillent moins vite sur les routes.

2. Stop, ça ne peut plus durer comme ça. Le climat *est bouleversé*, les espèces animales *disparaissent*, les ressources naturelles *s'épuisent*, les réserves d'eau *diminuent* chaque année un peu plus. Il faut *diversifier* les énergies et *préserver* l'environnement ; nous devons *économiser* l'eau.

3. 1 c : Je suis sûr que les enfants sont plus écologistes que leurs parents. – 2 b ou d : Les pouvoirs publics veulent que tout le monde soit prêt à changer ses habitudes./Les pouvoirs publics veulent qu'on prenne le métro ou le bus plutôt que la voiture. – 3 b : Je ne crois pas que tout le monde soit prêt à changer ses habitudes. – 4 a ou c : On est conscient que l'avenir de la planète est entre nos mains./On est conscient que les enfants sont plus écologistes que leurs parents.

4. Je *suis conscient* que chaque petit geste écologique est important mais *je ne crois pas* que ce soit très efficace de conseiller seulement ces gestes, au contraire, *je suis sûr* qu'il faut imposer aux citoyens une discipline si on *veut* que les comportements soient plus responsables.

Activité de phonie-graphie

Faire écouter et compléter le premier énoncé. Corriger, puis passer l'enregistrement en entier. Une écoute séquentielle est recommandée pour le repérage des formes. Une deuxième écoute, en continu, doit servir à confirmer ce repérage. Après la correction (précédée d'une mise en commun par deux), faire lire les énoncés à tour de rôle.

➡ **CORRIGÉ :** 1. Tu crois qu'on est où ? – 2. Je ne crois pas qu'on ait le droit. – 3. Je crois que j'ai de la chance ! – 4. Tu ne veux pas que j'aie de la chance ? – 5. Elle veut qu'on aille la voir. – 6. Alors il faut que j'aille là-bas! – 7. Je doute que vous alliez là-bas seulement pour la voir ! – 8. Je ne crois pas que vous ayez le temps ! – 9. Il faut que nous ayons assez d'argent ! – 10. Je doute que nous allions en vacances cette année. – 11. Je ne crois pas qu'il veuille le faire. – 12. Je ne crois pas que les enfants veuillent venir. – 13. Les enfants, je ne crois pas que vous vouliez venir, non ? – 14. Si ! Ils veulent venir !

Livre-élève
▶ p. 160

CONTENUS SOCIOCULTURELS – THÉMATIQUES

Lecture et culture *Lire en fête*

OBJECTIFS SOCIOLANGAGIERS

OBJECTIFS COMMUNICATIFS & SAVOIR-FAIRE	
Être capable de...	
Raconter les étapes d'un événement	– comprendre le programme d'un événement festif national – comprendre l'historique d'un événement – comprendre la chronologie des étapes d'un événement
Parler de ses lectures	– comprendre un sondage chiffré en pourcentages – comprendre des informations sur les habitudes de lecture – comprendre quelqu'un qui parle de ses lectures – raconter les étapes d'un événement – s'exprimer sur ses habitudes de lectures – s'exprimer sur ses lectures
Demander le prêt d'un objet	– comprendre quelqu'un qui demande un service, une aide, un prêt d'objet – comprendre quelqu'un qui se plaint, proteste – demander un service, une aide – accepter ou refuser d'aider
OBJECTIFS LINGUISTIQUES	
GRAMMATICAUX	– expression des rapports temporels : *à partir de, dès, dès que, depuis, depuis que, jusqu'à ce que* – place des doubles pronoms
LEXICAUX	– termes liés au livre et à la lecture – verbes pour le prêt/l'emprunt d'un objet
PHONÉTIQUES	– le « e » caduc et les doubles pronoms

SCÉNARIO DE LA LEÇON

La leçon se compose de trois parcours :

Dans le premier parcours, les apprenants seront amenés à échanger à propos d'un événement culturel dont l'historique leur fournira les moyens d'établir des rapports temporels.

Dans le deuxième parcours, les apprenants seront amenés à observer des statistiques sur des habitudes de lecture et à comprendre des personnes parlant de leurs habitudes de lecture. En fin de parcours, ils échangeront sur ce thème après avoir renforcé leurs acquis pour établir des rapports temporels.

Dans le troisième parcours, ils apprendront, à l'aide de plusieurs documents oraux et écrits, à s'exprimer oralement et par écrit sur le prêt d'un objet.

RACONTER LES ÉTAPES D'UN ÉVÉNEMENT

▓ Comprendre/S'exprimer Oral/Écrit Act. 1	▓ Comprendre Écrit Act. 2	▓ Point Langue Les marqueurs temporels **S'exercer n° 1**
Affiche Annonce	Historique	

→ **OBJECTIF DE L'ACTIVITÉ 1** ← Entrer dans la thématique, en échangeant sur un événement culturel annoncé oralement et sur une affiche.

1 **a)** Proposer aux apprenants d'observer l'affiche, sans lire le programme à côté dans un premier temps : faire parler de sa forme, des dessins, de la mise en page... (forme d'un livre, dessins d'un œil, d'une bouche souriante qui tient un livre, et des lignes qui figurent des pages de livre). Faire écouter l'enregistrement et faire identifier ce qui est annoncé. Demander ensuite aux apprenants si un événement semblable a lieu dans leur pays.

b) Faire lire le programme qui accompagne l'affiche et demander la relation entre les informations et l'illustration. Puis, former des groupes, de profils différents si possible (âge, sexe, personnalité...). Demander aux sous-groupes de choisir parmi la (ou les) manifestation(s) qui les attire(nt) le plus et d'échanger à ce propos en petits groupes. Prévoir une mise en commun en grand groupe.

→ **CORRIGÉ : a)** On annonce une manifestation culturelle sur le thème de la lecture et des livres de toutes sortes.

→ **OBJECTIF DE L'ACTIVITÉ 2** ← Comprendre l'historique d'une manifestation culturelle.

2 Faire lire l'historique de l'événement et faire repérer les dates. Demander ensuite de remplir le tableau.

→ **CORRIGÉ :**

Noms donnés à l'événement	Dates	Objectifs
– La « Fureur de lire »	1989	Promotion de la lecture
– Le « Temps des livres »	1994	Actions durables en milieu scolaire et universitaire
– « Lire en fête »	1998	Promotion de la lecture sous toutes ses formes

Point **Langue** › **LES MARQUEURS TEMPORELS**

Ce Point Langue présente trois marqueurs temporels qui permettront aux apprenants de comprendre et d'indiquer des rapports temporels.

Faire retrouver dans l'historique comment les deux premiers événements sont rapportés : *La fête du livre... existe* **depuis** *1989...* **À partir de** *1994, la « Fureur de lire » change de nom et devient le « temps des livres »...* Demander de repérer les marqueurs temporels et de les mettre en relief. Demander ensuite de rechercher quand cette manifestation a commencé à avoir du succès : **dès** *sa création en 1989...,* et de mettre en relief ce troisième marqueur temporel. Puis, faire associer les éléments des deux colonnes et faire trouver la règle. Les apprenants comparent leurs réponses avec leur voisin avant la mise en commun en grand groupe.

→ **Corrigé :** La fête du livre et de la lecture existe **depuis 1989**.
La « Fureur de lire » change de nom **à partir de 1994**.
Cet événement culturel a remporté un grand succès **dès sa création en 1989**.
À partir de + date indique *le point de départ d'une action*.
Dès + événement/date indique *l'événement ou la date qui marque l'apparition d'une action*.
Depuis + date/durée indique *l'origine d'une action/situation qui dure*.

S'EXERCER n° 1 Corrigé ▶ p. 135

PARLER DE SES LECTURES

▨ Comprendre	▨ Comprendre	▨ Point Langue	▨ S'exprimer
Écrit	Oral/Écrit	*Depuis que, dès que,*	Oral
S'exprimer	Act. 4 et 5	*jusqu'à ce que*	Act. 6
Oral		**S'exercer n° 2**	
Act. 3			

Sondage ——————— Conversation ————————————▶

→ **OBJECTIF DE L'ACTIVITÉ 3** ← Comprendre un sondage sur des habitudes de lecture.

3 Faire observer les statistiques présentées. Demander de donner un titre à ce sondage.
a) Faire commenter les informations. Demander aux apprenants de s'exprimer sur ce qui les surprend dans ce sondage.
b) Leur demander ensuite d'échanger en petits groupes sur leurs propres habitudes de lecture et sur celles des personnes qu'ils connaissent autour d'eux, dans leur pays. Puis, leur demander de répondre aux questions du sondage.
■ **POUR ALLER PLUS LOIN :** Si l'établissement dispose d'un centre de ressources, il peut être intéressant de demander aux apprenants d'aller rechercher l'équivalent de ces informations concernant les habitudes de lecture dans leur(s) pays, en vue d'une comparaison plus factuelle.

→ **CORRIGÉ :** Les Français et les livres / La lecture des Français

→ **OBJECTIF DES ACTIVITÉS 4 ET 5** ← Comprendre une conversation sur des habitudes de lecture.

4 a) Faire écouter le dialogue et vérifier la compréhension globale : *Qui parle ? Sur quel sujet ? Quelle est la relation entre ces personnes ?* Puis, faire répondre à la question.
b) Faire réécouter l'enregistrement. Demander aux apprenants de retrouver dans l'enquête les habitudes de lecture des deux personnes.

→ **CORRIGÉ : a)** le nombre de livres lus – les moments privilégiés pour la lecture – la méthode pour sélectionner un livre
b) La première personne : lit plus de 20 livres par an, dans la journée, tout le temps.
La deuxième personne : lit 4 à 5 livres par an, surtout en vacances.

5 Faire réécouter et relever ce que dit chaque personne sur l'origine de son goût pour la lecture et sa manière de choisir les livres. Noter les commentaires au tableau.

→ **CORRIGÉ : La première personne** dit : « *Dès que j'ai su lire, les livres, c'est devenu ma passion... C'est plutôt les premières pages qui décident si je vais le lire ou non...* ».
La deuxième personne dit : « *Moi aussi j'aime bien lire mais je n'ai plus beaucoup de temps depuis que j'ai des enfants... Je regarde la première et la dernière page, je lis la 4ᵉ de couverture, je feuillette jusqu'à ce qu'un passage retienne mon attention et si ça me plaît, je l'achète* ».

Point **Langue**   › *DEPUIS QUE, DÈS QUE, JUSQU'À CE QUE*

Ce Point Langue permet de différencier ces trois conjonctions de temps qui servent à exprimer des rapports temporels. Faire relire les paroles des deux amies relevées précédemment et demander de trouver les actions principales de ce qu'elles disent en les encadrant. Demander ensuite de signaler l'origine, le début ou la limite des actions principales. Souligner les parties des phrases qui indiquent ces trois idées, en mettant en relief les conjonctions :

« ***Dès que** j'ai su lire, les livres,* c'est devenu ma passion... »

« *Moi aussi* j'aime bien lire mais je n'ai plus beaucoup de temps ***depuis que** j'ai des enfants...* Je regarde la première et la dernière page, je lis la 4ᵉ de couverture, je feuillette *jusqu'à ce qu'un passage retienne mon attention...* »

Puis, faire répondre aux questions du Point Langue. Les apprenants comparent leurs réponses par deux avant la mise en commun en grand groupe.

→ **Corrigé : a)** Les livres, c'est devenu ma passion dès que j'ai su lire. — Je n'ai plus beaucoup le temps de lire depuis que je travaille. – Je feuillette le livre jusqu'à ce qu'un passage retienne mon attention.
b) *Dès que* + phrase indique l'événement qui provoque l'action principale.
Depuis que + phrase indique l'origine de l'action principale.
Jusqu'à ce que + phrase est utilisé pour marquer la limite de l'action principale.
c) *Jusqu'à ce que* est suivi du subjonctif.
Depuis que est suivi de l'indicatif. — *Dès que* est suivi de l'indicatif.

S'EXERCER nº 2 Corrigé
▶ p. 135

→ **OBJECTIF DE L'ACTIVITÉ 6** ←   Transférer les acquis du parcours en échangeant sur le thème.

6 Demander aux apprenants de se lever et de se situer sur une ligne imaginaire qui va du plus vers le moins, le « plus » étant pour ceux qui aiment beaucoup lire et le « moins » pour ceux qui n'aiment pas lire. Faire des groupes en mélangeant des personnes du « plus » et des personnes du « moins ». Les apprenants échangent dans les groupes sur leurs lectures, le genre et leur méthode de sélection, depuis quand ils lisent ou aiment lire (ou n'aiment pas/plus lire...). Prévoir un rapporteur par groupe en vue de la mise en commun en grand groupe.

■ **VARIANTE :** On peut travailler ici le premier volet du *Carnet de voyage* sur les livres préférés des Français.

POINT INFO   *Prix littéraires en France*   ▶ p. 185

DEMANDER LE PRÊT D'UN OBJET

▓ Comprendre Oral/Écrit	▓ Point Langue Usage et place des doubles pronoms	▓ Point Langue Parler du prêt d'un objet	▓ Phonétique Act. 10	▓ S'exprimer Oral	▓ S'exprimer Écrit
Act. 7, 8 et 9	**S'exercer n° 3**	**S'exercer n° 4**		Act. 11	Act. 12

Conversation   Fiches de bibliothèque + mél

→ **OBJECTIF DES ACTIVITÉS 7, 8 ET 9** ←   Comprendre une conversation sur une demande de prêt. Comprendre une fiche bibliothèque et un mél, en les reliant à cette conversation.

7 Faire écouter le dialogue et vérifier la compréhension globale : *Qui parle ? Sur quel sujet ? La relation entre ces personnes ?* Puis, faire répondre par deux avant de mettre en commun.

▶ **CORRIGÉ : 1.** Barbara demande à son amie Karine de lui prêter un livre. (« *Eh Karine, fais voir ta BD : Astérix ! Je l'ai pas encore lue ! Tu peux me la prêter ?* ») – **2.** Karine hésite un peu. « *... non, je peux pas... Bon, ben d'accord...* »)

8 Faire lire les trois fiches de bibliothèque. Faire réécouter le dialogue et demander quelle fiche correspond à la situation.

▶ **CORRIGÉ :** Fiche du milieu (2ᵉ fiche) : Genre : BD / Titre : Astérix, Le ciel lui tombe sur la tête / Retour : jeudi 12 octobre

9 Faire lire le mél. Faire identifier l'auteur (*Karine*) et le destinataire (*Thomas, le frère de Barbara*). Faire expliciter le lien avec la situation orale. Puis, faire relever le passage où Karine explique le problème rencontré.

▶ **CORRIGÉ : a)** Barbara, la sœur de Thomas (le destinataire du mél) n'a toujours pas rendu la BD que Karine lui avait prêtée deux jours avant.
b) « *... Je la lui avais prêtée pour deux jours et elle ne me l'a toujours pas rendue...* »

Point **Langue**   › **USAGE ET PLACE DES DOUBLES PRONOMS**

Ce Point Langue met en évidence la place des pronoms personnels quand ils sont utilisés ensemble (pronom COD et pronom COI).
a) Faire observer le passage où Karine explique le problème à Thomas : « *...Je **la lui** avais prêtée pour deux jours et elle ne **me l'**a toujours pas rendue...* ». Demander aux apprenants de dire ce que les pronoms soulignés remplacent à chaque fois : **la** = la BD, **lui** = Barbara, **me** = (moi) Karine, **l'** = la BD. Faire observer qu'on a à chaque fois l'objet prêté et la personne *à qui* l'on prête ou *à qui* l'on rend (ou pas). Faire trouver la nature des deux pronoms (pronom COD et pronom COI). Puis, faire observer les exemples du Point Langue
b) Faire ensuite compléter le tableau. Les apprenants comparent leurs réponses avec leur voisin avant la mise en commun en grand groupe.

.../...

... /...   Point **Langue**

▶ **Corrigé : b)**

	À qui ? Pronoms COI (1re et 2e pers.) *me* *te* nous vous	Quoi ? Pronoms COD (3e pers.) le (l') *la* les	verbe conjugué ou verbe à l'infinitif
sujet			
sujet	Quoi ? pronoms COD (3e pers.) le (l') *la* les	À qui ? Pronoms COI (3e pers.) *lui* leur	verbe conjugué ou verbe à l'infinitif
Attention ! Verbe à l'impératif affirmatif	Quoi ? Pronoms COD (3e pers.) le (l') *la* les	À qui ? Pronoms COI *me* / nous *lui* / leur	

S'EXERCER n° 3 Corrigé ▶ p. 135

Point **Langue**

> **PARLER DU PRÊT D'UN OBJET**

Ce Point Langue permet de différencier trois actions qui sont effectuées lors du prêt d'un objet. Faire lire le Point Langue et faire trouver la bonne définition pour chaque action.

▶ **Corrigé :** je demande un livre à quelqu'un = j'**emprunte** un livre à quelqu'un
je donne un livre pour quelques jours à quelqu'un = je **prête** un livre à quelqu'un   **S'EXERCER n° 4**   Corrigé
je redonne un livre à son propriétaire = je **rends** un livre à quelqu'un   ▶ p. 135

▶ OBJECTIF DE L'ACTIVITÉ 10 ◀   Phonétique : Le « e » caduc et les doubles pronoms.

10 Faire écouter l'enregistrement. Faire repérer les « e » non prononcés (deux écoutes seront nécessaires). Après la correction, faire observer les phrases en italique et faire réécouter. Puis, faire trouver la règle. Pour terminer, faire répéter le dialogue par deux. Cette répétition constitue un échauffement verbal pour l'activité d'expression orale qui suit.

▶ CORRIGÉ : **a)** Ce CD, tu peux me le prêter ? Je ne l'ai pas encore écouté. Tu me le prêtes ?
Tu me le passes aujourd'hui et *je te le rends demain. Je te le promets.*
Si tu ne me le rends pas, je serai embêté parce que c'est Jean qui me l'a prêté.
b) On prononce un « e » sur deux.

▶ OBJECTIF DE L'ACTIVITÉ 11 ◀   Transférer ce qui a été vu dans le parcours par un jeu de rôles.

11 Former des groupes. Demander aux apprenants de choisir une situation similaire à celle de la situation orale de l'enregistrement, où il est question du prêt d'un objet. Faire préparer le jeu de rôles en respectant le canevas proposé. Il est conseillé de faire faire cette préparation debout pour favoriser la communication orale. Puis, faire jouer la scène, groupe par groupe, devant la classe.

➡ OBJECTIF DE L'ACTIVITÉ 12 ⬅ **Transférer ce qui a été vu dans le parcours en écrivant un mél de protestation et/ou de demande d'aide.**

2 Former des groupes de deux et proposer aux apprenants d'écrire un mél de demande d'aide au sujet d'un objet qui n'a pas été rendu.

1. Notre bibliothèque est ouverte au public **depuis** décembre 2002. Elle comptait déjà plus de mille inscrits **dès** 2003. Nous allons agrandir nos locaux **à partir de** 2006 pour pouvoir accueillir cinq cents inscrits de plus.

2. a) a. Je lis tous les soirs tard, jusqu'à ce que je m'endorme. – **b.** Je lis énormément depuis que j'ai plus de temps libre. – **c.** Dès que j'ai un peu d'argent, j'achète des livres.

b) *Réponses libres. À titre d'exemples :* **a.** Je ne lis plus de romans depuis que j'ai ce nouveau travail qui me prend tout mon temps. – **b.** Je lis dès que j'ai un moment de libre. – **c.** À la librairie, je feuillette les livres jusqu'à ce que j'en trouve un qui m'intéresse.

3. a) 1. … je *les* ai déjà passées à Sonia et elle doit *me les* rendre demain/… je pourrai *te les* emprunter – **2.** … elle voulait *les leur* offrir pour Noël mais on *les lui* a volés ! – **3.** … elle ne veut pas *me le* rendre/Demande *le lui* gentiment !

b) 1. Ne me le rendez pas en retard – **2.** Prête-la-lui jusqu'à demain – **3.** Rends-les-moi immédiatement – **4.** Redonne-les-leur ce soir.

4. a. Vous pouvez *emprunter* deux livres par mois à la bibliothèque mais vous devez les *rendre* à la date indiquée. – **b.** Moi, je ne veux plus *prêter* mes livres parce que les gens oublient de me les *rendre*.

Objectif **parité**

CONTENUS SOCIOCULTURELS – THÉMATIQUES

Parité, *Journée de la femme*

OBJECTIFS SOCIOLANGAGIERS

OBJECTIFS COMMUNICATIFS & SAVOIR-FAIRE	
Être capable de...	
Exprimer opinions et sentiments	– comprendre un test sur une situation de société – comprendre des informations sur l'égalité hommes/femmes – comprendre l'expression d'opinions et de sentiments – exprimer des sentiments et des opinions face à un phénomène de société – rédiger un court article pour témoigner sur son opinion, ses sentiments
Évoquer des différences	– comprendre un article sur un phénomène de société polémique – comprendre l'évocation de différences, de contrastes – comprendre quelqu'un qui exprime son agacement, son impatience, un jugement simple ou une critique personnelle simple – comparer des points de vue, évoquer des différences, des contrastes – exprimer son agacement, son impatience – critiquer simplement un comportement personnel
OBJECTIFS LINGUISTIQUES	
GRAMMATICAUX	– expression de l'opinion, du doute, de la volonté, du sentiment, de la probabilité/possibilité (synthèse) – contraste : *par contre, alors que, d'un côté, de l'autre côté*
LEXICAUX	– termes liés à la scolarité et la parité
PHONÉTIQUES	– intonation : demande simple ou agacement

SCÉNARIO DE LA LEÇON

La leçon se compose de deux parcours :

Dans le premier parcours, les apprenants aborderont la thématique en observant un dessin de presse qui les fera réagir. Ils poursuivront la découverte du sujet en prenant connaissance d'un test qui les amènera à explorer l'expression des opinions et des sentiments. À la fin de ce premier parcours, ils rédigeront un article exprimant leurs opinions sur le thème.

Dans le second parcours, les apprenants liront la présentation d'un livre sur les différences entre les hommes et les femmes et écouteront une conversation illustrant quelques-unes de ces différences qui sont souvent sources de conflits dans les couples. Ils termineront par un jeu de rôles où ils mettront en scène un conflit sur ce même sujet.

EXPRIMER OPINIONS ET SENTIMENTS

🎬 Comprendre	🎬 Point Culture	🎬 S'exprimer	🎬 Comprendre	🎬 Point Langue	🎬 S'exprimer
Écrit	La journée de la femme	Oral	Écrit	Exprimer opinions	Écrit
Act. 1	Vers la parité	Act. 2	Act. 3 et 4	et sentiments	Act. 5
				S'exercer n⁰ˢ 1, 2 et 3	

Dessin   Test-quizz

→ OBJECTIF DE L'ACTIVITÉ 1 ← Entrer dans la thématique en observant un dessin de presse.

1 Faire observer le dessin seul : les personnages, leur attitude : *La femme est debout et en colère (elle fronce les sourcils et a les poings serrés), l'homme (son mari/son compagnon) est assis, indifférent (il lit son journal « comme d'habitude »), son expression de visage est moqueuse.*
Puis, faire lire les bulles et faire répondre aux questions.

→ CORRIGÉ : **1.** Il est paru le 5 mars, 3 jours avant la journée de la femme (le 8 mars), dans le but de rappeler cette date aux hommes peut-être... – **2.** La femme demande à son mari s'il a l'intention de « faire quelque chose » pour la journée de la femme (double sens : « faire quelque chose » = être actif d'une manière ou d'une autre pour l'aider, elle, ou bien « faire quelque chose » = lui offrir quelque chose, proposer une sortie...) mais on comprend qu'elle s'attend à la réponse qu'il va lui donner. Le mari est cynique par sa réponse (on voit que les fleurs sont déjà fanées et que ce n'est même plus la peine de changer l'eau...). – **3.** Le thème illustré est celui de la journée de la femme et de l'égalité, ou parité, entre les hommes et les femmes.

La Journée de la femme / Vers la parité   **POINT CULTURE**

Après l'entrée dans la thématique avec l'activité 1, le Point Culture apporte quelques précisions sur la journée de la femme, sa création par les Nations-Unies, puis en France, et sur son moyen de diffusion (son site WEB créé le 8 mars 2001, *« afin de conserver une trace de tout ce qui s'est dit et fait pour la condition des Femmes »* (sic)). Il donne également des informations sur l'état actuel du débat au niveau politique en France et en Europe.

■ **POUR ALLER PLUS LOIN :** Si l'établissement dispose d'un centre de ressource, on peut demander aux apprenants de regarder le site pour savoir ce qui s'est passé dans l'année pour la condition des Femmes, si le groupe est intéressé par une telle recherche.

→ OBJECTIF DE L'ACTIVITÉ 2 ← Échanger sur le thème.

2 Proposer aux apprenants de former des groupes de trois ou quatre personnes, de profils différents si possible (âge, sexe, personnalité...) afin d'échanger sur la journée de la femme en répondant aux questions de l'activité. Un rapporteur par groupe prend des notes en vue de la mise en commun.

→ OBJECTIF DES ACTIVITÉS 3 ET 4 ← Comprendre un test sur un fait de société.

3 **a)** Faire observer et commenter la photo, puis demander de lire et de répondre aux questions du test, individuellement (faire élucider le lexique par le groupe à la lecture du test). Puis, par deux (si possible un homme avec une femme), faire comparer les réponses. Mettre en commun ensuite en grand groupe.
b) Demander aux apprenants de trouver un titre au test.

→ CORRIGÉ : **b)** Réponses libres. À titre d'exemples : *Êtes-vous pour ou contre la parité ? – Parité : pour ou contre ? – Parité : où en êtes-vous ? – L'égalité entre les hommes et les femmes*

4 **a)** Faire relire le test et répondre, en reliant le choix des réponses à des phrases du test. Pour la question 2, l'enseignant peut noter les sentiments au tableau en les classant, au fur et à mesure de leur apparition, selon l'ordre suivant (de façon à coïncider avec le tableau du Point Langue pour la conceptualisation) :

la certitude :	*Vous êtes persuadé* (1)	la peur : *Vous craignez* (1)
	Vous êtes sûr (3)	*Vous avez peur* (4)...
l'espoir :	*Vous espérez* (2)	le doute : *Vous n'êtes pas certain* (3)...
le souhait :	*Vous souhaitez* (6)	la préférence : *Vous préférez* (2)...

b) Faire trouver dans le test un mot équivalent à « égalité ».

→ CORRIGÉ : **a) 1.** la politique (1, 2, 6) / la vie en couple (3, 4) / la vie professionnelle (5)
2. la certitude (1, 3, 4) / la peur (1, 4) / l'espoir (2) / le souhait (6) / la préférence (2) / le doute (3) / la probabilité certaine et incertaine (5) / le regret (6)
b) égalité = parité

Point **Langue** ›**EXPRIMER OPINIONS ET SENTIMENTS**

Ce Point Langue permet de travailler sur les différentes formulations utilisées pour exprimer ses opinions et ses sentiments et les modes que ces formulations impliquent (indicatif ou subjonctif).

Les apprenants ont relevé les idées ou sentiments personnels exprimés dans le test avec la question 2 de l'activité 4. Ils peuvent alors regarder le Point Langue et compléter le tableau avec ce qu'ils ont relevé précédemment.

Les apprenants comparent leurs réponses avec leur voisin avant la mise en commun en grand groupe.

Corrigé : a)

certitude :	être certain que *être convaincu, persuadé, sûr que*	doute, incertitude :	douter que *ne pas être certain que*
		probabilité faible :	il est peu probable/ improbable que
probabilité :	*il est probable que*	possibilité :	il est possible que il se peut que
		impossibilité :	*il est impossible que*
		souhait :	*souhaiter que*
espoir :	*espérer que*	peur :	craindre que *avoir peur que*
		regret :	*regretter que*
		préférence :	préférer que

b) Après une expression de certitude, de probabilité, d'espoir, on utilise *l'indicatif*.

Après une expression de doute, d'incertitude, de probabilité faible, de possibilité ou d'impossibilité, de souhait, de peur, de regret ou de préférence, on utilise *le subjonctif*.

S'EXERCER nos 1, 2 et 3 Corrigé ▶ p. 140

OBJECTIF DE L'ACTIVITÉ 5 Exprimer son opinion dans la rédaction d'un article sur la parité.

5 Par deux ou par trois, les apprenants rédigent un court article de journal devant paraître le 8 mars, où ils expriment leur opinion concernant cette journée et la parité hommes/femmes.

ÉVOQUER DES DIFFÉRENCES

| **%. Comprendre Écrit** Act. 6, 7 et 8 | **%. Aide-mémoire** Marquer une différence, un contraste Décrire un jugement | **%. Comprendre Oral** Act. 9 et 10 | **%. Point Langue** Exprimer son impatience, son agacement, faire une critique **S'exercer n° 4** | **%. Phonétique** Act. 11 | **%. S'exprimer Oral** Act. 12 et 13 |

Critique de livre — Dialogue

OBJECTIF DES ACTIVITÉS 6, 7 ET 8 Comprendre un article qui présente un livre.

6 Faire lire le titre et le chapeau de l'article, puis demander d'expliquer le titre.

CORRIGÉ : Les hommes et les femmes peuvent devenir égaux en droits, ce n'est pas pour autant qu'ils sont égaux dans leur personne.

7 Faire lire l'article et faire répondre à la question.

Préparer le relevé de ce corpus en prévoyant de souligner ou d'encadrer (après) la manière de décrire un jugement, en vue de l'observation de l'Aide-mémoire qui suit.

CORRIGÉ : Les différences évoquées ne sont pas acceptées par le sexe opposé : « *Les femmes reprochent aux hommes de ne pas écouter... alors que les hommes reprochent aux femmes de trop parler... D'un côté les femmes critiquent les hommes parce qu'ils ne peuvent faire qu'une seule chose à la fois, alors qu'elles... D'un autre côté, les hommes critiquent la manière de conduire des femmes, disent aussi qu'elles sont incapables de lire...* »

3 Faire relire et relever les différences entre les hommes et les femmes. Comme précédemment, préparer le relevé de ce corpus de façon à faire repérer (après) les manières de marquer une différence, un contraste, en vue de l'observation de l'Aide-mémoire qui suit.

➔ CORRIGÉ :

– Les hommes sont incapables de trouver les choses à l'endroit où elles sont.	– *Par contre*, les femmes n'ont pas de difficulté à les trouver.
– Les hommes veulent du pouvoir et de la réussite.	– *Alors que* les femmes veulent des relations affectives et de la stabilité.
– Les hommes n'écoutent pas, ne communiquent pas.	– Les femmes parlent trop sans jamais aller droit au but.
– *D'un autre côté*, les hommes critiquent la manière de conduire des femmes, disent qu'elles sont incapables de lire une carte routière et qu'elles ne savent pas s'orienter.	– *D'un côté*, les femmes critiquent les hommes parce qu'ils ne peuvent faire qu'une seule chose à la fois *alors qu'*elles parlent en faisant d'autres tâches en même temps.

AIDE-MÉMOIRE

À l'aide des corpus relevés dans les activités 7 et 8, faire rechercher les expressions qui servent à marquer une différence, d'une part, et à décrire un jugement, d'autre part. Les mettre en relief à ce moment-là.

➔ OBJECTIF DES ACTIVITÉS 9 ET 10 ← Comprendre une conversation où quelqu'un émet une critique ou un reproche.

9 Faire écouter l'enregistrement et expliquer la situation : *Qui parle ?* (un couple), *Où ?* (dans une voiture), *Dans quelles circonstances ?* (il y a des embouteillages), *De quoi ?* (ils se critiquent pour des choses qu'ils ne savent pas faire l'un et l'autre). Faire repérer quelle partie de l'article est illustrée par cette conversation.

➔ CORRIGÉ : lien avec l'article : – « *D'un côté*, les femmes critiquent les hommes parce qu'ils ne peuvent faire qu'une seule chose à la fois *alors qu'*elles parlent en faisant d'autres tâches en même temps. » → enregistrement : « [...] c'est pas compliqué de conduire et parler en même temps ! – Non, je te dis... » La femme demande à son mari de répondre à sa question alors qu'il est en train de conduire et qu'il refuse de répondre.
– « ... les hommes... disent aussi qu'elles sont incapables de lire une carte routière et qu'elles ne savent pas s'orienter » → enregistrement : « Mais je vois pas, on est où là ? J'y comprends rien à cette carte. – Oh là là ! Mais je rêve ! » L'homme demande à sa femme de lui indiquer la route en regardant sur la carte mais la femme est incapable de retrouver où ils sont.

10 Faire réécouter et relever les réactions de l'homme et de la femme. Préparer ce relevé en prévoyant de mettre en relief les expressions de l'impatience, de l'agacement et de la critique.

➔ CORRIGÉ : Elle : ... *ben réponds* ! / Lui : *Tu vois pas que* je suis en train de conduire !... / Elle : Oui d'accord, mais *tu pourrais me répondre, c'est pas compliqué de* conduire et parler en même temps ! / Lui : *non, je te dis ! tu veux qu'*on ait un accident ?... *Alors, ça vient ?... Oh la la, mais je rêve !* / Elle (en colère) : *Arrête de me parler sur ce ton ! Regarde toi-même, si tu n'es pas content.*

Point **Langue** › **EXPRIMER SON IMPATIENCE, SON AGACEMENT, FAIRE UNE CRITIQUE**

Ce Point Langue regroupe quelques formulations pour exprimer son impatience ou faire une critique.
Faire classer les expressions du Point Langue selon les trois catégories proposées.

> **➔ Corrigé : Exprimer son impatience** = *Ben réponds ! Alors, ça vient ?*
> **Exprimer son agacement, sa colère** = *Mais tu vois pas que je suis en train de conduire !*
> *Arrête de me parler sur ce ton !*
> **Faire une critique** = *C'est pourtant pas compliqué ! C'est pas possible d'être*
> *aussi maladroite !*

S'EXERCER n° 4 Corrigé ▶ p. 140

→ **OBJECTIF DE L'ACTIVITÉ 11** ←   Phonétique : Intonation : demande simple ou agacement.

11 a) La première partie de l'activité a pour but de sensibiliser les apprenants à l'intonation de l'agacement et de l'impatience. Dans cette première partie, les apprenants ne s'appuient que sur l'intonation des énoncés pour juger s'il s'agit d'une demande simple ou si l'on exprime de l'agacement. Il est possible de proposer de reproduire la grille suivante pour noter les réponses :

	Demande simple	Agacement
1.	✓	
2...		

Pendant l'écoute de l'enregistrement (écoute séquentielle recommandée), chaque apprenant note ce qu'il entend. Procéder à la correction collective après une deuxième écoute (écoute continue).

b) Dans la deuxième partie de l'activité, les apprenants doivent changer l'intonation des énoncés qu'ils viennent d'entendre : ils doivent dire les demandes simples sur le ton de l'agacement et *adoucir* la demande agacée pour la dire sur le ton d'une demande simple. Ils vérifieront leur intonation en écoutant l'enregistrement 2.

Poursuivre cette activité en proposant une nouvelle écoute de chaque item, inviter les apprenants à répéter les énoncés en reproduisant l'intonation de l'enregistrement.

Pour terminer, proposer un exercice qui prépare les apprenants à la production orale et que l'on peut considérer comme un échauffement pour l'activité 13. Les apprenants relisent les phrases classées du Point Langue avec l'intonation appropriée. Proposer aussi de relire le dialogue entre l'homme et la femme dans la voiture à l'aide du relevé de l'activité 10 sur un tableau ou en faisant réécouter l'enregistrement et en faisant répéter les phrases du dialogue par les apprenants individuellement. Pour dynamiser cet exercice, proposer aux apprenants de se lever et de répéter le plus vite possible chaque phrase. Copier les phrases sur des petits papiers qu'ils s'adressent les uns les autres.

→ **CORRIGÉ** : **a) demande simple** : 1, 3 – **agacement** : 2

→ **OBJECTIF DES ACTIVITÉS 12 ET 13** ←   Transférer ce qui a été vu dans le parcours en échangeant, puis en jouant une scène.

12 Former des groupes. Les apprenants échangent sur les différences entre les hommes et les femmes analysées dans l'article et en trouvent d'autres qu'ils listent pour en faire part au grand groupe. Lors de la mise en commun, noter ces nouvelles différences sur un tableau.

13 Former des groupes et proposer aux apprenants de préparer une scène similaire à celle de l'homme et de la femme dans la voiture. Ils choisissent une différence autre que celle illustrée par l'enregistrement et réfléchissent au lieu et aux circonstances de la conversation. Faire jouer la scène par ceux qui le désirent.

■ **VARIANTE :** Ceux qui regardent doivent trouver quelle différence entre les hommes et les femmes est illustrée par ceux qui jouent la scène.

S'EXERCER – CORRIGÉ

1. est – ait – fassent – seront

2. du (+) au (–)   phrase n° 3 – phrase n° 2 – phrase n° 1 – phrase n° 4

3. a. *Je souhaite que* les hommes et les femmes se partagent équitablement les tâches ménagères – *J'espère que* les hommes et les femmes se partageront équitablement les tâches ménagères – *Je doute que* les hommes et les femmes se partagent équitablement les tâches ménagères

b. *Je suis sûr(e) qu'*on verra de plus en plus de femmes au pouvoir – *Je souhaite qu'*on voie de plus en plus de femmes au pouvoir – *J'espère qu'*on verra de plus en plus de femmes au pouvoir

c. *Je suis sûr(e)* que les hommes et les femmes exerceront les mêmes métiers – *Je souhaite* que les hommes et les femmes exercent les mêmes métiers – *J'espère que* les hommes et les femmes exerceront les mêmes métiers

d. *Je souhaite* que les femmes gagnent autant que les hommes – *J'espère que* les femmes gagneront autant que les hommes – *Je doute que* les femmes gagnent autant que les hommes

4. a. Alors, ça vient ?! – **b.** C'est pourtant pas compliqué ! – **c.** Arrête de me parler sur ce ton !

Ce Carnet de voyage se compose de deux volets :

Le premier volet, intitulé *Les livres préférés des Français*, révèle, grâce à une enquête réalisée pour la SNCF, les 10 livres qui ont le plus marqué les Français. À travers des questions qui peuvent être présentées sous la forme d'un concours mettant en jeu des équipes, les apprenants prendront connaissance de quelques titres et de quelques auteurs essentiels du patrimoine culturel et littéraire des Français.

Le second volet, intitulé *Un parcours scolaire*, propose aux apprenants des activités au cours desquelles ils sont amenés à prendre connaissance du système scolaire français et à le comparer au système scolaire de leur pays.

Les livres préférés des français

■ **SUGGESTION :** Le premier volet peut servir de complément au premier parcours de la leçon 2 et peut être fait à ce moment-là, enrichissant ainsi l'information sur la lecture des Français.

1 Avant de faire lire le document aux apprenants, leur faire observer les deux images (*Le Petit prince* et *Le Seigneur des Anneaux*) et leur demander s'ils connaissent ces dessins, d'où ils proviennent et s'ils ont lu les livres qu'ils illustrent. Puis (avant d'entamer la lecture complète), faire découvrir, à la lecture du titre et du chapeau, de quel type de document il s'agit, quel en a été l'initiateur et les circonstances dans lesquelles ce document a été réalisé. Ensuite, faire lire le document complet. Faire expliciter le lexique : « La palme d'or » = allusion au festival de Cannes pour le cinéma, « un souvenir impérissable » = un souvenir qui ne *périt* jamais, qui ne meurt jamais, qui est toujours vif dans la mémoire, le livre fondateur = le livre de fond ou de base, le plus marquant, le plus important.

➡ **CORRIGÉ :** Il s'agit d'une enquête réalisée pour la SNCF, dans le cadre de la *7ᵉ édition* de « *En train de lire* » organisée à l'occasion de « *Lire en fête* » sur les livres qui ont le plus marqué les Français. (Expliquer le double sens de « en train » = *dans le train* et pour exprimer le *présent continu* d'une action).

2 Former des petits groupes. Si la classe est multilingue, mélanger les nationalités. Faire répondre aux questions. Les apprenants échangent leurs connaissances en sous-groupes. Ceux qui connaissent les livres les présentent aux autres. Prévoir un rapporteur dans chaque groupe en vue de la mise en commun.

➡ **CORRIGÉ : b)** *Les Misérables* de Victor Hugo – *Le Petit Prince* de Antoine de Saint-Exupéry – *Germinal* de Émile Zola – *Le Seigneur des Anneaux* de JRR Tolkien – *Vingt mille lieues sous les mers* de Jules Verne

3 Avec les mêmes équipes ou des équipes différentes, faire répondre aux questions du quizz. Afin de dynamiser l'activité, mettre en compétition les équipes et donner un temps limité pour répondre. Mettre en commun ensuite et attribuer une récompense (un « prix »...) à la meilleure équipe.

➡ **CORRIGÉ : a)** *Les Misérables* : 1862 – *Le Petit Prince* : 1943 – *Le Seigneur des Anneaux* : 1954 – *Le Journal d'Anne Franck* : 1947
b) *Les Misérables* : roman réaliste – *Le Petit Prince* : conte – *Le Seigneur des Anneaux* : récit fantastique – *Le Journal d'Anne Franck* : récit autobiographique

4 Pour terminer ce volet, les apprenants sont invités à échanger sur leurs propres lectures et leurs propres « livres fondateurs ». Ils échangent en petits groupes et se racontent les uns aux autres les livres qui les ont le plus marqués, en donnant des précisions sur les raisons de leur choix, le moment où ils ont lu les livres qu'ils citent et, s'ils les ont lus plusieurs fois, combien de fois, etc.

Un parcours scolaire

5 Avant de faire lire le résumé, faire une brève enquête pour savoir si les apprenants savent à quel âge se termine l'école en France et dans leur pays, s'ils savent comment s'appelle l'examen de fin de scolarité en France et si l'équivalent existe dans leur pays. Puis, faire lire le résumé et demander où Mohamed Diaby a été interviewé, quel jour, par qui, à quelle heure et pourquoi.

> ⊡ CORRIGÉ : Mohamed Diaby a été interviewé dans les studios de la radio *France inter*, radio du service publique, par le journaliste présentant le journal de la « mi-journée » (journal de 13 h) le 14 septembre 2005, pour parler du livre qu'il a écrit avec Jean-Claude Gawsewitch sur sa vie de « plus jeune bachelier de France ».

6 Faire observer le tableau du système éducatif français. Faire observer les trois niveaux d'enseignement avec les écoles/collèges/lycées selon les tranches d'âge et selon les classes ou *années*. Faire observer ce qui est en rouge. Demander à quoi cela correspond (*aux examens/diplômes*). Faire relire le résumé et demander de situer où en était Mohamed à son arrivée en France. Comparer avec la classe qui correspond à son âge pour déterminer son avance et expliquer le titre de son livre.

> ⊡ CORRIGÉ : Mohamed est entré en *Terminale*. Il a passé le *baccalauréat,* examen qu'on passe de façon normale à 17/18 ans (selon qu'on est du début ou de la fin de l'année). Lui a passé cet examen à 14 ans (âge où il aurait dû passer normalement le *Brevet des collèges*) ; il avait donc 3 ans d'avance. Le livre s'intitule : « Moi, Momo, 14 ans, Ivoirien et plus jeune *bachelier* de France » parce que cela résume son parcours. Les *bacheliers* sont les élèves qui passent le baccalauréat.

7 Faire relire le résumé et trouver les études qu'il poursuit au moment où le livre paraît.

> ⊡ CORRIGÉ : Il est en 2e année de classe préparatoire (au concours d'entrée des grandes écoles). – L'année prochaine Momo souhaite intégrer une grande école.

8 Former des groupes. S'il y a plusieurs nationalités, former des groupes hétérogènes. Les apprenants s'expliquent leur système scolaire les uns aux autres en le schématisant et répondent aux questions. Prévoir un rapporteur dans chaque groupe pour la mise en commun.

POINT **INFO** *Grandes écoles en France* ▸ p. 185

Pas facile de cohabiter

CONTENUS SOCIOCULTURELS – THÉMATIQUES

Nuisances : le bruit, la fumée

OBJECTIFS SOCIOLANGAGIERS

OBJECTIFS COMMUNICATIFS & SAVOIR-FAIRE Être capable de...	
Comprendre des arguments	– comprendre des messages de prévention dans le domaine de la santé, des avertissements – comprendre des arguments : des conséquences positives et négatives – rédiger des arguments pour une campagne de prévention ou de promotion
Commenter un fait de société	– comprendre, commenter et comparer des faits de société – comprendre des informations sur la législation sur le tabac – comprendre quelqu'un qui commente un fait de société – rédiger une dépêche de presse à l'occasion d'un événement (raconter une action, en expliquer les raisons, les objectifs visés) – comparer avec la situation dans son pays
Se plaindre, protester	– comprendre une pétition, une plainte, une protestation – comprendre quelqu'un qui réagit à une nuisance – comprendre quelqu'un qui dénonce une situation – rédiger une lettre formelle de plainte pour transmettre des informations spécifiques et demander une aide pour régler un problème – protester
OBJECTIFS LINGUISTIQUES	
GRAMMATICAUX	– cause, conséquence (2) – participe présent avec valeur descriptive/causale
LEXICAUX	– quelques verbes exprimant la conséquence – termes liés aux nuisances, aux plaintes
PHONÉTIQUES	– intonation : la plainte et la protestation – phonie-graphie : discrimination des sons [ɛ̃]/[ɑ̃] et graphies du son [ɑ̃]

SCÉNARIO DE LA LEÇON

La leçon se compose de trois parcours :

Dans le premier parcours, la lecture de messages de prévention pour inciter à ne pas fumer mettra en évidence l'expression de la conséquence, que les apprenants réutiliseront en rédigeant des messages sur un autre thème.

Dans le deuxième parcours, les apprenants écouteront un flash radio sur le thème de la loi anti-tabac et s'informeront sur la législation sur le tabac en Europe, avant d'échanger sur le sujet et de rédiger un article de presse où ils seront amenés à réemployer le participe présent.

Dans le troisième parcours, après avoir été sensibilisés au thème de la plainte par un enregistrement de personnes qui sont victimes de nuisances sonores, les apprenants prendront modèle sur une pétition, où les auteurs expliquent leur situation et demande une intervention, pour rédiger eux-mêmes une lettre formelle de plainte.

COMPENDRE DES ARGUMENTS

🎵 Comprendre	🎵 Point Langue	🎵 S'exprimer	🎵 S'exprimer
Écrit	Exprimer une conséquence	Oral	Écrit
Act. 1 et 2	**S'exercer n° 1**	Act. 3	Act. 4

Messages de prévention

> ➡ OBJECTIF DES ACTIVITÉS 1 ET 2 ⬅   Comprendre des messages présentant des arguments.

1 Pour commencer, inviter les apprenants qui fument à sortir leur paquet de cigarette et à observer s'il comporte un message de prévention. S'il y a un message, demander de le traduire en français et de trouver l'équivalent parmi les messages proposés. Proposer ensuite aux apprenants de lire tous les messages, de repérer ceux qu'on ne peut pas trouver sur un paquet et d'expliquer pourquoi.

➡ CORRIGÉ : *La cigarette permet de se concentrer, ça facilite le travail intellectuel. – Fumer favorise les contacts. – Fumer améliore les performances sportives.*

2 **a)** Faire relire les messages en demandant de les classer selon les thèmes cités.
b) Puis, demander de relever les éléments qui indiquent une conséquence et faire apparaître ces éléments au tableau (entourés ou soulignés), pour les faire observer dans le Point Langue qui suit.

➡ CORRIGÉ : **a)** **la santé** : *Fumer entraîne des maladies graves. / Le tabac est dangereux pour la femme enceinte. / Le tabac empêche d'apprécier le goût des aliments.* – **l'écologie** : *La cigarette provoque des incendies / ça nuit à l'environnement.* – **l'esthétique** : *Le tabac jaunit les doigts, c'est mauvais pour la peau.* – **la psychologie** : *Le tabac rend dépendant.* – **la condition physique** : *Fumer aggrave les problèmes de souffle.*
b) *La cigarette **permet de** se concentrer, **ça facilite** le travail intellectuel. – Fumer **favorise** les contacts. – Fumer **améliore** les performances sportives. – Fumer **entraîne** des maladies graves. – Le tabac **est dangereux pour** la femme enceinte. – La cigarette **provoque** des incendies – ça **nuit à** l'environnement. Le tabac jaunit les doigts, **c'est mauvais pour** la peau.*
*Le tabac **rend** dépendant. – Le tabac **empêche d'**apprécier le goût des aliments. – Fumer **aggrave** les problèmes de souffle.*

Point **Langue**   › **EXPRIMER UNE CONSÉQUENCE**

Ce Point Langue permet de donner différentes formulations utilisées pour exprimer une conséquence. Avec les éléments relevés précédemment, faire compléter **a)**, puis le tableau **b)**.
Les apprenants comparent leurs réponses avant la mise en commun en grand groupe.

➡ **Corrigé : a)**

Sujet/*c'* + *est* + adjectif + pour	*C'est bon pour* ≠ ***C'est mauvais pour*** ***Le tabac est dangereux pour***
Sujet/*ça* + *rend* + adjectif	***Le tabac rend dépendant.***

b)

Structure	Conséquence négative	Autre conséquence
Sujet/*ça* + verbe + nom	*aggraver / entraîner / provoquer*	*favoriser / faciliter / améliorer*
Sujet/*ça* + verbe + *de* + verbe à l'infinitif	*empêcher*	*permettre*

S'EXERCER n° 1 Corrigé ► p. 147

> ➡ OBJECTIF DE L'ACTIVITÉ 3 ⬅   Échanger sur le thème en comparant avec son pays et imaginer des arguments.

3 Former des groupes hétérogènes (âge, sexe, fumeurs et non-fumeurs) et proposer d'échanger sur le thème des messages de prévention qui existent ou non dans le pays des apprenants et sur la force d'argumentation des messages lus précédemment. Puis, demander à chaque groupe d'imaginer un ou deux messages qui leur semblent importants. Mettre en commun ensuite et lire tous les messages.

➡ OBJECTIF DE L'ACTIVITÉ 4 ↩️   Rédiger des arguments pour une campagne.

4 En sous-groupes, demander de choisir une campagne (proposée dans l'activité ou autre) et d'imaginer les arguments qui pourraient être diffusés en faveur de cette campagne.

■ **VARIANTE :** Faire écrire les messages sur des affiches de façon à organiser une exposition dans la classe.

COMMENTER UN FAIT DE SOCIÉTÉ

🎞 Comprendre	🎞 Point Langue	🎞 Point Culture	🎞 S'exprimer
Écrit/Oral	Usage du participe présent	La législation sur le tabac	Écrit
Act. 5, 6 et 7	**S'exercer n° 2**		Act. 8

Flash radio + dessin de presse

➡ OBJECTIF DES ACTIVITÉS 5, 6 ET 7 ↩️   **Comprendre une dépêche de presse sur un fait de société.**

5 Faire observer et expliciter le dessin de presse et le commentaire : *Il s'agit d'un dessin caricatural exprimant la décision de l'Italie en matière de législation sur le tabac. La « botte » italienne écrase un mégot de cigarette de manière radicale. Le commentaire relate cette information de manière neutre.* Faire écouter le flash radio et inviter les apprenants à répondre à la question, après leur avoir demandé brièvement de quoi il s'agissait (*un flash ou dépêche relatant une manifestation qui a eu lieu à propos de la loi anti-tabac qui est mal respectée en France*).

➡ **CORRIGÉ :** Non, la situation est différente : en France, il y a des « espaces » fumeurs et non-fumeurs dans les lieux publics (y compris dans les bars et les restaurants).

6 Faire réécouter le flash radio et inviter les apprenants à répondre aux questions.

➡ **CORRIGÉ :** Les personnes qui ont manifesté sont des non-fumeurs. – Ils demandent une nouvelle loi

7 Faire réécouter en vue de faire relever les causes de l'action du collectif et les précisions sur la loi demandée. Noter ce relevé au un tableau en vue de le faire observer dans le Point Langue.

➡ **CORRIGÉ : les causes de l'action du collectif :** la loi sur les espaces non-fumeurs n'est pas souvent respectée (« *ils affirment qu'ils subissent les cigarettes des fumeurs au restaurant, la loi sur les espace non-fumeurs n'étant pas bien respectée. Ils deviennent ainsi des fumeurs passifs* ») ; les manifestants estiment que leur santé est menacée (« *estimant que leur santé est menacée* ») – **les précisions sur la loi évoquée :** les manifestants demandent « *le vote d'une loi interdisant totalement de fumer dans les espaces publics fermés* », y compris les bars et les restaurants

Point **Langue**   > **USAGE DU PARTICIPE PRÉSENT**

Ce Point Langue regroupe deux usages du participe présent permettant, d'une part, d'exprimer la cause et, d'autre part, de donner des précisions. À partir du corpus relevé précédemment, demander d'identifier les éléments qui permettent d'expliquer les actions et de donner les précisions. Faire trouver comment se forme le participe présent (rappeler la formation du gérondif, leçon 2 dossier 3). Puis, faire répondre. Les apprenants comparent leurs réponses avec leur voisin avant la mise en commun en grand groupe.

➡ **Corrigé : a)** Une manifestation *réunissant* une centaine de personnes. → Une manifestation *qui réunit* une centaine de personnes. Ils subissent la fumée, la loi *n'étant pas* souvent respectée. → Ils subissent la fumée, *parce que* la loi *n'est pas* souvent respectée. *Estimant* que leur santé est menacée, ils demandent... → *Parce qu'ils estiment* que leur santé est menacée, ils demandent... Une loi *interdisant* de fumer. → Une loi *qui interdit* de fumer.

b) Les participes présents peuvent servir à :

– donner une précision sur un nom : Ex. : *Une manifestation réunissant une centaine de personnes. – Une loi interdisant de fumer.*

– exprimer la cause : Ex. : *La loi n' étant pas souvent respectée. – Estimant que leur santé est menacée.*

S'EXERCER n° 2 Corrigé ▶ p. 147

La législation sur le tabac

Ce Point Culture donne des précisions sur les lois anti-tabac en Europe et plus particulièrement en France. Il est intéressant de faire rechercher par les apprenants des informations sur les lois existant sur le sujet dans leur pays, par l'intermédiaire d'un centre multimédia si l'établissement en est pourvu.

➡ **Corrigé :** en Irlande et en Italie

⏩ OBJECTIF DE L'ACTIVITÉ 8 ⏪   Rédiger un court article de presse à l'occasion d'un événement.

8 Faire choisir l'un des deux événements proposés (manifestation en faveur de l'ouverture des services administratifs le week-end/manifestation en faveur de la gratuité des transports en commun) en vue de faire rédiger une dépêche de presse sur cet événement, en présentant les raisons de la manifestation et ce que les manifestants désirent obtenir. Faire faire cette activité individuellement ou par deux.

SE PLAINDRE, PROTESTER

🎵 Comprendre Oral	🎵 Comprendre Écrit	🎵 Point Langue Mettre en évidence la cause, la conséquence **S'exercer nᵒˢ 3 et 4**	🎵 Point Langue Être responsable / Être victime d'une nuisance	🎵 Phonétique Act. 14	🎵 S'exprimer Écrit Act. 15
Act. 9	Act. 10, 11, 12 et 13				

Protestations orales   Pétition et dépôt de plainte

⏩ OBJECTIF DE L'ACTIVITÉ 9 ⏪   Comprendre des protestations dans différentes situations.

9 Ce document doit sensibiliser les apprenants à l'expression de la plainte ou de la protestation. Faire écouter l'enregistrement, faire déterminer les bruits qu'on entend et faire répondre aux questions.

■ **VARIANTE :** il est possible de faire faire l'activité de phonétique après celle-ci, puisqu'il s'agit de faire reproduire cette même intonation expressive.

➡ **CORRIGÉ :** 1. Point commun : il s'agit de nuisances sonores dans les trois cas. – 2. Elles protestent et manifestent leur indignation.

⏩ OBJECTIF DES ACTIVITÉS 10, 11, 12 ET 13 ⏪   Comprendre une pétition et remplir une déclaration de plainte.

10 Avant la lecture de la pétition, faire observer de quoi le document est composé : *d'une lettre et d'une liste de signatures*. Faire expliciter le terme *pétition* par les apprenants, puis inviter les apprenants à lire individuellement le document et à répondre au *vrai/faux* pour vérifier leur compréhension globale.

➡ **CORRIGÉ :** 1. vrai – 2. faux – 3. faux – 4. vrai

11 Le *dépôt de plainte* à remplir doit servir à repérer le cadre énonciatif du document. Les apprenants relisent et remplissent individuellement. Petite mise en commun par deux avant la mise en commun en grand groupe.

➡ **CORRIGÉ :** Date : 3 février. Plainte **contre** *Mme Joubert*, **demeurant** *14 rue des Buissières à Mende*, plainte déposée **par** *les habitants du quartier de la Bastide*. **Objet :** *nuisances sonores jour et nuit, provoquées par les vingt et un chiens de Mme Joubert, qui aboient de manière incessante depuis six mois.*

12 Pour cette troisième relecture, les apprenants affinent leur compréhension en retrouvant les parties de la pétition. Activité à faire faire individuellement avec mise en commun par deux avant correction.

➡ **CORRIGÉ :** ils annoncent l'objet de la pétition, ils rappellent l'historique du conflit, ils réclament que les autorités règlent leur problème.

13 Cette relecture doit servir au repérage et au relevé des expressions de cause. Les noter au tableau en vue de la conceptualisation.

➡ **CORRIGÉ :** « Étant donné que ces aboiements incessants durent depuis 6 mois et puisque toutes les démarches faites sont restées sans résultat... /... mais comme elle ne voulait rien entendre... »

Point **Langue** > METTRE EN ÉVIDENCE LA CAUSE, LA CONSÉQUENCE

Ce Point Langue fait conceptualiser l'expression de la cause introduite par trois nouvelles conjonctions *étant donné que/puisque/comme*, et l'expression de la conséquence introduite par les expressions *c'est pourquoi/par conséquent*. Sur le corpus relevé dans l'activité 13, faire repérer et souligner ces expressions, puis faire lire et répondre aux questions du Point Langue : « *Étant donné que* ces aboiements incessants durent depuis 6 mois et *puisque* toutes les démarches faites sont restées sans résultat... mais *comme* elle ne voulait rien entendre... »
Les apprenants comparent leurs réponses par deux avant la mise en commun en grand groupe.

> ■ **Corrigé :** – **Étant donné que/puisque/comme** sont utilisés pour indiquer la cause.
> – L'ordre d'apparition dans la phrase est : 1) la cause 2) la conséquence.
> **b)** *C'est pourquoi /**Par conséquent*** servent à conclure en disant la conséquence. **S'EXERCER nºˢ 3 et 4** Corrigé ► p. 147

Point **Langue** > ÊTRE RESPONSABLE / ÊTRE VICTIME D'UNE NUISANCE

Ce Point Langue sert à regrouper et à différencier les actions rencontrées au cours des activités de compréhension ou d'expression sur le thème de la plainte. Faire classer les actions proposées selon ce que fait la victime ou le responsable d'une nuisance.
Les apprenants comparent leurs réponses par deux avant la mise en commun en grand groupe.

> ■ **Corrigé : la victime :** déposer une plainte contre quelqu'un – subir des nuisances – porter plainte contre quelqu'un – se plaindre de quelqu'un ou de quelque chose
> **Le responsable :** nuire à quelqu'un

■ **OBJECTIF DE L'ACTIVITÉ 14** ◄ **Phonétique :** Intonation : la plainte et la protestation.

14 L'activité proposée est une activité de reproduction de l'intonation de la plainte et de la protestation. Faire écouter les phrases une par une et demander aux apprenants de les répéter en les sollicitant individuellement. Faire faire cette activité de manière ludique en mettant les apprenants face à face afin qu'ils s'adressent les plaintes les uns aux autres, en imitant et en exagérant l'intonation (en l'accompagnant de mimiques et de gestes, si les apprenants ont un goût pour la théâtralisation).

■ **OBJECTIF DE L'ACTIVITÉ 15** ◄ Écrire une lettre formelle de plainte et de demande d'aide pour régler un problème.

15 Faire choisir une situation de nuisance parmi celles qui sont proposées, ou une autre, et faire rédiger une lettre au maire pour expliquer la situation et demander son intervention pour régler le problème. Faire faire cette activité par deux.

S'EXERCER – CORRIGÉ

1. a. empêche de – **b.** permet d' – **c.** rend – **d.** provoque (entraîne) – **e.** facilite (favorise) – **f.** entraîne – **g.** provoque – **h.** aggrave – **i.** améliore – **j.** empêche de/entraîne
2. a) a. Ne voulant plus subir les cigarettes des autres, les non-fumeurs expriment leur mécontentement. – **b.** Espérant une solution rapide à leur problème, les habitants se sont adressés à leur maire. – **c.** Désirant satisfaire la clientèle des non-fumeurs, les patrons de bars sont favorables à la loi anti-tabac.
b) a. Le gouvernement est sensible aux arguments des personnes réclamant une loi anti-tabac. – **b.** Ceux qui sont allergiques à la fumée recherchent des restaurants disposant de salles non-fumeurs. – **c.** Les pouvoirs publics ont pris une décision respectant et protégeant les non-fumeurs.
3. a) a. Comme je ne pouvais pas dormir, j'ai demandé à ma voisine d'arrêter de faire du bruit. – **b.** Étant donné que le bruit ne s'arrêtait pas, j'ai appelé la police. – **c.** Comme la police est arrivée, la musique a cessé. – **d.** Étant donné qu'il n'y avait plus de bruit, j'ai pu me rendormir.
b) a. Je ne pouvais pas dormir, c'est pourquoi j'ai demandé à ma voisine d'arrêter de faire du bruit. – **b.** Le bruit ne s'arrêtait pas, par conséquent j'ai appelé la police. – **c.** La police est arrivée, par conséquent la musique a cessé. – **d.** Il n'y avait plus de bruit, c'est pourquoi j'ai pu me rendormir.
4. a. Puisque (comme) vous êtes à la campagne, vous vivez au calme. – **b.** Puisqu' (étant donné qu') on va construire un aéroport, il y aura encore plus de bruit. – **c.** Puisque (comme) j'ai seulement des poissons rouges, mes animaux ne font pas de bruit. – **d.** Puisqu' (étant donné qu') on va construire un mur anti-bruit, on devrait avoir moins de bruit.

Activités de phonie-graphie

1 Faire écouter l'enregistrement. Les apprenants suivent dans le manuel sans compléter. Ils complètent à la deuxième écoute. Faire mettre en commun par deux avant la correction.

▶ **CORRIGÉ :** réuniss<u>an</u>t – citoy<u>en</u>s – parisi<u>en</u>s – dev<u>an</u>t – europé<u>en</u> – restaur<u>an</u>t – n'ét<u>an</u>t – b<u>ien</u> – Estim<u>an</u>t – s<u>an</u>té – quotidi<u>en</u> – dem<u>an</u>dent – interdis<u>an</u>t – l'Irl<u>an</u>de.

2 Faire écouter la comptine. Faire expliciter le sens, éventuellement par un dessin (la similitude entre le soleil à l'horizon et la queue d'un paon qui fait la roue). Puis, demander d'observer les graphies des mots qui contiennent le son [ɑ̃] et de les classer. Faire lire la comptine.

■ **VARIANTE :** Faire écrire un poème sur le même modèle, avec le même son, ou une autre voyelle nasale ([ɛ̃] ou [ɔ̃]).

▶ **CORRIGÉ :** **b)** « **an** » : levants, levant, l'océan, autant – « **en** » : en – « **am** » : champ – « **aon** » : paon (la graphie « aon » est peu fréquente)

 Livre-élève
▶ p. 160

Attention, **rébellion !**

CONTENUS SOCIOCULTURELS – THÉMATIQUES

Comportements délictueux et réactions

OBJECTIFS SOCIOLANGAGIERS

OBJECTIFS COMMUNICATIFS & SAVOIR-FAIRE	
	Être capable de...
Exprimer son indignation	– comprendre un article sur les attitudes, les comportements urbains
	– comprendre la réglementation des comportements en ville
	– comprendre les sanctions pour délits
	– comprendre quelqu'un qui exprime sa surprise, son indignation
	– comprendre les justifications des réactions de quelqu'un
	– indiquer une action passée comme cause
	– exprimer son indignation face à un phénomène de société
	– comparer des attitudes et des règles de vie en ville avec celles de son pays
	– rédiger un dépliant municipal d'information et formuler des règles
	– exprimer son indignation, protester
	– justifier son indignation, ses réactions par une action passée imaginée
Faire un reproche	– comprendre quelqu'un qui exprime un reproche
	– comprendre quelqu'un qui s'excuse
	– exprimer un reproche
	– s'excuser
OBJECTIFS LINGUISTIQUES	
GRAMMATICAUX	– *pour* + infinitif passé
	– le conditionnel passé
LEXICAUX	– termes exprimant règles et sanctions
	– registres de langue (2)
PHONÉTIQUES	– intonation : expression des sentiments (indignation et reproche)
	– le son [j]

SCÉNARIO
DE LA LEÇON

La leçon se compose de deux parcours :

Dans le premier parcours, la lecture de règles de vie dans une ville et les sanctions encourues, présentées dans un article de journal, amèneront les apprenants à échanger sur l'existence de telles règles dans leur pays. Après s'être approprié le matériel linguistique lié aux règles et aux sanctions, ils rédigeront un code de vie pour une ville imaginaire, puis seront amenés à écouter, puis à rejouer, des situations dans lesquelles des personnes s'indignent à cause de comportements délictueux.

Dans le second parcours, deux dialogues humoristiques présenteront aux apprenants les formulations pour faire un reproche et se justifier. Ils devront réutiliser ce matériel dans un jeu de rôles en fin de parcours.

EXPRIMER SON INDIGNATION

🕮 Comprendre Écrit	🕮 Point Langue	🕮 Point Langue	🕮 S'exprimer	🕮 S'exprimer	🕮 Comprendre	🕮 Aide-mémoire	🕮 Phonétique	🕮 Comprendre	🕮 Point Langue	🕮 S'exprimer
Act. 1, 2 et 3	L'infinitif passé pour indiquer la cause	Règles et sanctions	Oral	Écrit	Oral	Exprimer son indignation	Act. 8	Oral	Le conditionnel passé pour protester	Oral
	S'exercer n° 1	S'exercer n° 2	Act. 4	Act. 5	Act. 6 et 7			Act. 9	S'exercer n° 3	Act. 10

Article de presse · · · Dialogues

→ **OBJECTIF DES ACTIVITÉS 1, 2 ET 3** ← Comprendre un article de presse sur des règles de vie.

1 Avant de faire lire, faire observer la présentation de l'article. Demander, d'après la forme, de quel genre de document il s'agit et d'où il provient : *C'est un article extrait du journal* Femina, *supplément du* Journal du Dimanche *du 30 mai 2005*, et de quoi il est composé : *d'un titre sous un « résumé » (ou chapeau), de quatre paragraphes avec sous-titres et d'une photo*. Faire observer la photo et la faire décrire : *Deux policiers ont arrêté un homme à vélo roulant sur le trottoir*. Demander de faire le lien avec le titre « Tous gangsters ? » pour faire dire que le titre est exagéré par rapport au délit photographié (l'homme sur le vélo n'est pas un gangster, mais il n'a pas respecté une règle). Faire remarquer le « je » qui commence chaque sous-titre et qui souligne que cela peut être n'importe qui, l'auteur de l'article ou le lecteur. Puis, faire lire l'article et faire répondre aux questions.

→ **CORRIGÉ :** 1. Le document concerne la ville. – 2. Ce texte est un article de presse. – 3. Le but de ce texte est d'informer sur des règles (*de décrire des comportements* et *de raconter des anecdotes* sont aussi des réponses possibles).

2 Faire relire l'article et répondre par deux au vrai/faux avant la mise en commun en grand groupe.

→ **CORRIGÉ :** 1. faux (« *Seule exception : s'il n'existe pas de passage pour piétons dans les 50 mètres* ») – 2. faux (« *Si vous avez blessé quelqu'un...* ») – 3. vrai (« *pour avoir cueilli même une seule fleur...* » – 4. vrai (« *Quand vous aviez moins de huit ans, vous en aviez le droit...* ») – 5. vrai (« *...si vous avez votre permis de conduire (automobile), jusqu'à trois ans de suspension.* »)

3 Cette troisième relecture affine la compréhension de l'article en faisant relever les sanctions pour les délits qui sont décrits. Faire relire et remplir le tableau par deux avant la mise en commun.

■ **VARIANTE :** Il est possible de faire faire ici le Point Langue sur les « règles et sanctions », à la demande de l'élucidation du lexique relevé dans le tableau.

→ **CORRIGÉ :**

	Sanctions pour délits urbains			
	Traverser en dehors des passages piétons	**Lancer un objet dans la rue**	**Cueillir des fleurs dans un jardin public**	**Rouler à vélo sur les trottoirs**
Contraventions	une contravention de 11 €	une amende de 38 € (ou 30 000 € si on a blessé quelqu'un)	une amende de 38 € maximum	375 € d'amende
Emprisonnement		condamnation égale à deux ans si on a blessé quelqu'un		
Autres				suspension du permis de conduire pendant trois ans

Point Langue

› L'INFINITIF PASSÉ POUR INDIQUER LA CAUSE

Ce Point Langue approfondit l'expression de la cause présentée dans la leçon 1 de ce dossier.
a) et **b)** La formulation utilisée pour décrire une action passée, cause d'une sanction, est construite avec l'infinitif passé. Faire retrouver les causes des sanctions relevées dans l'activité 3 : « une personne doit payer une contravention de 11 € quand elle a traversé en dehors des passages pour piétons ou *parce qu'*elle a traversé... », etc. Puis, faire retrouver les formulations équivalentes aux parties soulignées du Point Langue et faire compléter la règle.

... /...

Point **Langue**

... /...

➡ **Corrigé : a)** *pour avoir cueilli* des fleurs – *pour ne pas avoir respecté* le code de la route – *pour avoir roulé* à vélo sur le trottoir – *pour être monté* dans le bus sans ticket
b) On utilise *pour* + verbe *à l'infinitif passé* pour indiquer la cause s'il s'agit d'une action *passée*.

S'EXERCER n° 1 Corrigé ▶ p. 153

Point **Langue**   **❯ RÈGLES ET SANCTIONS**

Ce Point Langue permet aux apprenants de s'approprier le sens d'expressions fréquentes dans le domaine des délits et des sanctions. Faire apparier le synonyme de chaque mot ou expression avec l'une des explications proposées.

➡ **Corrigé :** J'ai le droit de faire (quelque chose). = On m'autorise à faire (quelque chose).
une amende = une contravention – une interdiction de conduire = une suspension de permis

S'EXERCER n° 2 Corrigé ▶ p. 153

➡ **OBJECTIF DE L'ACTIVITÉ 4** ◄   Échanger et comparer avec les règles en vigueur dans son pays.

4 Former des groupes (de nationalités différentes si le public est multilingue). Les apprenants échangent sur les règles qui existent dans leur pays pour la vie en ville et comparent avec les règles découvertes dans l'article. Chercher à savoir si ces règles existent, si elles sont observées ou si elles sont enfreintes et sanctionnées, sévèrement ou non. Les apprenants peuvent faire part de leur expérience personnelle. Prévoir un rapporteur dans chaque sous-groupe en vue de la mise en commun en grand groupe.

➡ **OBJECTIF DE L'ACTIVITÉ 5** ◄   Transférer les acquis du parcours en rédigeant des règles de vie pour une ville imaginaire.

5 Les mêmes groupes ou des groupes différents réfléchissent à des règles de vie dans une ville imaginaire (dans le temps et dans l'espace) et rédigent des règles sous forme de dépliant d'information pour le public. Inciter les apprenants à réemployer les formulations vues dans les activités précédentes (activité 2 + Points Langue) : « *Il est interdit de..., vous avez le droit de* (+ infinitif)*..., vous avez droit à* (+ nom)*..., vous pouvez..., vous risquez une amende de... si vous...,* etc. ».

➡ **OBJECTIF DES ACTIVITÉS 6 ET 7** ◄   Comprendre des situations où des gens protestent ou s'indignent.

6 Cette activité poursuit la découverte du thème sur les délits en présentant les réactions des personnes victimes de règles de vie transgressées. Faire écouter l'enregistrement. Demander où les scènes se passent (faire repérer les bruits entendus et les personnes qui parlent) et le lien avec l'article. Faire associer chaque dialogue à un paragraphe de l'article.

➡ **CORRIGÉ :** **1.** Dans une ville : sur un trottoir et dans un jardin public. Il s'agit de personnes qui réagissent après avoir été victimes ou témoins d'actions délictueuses qui sont décrites dans l'article – **2. dialogue 1 :** § 4 « *Je roule à vélo sur le trottoir* » – **dialogue 2 :** § 2 « *Je jette mon mégot de cigarette par la fenêtre* » – **dialogue 3 :** § 3 « *Je cueille des fleurs dans un jardin public* »

7 Faire réécouter en faisant observer comment les personnes réagissent, puis faire répondre à la question.

➡ **CORRIGÉ : dialogue 1 :** la peur et l'indignation – **dialogue 2 :** l'indignation – **dialogue 3 :** la surprise et l'indignation

AIDE-MÉMOIRE

Les expressions présentées dans l'Aide-mémoire servent à exprimer l'indignation.

■ **VARIANTE :** Faire dire ces expressions par les apprenants en leur faisant jouer l'indignation avec une gestuelle et une mimique appropriées.

➡ **OBJECTIF DE L'ACTIVITÉ 8** ◄   Phonétique : Intonation de l'indignation.

8 Faire écouter l'enregistrement. Faire reconnaître le sentiment d'indignation exprimé. Faire réécouter et répéter, phrase par phrase, par les apprenants à tour de rôle. Mettre les apprenants face à face, leur faire dire les phrases de l'exercice et celles de l'Aide-mémoire en s'adressant les uns aux autres, en leur demandant de « jouer » l'indignation en ajoutant un geste ou une mimique. Si le public comporte plusieurs nationalités, demander comment l'indignation s'exprime dans le pays des apprenants, en la jouant et en la verbalisant chacun dans sa langue. Comparer avec l'intonation de l'indignation en français.

➡ OBJECTIF DE L'ACTIVITÉ 9 ⬅   Comprendre des protestations.

9 Faire réécouter l'enregistrement dans le but de faire relever les arguments avec lesquels les personnes justifient leur protestation. Cette compréhension finalisée conduira à noter ces arguments au tableau, afin de mettre en évidence l'utilisation du conditionnel passé pour justifier une réaction de protestation, en imaginant une action *a posteriori*.

➡ **CORRIGÉ** : **dialogue 1** : Vous avez failli provoquer un accident. Vous vous rendez compte que vous auriez pu renverser cet enfant ! – **dialogue 2** : Ça aurait pu me tomber sur la tête. Vous auriez pu me brûler avec votre cigarette ! – **dialogue 3** : Imaginez, si tout le monde faisait comme vous !

Point **Langue**   ❯ **LE CONDITIONNEL PASSÉ pour protester**

a) et **b)** À partir des arguments notés dans l'activité 9, faire observer les formes verbales utilisées et les trois occurrences du conditionnel passé. Souligner les phrases au conditionnel passé : « *Vous auriez pu renverser* cet enfant ! Ça aurait pu me tomber sur la tête. Vous auriez pu me brûler avec votre cigarette !* ». Puis, faire répondre aux questions.

➡ **Corrigé : a)** Dans ces phrases, on parle *d'un événement qui ne s'est pas produit (on l'imagine)*.
b) Pour indiquer a posteriori une conséquence/un événement imaginé(e),
on utilise le verbe *pouvoir* au conditionnel *passé* + verbe infinitif.   **S'EXERCER nº 3**   Corrigé ▶ p. 153

➡ OBJECTIF DE L'ACTIVITÉ 10 ⬅   Transférer ce qui a été vu dans le parcours sur l'indignation dans un jeu de rôles.

10 Former des groupes. Faire réfléchir à une situation en ville de manière précise, en suivant le canevas proposé (faire faire la préparation de la scène debout, pour favoriser la spontanéité de l'expression par la suite). Faire jouer la scène par les groupes volontaires devant la classe.

■ **VARIANTE** : Demander (de manière discrète) à un volontaire, extérieur au groupe qui joue, d'intervenir en tant que représentant de la loi (policier ou gardien...) et de sanctionner le délit. L'intervenant doit créer la surprise afin que l'expression orale soit spontanée.

FAIRE UN REPROCHE

▨ **Comprendre**	▨ **Point Langue**	▨ **Phonétique**	▨ **S'exprimer**
Oral	L'imparfait ou le conditionnel	Act. 14	Oral
Act. 11, 12 et 13	passé pour faire un reproche		Act. 15
	S'exercer nº 4		

Titres de radio + dialogues

➡ OBJECTIF DES ACTIVITÉS 11, 12 ET 13 ⬅   Comprendre des titres de radio/Comprendre deux dialogues sur des situations de reproche.

11 Faire écouter l'enregistrement et demander de quoi il s'agit : *Ce sont des titres d'informations d'un journal à la radio*, et faire trouver le point commun. Faire réécouter, si nécessaire.

➡ **CORRIGÉ** : point commun entre les titres : les difficultés dans les transports, pour différentes raisons (grève, manifestations, météo...)

12 Faire écouter les deux dialogues, manuels fermés, et procéder à la compréhension globale de la situation (*Qui ? Quoi ? Où ? Quand ?*). Puis, faire répondre aux questions.

➡ **CORRIGÉ** : **1.** *Qui ?* : un directeur et son employé, *Où ?* : au bureau, *Quand ?* : le matin, à l'arrivée de l'employé au bureau, *Quoi ?* : le directeur reproche à son employé d'être en retard. Celui-ci s'excuse. – **2. dialogue 1** : 2e titre (« Nouvelle journée de grève dans les transports en commun ») ; **dialogue 2** : 4e titre (« Grosses perturbations... suite aux chutes de neige »)

3 Faire réécouter les dialogues. Faire imaginer la personnalité des personnages et faire noter au tableau, en partageant la classe en deux groupes, les justifications de M. Lambert et les reproches de son directeur. Faire une écoute supplémentaire à la demande des apprenants.

➡ CORRIGÉ : **1.** *Réponses libres. À titre d'exemple :* le directeur : intolérant, ironique / M. Lambert : timide, obéissant, naïf... –
2. Justifications de M. Lambert : « Oui, je sais Monsieur, ...mais *il y a une grève des transports aujourd'hui, et j'ai dû attendre* un train pendant presque une heure. C'est pour ça que... » / « ...mais la neige... *J'ai dû abandonner* ma voiture sur l'autoroute... » – **3. Reproches de son directeur :** « Mais enfin, Lambert... *Vous auriez pu vous organiser ! Vous auriez dû...*, je ne sais pas moi, *partir plus tôt* ou prendre votre voiture... » / « Mais enfin, Lambert ! *Il fallait regarder* la météo, on annonçait de la neige ! *Vous n'auriez pas dû prendre votre voiture !* »

Point **Langue**   **> L'IMPARFAIT OU LE CONDITIONNEL PASSÉ pour faire un reproche**

Dans ce Point Langue les apprenants retrouvent le conditionnel passé, utilisé pour faire un reproche.
Faire observer les reproches du directeur, notés au tableau lors de l'activité précédente, et faire répondre aux questions.

➡ **Corrigé : a)** Le patron fait des reproches sur une action passée.
b) Il fallait regarder la météo. → Il n'a pas regardé la météo.
Vous auriez pu vous organiser. → Il ne s'est pas organisé.
Vous auriez dû partir plus tôt ou prendre une voiture. → Il est parti trop tard.
Vous n'auriez pas dû prendre votre voiture. → Il a pris sa voiture.
c) Il fallait regarder la météo → Vous *auriez dû/pu regarder la météo.*
Vous auriez pu vous organiser → *Il fallait vous organiser.*
Vous auriez dû partir plus tôt ou prendre votre voiture → *Il fallait partir plus tôt.*
Vous n'auriez pas dû prendre votre voiture → *Il ne fallait pas prendre votre voiture*   **S'EXERCER n° 4** Corrigé ► p. 153

➡ OBJECTIF DE L'ACTIVITÉ 14 a) ⬅   **Phonétique :** Intonation du reproche.

4 **a)** Faire écouter l'enregistrement. Faire identifier l'intonation du reproche. Faire réécouter, phrase par phrase, et faire répéter par les apprenants à tour de rôle. Dynamiser la reproduction en faisant faire l'activité par deux, un apprenant s'adressant à un partenaire pour répéter la phrase.

➡ OBJECTIF DE L'ACTIVITÉ 14 b) ⬅   **Phonétique :** Prononciation de [j] ou de deux voyelles consécutives.

4 **b)** Faire écouter l'exemple. Faire observer les deux prononciations différentes : « Un ami heureux » = [i] + [ø] : 2 voyelles consécutives, « c'est mieux » = [jø] : [j] + voyelle. Faire écouter les énoncés suivants et les faire répéter à tour de rôle par des apprenants.

➡ OBJECTIF DE L'ACTIVITÉ 15 ⬅   Transférer ce qui a été acquis dans le parcours sur le reproche dans un jeu de rôles.

5 Former des groupes. Faire choisir une situation de retard et faire préparer les reproches et les excuses faites dans cette situation (faire faire la préparation debout, pour favoriser l'expression spontanée dans le jeu après). Faire jouer la scène par des groupes volontaires.

S'EXERCER – CORRIGÉ

1. a. Ils ont été condamnés *pour avoir cambriolé* une banque. – **b.** Elle a eu une contravention *pour être entrée* dans le métro sans ticket. – **c.** Ce conducteur a eu une suspension de permis *pour être passé* plusieurs fois au feu rouge. – **d.** À Noël, cet homme a dû payer une amende *pour avoir coupé* un sapin dans le parc municipal.

2. Attention à la *sanction* ! Si, à la station suivante, un contrôleur monte et vous demande votre titre de transport, vous devrez payer une *amende* de 36 €. Et si c'est une manie chez vous : à partir de dix *amendes* dans l'année que vous oubliez de payer, vous risquez jusqu'à six mois d'*emprisonnement* et 7 500 € de *contravention*.
Automobilistes, si vous dépassez la vitesse autorisée, plusieurs *condamnations* sont possibles : si vous dépassez de 20 à 30 km/heure, 2 point retirés sur les 12 de votre permis de conduire, et une *contravention* de 135 €. Si vous dépassez de 50 km ou plus : 6 points, 3 750 € de *contravention* ; la *sanction* peut aller jusqu'à 3 mois d'*emprisonnement* et 3 ans maximum de *suspension* de permis.

3. a. Regarde comme il roule vite ! Il *aurait pu* provoquer un accident ! – **b.** Tu as traversé au feu vert, tu *aurais pu* avoir une amende ! – **c.** Vous n'avez pas surveillé votre chien. Il *aurait pu* mordre quelqu'un !

4. a. « *Vous auriez dû prendre un ticket ! / Il fallait prendre un ticket !* » – **b.** « *Tu n'aurais pas dû partir avant la fin de la réunion ! / Il ne fallait pas partir avant la fin de la réunion !* » – **c.** « *Vous auriez dû mettre votre casque. / Il fallait mettre votre casque !* »

LEÇON 3

DOSSIER 8

Controverses

Vivre dans son quartier : polémiques et civisme

OBJECTIFS SOCIOLANGAGIERS

OBJECTIFS COMMUNICATIFS & SAVOIR-FAIRE Être capable de...	
Exprimer son point de vue de manière nuancée	– comprendre une affiche d'information sur les conseils de quartier – comprendre des projets d'aménagement de la circulation en ville – comprendre un compte rendu de débats avec des points de vue rapportés et des réserves – rédiger un compte rendu sur des échanges en rapportant des points de vue – exprimer un point de vue nuancé, des réserves
Donner son point de vue sur un sujet polémique	– comprendre un point de vue sur un sujet polémique – comprendre les points principaux d'une discussion – comprendre des informations sur un événement festif musical – défendre son point de vue à propos d'un sujet polémique
OBJECTIFS LINGUISTIQUES	
GRAMMATICAUX	– la concession : *bien que* + subjonctif et l'opposition : *pourtant, cependant*...
LEXICAUX	– quelques expressions pour exprimer/rapporter un point de vue (favorable/opposé)
PHONÉTIQUES	– distinction [j]/[ʒ] – intonation : expression de l'accord et du désaccord

SCÉNARIO DE LA LEÇON

La leçon se compose de deux parcours :

Dans le premier parcours, les apprenants seront amenés à lire un compte-rendu de réunion publique, après avoir été sensibilisés au thème des conseils de quartier par une affiche d'information. Ils découvriront les moyens linguistiques d'exprimer son point de vue ou de rapporter celui d'autres personnes et seront amenés en fin de parcours à rédiger eux-mêmes un tel compte-rendu sur un autre thème.

Dans le second parcours, les apprenants écouteront un échange d'opinions sur un événement musical qui a lieu à Paris. En fin de parcours, ils seront en mesure d'exprimer leurs opinions sur un sujet polémique au cours d'une table ronde simulée.

EXPRIMER SON POINT DE VUE DE MANIÈRE NUANCÉE

🎬 Comprendre Écrit Act. 1	🎬 Comprendre Écrit Act. 2 et 3	🎬 Point Langue Les expressions d'opposition/de concession S'exercer nᵒˢ 1 et 2	🎬 Aide-mémoire Rapporter un point de vue	🎬 Phonétique Act. 4	🎬 S'exprimer Oral/Écrit Act. 5 et 6

Affiche de quartier   Compte rendu et fiche de synthèse

154

→ **OBJECTIF DE L'ACTIVITÉ 1** ← Comprendre un document d'information.

1 Les apprenants entrent dans la thématique de la leçon par la découverte de ce document de sensibilisation. Faire observer l'affiche (document 1) dans sa globalité et vérifier un premier degré de compréhension avec les questions posées (*Qui s'adresse à qui ? Dans quel but ?*). Demander où, d'après les apprenants, on peut lire ce document : *dans les Mairies des arrondissements de Paris ou sur les sites Internet mentionnés*. S'assurer que le lexique est bien compris.

→ **CORRIGÉ :** La Mairie de Paris s'adresse à tous les habitants de Paris, par l'intermédiaire de cette affiche, pour les informer de l'existence des conseils de quartier.

→ **OBJECTIF DES ACTIVITÉS 2 ET 3** ← Comprendre un compte rendu de réunion.

2 **a)** Il s'agit ici aussi de commencer par une découverte globale de ce compte rendu, afin d'aider les apprenants à établir des hypothèses sur son contenu et d'en faciliter ainsi sa compréhension après. Faire lire le document dans sa totalité, sans s'arrêter aux questions lexicales. Faire remplir seulement la première partie de la fiche de synthèse et mettre en commun.
b) Pour faire remplir la seconde partie de la fiche, procéder à une seconde lecture. Les apprenants se concertent par deux avant la mise en commun.

→ **CORRIGÉ :** **a)** Consultation sur : *projets prioritaires pour l'avenir dans le cadre du Plan de déplacements de paris (PDP).* – Conseil du quartier : *du Sentier* (IIe arrondissement) – Date : *mardi 5 mars*
b) Les projets prioritaires pour l'avenir : **1.** *Mise en place d'une navette de transport sur la Seine.* – **2.** *Créations de voies rapides réservées aux taxis et aux bus.* – **3.** *Interdiction de la circulation automobile sur les voies sur berge.* – **4.** *Réduction de la vitesse à 30 km/h en dehors des grands axes.*

3 Cette activité doit attirer l'attention des apprenants sur la manière de formuler une opinion nuancée, des réserves, et de voir comment on rapporte un point de vue. Une nouvelle relecture doit permettre de faire relever les passages qui justifient que les opinions rapportées sont nuancées. Les noter sur un tableau en vue de la conceptualisation de cet acte de parole et faire souligner les expressions qui introduisent une réserve. Cette activité sert de transition vers le Point Langue.

→ **CORRIGÉ :** Les opinions exprimées sont nuancées avec des réserves :
*« La majorité est favorable à... les avantages sont très nombreux... **Cependant**, les participants ont souligné que ce type de transport ne devrait pas coûter plus cher que le métro. / Cette proposition est très controversée. La majorité apprécie... **Pourtant**, tous citent les conséquences néfastes... / **Bien que cette mesure revienne sans cesse**... elle est fortement rejetée / **Malgré le succès**... beaucoup de personnes y sont opposées. »*

Point **Langue** › LES EXPRESSIONS D'OPPOSITION/DE CONCESSION pour exprimer des réserves

Le relevé de l'activité 3 fournira le corpus à observer pour faire découvrir les moyens de nuancer son opinion, d'émettre des réserves.
a) Faire observer les opinions relevées et faire repérer les expressions qui introduisent une réserve.
b) et c) Puis, faire répondre et compléter la règle. Les apprenants comparent leurs réponses par deux avant la mise en commun en grand groupe.

→ **Corrigé :** **a)** On peut exprimer l'opposition avec les adverbes ***cependant*** et ***pourtant***.
b) Le lien entre la deuxième partie et la première partie de la phrase est une suite inattendue.
c) On exprime la concession avec ***bien que*** + verbe au ***subjonctif*** ou avec ***malgré*** + nom.

S'EXERCER n°s 1 et 2 Corrigé ▶ p. 158

AIDE-MÉMOIRE

Cet Aide-mémoire complète l'observation des expressions de réserves en présentant un regroupement des expressions qui permettent de rapporter un point de vue. Se servir du corpus relevé dans l'activité 3 pour mettre en évidence ces formulations.
*La majorité **est favorable à**... les avantages sont très nombreux... Cependant...*
*Cette proposition **est très controversée**. La majorité apprécie... Pourtant, tous citent les conséquences néfastes...*
*Bien que cette mesure revienne sans cesse... elle **est fortement rejetée***
*Malgré le succès... beaucoup de personnes **y sont opposées**.*

LEÇON 3 - DOSSIER 8

→ **OBJECTIF DE L'ACTIVITÉ 4** ← **Phonétique :** le son [j] opposé au son [ʒ].

4 Cette activité poursuit le travail sur la prononciation du son [j], amorcé dans la leçon 2. Il s'agit ici de faire percevoir la différence entre deux sons qui s'opposent par leur labialité. Pour [ʒ], les lèvres sont projetées en avant, la labialité est donc forte, et pour [j] les lèvres sont souriantes ou écartées, le degré de labialité est donc nul. La confusion entre ces deux sons est souvent fréquente chez les hispanophones. Il est donc utile de vérifier si les apprenants perçoivent et reproduisent correctement ces deux sons. Faire écouter la première phrase et attirer l'attention des apprenants sur l'opposition [aj] dans *travail* et [aʒ] dans *mariage*. Avant de faire répéter, procéder à un exercice de reconnaissance du son [j] dans les phrases proposées et donner la consigne suivante : « Écoutez et dites combien de fois vous entendez [j] dans chaque phrase » (1 = 3 – 2 = 1 – 3 = 1 – 4 = 3 – 5 = 3). Il est préférable que les apprenants ne regardent pas l'exercice pour cette activité d'écoute. Procéder à la correction, puis faire réécouter et répéter les phrases à tour de rôle.

■ **VARIANTE :** On peut poursuivre l'activité en la complétant par un repérage des graphies du son [j] avec la consigne suivante : « **Maintenant regardez les phrases, réécoutez et soulignez à chaque fois que vous entendez le son [j]** » : 1 : *il y a, travail, mariage* (y + a, a + il, i + a) – 2 et 3 : *embouteillage, oreille* (e + ill) – 4 : d'*ailleurs, accueille, Bastille* (a + ill, ue + ill, ill) – 5 : *dernier, sentier, forestier* (i + er (prononcé [e])). Faire observer et regrouper les graphies pour faire compléter la règle suivante : « **On prononce le son [j] quand on a les graphies :** *i* ou *y* + ..., *ill*, voyelle + ... ou ... . »
(*i* ou *y* + **voyelle**, *ill*, voyelle + *il* ou *ill*)

→ **OBJECTIF DES ACTIVITÉS 5 ET 6** ← Échanger et donner son opinion sur des projets d'aménagement.

5 Former des groupes hétérogènes (personnes de sexe, d'âge et d'intérêts différents si possible). Les apprenants sont amenés à établir une liste de projets possibles pour un lieu aménageable dans une ville ou un village (à déterminer). Inciter les groupes à rédiger leurs projets de la manière la plus précise possible. Mettre en commun ensuite, chaque groupe présente sa liste. Le grand groupe décide de garder trois ou quatre projets sur tous ceux qui ont été présentés. (Prévoir un « secrétaire » pour chaque groupe, qui prend des notes au cours de la discussion en grand groupe).

6 En sous-groupe, à l'aide des notes des « secrétaires » de séance, faire rédiger un compte rendu sur le choix des projets. Inciter les apprenants à utiliser ce qui a été vu précédemment pour rapporter les opinions et nuancer les points de vue.

DONNER SON POINT DE VUE SUR UN SUJET POLÉMIQUE

| ▓ Comprendre Oral/Écrit Act. 7 et 8 | ▓ Point Culture La Techno Parade | ▓ Comprendre Oral Act. 9 et 10 | ▓ Aide-mémoire Donner son point de vue sur un sujet polémique/ réagir **S'exercer n° 3** | ▓ Phonétique Act. 11 | ▓ S'exprimer Oral Act. 12 |

Annonce de la Techno Parade
Affiche

Émission radio

→ **OBJECTIF DES ACTIVITÉS 7 ET 8** ← Comprendre une annonce et comparer les informations avec celle d'une affiche sur un événement festif.

7 Faire écouter l'enregistrement et faire dire quel événement est annoncé.

→ **CORRIGÉ :** L'événement annoncé : la Techno Parade, un défilé musical dans les rues de Paris.

8 Faire lire l'affiche avec le texte et demander si toutes les informations sont correctes. Faire réécouter à la demande des apprenants pour faire retrouver les informations exactes.

→ **CORRIGÉ :** *Le 8 septembre* → le 10 septembre – *dès minuit* → à midi (12 heures) – *Place de la Concorde* → Place de la Bastille

La Techno Parade

POINT CULTURE

Les informations de ce Point Culture précisent celles de l'affiche. Faire compléter le texte. Les apprenants comparent leurs réponses par deux avant la mise en commun en grand groupe. Proposer d'aller consulter le site, si les apprenants le peuvent, et demander si une telle manifestation existe dans leur pays.

➔ **Corrigé :** La parade a été créée en 19*98*… elle est devenue l'occasion unique de faire la fête dans la ***rue***… au mois de ***septembre***, le cortège… suit un ***parcours*** à ***Paris***…

➔ OBJECTIF DES ACTIVITÉS 9 ET 10 ◻ Comprendre des points de vue sur un événement festif.

9 Procéder à l'écoute de l'enregistrement. Demander de quoi il s'agit : *C'est une émission de radio,* et qui sont les personnes qui prennent la parole : *Des invités qui donnent leur point de vue sur la Techno Parade.* Puis, faire répondre à la question.

➔ CORRIGÉ : **1.** David Lescot, disc-jockey – **2.** Bertrand Saltron, député – **3.** Colette Tabey, commerçante – **4.** Myrtille Maine, fan de techno

10 La deuxième écoute de l'enregistrement a pour but de faire noter les opinions *pour* ou *contre* des personnes interviewées. Faire réécouter à la demande des apprenants en vue de faire noter les arguments qui justifient les opinions. Les expressions utilisées pour donner son point de vue seront soulignées dans l'Aide-mémoire.

➔ CORRIGÉ : **David Lescot** est pour la Techno Parade : « *Bien sûr, **je suis pour** !... C'est l'occasion... de défendre le statut professionnel des disc-jockeys* » – **Bertrand Saltron** est pour : « *Oui, **je suis favorable à la Parade**... je tiens à apporter mon soutien aux musiques électroniques...* » – **Colette Tabey** est contre : « *Ben alors, **vous vous rendez pas compte** !... Non, la Techno Parade, **moi je suis radicalement contre** !... Et d'ailleurs, **je suis pas la seule à m'y opposer** ! un bruit infernal, une foule immense, la circulation bloquée... et je n'ai rien vendu !* » – **Myrtille Maine** est pour : « ***Vous exagérez, Madame** ! **Heureusement que ça existe**, la liberté d'expression ! La Techno parade, **moi, j'adore** !... Les chars sont géniaux, il y a une super ambiance. La fête, quoi !* »

AIDE-MÉMOIRE

Cet Aide-mémoire vient renforcer le repérage des expressions pour donner son point de vue sur un sujet polémique, repérées dans l'activité précédente.

S'EXERCER n° 3 Corrigé
▶ p. 158

➔ OBJECTIF DE L'ACTIVITÉ 11 ◻ Phonétique : Intonation : expression de l'accord et du désaccord.

11 Cette activité fait écho aux précédentes sur l'expression de l'opinion et sert d'entraînement pour l'activité d'expression orale qui suit. Faire écouter l'enregistrement en entier. Faire identifier l'opinion (accord ou désaccord) pour chaque phrase. Faire réécouter et répéter chaque point de vue, à tour de rôle. Ne pas hésiter à faire lever le groupe et à demander que les apprenants s'adressent les uns aux autres pour dire les phrases, en les accompagnant de gestes ou de mimiques qui amplifient l'opinion.

➔ OBJECTIF DE L'ACTIVITÉ 12 ◻ Transférer ce qui a été travaillé dans le parcours sur les échanges d'opinion.

12 Former des groupes de quatre ou cinq apprenants. Chaque groupe choisit un sujet et prépare des arguments *pour* et des arguments *contre* (le sous-groupe peut se diviser en binômes pour chercher soit les arguments *pour*, soit les arguments *contre*). Les apprenants se retrouvent ensuite autour d'une grande « table ronde » pour participer à une discussion générale sur un ou plusieurs sujets choisis, pendant laquelle chacun défend un point de vue avec les arguments préparés en sous-groupes.

1. 2 e : La circulation dans la capitale est de plus en plus difficile, *pourtant* les gens continuent à venir travailler en voiture. – 3 b : Il y a plus de cyclistes dans la ville, *cependant* les pistes cyclables sont insuffisantes. – 4 c : La fréquence des trains a augmenté, *pourtant* les banlieusards continuent à voyager debout. – 5 d : Les gens déclarent prendre davantage les transports en commun, *cependant* les embouteillages ne diminuent pas.

2. *Réponses libres. À titre d'exemples :* **a.** La loi a été votée *malgré une forte opposition.* – **b.** Le conseil a manifesté son opposition *bien que les pouvoirs publics soient favorables.* – **c.** Ils se sont réunis *malgré le manque de participants.* – **d.** Le Maire a choisi d'augmenter les tarifs de stationnement *bien que les rues manquent de places pour garer les voitures.*

3. **1.** – Un adepte du roller : « Moi, je **suis pour** ! »
– Le Maire : « Cela demande une organisation importante, cependant je **suis favorable à** cette manifestation hebdomadaire qui connaît un grand succès ! »
– Un chauffeur de taxi : « Tous les vendredis soirs, je suis gêné par les rollers, alors la même chose toutes les semaines, je **suis contre** ! »
2. – Une personne habitant sur le parcours prévu : « Les travaux vont durer deux ans au minimum, la circulation va être impossible ; je **m'y oppose** ! »
– Un écologiste : « je **suis pour le** tramway, ça va diminuer la pollution dans la capitale. »

Ce Carnet de voyage se compose d'un seul volet :

Ce volet, intitulé *Culture et fête en ville*, permet de découvrir différents événements festifs urbains qui ont démarré à Paris et existent maintenant dans d'autres pays d'Europe : la Fête de la musique, les Nuits blanches et le Printemps des Poètes. Les apprenants seront amenés à lire des informations sur ces événements en croisant plusieurs types de documents : articles, affiches et poèmes sur le thème de la ville. Après avoir échangé sur ces manifestations, connues d'eux ou qu'ils aimeraient connaître, ils pourront simuler la programmation d'une fête pour leur ville et en rédigeront le projet afin de le présenter au grand groupe. Ensuite, ils s'imprègneront d'ambiances urbaines à travers trois poèmes. Les activités de ce *Carnet de voyage* auront pour objectif de renforcer le lexique sur le thème de la ville et de faire découvrir aux apprenants l'écriture poétique, afin qu'ils soient en mesure de créer aussi un poème sur un thème de leur choix.

Culture et fête en ville

1 Faire observer les deux affiches (*Nuit Blanche* et *Fête de la Musique*) et demander aux apprenants s'ils connaissent ces manifestations et si elles existent dans leur pays. Faire deviner ensuite où elles se sont produites la première fois. Si l'équivalent existe dans le pays des apprenants, les amener à raconter ce qui se passe, à quel moment, et où cela a lieu.

➡ **CORRIGÉ :** **Ces manifestations ont été créées à *Paris* (*sur la page du site on voit la silhouette du plan de la ville de Paris*).**

2 Faire lire les textes et les faire associer aux affiches. Former des groupes. Si la classe est multilingue, mélanger les nationalités. Les apprenants échangent sur leurs expériences par rapport à ces événements, ou, s'ils ne les connaissent pas, sur leur préférence d'un événement plutôt que l'autre. Prévoir un rapporteur dans chaque groupe en vue de la mise en commun.

➡ **CORRIGÉ :** texte qui commence par « Imaginée en 1981... » → affiche de la *Fête de la musique*
texte qui commence par « Manifestation annuelle... » → affiche de la *Nuit Blanche*

3 Les mêmes groupes, ou des groupes différents, choisissent un thème et réfléchissent à l'organisation d'un événement festif sur ce thème, dans leur ville. Ils décident en détail du contenu du programme, du moment dans l'année, du lieu et du nom de l'événement, afin de présenter leur projet à tout le groupe. En grand groupe, on peut faire élire le « meilleur projet ».

▪ **VARIANTE :** Sur de grandes feuilles blanches, proposer aux sous-groupes de concevoir l'affiche de leur événement (prévoir le matériel : couleurs et photos de magazines à coller).

4 Faire observer l'affiche du *8ᵉ Printemps des Poètes* et faire lire la première partie de l'article, intitulée « Le Printemps des poètes en mars », qui informe sur cette manifestation. Faire imaginer quelles propositions ou quels événements peuvent être programmés au cours de cette « semaine festive » (*concours de poèmes, soirées poésie avec lectures en public, jeux avec les mots, concerts ou récitals, mise en scènes, expositions...*).
Puis, faire lire la deuxième partie de l'article, intitulée « Édition du 4 au 12 mars 2006 : Le chant des villes », avant de faire lire les trois poèmes. Demander de quoi il s'agit : *10 poèmes sur le thème de la ville ont été écrits par dix poètes connus.* Faire découvrir les trois poèmes et faire répondre à la question avant de faire expliciter le lexique inconnu.

➡ **CORRIGÉ :** « Ville » → ce qui fait une ville
« Courir le monde » → les noms de villes qui font rêver
« Le chant des villes » → la relation avec les villes

POINT INFO
– Tahar Ben Jelloun
– André Velter
– Andrée Chedid ▶ p. 185

5 Faire relire les poèmes « Ville » et « Le chant des villes » et faire relever tous les éléments spécifiques des villes (éléments architecturaux, ambiances, habitants...). Les apprenants peuvent faire cette recherche par deux. Puis, faire relever tout ce qui évoque la vie et le mouvement dans la ville.

➡ CORRIGÉ : **a) Ville** : « *un tas de maisons, des visages, un écran et des images qui racontent des histoires* (= le cinéma), *une avenue, des pierres et des statues...* »

Le chant des villes : « *leurs espaces verts, leurs ruelles, leurs peuples de partout, les cités, Urbaine.* »

b) Ville : « *des visages et des cerises* (les gens dans les rues, le marché...), *des hirondelles bleues et des danseuses frêles* (des oiseaux dans le ciel bleu, des filles qui vont à leur cours de danse...) »

Le chant des villes : « *pulsations* (cœur qui bat), *leur existence mouvementée* (la circulation), *je respire dans leurs espaces verts, je me glisse dans leurs ruelles, j'écoute leurs peuples..., elles retentissent* »

■ **POUR ALLER PLUS LOIN :** Faire relever les images poétiques et faire interpréter ce qu'elles évoquent.

➡ CORRIGÉ : *Réponses libres. À titre d'exemples* : « **Ville** » : « *des hirondelles bleues et des danseuses frêles* : vers symétrique de 10 pieds avec césure après « bleues » et inversion des sonorités [ε] [∅] / [∅] [ε] (évocation des couleurs avec le rouge des « cerises », le « bleu » des « hirondelles »), *un ciel mâché par des nuages* (métaphore évoquant la nostalgie, le ciel a disparu, « mangé ou mâché » par les nuages), *des pierres et des statues qui traquent la lumière* (évocation de l'effroi avec le verbe « traquer »), *et un cirque qui perd ses musiciens* (évocation de la disparition de la vie, en écho avec le mot « ruines »).

« **Courir le monde** » : les rimes de fin de phrases : « noms / non, Zanzibar / mémoires, terre / être, songes / Oronte / monde », l'alexandrin de conclusion, les images évoquant les voyages et la ville : « *au coin des rues de la terre, le refrain qui a ouvert la route* ».

« **Le chant des villes** » : l'évocation de la relation physique entre la poétesse et la ville : « *elles retentissent dans mes veines, me collent à la peau, je ne pourrai me passer d'être foncièrement Urbaine.* »

6 Après la découverte de la construction des trois poèmes, proposer de choisir l'une des trois trames proposées et d'écrire un poème sur un thème au choix. Travail individuel ou par deux. Lecture et/ou affichage des poèmes après la production.

L'Art de communiquer

CONTENUS SOCIOCULTURELS – THÉMATIQUES

Génération Internet

OBJECTIFS SOCIOLANGAGIERS

OBJECTIFS COMMUNICATIFS & SAVOIR-FAIRE Être capable de...	
Exprimer un jugement	– comprendre une information sur des dangers quotidiens – comprendre quelqu'un qui explique un comportement dangereux – comprendre quelqu'un qui exprime un jugement sur un comportement – comprendre quelqu'un qui raconte une anecdote – échanger sur Internet et son utilisation – rédiger les questions d'une enquête sur l'utilisation d'Internet – interroger et répondre à une enquête – rapporter les réponses d'une enquête, comparer les résultats – rédiger une lettre pour le courrier des lecteurs dans laquelle on exprime un jugement sur une situation
Faire une recommandation, mettre en garde	– comprendre un article sur Internet – comprendre quelqu'un qui demande un conseil – comprendre des recommandations, des mises en gardes – formuler des recommandations, des mises en garde – rédiger un article de magazine de presse courante
OBJECTIFS LINGUISTIQUES	
GRAMMATICAUX	– le subjonctif dans l'expression du jugement – les formes impersonnelles + subjonctif ou infinitif
LEXICAUX	– termes liés à Internet – quelques formes impersonnelles de recommandation/mise en garde
PHONÉTIQUES	– marques de l'oral – intonation : l'incrédulité

SCÉNARIO DE LA LEÇON

La leçon se compose de deux parcours :

Dans le premier parcours, les apprenants liront des articles sur les adolescents qui utilisent Internet de façon abusive et sur le comportement desquels les parents s'interrogent. Ces lectures amèneront les apprenants à échanger sur leur propre utilisation d'Internet à travers une enquête qu'ils organiseront dans la classe.

Dans le second parcours, les apprenants prendront connaissance des manières de mettre en garde contre des dangers à travers la lecture d'un article de presse et l'écoute de situations où des personnes s'interrogent sur des faits surprenants et liés à leur utilisation d'Internet. En fin de parcours, ils seront amenés à rédiger un article de presse pour une revue qui fait des recommandations aux parents quant à l'utilisation d'Internet par leur enfant.

EXPRIMER UN JUGEMENT

🎞 Comprendre Écrit	🎞 Point Langue	🎞 Comprendre Oral	🎞 Point Langue	🎞 Phonétique	🎞 S'exprimer Oral/Écrit	🎞 S'exprimer Écrit
Act. 1, 2, 3, 4 et 5	Exprimer un jugement S'exercer nᵒˢ 1 et 2	Act. 6	Parler d'Internet S'exercer nº 3	Act. 7	Act. 8	Act. 9

Articles de magazines de société   Conversations de jeunes

➡ OBJECTIF DES ACTIVITÉS 1 à 5 ⬅   Comprendre des articles sur un phénomène de société.

1 Avant de faire lire l'article (document 1), faire observer la photo et faire faire des hypothèses sur le thème du document. Puis, faire lire et répondre aux questions.

➡ **CORRIGÉ :** **1.** On parle de la dépendance des jeunes (principalement) face à l'Internet, avec l'exemple d'un adolescent de 14 ans, à qui on a dû interdire l'accès à son ordinateur. – **2.** Titre possible : *Dangers d'Internet*

2 Faire relire le document 1 pour faire trouver à quoi on compare l'usage d'Internet, en justifiant la réponse par un passage pris dans le texte.

➡ **CORRIGÉ :** On compare l'usage d'Internet à « une drogue » (1ʳᵉ ligne). Ensuite, les termes « accros », « dépendance », « sevrage » renforcent cette idée.

3 Faire lire le document 2 et demander aux apprenants de quoi il s'agit : *C'est une rubrique « courrier des lecteurs » dans un magazine, auquel un psychologue répond.* Faire ressortir le lien avec le document 1 : *Des parents s'inquiètent de l'usage intensif d'Internet par leurs enfants.*

➡ **CORRIGÉ :** Des parents s'interrogent sur le même thème que celui vu dans le document 1 en parlant de leurs enfants (des adolescents de 16 et 15 ans) qui se connectent souvent. Ils demandent des conseils pour répondre à leur inquiétude devant ce comportement.

4 Faire relire les courriers des lecteurs et répondre au vrai/faux en faisant justifier les réponses par des passages pris dans le texte.

➡ **CORRIGÉ :** **vrai** : « Mon fils de 16 ans passe entre deux et trois heures... Il participe à des jeux... »/« Ma fille de 15 ans se connecte au moins deux heures par jour... ». – **faux** (il ne s'agit pas d'une anecdote puisqu'elles parlent de leur enfant) – **vrai** : « Je trouve étonnant que ce soit... ça me semble dangereux qu'il puisse... »/ « C'est bien qu'elle puisse... qu'elle aille... mais ça me désole qu'elle puisse... » – **faux** (elles demandent conseil au psychologue du magazine)

5 Faire relire et compléter les fiches du psychologue. Les apprenants comparent leurs fiches par deux avant la mise en commun.

➡ **CORRIGÉ :**

	Cas nº 1	Cas nº 2
Parent :	Denis, 57 ans, Paris	Brigitte, 49 ans, Bergerac
Âge/sexe de l'enfant :	Fils de 16 ans	Fille de 15 ans
Nature du problème :	Passe 2 à 3 heures/jour devant l'écran, c'est devenu son seul loisir	Passe au moins 2 heures/jour sur le net, « chatte » sans but précis
Position du parent :	Père étonné, ça lui semble dangereux	Mère embarrassée et inquiète

Point Langue   › EXPRIMER UN JUGEMENT

Ce Point Langue permet de travailler sur les différentes formulations utilisées pour exprimer un jugement.
a) Faire relire pour trouver les expressions correspondant aux faits cités.
b) Faire rechercher ce qui permet de comprendre que le jugement est positif ou négatif. Les apprenants comparent leurs réponses par deux avant la mise en commun en grand groupe.
c) Faire compléter la règle.   ... /...

Point **Langue**

> ➡ **Corrigé : a)** et **b)** – « *Je trouve **étonnant** que* ce soit devenu son seul loisir et *ça me semble **dangereux** qu'* il puisse passer tout son temps sur le web. » → jugement négatif.
> – « *C' est **bien** qu'* elle puisse naviguer pour faire des recherches, qu'elle aille sur des sites en anglais... »
> → jugement positif.
> – « ...mais *ça me **désole** qu'* elle puisse rester des heures à chatter sans but précis... » → jugement négatif.
> Les mots clé qui permettent de comprendre le jugement : ***étonnant, dangereux, bien, désole.***
> **c)** Je trouve + ***adjectif*** + que
> Ça me semble + ***adjectif*** + que
> Ça me réjouit ≠ ça me ***désole***   } + verbe au ***subjonctif***
> C'est + ***adverbe*** + que
>
> **S'EXERCER nos 1 et 2**   Corrigé ▶ p. 165

➡ OBJECTIF DE L'ACTIVITÉ 6 ◁   Comprendre une conversation de jeunes sur l'usage d'Internet.

6 **a)** Faire écouter l'enregistrement et faire trouver le cadre énonciatif de cette conversation : *Qui parle à qui ? De quoi ?*
b) Puis, faire réécouter et répondre à la question.

> ➡ CORRIGÉ : **a)** 1er **dialogue :** Pauline raconte à son amie la rencontre qu'elle a faite sur un chat d'Internet. –
> 2e **dialogue :** Deux amis discutent : Jonathan explique qu'il est fatigué parce qu'il a participé à un jeu en réseau jusqu'à 3 heures du matin.
> **b)** Pauline « chatte » avec des inconnus. Ses parents ne sont pas au courant. – Jonathan participe à des jeux en réseau pendant que sa mère dort (et n'est donc pas au courant non plus).

Point **Langue**   > **PARLER D'INTERNET**

Ce Point Langue permet aux apprenants de s'approprier le lexique de l'informatique utilisé en français.
a), b) et **c)** Faire chercher dans les documents lus précédemment le lexique demandé dans les trois questions.
Puis, faire compléter.

> ➡ **Corrigé : a)** le *Net* – le *Web* – la *Toile* (= nom typiquement français)
> **b)** les utilisateurs d'Internet = les internautes
> **c)** aller sur Internet = se connecter
> faire des recherches/visiter des sites = naviguer/aller sur la Toile
> participer à une discussion instantanée = « chatter »
>
> **S'EXERCER n° 3**   Corrigé ▶ p. 165

➡ OBJECTIF DE L'ACTIVITÉ 7 ◁   **Phonétique :** Marques de l'oral.

7 Cette activité a pour but de faire prendre conscience aux apprenants des marques de l'oral dans une conversation courante sur le registre familier. Faire réécouter les deux dialogues de l'activité 6 en demandant de repérer ces marques de l'oral (faire un rappel de cette spécificité de l'oral, vue avec l'enregistrement de l'activité 3, leçon 2, dossier 2, p. 33 du manuel). Faire relever les mots ou les lettres qui ne sont pas prononcés (qu'on n'entend pas), les répétitions et la prononciation de « bien ».

> ➡ CORRIGÉ : Suppression de « ne » : *je le connais pas – elle rentre jamais...*
> Abréviation : *cet aprèm' – trois heures du mat'*
> Redondance (répétition) du sujet : *tes parents, ils le savent ? – ta mère, elle dit rien ?*
> Prononciation orale de « bien » : *Ben non*
> Suppression du « u » dans « tu » : *T'en fais une tête Jonathan !*
> Suppression du « e » au début d'un groupe : *j'suis crevé*
> Suppression de « il » dans « il y a » : *y avait*

➡ OBJECTIF DE L'ACTIVITÉ 8 ◁   Transférer les acquis du parcours en faisant une enquête dans la classe.

8 Former des groupes de deux apprenants pour faire trouver les questions d'une enquête sur l'utilisation d'Internet, cette enquête sera faite dans la classe. Chaque groupe interroge un autre groupe et les résultats de l'enquête sont rapportés et comparés ensuite en grand groupe.

⊡ **OBJECTIF DE L'ACTIVITÉ 9** ◰ Demander conseil et exprimer son jugement sur une situation à travers un courrier des lecteurs.

9 Il s'agit de faire rédiger une lettre du courrier des lecteurs, sur le modèle de celles de l'activité 3. Deux points de vue sont à choisir : celui d'une personne inquiète à cause du comportement d'un(e) ami(e) ou celui d'un jeune en désaccord avec ses parents à propos de son propre comportement face à Internet (ou autre chose). Les apprenants rédigent individuellement ou par deux. Inciter les apprenants à suivre le plan proposé et à réutiliser les expressions du jugement résumées dans le Point Langue. Correction en grand groupe ou individuelle.

FAIRE UNE RECOMMANDATION/METTRE EN GARDE

🎦 Comprendre Écrit Act. 10	🎦 Comprendre Oral/Écrit Act. 11	🎦 Point Langue Faire des recommandations et des mises en garde S'exercer n° 4	🎦 Phonétique Act. 12	🎦 S'exprimer Oral Act. 13

Article du *Parisien*

⊡ **OBJECTIF DE L'ACTIVITÉ 10** ◰ Comprendre un article de journal sur un fait de société.

10 Faire identifier le cadre énonciatif de l'article (*d'après* Le Parisien *du 8 mai 2005, pas de nom d'auteur, sur le thème de l'informatique et dont le sujet est la sécurité des données personnelles sur Internet,* cf. *titre et chapeau*). Faire lire l'article en entier et répondre au vrai/faux en justifiant les réponses par des passages pris dans le texte.

➡ **CORRIGÉ : 1. vrai :** l'article parle des personnes qui fréquentent les « forums », qui consultent des sites et qui font des achats en ligne. – **2. vrai :** « la confidentialité n'existe pas sur la Toile, une partie de votre vie privée peut donc se retrouver sur le web. » – **3. vrai :** « mieux vaut avoir plusieurs pseudonymes... Méfiez-vous aussi des "espions"... il est donc impératif que vous vous protégiez... » – **4. vrai :** « ...les plaintes explosent »

⊡ **OBJECTIF DE L'ACTIVITÉ 11** ◰ Comprendre des situations orales et les relier à un article sur le même thème.

11 **a)** Faire écouter les trois situations. Faire identifier les personnes qui parlent et leur problème.
b) Puis, faire relire l'article (et, éventuellement, réécouter l'enregistrement) pour faire relever les mises en garde adaptées à ces personnes. Faire écrire ces mises en garde au tableau pour l'observation et la conceptualisation du Point Langue.

➡ **CORRIGÉ : a) 1.** La personne se retrouve avec une grosse somme débitée sur son compte et ne peut pas l'expliquer. –
2. Les personnes veulent vendre leur maison et des agences leur envoient des messages sans qu'ils les aient contactées. – **3.** La personne a donné son adresse sur un forum et elle reçoit des messages pour une opinion qu'elle a exprimée.
b) pour la première personne : « ... rien ne vaut la prudence : évitez de confier votre numéro de carte bancaire et choisissez des moyens de paiement hautement sécurisés ». – **pour les deuxièmes personnes :** « Méfiez-vous aussi des "espions" qui peuvent savoir quelles informations vous consultez : il est donc impératif que vous vous protégiez... ». – **pour la troisième personne :** « Il est essentiel de choisir les informations que l'on donne... Mieux vaut avoir plusieurs pseudonymes et différentes adresses e-mail ».

Point **Langue** › **FAIRE DES RECOMMANDATIONS ET DES MISES EN GARDE**

L'objectif de ce Point Langue est de regrouper et de classer les expressions de la mise en garde et de la recommandation relevées dans les activités précédentes.
S'appuyer sur le relevé de l'activité 11 pour l'observation : « ... *rien ne vaut* la prudence : *évitez de confier* votre numéro de carte bancaire et *choisissez* des moyens de paiement hautement sécurisés ». « *Méfiez-vous aussi des* "espions" qui peuvent savoir quelles informations vous consultez : *il est donc impératif que vous vous protégiez...* » « *Il est essentiel de choisir* les informations que l'on donne... *Mieux vaut avoir* plusieurs pseudonymes et différentes adresses e-mail. » Demander de classer ces expressions (de les regrouper par catégories), puis faire compléter le tableau.   ... / ...

... / ...

➡ Corrigé :

Expressions impersonnelles	Impératif
Il est + **adjectif** + *de* + verbe **à l'infinitif** *Il est* + **adjectif** + *que* + sujet + verbe **au subjonctif**	*choisissez* *évitez de* + **verbe à l'infinitif** *méfiez-vous de* + **nom**
Formules spécifiques	
Mieux vaut + **verbe à l'infinitif** *Rien ne vaut* + **nom**	

S'EXERCER n° 4 ➡ Corrigé ▶ p. 165

➡ **OBJECTIF DE L'ACTIVITÉ 12** ⬅   **Phonétique :** Intonation de l'incrédulité.

12 Demander aux apprenants de dire quel est le sentiment qui domine dans chaque situation de l'activité 11. Une fois que le sentiment d'incrédulité a été repéré, passer l'enregistrement et faire répéter les phrases, à tour de rôle, en faisant reproduire l'intonation.

➡ **OBJECTIF DE L'ACTIVITÉ 13** ⬅   Transférer les acquis du parcours en rédigeant un article dans une revue.

13 Faire rédiger individuellement ou par deux un article qui doit paraître dans une revue qui s'adresse aux parents et qui traite des dangers d'Internet pour leurs enfants. L'auteur de cet article doit être un psychologue qui donne des conseils, met en garde et fait des recommandations aux parents dont l'enfant utilise Internet de façon abusive.

---

1. *Plusieurs réponses sont possibles. À titre d'exemples :*
– *Ça me désole que* mon fils (frère…) dépense… / – *C'est bien que* ma fille (sœur…) *ait* de plus en plus de copains… / – *Je trouve anormal que* mon fils (frère…) ne s'intéresse plus à ses études… / – *Ça me semble dangereux que* ma fille (sœur…) chatte avec des inconnus…

2. *Réponses libres. À titre d'exemples :* n° 1 : Nous trouvons normal que le règlement interdise Internet aux élèves pendant les récréations. – n° 2 : Ça nous désole que les élèves ne puissent pas se connecter sur Internet pendant… – n° 3 : Ça nous réjouit que l'école interdise Internet pendant… –

n° 4 : Ça nous semble normal que les élèves ne se connectent pas sur Internet pendant…

3. a. *me connecter* sur Internet – **b.** *faire des achats en ligne* – **c.** *naviguer sur le net* – **d.** Je *chatte* – **e.** *faire des achats en ligne* – **f.** *chatter* – **g.** *se connecter*

4. a. *mieux vaut* réduire…/*il est essentiel de* bien dormir ; donc *évitez de* vous coucher…/*il est urgent de* changer…– **b.** *rien ne vaut* une bonne hygiène de vie…/*méfiez vous des* longues soirées…/*mieux vaut* varier…/*il est essentiel que* vous retrouviez…

CONTENUS SOCIOCULTURELS – THÉMATIQUES

Innovations technologiques

OBJECTIFS SOCIOLANGAGIERS

OBJECTIFS COMMUNICATIFS & SAVOIR-FAIRE	
Être capable de...	
S'informer sur, décrire une innovation technologique	– comprendre une page d'information publicitaire sur des objets – comprendre des arguments commerciaux – comprendre des informations sur l'utilisation du téléphone mobile – comprendre quelqu'un qui s'informe sur un objet – comprendre quelqu'un qui donne des précisions sur un objet, une innovation technologique – échanger sur le téléphone mobile – présenter des arguments pour convaincre – présenter les avantages d'un objet, d'une innovation technologique, décrire sa fonction, son fonctionnement
Informer sur un mode de communication	– comprendre quelqu'un qui exprime la possession sans la répétition de l'objet – comprendre des informations sur un mode de communication : le blog – comprendre quelqu'un qui s'informe sur un mode de communication – informer sur un moyen de communication : les blogs – s'exprimer sur un mode de communication : les blogs
OBJECTIFS LINGUISTIQUES	
GRAMMATICAUX	– les pronoms interrogatifs – les pronoms relatifs composés – les pronoms possessifs
LEXICAUX	– termes liés aux blogs
PHONÉTIQUES	– intonation : hésitation ou affirmation – prononciation [jɛ̃]/[jɛn] – phonie-graphie : *homophones de* [kɛl]

SCÉNARIO DE LA LEÇON

La leçon se compose de deux parcours :

Dans le premier parcours, les apprenants seront amenés à échanger sur le téléphone portable après s'être approprié le lexique indispensable à travers la lecture d'une publicité. L'écoute d'une conversation dans une téléboutique leur permettra de découvrir les moyens linguistiques utilisés pour s'informer ou donner des précisions sur un objet. Ils seront amenés, en fin de parcours, à participer au Salon des Inventeurs pour se renseigner ou vendre un objet insolite et en décrire les avantages dans une présentation de catalogue.

Dans le second parcours, les apprenants recevront des informations écrites sur les blogs à partir desquelles ils devront répondre oralement à des questions d'auditeurs, au cours d'une émission de radio sur ce moyen de communication. Ils échangeront, en fin de parcours, sur l'impact de ce moyen de communication dans leur pays.

S'INFORMER SUR, DÉCRIRE UNE INNOVATION TECHNOLOGIQUE

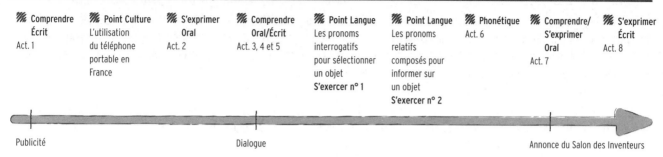

| Comprendre Écrit | Point Culture | S'exprimer Oral | Comprendre Oral/Écrit | Point Langue | Point Langue | Phonétique | Comprendre/ S'exprimer Oral | S'exprimer Écrit |

Comprendre Écrit — Act. 1

Point Culture — L'utilisation du téléphone portable en France

S'exprimer Oral — Act. 2

Comprendre Oral/Écrit — Act. 3, 4 et 5

Point Langue — Les pronoms interrogatifs pour sélectionner un objet — S'exercer n° 1

Point Langue — Les pronoms relatifs composés pour informer sur un objet — S'exercer n° 2

Phonétique — Act. 6

Comprendre/ S'exprimer Oral — Act. 7

S'exprimer Écrit — Act. 8

Publicité   Dialogue   Annonce du Salon des Inventeurs

➡ OBJECTIF DE L'ACTIVITÉ 1 ⬅   Comprendre une page publicitaire présentant les avantages d'un objet.

1 Ce document sert à entrer dans la thématique de la leçon. Avant de faire lire la publicité, faire observer de quoi elle est composée : *7 modèles de portables photographiés, 4 encadrés rouges qui s'adressent directement aux utilisateurs par des questions portant sur leurs désirs ou leurs besoins et des textes en noirs qui s'adressent aussi aux utilisateurs par des incitations.* Faire lire les encadrés rouges et faire remarquer la répétition (3 fois) de l'expression « envie de » et l'apparition, à la fin, de « besoin de » (*cf.* Point Culture qui suit : « ...le *besoin de* contacts avec les autres et l'*envie de* consommation » à la troisième ligne). Faire lire ensuite toute la publicité et faire répondre aux questions.

➡ CORRIGÉ : 1. L'argument commercial est basé sur la variété des fonctions. – **2.** *Envoyer une photo* ou une vidéo par MMS, vers un autre mobile, ou vers une adresse e-mail, *regarder la TV* en direct et des vidéos, *jouer, télécharger* ou *écouter de la musique, s'informer* sur des services

---

L'utilisation du téléphone portable en France   POINT CULTURE

Ce Point Culture complète les informations acquises lors de la lecture de la publicité. Faire lire le texte et faire rechercher les points communs entre la publicité et les informations données (« ...le *besoin de* contacts avec les autres et l'*envie de* consommation »).

■ **POUR ALLER PLUS LOIN :** Faire compléter la grille suivante pour vérifier la compréhension.

Taux d'utilisation d'un téléphone fixe :	Taux d'utilisation d'un portable :	Âge des utilisateurs :	Taux d'utilisation d'un portable uniquement	Taux d'utilisation d'un fixe et d'un portable
≃ ...	...		...	...
	94 %	...		
	95 %	...		
	53 %	...		

➔ Corrigé :

Taux d'utilisation d'un téléphone fixe :	Taux d'utilisation d'un portable :	Âge des utilisateurs :	Taux d'utilisation d'un portable uniquement	Taux d'utilisation d'un fixe et d'un portable
≃ 72 %	72 %		15 %	57 %
	94 %	15-17 ans		
	95 %	18-24 ans		
	53 %	+ 60 ans		

> ➔ OBJECTIF DE L'ACTIVITÉ 2 ◄ | Échanger sur les téléphones portables.

2 Après cette approche, les apprenants seront amenés à parler de leur propre matériel, de l'utilisation qu'ils en font et des fonctions qu'ils privilégient par rapport aux autres dans ce type d'objet. Former des groupes de personnalités différentes si possible (du point de vue de l'âge, des possesseurs de portables ou non…) et prévoir un rapporteur dans chaque groupe pour prendre des notes. Mettre en commun en grand groupe à partir des notes des rapporteurs.

> ➔ OBJECTIF DES ACTIVITÉS 3, 4 ET 5 ◄ | Comprendre une conversation dans une téléboutique sur l'achat d'un mobile.

3 Faire écouter l'enregistrement et faire repérer le cadre énonciatif de la conversation : *Où ? Qui ? Quoi ?*.

➔ **CORRIGÉ** : 1. *Dans une boutique* de téléphones portables, *un vendeur* répond aux questions d'*un client* qui désire *acheter* un modèle.

4 Faire réécouter afin de faire réaliser la tâche demandée (sélectionner les modèles de la publicité qui peuvent intéresser le client).

➔ **CORRIGÉ** : Le premier modèle à gauche (en grand), pour envoyer une photo ou une vidéo, ou le modèle au centre et à droite, pour télécharger et écouter de la musique.

5 **a) et b)** Une troisième écoute doit permettre de faire relever les questions du vendeur et du client qui portent sur la sélection des modèles, et les précisions données sur ceux-ci. Ce relevé attirera l'attention des apprenants sur les moyens linguistiques utilisés pour sélectionner ou informer sur un objet.

➔ **CORRIGÉ** : **a)** – *Lequel* voulez-vous voir ? Est-ce qu'il y a un mobile *auquel* vous pensez en particulier ?
– D'accord ! *Lesquels* sont les moins chers ?
En revanche, est-ce que vous avez des mobiles, *grâce auxquels* on peut voir la personne avec qui on parle ?
b) – Tout dépend des fonctions et des services *auxquels* vous vous intéressez.
– Je voudrais un mobile *avec lequel* je peux prendre et envoyer des photos, et sur lequel je peux télécharger de la musique…
– Et il y a aussi tous ces modèles *sur lesquels* vous pouvez recevoir les programmes de télé…

Point **Langue** › LES PRONOMS INTERROGATIFS pour sélectionner un objet

a) et b) Dans le relevé précédent, faire trouver les mots qui permettent de poser une question, les mettre en relief et demander sur quoi chacune des questions porte, puis faire compléter le tableau.

➔ **Corrigé : a)** *Lequel voulez-vous voir ?* → La question porte sur un téléphone portable particulier.
Lesquels sont les moins chers ? → La question porte sur certains modèles avec une fonction particulière.

b)

	Masculin	Féminin
Singulier	(quel téléphone ?) → *lequel* ?	(quelle fonction ?) → **laquelle** ?
Pluriel	(quels modèles ?) → *lesquels* ?	(quelles fonctions ?) → **lesquelles** ?

S'EXERCER n° 1 Corrigé ▶ p. 172

Point **Langue** › LES PRONOMS RELATIFS COMPOSÉS pour informer sur un objet

a) et b) Toujours à partir du relevé de l'activité 5, faire observer la manière de donner des précisions sur les objets dont on parle, et les mots qui relient ces précisions à l'information principale. Les mettre en relief. Faire ensuite retrouver les pronoms relatifs dans les phrases proposées du Point Langue et faire compléter le tableau.

… / …

.../...

Point **Langue**

Corrigé : a) Il y a un portable *auquel* vous pensez ? – Tous dépend des services *auxquels* vous vous intéressez. – Je voudrais un portable *avec lequel* je peux prendre des photos, *sur lequel* je peux télécharger de la musique. – Vous avez des mobiles *grâce auxquels* on peut voir la personne avec qui on parle ? – Il y a ces modèles *sur lesquels* vous pouvez recevoir les programmes de télé.

b)

		à	grâce (à)	avec/sans sur, pour, etc.
Singulier	**Masculin**	*auquel*	auquel	*lequel*
	Féminin	à laquelle	à laquelle	laquelle
Pluriel	**Masculin**	auxquels	*auxquels*	*lesquels*
	Féminin	*auxquelles*	auxquelles	lesquelles

S'EXERCER n° 2 Corrigé ▶ p. 172

▶ OBJECTIF DE L'ACTIVITÉ 6 ◀ **Phonétique : Intonation : hésitation ou affirmation.**

6 Cette activité a pour but de sensibiliser les apprenants à l'intonation de l'hésitation ou de l'affirmation et de compléter l'écoute de l'enregistrement par cette dimension prosodique. Elle servira d'échauffement pour l'activité d'expression qui suit. Dans cette activité, les apprenants peuvent s'appuyer sur l'intonation et le sens des énoncés pour distinguer le sentiment exprimé. Proposer de reproduire la grille suivante pour noter les réponses :

	hésitation	affirmation
1.	✓	
2...		

Pendant l'écoute de l'enregistrement (écoute séquentielle recommandée), chaque apprenant note ce qu'il entend. Procéder à la correction collective après une deuxième écoute de l'enregistrement (écoute continue).

Après cet exercice, faire réécouter l'enregistrement afin de solliciter les apprenants à tour de rôle pour répéter les phrases, en leur demandant de reproduire l'intonation proposée.

▶ **CORRIGÉ :** **hésitation :** 1, 2, 6 et 7 – **affirmation :** 3, 4, 5 et 8

▶ OBJECTIF DE L'ACTIVITÉ 7 ◀ Transférer les acquis du parcours dans un jeu de rôles.

7 Faire observer les objets et demander quel est le point commun entre tous ces objets d'usage courant (*ils sont tous à connexion USB*). Faire écouter l'enregistrement et exposer la situation. Former des groupes : un groupe (ou plusieurs, suivant le nombre de participants) de « clients » et des binômes correspondant à chaque objet. Chaque groupe prépare des questions (pour les clients) ou des arguments de vente (pour les vendeurs). Organiser ensuite dans la classe le Salon des Inventeurs : chaque binôme doit attirer les clients devant son « invention » et les convaincre de l'acheter.

▶ OBJECTIF DE L'ACTIVITÉ 8 ◀ Transférer les acquis du parcours, en rédigeant la présentation d'un objet dans le catalogue d'un Salon.

8 Individuellement ou par deux, les apprenants rédigent un court article présentant un objet du Salon des Inventeurs. Les apprenants réfléchissent à un objet insolite et multifonctions, le décrivent, éventuellement le dessinent, et rédigent un texte sur sa description, son usage et ses avantages.

■ **VARIANTE :** Favoriser, dans la formation des groupes de deux, le rapprochement d'un « client » et d'un « vendeur » de l'activité précédente.

INFORMER SUR UN MODE DE COMMUNICATION

〰 Comprendre Oral	〰 Point Langue	〰 Phonétique	〰 Comprendre Écrit	〰 Comprendre Écrit/Oral	〰 Point Culture	〰 S'exprimer Oral
Act. 9 et 10	Les pronoms possessifs **S'exercer n° 3**	Act. 11	Act. 12	Act. 13	Blogs : les jeunes et les femmes d'abord	Act. 14

| Conversation | | | Page d'accueil sur les blogs | Questions d'auditeurs | | |

➡ OBJECTIF DES ACTIVITÉS 9 ET 10 ⬅   Comprendre une conversation sur un mode de communication.

9 **a)** La conversation enregistrée sert de sensibilisation à la thématique de ce deuxième parcours qui porte sur un nouveau mode de communication en pleine expansion : les blogs. Faire écouter la conversation en arrêtant l'enregistrement avant la dernière réplique afin de faire deviner de quoi les deux personnes parlent.

b) Puis, faire écouter la dernière réplique pour confirmer les hypothèses des apprenants ou leur faire découvrir de quoi il s'agit, s'ils n'ont pas trouvé. Faire expliciter ce qu'est un blog ou faire lire l'encadré bleu n° 1 du document « blogdeblogs.com » au-dessous du Point Langue.

➡ CORRIGÉ : **a)** et **b)** Les deux personnes parlent de blogs.

10 **a)** Faire réécouter la conversation et faire répondre à la question.

b) Une troisième écoute sera nécessaire pour faire relever les références au différents blogs. Les noter au tableau.

➡ CORRIGÉ : **a)** cinq blogs différents sont évoqués : les deux des deux petites filles, celui du ministre, ceux des personnalités politiques et ceux des « people ».

b) Ma petite fille n'arrête pas d'*en* parler... Et *la vôtre* aussi, elle *en* a créé *un* ?... Elle a *le sien* depuis 6 mois... elle m'a montré *celui d'un ministre*... même les personnalités politiques ont *le leur*... plein de « people » *aussi* !

Point **Langue**   › LES PRONOMS POSSESSIFS

a) et **b)** À partir du relevé de l'activité 10 b), faire retrouver ce que représentent les pronoms mis en relief, puis faire compléter le tableau.

➡ **Corrigé : a)** *la vôtre* représente la petite fille de la deuxième dame. – *le sien* représente le blog de cette jeune fille. – *le leur* représente le blog des personnalités politiques.

b)

		à moi	à toi	à lui/à elle	à nous	à vous	à eux/ à elles
Singulier	**Masculin** **Féminin**	le mien *la mienne*	le tien la tienne	*le sien* la sienne	*le nôtre* la nôtre	le vôtre *la vôtre*	le leur *la leur*
Pluriel	**Masculin** **Féminin**	les miens les miennes	*les tiens* les tiennes	les siens les siennes	les nôtres	*les vôtres*	les leurs

---

➡ OBJECTIF DE L'ACTIVITÉ 11 ⬅   Phonétique : Prononciation [jɛ̃]/[jɛn].

11 L'activité proposée est une activité de reproduction de phrases, dans lesquelles le phonème semi-vocalique [j] suivi de la nasale [ɛ̃] s'oppose à la prononciation de ce même phonème [j] + [ɛn]. Faire écouter les phrases, une par une, et demander aux apprenants de les répéter en les sollicitant individuellement. Cette activité peut acquérir un caractère ludique si on met les apprenants en compétition en leur demandant de reproduire les phrases sans se tromper et de plus en plus rapidement.

→ OBJECTIF DE L'ACTIVITÉ 12 ← Comprendre une page de site informant sur les blogs.

2 **a)** Faire lire la totalité du document et énoncer de quoi il s'agit : *une page Internet sur les blogs.*
b) Puis, faire relire et réaliser la tâche d'appariement demandée.

→ CORRIGÉ : **a)** Il s'agit d'un site d'information sur les blogs, leur fonctionnement, leur fréquentation, les raisons de leur création...
b) Pourquoi bloguer ? = texte 4 – Un blog c'est quoi ? = texte 1 – Quel genre de message ? = texte 2 – Combien de blogs ? = texte 5 – Quel public ? = texte 3 – Comment créer son blog ? = texte 6

→ OBJECTIF DE L'ACTIVITÉ 13 ← Comprendre des questions sur un mode de communication et y répondre.

3 Faire écouter l'enregistrement. Après avoir fait repérer de quoi il s'agit, repasser les questions une à une en laissant le temps aux apprenants de trouver les éléments dans les documents lus précédemment et d'énoncer la réponse comme s'ils étaient le journaliste de l'émission.

→ CORRIGÉ : *Réponses libres. À titre d'exemples :* – Bonjour, je voudrais savoir ce qu'est exactement un blog. Réponse du journaliste : – C'est comme un site Internet sur lequel on laisse des messages auxquels d'autres internautes peuvent ajouter des commentaires. *Ma question :* – Est-ce que c'est difficile de créer son blog ? Le journaliste : – Non, c'est ultrasimple, il suffit de quelques clics. *Voilà ma question : Est-ce que les blogs, c'est seulement pour les jeunes ?* Le journaliste : – Non, c'est pour tout le monde, tous ceux qui désirent s'exprimer dans un espace personnel. *Ma question, c'est :* – Est-ce qu'on peut mettre des vidéos sur son blog ? Le journaliste : – Oui, c'est possible, même si c'est moins fréquent que de mettre des messages. *Question :* – Moi, je suis curieux de savoir ce qui amène les gens à créer un blog. Le journaliste : – Différentes raisons amènent les gens à créer des blogs : pour partager ce que l'on aime, pour dire ce qu'on ne peut pas dire ailleurs, pour se souvenir... ou pour faire comme les autres ! *Alors voilà :* – Est-ce que c'est un phénomène mondial ? Le journaliste : – Oh oui ! On estime qu'il y a entre 50 et 60 millions de blogs actuellement dans le monde !

Blogs : les jeunes et les femmes d'abord **POINT CULTURE**

Faire lire le Point Culture afin d'informer les apprenants sur les utilisateurs de blogs en France, et qu'ils soient en mesure de comparer ces informations avec ce qui se passe dans leur pays pour ce même phénomène.

■ **POUR ALLER PLUS LOIN :** Faire remplir la grille suivante pour vérifier la compréhension (les apprenants vérifient leurs résultats par deux avant la mise en commun en grand groupe).

% de femmes chez les blogueurs :	% de français qui savent ce qu'est un blog :	% des blogueurs de moins de 24 ans :	% des internautes entre 15 et 24 ans qui sont familiers des blogs :	% des internautes qui déclarent avoir déjà créé un blog :	% des internautes de – de 24 ans qui déclarent avoir déjà créé un blog :
…	…	…	…	…	…

➔ **Corrigé :**

% de femmes chez les blogueurs :	% de français qui savent ce qu'est un blog :	% des blogueurs de moins de 24 ans :	% des internautes entre 15 et 24 ans qui sont familiers des blogs :	% des internautes qui déclarent avoir déjà créé un blog :	% des internautes de – de 24 ans qui déclarent avoir déjà créé un blog :
54 %	**73 %**	**80 %**	**90 %**	**– de 1%**	**82 %**

→ OBJECTIF DE L'ACTIVITÉ 14 ← Échanger sur un mode de communication : les blogs.

4 Les apprenants sont invités à échanger sur les blogs et leur succès dans leur pays. Former des groupes, en mélangeant les nationalités, si le public est multinational, et l'âge des participants. Prévoir un rapporteur par groupe en vue de la mise en commun en grand groupe.

S'EXERCER – CORRIGÉ

1. a. *lesquelles* – **b.** *laquelle* – **c.** *lesquels* – **d.** *lequel*

2. a) 1. Ce sont les deux boutons *sur lesquels* vous devez appuyer pour enregistrer. – **2.** C'est l'étui *dans lequel* vous pouvez mettre votre mobile. – **3.** C'est un grand écran *sur lequel* vous pourrez suivre deux émissions simultanément. – **4.** Ce sont des innovations technologiques *grâce auxquelles* votre vie sera plus facile.

b) Voilà le portable *pour lequel* j'ai payé 150 €. – L'écran *sur lequel* les fonctions s'affichent est trop petit. – Les jeux *auxquels* je joue sur mon portable sont super ! – Les fonctions *auxquelles* je m'intéresse rendent l'appareil plus cher. – C'est la touche *sur laquelle* il faut appuyer pour démarrer l'ordinateur. – L'ordinateur *avec lequel* je travaille est très puissant. – C'est un accessoire *sans lequel* l'appareil ne peut pas fonctionner. – C'est l'innovation *grâce à laquelle* votre travail sera plus simple.

3. a) *Réponses libres. À titre d'exemples :* **a.** sa/ta chemise, sa/ta montre... – **b.** mon/son téléphone portable... – **c.** notre/votre drapeau national... – **d.** leur/votre adresse... – **e.** mes/leurs enfants...

b) a. *le mien* – **b.** *la mienne* – **c.** *les tiens* – **d.** *le sien* – **e.** *les vôtres/ les miens* – **f.** *les leurs* – **g.** *le nôtre*

Activité de phonie-graphie

L'exercice proposé rassemble plusieurs formes écrites d'une même prononciation : [kɛl], que les apprenants doivent retrouver selon le contexte. Faire écouter l'enregistrement. Faire constater que le mot qui manque se prononce de la même manière dans toutes les phrases. Faire retrouver ensuite la forme correspondant à chaque situation.

▶ **CORRIGÉ :** **1.** qu'elle – **2.** quels – **3.** quel – **4.** quelle – **5.** qu'elles – **6.** quelles

Livre-élève
▶ p. 161

L'Art d'écrire

CONTENUS SOCIOCULTURELS – THÉMATIQUES

Ateliers d'écriture : les Français et la passion d'écrire

OBJECTIFS SOCIOLANGAGIERS

OBJECTIFS COMMUNICATIFS & SAVOIR-FAIRE	
Être capable de...	
S'informer sur le fonctionnement d'un service	– comprendre des informations sur un service et son fonctionnement – comprendre une publicité sur un lieu d'écriture – comprendre quelqu'un qui présente un lieu insolite – rédiger un message sur un site Internet pour s'informer – réagir par écrit à une annonce – demander des précisions sur un service – prendre des notes à partir d'une émission de radio – rédiger un message à partir de notes
Connaître différents genres d'écrits	– comprendre les différents genres d'écrits – comprendre un article sur l'écriture et les Français – résumer l'histoire d'un conte – choisir un genre d'écrit précis et le rédiger
OBJECTIFS LINGUISTIQUES	
LEXICAUX	– les formules de la demande de précisions – le lexique de l'écriture et des genres d'écrits

SCÉNARIO **DE LA LEÇON**

La leçon se compose de deux parcours :

Dans le premier parcours, les apprenants s'approprieront les formes linguistiques pour s'informer sur le fonctionnement d'un service, en l'occurrence un atelier d'écriture par e-mail. Ils seront ensuite amenés à se renseigner, dans un message, sur un lieu original en relation avec l'écriture, en vue d'organiser une soirée avec des amis.

Dans le second parcours, les apprenants seront confrontés à plusieurs types d'écrits littéraires qu'ils identifieront à l'aide d'une liste proposant une typologie des écrits les plus courants. Ils s'informeront sur le comportement des Français face à l'écriture et s'interrogeront sur leur propre comportement dans ce domaine, avant de se lancer dans le récit oral d'un conte et la production de textes d'après des propositions d'atelier d'écriture.

S'INFORMER SUR LE FONCTIONNEMENT D'UN SERVICE

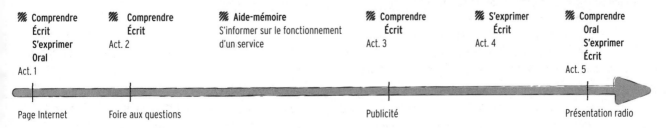

▓ Comprendre Écrit S'exprimer Oral Act. 1	▓ Comprendre Écrit Act. 2	▓ Aide-mémoire S'informer sur le fonctionnement d'un service	▓ Comprendre Écrit Act. 3	▓ S'exprimer Écrit Act. 4	▓ Comprendre Oral S'exprimer Écrit Act. 5
Page Internet	Foire aux questions		Publicité		Présentation radio

→ OBJECTIF DE L'ACTIVITÉ 1 ←   Comprendre la présentation d'un service sur un site Internet.

1 Avant l'activité, faire observer l'adresse et la composition de cette page d'accueil : *une partie tapée et une partie illustrée de « graffitis »*. Puis, faire expliciter ce qu'est un *atelier* : *un endroit où l'on fabrique des choses...*, et faire supposer ce que cet *atelier d'écriture* peut proposer.

a) Faire lire la page d'accueil et faire répondre aux questions sur le site Internet.

b) Demander aux apprenants leur avis sur cette formule, si elle leur donne envie de participer, et pour quelles raisons.

→ **CORRIGÉ :** **a) 1.** Toutes les personnes qui désirent écrire, qui sont *passionnées* par l'écriture ou *curieuses* d'*explorer* ou de *débloquer* leur capacité d'écrire. – **2.** Une *proposition d'écriture* est envoyée aux participants qui envoient leurs textes pour les *partager* avec les autres. – **3.** Elle se déroule uniquement *par e-mail, au moyen d'une liste de diffusion*.

→ OBJECTIF DE L'ACTIVITÉ 2 ←   Comprendre des questions et des informations sur le fonctionnement d'un service.

2 Faire repérer les deux parties de cette *FAQ* (quatre questions et quatre réponses), puis faire lire la page et faire répondre aux questions par deux. Mettre en commun en grand groupe et faire expliciter le lexique inconnu (par ex. *contrainte formelle* = contrainte de forme du texte à écrire : poème ou dialogue de théâtre ou texte en prose...).

→ **CORRIGÉ :** 1 d – 2 b – 3 a – 4 c

AIDE-MÉMOIRE

Avant de faire lire l'Aide-mémoire, faire repérer dans les questions de la *FAQ* les points sur lesquels portent les questions et comment celles-ci sont formulées, en proposant de faire correspondre les questions avec les points suivants :

Questions	pour s'informer sur :
1. Comment se déroule un atelier d'écriture ?	**a.** Le public visé.
2. En quoi consiste une proposition d'écriture ?	**b.** Des informations complémentaires.
3. À qui s'adresse l'[Atelier] ? Comment savoir si j'ai le niveau nécessaire ?	**c.** La nature de l'activité ou du service.
4. Est-ce que je peux faire des commentaires sur les textes ? Faut-il les envoyer sur la liste ou personnellement aux auteurs des textes ?	**d.** Les différentes phases de l'activité.

Puis, faire lire l'Aide-mémoire pour vérifier les réponses.

→ **Corrigé :** 1 d – 2 c – 3 a – 4 b

→ OBJECTIF DE L'ACTIVITÉ 3 ←   Comprendre une page de site présentant un lieu original.

3 **a)** et **b)** Faire observer la photo et repérer le nom du lieu, faire trouver ensuite l'adresse du café, faire dire ce que signifient les étoiles et quel organisme ou service propose ce lieu. Puis, faire lire le texte de la publicité et faire répondre aux questions.

→ **CORRIGÉ :** **a)** C'est un café où on écoute des poèmes.

b) Jeu de mot ou mot à double sens sur l'expression *prendre un verre* : le *vers* est une ligne d'un poème, et le *verre* (même prononciation) est quelque chose que l'on boit (que l'on prend). Dans ce café, on « prend » les deux : on boit quelque chose, comme dans un café traditionnel, et on « prend » (on écoute) des vers (de la poésie).

→ OBJECTIF DE L'ACTIVITÉ 4 ←   Écrire un message pour demander des précisions.

4 Former des groupes et faire imaginer aux apprenants des questions à poser sur le site pour avoir des renseignements précis en vue d'organiser une soirée avec des amis dans ce lieu, le « Club des poètes ». Puis, chaque groupe écrit un message avec les questions rédigées. En grand groupe, comparer et regrouper les questions mises en commun.

→ **CORRIGÉ :** *Réponses libres. À titre d'exemples* : Est-ce que le Club est ouvert tous les jours ? À quelle heure ? Est-ce qu'on est obligé de dîner ? Est-ce qu'on peut seulement prendre un verre ? Est-ce qu'il y a un spectacle ? Qu'y a-t-il au programme ? Combien coûte la soirée (un dîner + le spectacle, par exemple...), etc.

⊡ OBJECTIF DE L'ACTIVITÉ 5 ◁   Comprendre une annonce radio sur un lieu de sortie original.

5 Faire écouter l'enregistrement. Demander de quoi il s'agit : *C'est une présentation du « Club » dans une annonce radiophonique.* Demander aux apprenants de prendre des notes sur les informations données (en réponses aux questions qu'ils ont posées dans l'activité précédente). Puis, par groupes ou par binômes, faire rédiger un mél à des amis, donnant les renseignements sur le « Club » pour organiser la soirée avec eux.

➡ CORRIGÉ : *Réponses libres. À titre d'exemples* : Le café est ouvert tous les soirs excepté le dimanche, à partir de 20 heures, il est possible d'y dîner ou simplement de prendre un verre, on peut feuilleter des recueils ou discuter. À 22 heures, le spectacle commence : poèmes dits et chantés par la troupe du Club. Le prix du dîner-spectacle est de 20 €.

CONNAÎTRE DIFFÉRENTS GENRES D'ÉCRITS

⫸ Comprendre Écrit	⫸ Point Culture	⫸ S'exprimer Oral	⫸ Comprendre Écrit	⫸ S'exprimer Oral	⫸ S'exprimer Écrit
Act. 6	Les Français et la passion d'écrire	Act. 7	Act. 8	Act. 9	Act. 10 et 11

Page d'écolier · · · · · · Enquête Ipsos · · · · · · · · · · · Extraits littéraires · · · · · · Propositions d'écriture

⊡ OBJECTIF DE L'ACTIVITÉ 6 ◁   S'informer sur les types d'écrits en complétant une liste et s'approprier le lexique des genres d'écrits.

6 Avant de faire trouver les genres littéraires qui manquent, faire observer la présentation du document et faire supposer de quoi il s'agit : *page de cahier d'écolier, écriture manuscrite, classement scolaire d'un cours de littérature, etc.* et faire supposer que la personne qui a pris ces notes n'a pas tout noté (faire observer les points : « ... », qui indiquent qu'il manque quelque chose), puis faire répondre. Les apprenants comparent leurs réponses par deux avant la mise en commun en grand groupe.

➡ CORRIGÉ : LITTÉRATURE
  Poème en vers/en *prose* – Roman (classique/*policier*) – (tragédie/*comédie*)
  PRESSE ÉCRITE : *horoscope*
  AUTRES : *discours/manifeste*

Les français et la passion d'écrire   **POINT CULTURE**

Ce Point Culture apporte des informations sur les Français et l'écriture, en vue de faire comparer ces données avec ce qui se passe dans le pays des apprenants dans ce domaine.

■ **POUR ALLER PLUS LOIN :** Faire lire le texte, puis faire compléter la grille suivante, en vue de vérifier la compréhension.

% des personnes qui ont déjà écrit ou songé à écrire un livre	% de femmes qui ont écrit ou qui y ont songé	% d'hommes qui ont écrit ou qui y ont songé	% des – de 35 ans qui ont écrit ou qui y ont songé	% des 35 ans et plus qui ont écrit ou qui y ont songé
...	...	...	...	...

➲ **Corrigé :**

% des personnes qui ont déjà écrit ou songé à écrire un livre	% de femmes qui ont écrit ou qui y ont songé	% d'hommes qui ont écrit ou qui y ont songé	% des – de 35 ans qui ont écrit ou qui y ont songé	% des 35 ans et plus qui ont écrit ou qui y ont songé
23 %	**26 %**	**19 %**	**22 %**	**23 %**

➡ OBJECTIF DE L'ACTIVITÉ 7 ⬅   S'interroger sur sa propre activité d'écriture et la comparer avec les autres.

7 Former des groupes. Les apprenants s'interrogent mutuellement sur les raisons qui les poussent à écrire, les situations dans lesquelles ils sont amenés à écrire, et quels types d'écrits ils ont déjà rédigés, en français, dans leur langue ou dans une autre langue.

➡ OBJECTIF DE L'ACTIVITÉ 8 ⬅   Comprendre un texte littéraire et en identifier le genre.

8 Faire lire les trois textes et les faire identifier d'après la liste des genres d'écrits. Faire expliciter le lexique inconnu.

   ➡ CORRIGÉ : texte d'André Gide = Journal de voyage – texte de Jacques Brault = haïku – texte de Charles Perrault = conte

POINT INFO
– *André Gide*
– *Jacques Brault*
– *Charles Perrault* ▶ p. 185

➡ OBJECTIF DE L'ACTIVITÉ 9 ⬅   Faire le récit oral d'un conte populaire.

9 Former des groupes. Les apprenants répertorient les contes qu'ils connaissent, puis désignent un conteur pour résumer l'histoire de l'un de ces contes devant le grand groupe (un conteur par sous-groupe). Veiller à ce que chaque sous-groupe choisisse de raconter un conte différent.

➡ OBJECTIF DE L'ACTIVITÉ 10 ⬅   Produire un texte d'après une proposition d'atelier d'écriture.

10 Faire lire les propositions d'écriture (nᵒˢ 101, 116, 130 et 114) et expliciter le lexique inconnu, en vue de faire produire un texte par chaque apprenant. Travail individuel et minuté (« contrainte » qui doit favoriser la production de textes courts : peu, en peu de temps...). Les propositions peuvent être lues (« partagées ») en grand groupe, ou collectées individuellement.

➡ OBJECTIF DE L'ACTIVITÉ 11 ⬅   Produire un texte collectif d'après une proposition d'atelier d'écriture.

11 Faire lire les propositions d'écriture (nᵒˢ 117, 133, 105 et 153) et expliciter le lexique inconnu, en vue de faire produire un texte collectif à trois. Donner un temps limité également. Faire lire les productions en grand groupe.

Ce `Carnet de voyage` se compose de deux volets offrant la possibilité de poursuivre le travail sur l'écriture abordé à la leçon 3 de ce dossier.

Le premier volet, intitulé *Slam alors !*, permet aux apprenants de découvrir une nouvelle forme de poésie urbaine, le slam, avec l'audition d'un texte chanté, ou plutôt « slamé », c'est-à-dire scandé. Ils devront donner leurs premières impressions et s'informeront sur la diffusion du slam en France. Ensuite, ils affineront leur compréhension du texte en deux temps : ils seront d'abord invités à réécouter cette poésie, en laissant libre cours à leur imagination pour en décrire la situation. Puis, la lecture plus approfondie du texte les amènera à parler de l'état d'esprit de la personne qui écrit et, plus généralement, du poète et de son inspiration. Pour terminer sur le slam, les apprenants seront invités à faire vivre ces mots dans leur bouche et dans leur corps dans une association de diction et de mime, pour le texte lui-même et pour un texte de leur choix.

Le deuxième volet, intitulé *Poète en herbe*, les amènera à la création d'objets imaginaires par un jeu sur le langage. Après avoir déchiffré un texte avec des mots remplacés par d'autres, selon le principe du métagramme, qui consiste à passer d'un mot à un autre par la permutation d'un phonème, ils s'ingénieront à trouver eux-mêmes des objets imaginaires selon le même principe.

Slam alors !

1 Manuels fermés, faire écouter l'enregistrement sans informer les apprenants de quoi que ce soit, afin de créer la surprise et pour que les réactions après l'écoute soient plus spontanées. Puis, faire répondre en grand groupe. Faire ouvrir les manuels pour la question c). Faire observer la photo et le gros titre. Faire expliquer l'un par l'autre. Faire trouver ce que veut dire « Midi 20 » : *C'est le titre de son album, dont la référence figure à droite du texte, verticalement.*

CORRIGÉ : a) Le texte n'est pas chanté, il est scandé sur un fond musical.
c) Il s'appelle Fabien Marsaud. Il est grand et assez maigre. Il a une béquille. On peut supposer qu'il a du mal à marcher, qu'il est (ou a été) gravement malade. Dans son texte, il dit « combattre le mal par les mots ».

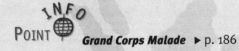

POINT **INFO** *Grand Corps Malade* ▶ p. 186

2 Faire lire le texte. Puis, demander aux apprenants s'il existe le même phénomène dans leur pays.

3 Cette activité propose une écoute différente de celle qu'ont pu connaître les apprenants au cours de leur apprentissage. Inviter les apprenants à s'installer confortablement sur leur chaise, à inspirer profondément, à fermer les yeux et à réécouter l'enregistrement en laissant leur imagination reconstituer le cadre évoqué. Après quelques « instants » d'imagination, les apprenants disent comment ils voient l'homme et sa situation.

4 Faire lire le texte. Faire répondre par groupe de deux avant la mise en commun. Faire relire le dernier paragraphe pour trouver la définition de « l'instant », puis demander de proposer un titre équivalent. Écrire au tableau ces propositions, les faire expliciter et justifier par des passages du texte. Faire répondre à la question c) en faisant justifier également par des passages du texte.

CORRIGÉ : a) « l'instant » = « Les quelques secondes du poète qui échappe à l'espace-temps / Les moments rares et irréels que la quiétude inonde »
b) *Réponse libre. À titre d'exemple :* Inspiration, L'inspiration du poète, Instants de vérité, Communication avec les Muses, etc.
c) L'auteur parle de sa situation d'écrivain, devant une page blanche, avec l'intention d'écrire, le doute qui peut l'envahir parfois par rapport à son ambition, et surtout de sa jubilation d'être inspiré et de réussir à trouver ce qu'il cherche, nommant cet état : « toucher l'instant », qui lui fait oublier sa souffrance.

5 Mettre en place cette activité en formant des groupes de deux. Un apprenant sera chargé de lire ou de dire l'extrait, pendant que son partenaire mimera toutes les actions/situations du « slammeur ». On peut mettre les apprenants en compétition et faire élire le meilleur binôme par le grand groupe.

6 Cette activité invite les apprenants à organiser une sorte de récital de poésie ou de chanson dans la classe. Si le public est multilingue, inviter les apprenants à se laisser imprégner par les différents rythmes, intonations et sons des langues entendues.

Poète en herbe

7 Cette activité associe la phonétique et la créativité. Il s'agit de faire retrouver, dans un texte bizarre, les mots qui lui rendront sa cohérence. Ces mots incongrus ont tous subi la même transformation : la permutation d'un seul phonème. Cette permutation permet de reconstituer une nouvelle unité de sens qui reste cependant très proche phonétiquement de l'unité initiale, ce qui provoque l'effet humoristique ou surréaliste du texte. Il s'agit donc de faire repérer d'abord les mots qui font buter (ou culbuter...) la cohérence du récit.

Les apprenants peuvent se concerter par deux avant la mise en commun. Pour aider ceux qui ont plus de mal, dire qu'il y a 17 mots bizarres à trouver et à remplacer.

➔ **CORRIGÉ :** Hier dans la <u>glace</u>, on a <u>bu</u> un livre qui nous a beaucoup plu. C'est l'histoire d'un <u>toit</u> qui <u>rit</u> dans un <u>chapeau</u> à la campagne. Un jour il tombe de son <u>nid</u>, <u>salade</u> avec beaucoup de <u>lièvre</u>. Pour se rétablir il doit <u>ranger</u> des petits <u>bois</u> <u>vrais</u>, qui ont <u>toussé</u> dans son jardin. Alors il met sa <u>peste</u> de fourrure et son <u>château</u> sur sa tête et va dans son jardin. Mais là il voit que tous les petits <u>bois</u> <u>vrais</u> ont été <u>rangés</u> par les <u>mères</u>. Il ne manquait que cela pour qu'il <u>pleuve</u>, pauvre <u>toit</u>. Mais heureusement les petits <u>bois</u> se remettent à <u>tousser</u>, le <u>toit</u> peut les <u>ranger</u> et le voilà <u>chéri</u>.

8 Faire remplacer ensuite les mots repérés dans le texte, par les mots proposés dans l'activité 8, pour faire retrouver la version initiale du récit. Faire remarquer que cette version initiale, quoique cohérente, est moins drôle, moins intéressante et plus insipide que la version avec les mots bizarres.

➔ **CORRIGÉ :** Hier dans la *classe*, on a *lu* un livre qui nous a beaucoup plu. C'est l'histoire d'un *roi* qui *vit* dans un *château* à la campagne. Un jour il tombe de son *lit*, *malade* avec beaucoup de *fièvre*. Pour se rétablir il doit *manger* des petits *pois frais*, qui ont *poussé* dans son jardin. Alors il met sa *veste* de fourrure et son *chapeau* sur sa tête et va dans son jardin. Mais là il voit que tous les petits *pois frais* ont été *mangés* par les *vers*. Il ne manquait que cela pour qu'il *pleure*, pauvre *roi*. Mais heureusement les petits *pois* se remettent à *pousser*, le *roi* peut les *manger* et le voilà *guéri*.

9 Former des groupes et faire faire une liste d'objets, dans tous les domaines, de préférence des mots composés. Puis, demander aux groupes de chercher s'il est possible de transformer certaines parties de ces mots composés, en ne changeant qu'un seul son (un seul phonème : les lettres muettes ne comptent pas), mais de façon à obtenir un autre mot qui a du sens, même s'il n'existe pas. Demander ensuite de définir le nouveau mot ainsi obtenu, ou de le dessiner... Se référer aux exemples de l'activité 9 pour les définitions, en insistant sur la signification et l'emploi des prépositions (*à*, *de*, *au*...).

■ **VARIANTE :** Si le groupe est inspiré, faire écrire une petite histoire avec les nouveaux mots bizarres obtenus.

Guide culturel

INFO

DOSSIER 1 – Leçon 2

> Immeubles en fête

Le site Internet www.immeublesenfête.com est consacré à la fête des voisins. On y trouve quatre rubriques principales : « **Infos** » (Qui sommes-nous ?/Contacts/ Nos partenaires/Coin presse), « **Participer** » (Particuliers/ Associations/Bailleurs sociaux/Mairie), « **Votre fête** » (vidéos/photos/témoignages), « **Télécharger** » (affiche/ invitation). Puis, des sous-rubriques comme « Actualités », « 10 bonnes idées pour réussir votre fête », « Près de chez vous et en Europe », etc.

DOSSIER 1 – Carnet de voyage

> Hergé et Tintin

Hergé, initiales inversées de Georges Remi (Etterbeek 1907-Bruxelles 1983), auteur de bande dessinée belge francophone. Après ses études, Hergé entre au journal quotidien *Le Vingtième Siècle*, comme employé au service des abonnements. En 1928, il est nommé rédacteur en chef du *Petit Vingtième*, supplément jeunesse du *Vingtième Siècle*. En 1929, paraît le premier épisode de *Tintin au pays des Soviets* : c'est le début des aventures de Tintin et Milou. Le reporter et son fidèle fox-terrier parcourront le monde pendant plus de cinquante ans aux côtés du Capitaine Haddock, du Professeur Tournesol et des Dupont et Dupond.

Après *Les Cigares du pharaon*, Hergé désire envoyer son héros en Chine. On le met en contact avec un jeune chinois, Tchang Tchong Jen, étudiant à l'Académie des Beaux-Arts de Bruxelles. Celui-ci pousse Hergé à s'informer et à se documenter sérieusement sur les pays que visite Tintin. Il le sensibilise à la situation en Chine. À travers *Le Lotus bleu*, première aventure de Tintin dotée d'un scénario solide, Hergé prend position en faveur du peuple chinois, qui subit l'occupation japonaise. On est alors loin des premières aventures de Tintin, où Hergé ne faisait que refléter la mentalité de son époque et de son milieu… Pour Hergé, la bande dessinée devient de moins en moins un amusant passe-temps, et de plus en plus un travail sérieux.

Le journal *Tintin*, créé le 26 septembre 1946, permet à Hergé de devenir réellement célèbre. Tout de suite, le succès est considérable. À partir de 1948, une édition française du journal *Tintin* est publiée, et l'audience d'Hergé devient internationale. Les albums (traduits en 30 langues) édités par Casterman, vont voir leur tirage augmenter énormément, atteignant le million d'albums en 1960.

> Magritte, René

Peintre et dessinateur belge (Lessines 1898-Bruxelles 1967). Il étudie à l'Académie des Beaux-Arts de Bruxelles de 1916 à 1918. D'abord marqué par le cubisme et le futurisme, il poursuit ensuite des recherches plus abstraites. À Paris de 1927 à 1930, il prend part aux activités des artistes surréalistes. Favorisant l'expression de la réalité à celle du subconscient, il s'en dissocie rapidement. À l'opposé d'artistes majeurs du Surréalisme, comme Tanguy, Max Ernst ou Dali, Magritte se cantonne dans la représentation du réel. La plupart de ses tableaux impliquent une spéculation sur les rapports que l'œuvre entretient avec son titre, et l'image avec les mots (*Ceci n'est pas une pipe* représente une pipe).

Magritte participe à de nombreuses expositions à partir de 1920, et notamment à presque toutes les manifestations des Surréalistes. Il montrera ses œuvres à Paris, Londres, Bruxelles, New York, Dallas, Houston ou Rotterdam et aura droit à de nombreuses expositions posthumes, notamment à Marseille, Chicago, New York, Londres ou Montréal.

> Delerm, Philippe

Écrivain français, né à Auvers-sur-Oise en 1950. Après des études de lettres, il devient enseignant à la faculté de Nanterre. Il est le père du chanteur Vincent Delerm.

Il envoie ses premiers manuscrits dès 1976 et se heurte à des refus d'éditeurs. En 1983, *La cinquième saison* suscite l'intérêt, mais c'est son recueil de nouvelles *La première gorgée de bière et autres plaisirs minuscules* qui le fait connaître du grand public en 1997. L'auteur, qui peint des petits bonheurs et des petits riens de la vie, est le premier surpris de son succès considérable.

DOSSIER 2 – Leçon 1

> Jobs d'été/BAFA

– De plus en plus de jeunes recherchent un petit boulot l'été pour se payer leurs vacances, leurs études ou pour acquérir une expérience professionnelle. Afin de les aider dans cette démarche, l'ANPE et le CIDJ (Centre Information et Documentation Jeunesse), sous le patronage du ministre de la Jeunesse, des Sports et de la Vie associative, organisent, en avril, les « journées jobs d'été ». Par ailleurs, plusieurs sites Internet référencent des offres de jobs d'été (*cf.* www.jobs-ete.com). On peut noter deux pôles d'activité : l'un consacré aux métiers des services, de la restauration, de l'assistance et de la vente, l'autre uniquement consacré aux métiers de l'animation – l'un des domaines les plus porteurs en termes de jobs d'été et qui nécessite d'avoir le BAFA.

– Le **BAFA** (Brevet d'Aptitude aux Fonctions d'Animateur de centre de vacances et de loisirs) est un diplôme qui permet d'encadrer des enfants et adolescents en centres de vacances ou de loisirs. Il est délivré au candidat (celui-ci doit avoir 17 ans révolus), sur proposition du jury départemental BAFA, par la direction départementale de la jeunesse et des sports du département où réside le candidat, après avoir passé avec succès les épreuves de la formation prévue à cet effet.

DOSSIER 2 – Leçon 2

> ANPE

L'Agence Nationale Pour l'Emploi (ANPE), créée en juillet 1967, est un établissement public placé sous la tutelle du ministre du Travail.

Elle a pour mission principale de favoriser la rencontre entre l'offre et la demande d'emploi. Son rôle est d'aider les personnes à rechercher un emploi, en leur proposant des offres, une aide technique à la recherche, mais aussi des prestations d'orientation. Elle réalise également un suivi mensuel des chômeurs, qui prend la forme d'un entretien au cours duquel ils doivent justifier d'une recherche d'emploi.

Pour actualiser les chiffres concernant le chômage, consulter le site Internet du ministère du Travail : www.travail.gouv.fr/etudes-recherche-statistiques/statistiques/chomage/79.html

DOSSIER 2 – Leçon 3

> SMIC

Salaire Minimum Interprofessionnel de Croissance. C'est le salaire minimum légal (celui en dessous duquel aucun salarié ne doit être payé). Il est réévalué tous les ans, le 1er juillet de chaque année, au minimum du montant de l'inflation, afin d'éviter une baisse du pouvoir d'achat des smicards. Au 1er juillet 2006, la valeur du SMIC brut est de 8,27 euros par heure. Soit, 1 254,28 euros bruts par mois pour un salarié qui travaille 35 heures par semaine. Fin 2005, il y avait 2,5 millions de smicards en France. C'est le plus haut niveau historique.

> RATP

Créée le 1er janvier 1949, la RATP (Régie autonome des transports parisiens) gère les transport publics en Île-de-France avec quatre réseaux : bus, métro, RER et tramway (pour plus d'informations, cf. www.ratp.fr).

> Durée du temps de travail en France

La loi Aubry du 13 juin 1998 sur le temps de travail a réduit la durée légale hebdomadaire du travail de 39 heures à 35 heures à partir du 1er janvier 2000, pour les entreprises de plus de 20 salariés, et du 1er janvier 2002, pour celles de 20 salariés ou moins. Les lois Fillon du 17 janvier 2003 et 31 mars 2005 ont assoupli la législation sur les 35 heures. Elles ont relevé le nombre d'heures supplémentaires maximum autorisé, ce qui permet aux entreprises d'augmenter la durée effective du travail. Elles ont également rendu les heures supplé-

mentaires moins coûteuses pour les petites entreprises et certains secteurs d'activité, qui n'hésitent pas à y recourir. De nombreux salariés travaillent donc plus de 35 heures par semaine. De plus, les 35 heures ont eu pour contrepartie la flexibilisation des horaires et l'intensification des rythmes de travail.

DOSSIER 3 – Leçon 1

> Canada, Québec et langue française

Le Québec est une province de l'est du Canada (avec 15,5 % de la superficie totale du Canada, c'est la plus vaste des provinces canadiennes). Parmi les dix provinces canadiennes, le Québec se distingue car il est le seul état majoritairement francophone de toute l'Amérique du Nord (plus de 83 % de la population du Québec a pour langue maternelle le français et environ 93 % l'utilisent comme langue usuelle).

La langue française parlée au Québec a ses particularités. En règle générale, le français québécois parlé et écrit utilise la même grammaire que le français international, bien qu'il y ait des exceptions ponctuelles. Les Québécois se soumettent aux recommandations de l'Académie française. En revanche, il existe l'Office québécois de la langue française (OQLF) qui promeut un usage adéquat et personnalisé du français québécois. On peut noter quelques expressions québécoises courantes :
– tomber **en amour** (= tomber amoureux)
– être mal **dans ses shorts** (= être mal dans ses baskets)
– **pantoute** ! ou **pas-en-toute** (= pas du tout !)
– **tiguidou** ! (= c'est d'accord !)
– **placotter, jaser, potiner** (= bavarder, discuter)
– **partir le char** (= démarrer la voiture)
– **être sur son 36, se mettre beau ou belle** (= être élégant)

> Belges et histoires belges

Comme deux cousins qui s'aiment beaucoup et qui, pour le plaisir, se chamaillent sans cesse, les Belges et les Français se moquent les uns des autres par l'intermédiaire de blagues.

Les blagues françaises mettent en scène des personnes qui ne comprennent pas rapidement : les Belges apparaissent comme des simplets sympathiques. Dans la BD proposée, activité 11, p. 46 du manuel, le passager n'a pas compris le lien entre la question posée et la hauteur du tunnel.

Dans les blagues racontées par les Belges, les Français sont prétentieux et leur manque d'humilité est montré du doigt : c'est le cas dans les blagues de l'enregistrement de l'activité 11 puisqu'ils « se prennent tous pour des lumières », ils croient avoir une grande valeur et ont un grand complexe de supériorité.

DOSSIER 3 – Leçon 2

> Tourisme vert et randonnée

Le tourisme vert, ou écotourisme, est un tourisme écologique qui vise à profiter de la nature, des paysages ou d'espèces particulières. Ce type de tourisme doit comporter une part d'éducation et d'interprétation, et aider à faire prendre conscience de la nécessité de préserver le capital naturel, et culturel. Le tourisme vert doit avoir de faibles conséquences environnementales et doit contribuer au bien-être des populations locales, à l'inverse du tourisme de masse qui dégrade les milieux naturels.

La randonnée est un loisir de plein air qui consiste à suivre un itinéraire balisé ou non. Elle s'effectue par différents moyens de locomotion : à pied, à ski, à cheval, à vélo (route ou VTT), etc. En France, la randonnée pédestre a de plus en plus de succès. C'est un loisir facilement accessible et praticable partout. La durée d'une randonnée peut être extrêmement variable : promenade, randonnée à la journée, grande randonnée, trecking dans des destinations lointaines. Le degré de préparation et le matériel nécessaire ne sont pas les mêmes en fonction de la durée et de la difficulté. Pour plus de renseignements, consulter le site de la Fédération Française de Randonnée Pédestre : www.ffrandonnee.fr.

> Périodes de vacances

Les périodes de vacances suivent généralement le cycle des vacances des écoles. En France, des dates sont fixées pour les vacances scolaires. Les vacances de la Toussaint (1 semaine début novembre), les vacances de février, ou vacances d'hiver (2 semaines, au cours desquelles de nombreuses personnes partent dans des stations de sports d'hiver), vacances de Noël (2 semaines), vacances de Pâques (2 semaines en avril), puis les « grandes vacances » ou vacances d'été : juillet et août (ceux qui partent en vacances en juillet sont appelés les « juillettistes » et ceux qui partent en août les « aoûtiens »).

DOSSIER 3 – Leçon 3

> La France centralisée

La France conserve le plus souvent l'image d'un pays centralisé, où « tout se passe à Paris ». En effet, la France, qui a gardé l'esprit d'une « république une et indivisible » apparaît peu décentralisée par rapport à ses pays voisins, qui donnent généralement de plus grandes libertés d'actions à leurs régions, voire ont une structure clairement fédérale. Il faut dire que la France a connu des périodes de centralisation très poussées sous Louis XI, puis sous Louis XIV, pour ne pas parler de Richelieu : l'État a précédé la Nation. La Révolution a encore accentué ce processus, malgré des intentions contraires. Et Napoléon l'a portée à son point ultime. La centralisation s'est certes adoucie et assouplie avec le temps. Mais il a fallu attendre, après la tentative manquée de régionalisation du général De Gaulle (échec du référendum d'avril 1969), la fin du XXe siècle pour que la France s'engage franchement dans un mouvement de sens contraire. Les premières lois de décentralisation (Lois Defferre) ont été promulguées en 1982-1983 par le gouvernement de Pierre Mauroy. Le gouvernement de Jean-Pierre Raffarin a remis à l'ordre du jour la réforme de la décentralisation entre 2002 et 2004 : on a appelé cette nouvelle phase, « l'Acte II de la décentralisation ». Pour plus d'informations, consulter la page : www.assemblee-nationale.fr/histoire/decentralisation.asp).

> Principales villes de France

La capitale et plus grande ville de France est Paris. Les autres grandes métropoles françaises sont Lyon, Marseille et Lille. Viennent ensuite Bordeaux, Toulouse, Nantes, Nice, Strasbourg, Saint-Étienne, Rennes, Le Havre et Montpellier. En 1999, plus de 20 autres villes françaises avaient une population supérieure à 100 000 habitants (cf. carte dans Alter Ego 1, p. 48).

> Départ des Parisiens vers la province

En France, l'expression « en province » signifie « hors de la région parisienne ». Et les parisiens cherchent de plus en plus à s'évader hors de la région parisienne… « Métro, boulot, dodo », et si cette monotonie n'était pas une fatalité ? Au-delà du macadam et du bruit, de la course et du stress, de la pollution, beaucoup de Parisiens estiment que la qualité de vie est meilleure en province. Certaines personnes poussent l'expérience jusqu'à aller vivre à la campagne. On les appelle les néo-ruraux (cf. Alter Ego 1, dossier 9, p. 148). De plus, face à des prix immobiliers moins élevés qu'en Île-de-France, des parisiens recherchent désormais leur résidence principale ou leur résidence secondaire dans certaines régions qui les attirent. Ils n'hésitent plus à faire le trajet, soit en voiture, soit en train, certaines villes comme Le Mans, Vendôme ou encore Arras n'étant, grâce au TGV, qu'à une heure de Paris !

DOSSIER 3 – Carnet de voyage

> Vacances des Français

Pour aller plus loin sur le thème des vacances, il est possible de se référer à l'ouvrage de Gérard Mermet, Francoscopie 2005. Pour comprendre les Français (Éditions Larousse).

En vingt ans, ce livre est devenu une référence. Tous les deux ans, il dresse le portrait sociologique de la France : démographie, revenus, loisirs… Il permet de mieux comprendre la vie quotidienne des Français.

On peut également consulter le site du ministère du Tourisme : www.tourisme.gouv.fr.

> RTT

Réduction du Temps de Travail. Ce sont les périodes de temps libre dégagées après que la durée du travail est passée de 39 à 35 heures. Elles ont eu pour effet l'augmentation du temps passé en famille et le développement des activités domestiques (jardinage, bricolage) ou de loisir. Certains Français ont aussi changé leur approche des vacances : ils privilégient des séjours plus courts mais plus fréquents.

DOSSIER 4 – Leçon 1

> Quotidiens français

La presse écrite quotidienne se compose de la presse nationale et de la presse régionale. Au sein de la presse nationale, la presse payante connaît de graves difficultés financières, dues à la baisse du nombre de lecteurs. Les journaux tentent alors de reconquérir des lecteurs en lançant de nouvelles formules (*Libération* en 2004, *Le Monde* et *Le Figaro* en 2005) et des suppléments ou formules week-end (*Le Monde 2*, *Humanité Dimanche*). Ils essaient aussi de trouver de nouveaux capitaux et sont amenés à se tourner vers des groupes privés (Rotschild pour *Libération*, Lagardère et TF1 pour *l'Humanité*), ce qui menace leur indépendance éditoriale. Face à cette situation, les pouvoirs publics sont régulièrement interpellés par les directeurs de publication et les citoyens pour instaurer un financement public afin de maintenir le pluralisme de la presse.

Depuis 2002, l'existence d'une presse quotidienne gratuite (*Metro*, *20 minutes*, *Direct soir*) concurrence la presse payante et aggrave ses difficultés car elle attire de plus en plus d'annonceurs et de lecteurs. Ces « gratuits » sont distribués dans les grandes villes de France. Leur diffusion dépasse celle des quotidiens nationaux payants (630 000 exemplaires pour *Metro* en 2005, 805 000 pour *20 minutes*).

La situation est meilleure pour les quotidiens régionaux. C'est le secteur de la presse payante qui se porte le mieux et dont le nombre de lecteurs augmente le plus, à l'exemple de *Ouest France*, premier quotidien de la presse payante et d'*Aujourd'hui/Le Parisien*, quotidien le plus lu en Île-de-France.

Dans ce paysage de la presse quotidienne, le journal sportif *L'Équipe* occupe une place importante. La quasi-totalité de ses lecteurs sont des hommes.

> Chaînes de télévision françaises

Les chaînes publiques françaises : France 2, France 3, France 4, France 5, Arte (chaîne franco-allemande) et RFO (Réseau France Outre-mer). Les chaînes privées gratuites : TF1, M6, Direct 8, TMC (Télé Monte-Carlo), NT1, NRJ. Les chaînes privées payantes : Canal +, AB1, Eurosport, LCI, Paris Première, TF6, etc. On peut aussi signaler sur le réseau hertzien TV5monde qui est une chaîne généraliste internationale publique. Et la diffusion prochaine de la Chaîne d'Information Internationale (CII), qui a été officiellement lancée et sera opérationnelle avant la fin de l'année 2006 ; elle diffusera ses programmes vers l'Europe – dont la France –, l'Afrique, le Proche et le Moyen-Orient.

DOSSIER 4 – Leçon 3

> Festival de Cannes

En 1939, le gouvernement français décide la création du « Festival international du film ». C'est la ville de Cannes qui a été retenue pour accueillir la manifestation étant donné « son ensoleillement et son cadre enchanteur ». À cause de la guerre, la première édition est annulée. Mais, en 1945, l'Association française d'action artistique reçoit pour mission de préparer un festival. Malgré les difficultés de l'époque, le Festival de Cannes, première grande manifestation culturelle de l'après-guerre, s'ouvre le 20 septembre 1946. Il s'agit à l'époque d'une rencontre de cinéma plus que d'une compétition puisque pratiquement tous les films présentés repartent avec un prix. Le Festival s'est tenu tous les ans depuis sa création (sauf en 1948 et 1950 faute de budget) en mai pour une durée de deux semaines. Le Festival prend l'allure d'une manifestation touristique et mondaine : les fêtes se succèdent dans les villas de Cannes. Les plus grands acteurs sont présents. S'affirmant comme le lieu de rencontre privilégié du cinéma mondial, la manifestation a acquis une notoriété qui se fonde sur l'équilibre entre la qualité artistique des films et leur impact commercial. La présentation d'un film à Cannes lui assure une reconnaissance internationale immédiate grâce à une très forte présence médiatique : ce festival est le plus médiatisé au monde, notamment lors de la cérémonie d'ouverture et de la traditionnelle montée des marches.

(site officiel du Festival : www.festival-cannes.fr)

DOSSIER 4 – Carnet de voyage

> Magazines français

Les Français sont de grands consommateurs de magazines. Presse people et magazines féminins remportent les meilleures audiences tandis que la presse d'actualité est en baisse.

Principaux magazines hebdomadaires d'information :
– *L'Express*, créé en 1953. Sa ligne éditoriale : faire le tour complet des événements qui agitent la planète, zoomer sur l'économie, l'emploi, tenir au courant de l'actualité culturelle, etc. (site officiel : www.lexpress.fr).
– *Le Nouvel Observateur*, créé en 1964. Sa ligne rédactionnelle est l'héritière d'une longue période

d'« opposition » aux gouvernements français de centre-droit et conserve une nette sensibilité « de gauche » (site officiel : www.nouvelobs.com).

– *Marianne*, créé en 1997. Se définit comme un journal républicain qui rejette le dogmatisme économique monétariste et néolibéral (site officiel : www.marianne-en-ligne.fr).

– *Le Point*, créé en 1972. Sa ligne éditoriale : fournir « un éclairage approfondi et passionnant sur les événements ou les faits de société évoqués par les journaux télévisés » (site officiel : www.lepoint.fr).

Les 10 magazines féminins préférés, selon une enquête du *Journal des Femmes* réalisée auprès de 1 066 lectrices : *Marie Claire, Psychologie magazine, Cosmopolitan, Elle, Femme Actuelle, Avantage, Prima, Biba, Vogue, Bien dans ma vie !*.

Principaux magazines people : *Closer, France Dimanche, Gala, Ici Paris, Point de vue, Public, Voici.*

> Quotidiens français

Cf. Dossier 4 – Leçon 1, p. 183

DOSSIER 5 – Leçon 2

> ONG

L'expression *Organisation Non Gouvernementale* (ONG) est apparue en 1946 dans le vocabulaire international, à l'article 71 de la *Charte des Nations Unies*. Ces associations de solidarité internationale concernent les Droits de l'Homme (Amnesty International ou ATD Quart Monde), la lutte contre la faim (Action Contre la Faim), l'économie mondiale (mouvements alter-mondialistes), ou alors la protection de la nature (Sea Shepherd Conservation Society). On compte aujourd'hui plus de 30 000 ONG.

Sites qui répertorient les ONG : www.toile.org/psi/ong.html ; www.hcci.gouv.fr ; www.collectif-asah.org/annuaireONG.php

DOSSIER 5 – Carnet de voyage

> Maghreb

Le Maghreb regroupe l'ensemble des pays du Nord-Ouest de l'Afrique : le Maroc, l'Algérie, la Tunisie. En 1989, par la signature d'un traité créant l'Union du Maghreb arabe, la Libye et la Mauritanie sont intégrées à cet ensemble.

Les flux migratoires sont importants entre le Maghreb et l'Europe. Après la fin de la Seconde Guerre mondiale, un certain nombre de Maghrébins ont quitté leurs pays pour travailler en Europe. La France, en raison des liens historiques et culturels qu'elle entretient avec le Maghreb (le Maghreb est intégré au XIXᵉ siècle à l'empire colonial français et ne retrouve son indépendance qu'entre 1951 et 1962), reste la première destination des migrations économiques. Cependant, depuis 1974,

l'immigration légale a été fortement restreinte par les gouvernements européen.

DOSSIER 6 – Leçon 1

> Spa

Le spa est devenu très à la mode ces dernières années. L'origine du mot viendrait du latin « *Sanitas Per Aquam* » qui signifie santé par les eaux. Le spa est synonyme de détente et de bien être dans une atmosphère calme et relaxante. C'est une façon de s'occuper de soi à travers soins de beauté, relaxation, traitements divers. À mi-chemin entre institut de beauté classique et centre de thalasso, le spa est un lieu qui se veut hors du commun, de par son cadre architectural et les soins prodigués. L'élément central du spa est le jacuzzi, dont l'action des multiples jets de massage d'eau chaude décontracte les muscles, favorise la circulation du sang, et l'élimination des toxines.

> Roland-Garros, Coupe Davis

– Le tournoi de Roland-Garros (créé dès 1891), ou Internationaux de France, est un championnat de tennis sur terre battue qui a lieu à Paris. C'est l'un des quatre tournois du Grand Chelem avec Wimbledon, l'US Open et l'Open d'Australie. (site officiel : www.rolandgarros.com)

– La Coupe Davis (créée en 1900 par Davis Dwight Davis) est une compétition internationale annuelle de tennis masculin entre équipes nationales. Son équivalent féminin est la Fed Cup. Les rencontres se déroulent sur trois jours au cours desquels quatre simples sont entrecoupés d'un double. (site officiel : www.daviscup.com)

> Lycées sport-études

Dans les lycées, les sections sport-études sont organisées au niveau régional. Elles permettent à des élèves motivés de pratiquer intensément leur sport favori grâce à un aménagement de leur emploi du temps scolaire.

DOSSIER 6 – Leçon 2

> Femmes pompiers en France

Seulement 8 % de femmes pompiers en France et 7 % dans le monde… Depuis le décret du 25 octobre 1976, les femmes ont accès en France au métier de sapeur pompier, un métier qui ne se déclinait il y a moins de trente ans qu'au masculin. Un grand nombre de femmes peuvent prétendre aujourd'hui entrer dans la profession, ce qui permet de se rapprocher, bien que difficilement, de la parité entre hommes et femmes.

Dans certaines casernes, on trouve encore de fortes réticences à l'idée de voir des femmes dans les camions rouges. Mais les temps changent et même la brigade de sapeurs pompiers de Paris, dernière unité de l'armée française « sans femmes » accueille aujourd'hui au sein de ses équipes opérationnelles des personnels féminins.

DOSSIER 7 – Leçon 2

> Prix littéraires en France

Chaque année depuis plus d'un siècle, des prix littéraires sont décernés en France dans les derniers mois de l'année à différents auteurs. Les prix les plus prestigieux de la « rentrée littéraire » sont le prix Goncourt, le prix Renaudot, le prix Femina, le prix Médicis, le prix Interallié, le prix Goncourt des lycéens, etc. Pour plus d'informations, consulter : www.prix-litteraires.net.

DOSSIER 7 – Carnet de voyage

> Grandes écoles en France

Les grandes écoles désignent un certain nombre d'établissements d'enseignement supérieur caractérisés par une sélection à l'entrée (généralement sur concours de niveau baccalauréat + 2), des effectifs restreints, et une formation de niveau bac + 5 ou bac + 6 de type assez généraliste. La plus grande part recrute sur concours les élèves des classes préparatoires scientifiques, économiques ou littéraires, ou des élèves venant des universités. Certaines écoles accueillant les fonctionnaires et militaires stagiaires sont aussi appelées grandes écoles.
Il n'existe pas de liste officielle des grandes écoles. Le terme désignait au départ un petit nombre d'écoles. Puis son usage s'est étendu à un grand nombre d'établissements présentant une grande diversité de niveau. Parmi les grandes écoles, on trouve les écoles d'ingénieurs, écoles supérieures d'administration, les écoles normales supérieures, les écoles de commerce et de gestion, les instituts d'études politiques, l'École des hautes études en sciences sociales, les écoles militaires.

DOSSIER 8 – Carnet de voyage

> Tahar Ben Jelloun

Écrivain et poète marocain de langue française né à Fès en 1944. Après des études de philosophie, Tahar Ben Jelloun part pour la France en 1971. Il se spécialise alors dans la psychiatrie sociale et écrit son premier roman, Harrouda. Il fait partie des écrivains groupés autour de la revue marocaine Souffles, se caractérisant par leur engagement politique et culturel. Collaborateur au Monde, il reçoit le Prix Goncourt pour La nuit sacrée en 1987. Son œuvre est peuplée de personnages marginaux, en quête d'identité sexuelle et sociale.

> André Velter

Poète et écrivain français né à Signy-l'Abbaye (Ardennes) en 1945. André Velter partage son activité entre les voyages au long cours (Afghanistan, Inde, Népal, Tibet) et la mise en résonance des poésies du monde entier. Sur France Culture, il anime l'émission Poésie sur Parole. Il a reçu le prix Goncourt de la poésie en 1996.

> Andrée Chedid

Poète et romancière française d'origine libanaise née au Caire en 1920. La plupart de ses intrigues se situent en Orient, notamment dans son pays d'origine, le Liban. Son œuvre est un questionnement ardent sur la condition humaine entrevue à travers les heurts de civilisations du monde méditerranéen. Ses nombreux ouvrages en prose ou en vers lui ont valu d'importants prix littéraires, dont le Goncourt de la nouvelle, le Prix Louise Labé et le prix Goncourt de la poésie en 2003.

DOSSIER 9 – Leçon 3

> André Gide

Écrivain français (Paris 1869-id. 1951). Issu d'une famille bourgeoise et protestante, André Gide reçoit une éducation très puritaine. Parti pour des raisons de santé en Algérie (1893), il en revient métamorphosé. Il publie alors Les Nourritures terrestres, assumant son homosexualité, clamant sa volonté d'assouvir ses désirs et de s'affranchir des servitudes sociales et religieuses. En 1925, il part pour un voyage d'un an au Tchad et au Congo : il s'engage alors pleinement dans la dénonciation du colonialisme en Afrique noire française. Défenseur du communisme, il fustige ce système après son retour d'URSS en 1937. Cet aspect politique de l'œuvre de Gide reste toutefois marginal : c'est par ses œuvres de création et plus encore par son œuvre autobiographique que l'écrivain a le mieux cherché à réconcilier les deux personnalités qu'une éducation rigoriste et une morale sociale trop étroite avaient divisées. Le prix Nobel de littérature lui a été décerné en 1947.

> Jacques Brault

Poète, romancier et essayiste québécois né à Montréal en 1933. Au cours de sa carrière, Jacques Brault a obtenu la plupart des distinctions littéraires d'importance remises au Québec et au Canada : le prix Québec-Paris en 1968, le prix du Gouverneur général en 1970, en 1985 et en 1999 ainsi que le prix Alain-Grandbois en 1991. On lui a attribué, pour l'ensemble de son œuvre, les prix Ludger-Duvernay (1978), Athanase-David (1986) et Gilles-Corbeil (1996).

> Charles Perrault

Écrivain français (Paris 1628-id. 1703). Fils d'un parlementaire parisien, il travailla pendant vingt ans au service de Colbert, chargé de la politique artistique et littéraire de Louis XIV. Il fut élu à l'Académie française en

1671. C'est en 1697, avec la parution de ses *Contes de la mère l'Oye* regroupant des contes tels que *Le chat botté* ou *Le Petit Chaperon Rouge*, que Perrault a acquis sa notoriété et contribua à mettre à la mode le genre littéraire des contes de fées.

DOSSIER 9 – Carnet de voyage

> Grand Corps Malade

Auteur et slameur né 1977 en Seine-Saint-Denis. En 1997, à la suite d'un mauvais plongeon dans une piscine, Fabien Marsaud se déplace des vertèbres et apprend qu'il ne remarchera jamais. En 1999, il retrouve l'usage de ses jambes après un an de rééducation. C'est en référence à cette expérience douloureuse qu'il a pris, en 2003, le pseudonyme *Grand Corps Malade*. Pendant sa rééducation, les mots qui lui ont toujours servi à écrire des histoires viennent l'aider dans sa thérapie. Il partage ensuite ses textes dans les petits bars parisiens. L'ancien basketteur devient alors slameur. Avec sa voix grave et ses textes « à la mélancolie positive et à l'humour jamais acerbe », *Grand Corps Malade* se fait une réputation qui lui permet de passer du zinc aux premières parties – d'Elie Semoun ou d'Edouard Baer, par exemple. En 2006, sort son premier CD. Les textes de *Grand Corps Malade* ne sont pas chantés, mais lus. La vie, la ville, l'amour, tout inspire la rime à ce slameur élégant qui pendant « Les voyages en train » va se « dégourdir le cœur ».

(site officiel : wwwgrandcorpsmalade.com)

L'ÉVALUATION
dans
ALTER EGO

L'**évaluation** en classe de FLE

Voici quelques rappels sur le concept.

	Pendant l'apprentissage :	En fin d'un moment d'apprentissage :
Quand ?	➡ au cours d'une session ➡ à la fin de chaque unité d'apprentissage	➡ à la fin d'une session de plusieurs unités
Pour quoi faire ?	▨ partager une information sur les acquis : pour l' enseignant — apprenant faire le point sur les acquis dispensés : réviser sa façon d'enseigner — faire le point sur ses savoir-faire : prendre conscience de ses mécanismes d'apprentissage pour une plus grande autonomie ▨ motiver pour progresser	▨ valider des compétences de communication ▨ changer de niveau
Quoi ?	**Évaluation formative** Évaluer des objectifs d'apprentissage vus récemment : → Évaluation « convergente »	**Évaluation sommative** Évaluer des objectifs d'apprentissage divers et de plus en plus complexes : → Évaluation « divergente »
Quels outils ?	Les quatre compétences de communication réceptives et productives : compréhension orale et écrite/expression orale et écrite	
	Évaluation formative : *le test* Un exercice (tâche authentique ou semi-authentique) pour chaque compétence en lien direct avec les acquis de chaque séance d'apprentissage.	**Évaluation sommative :** *le bilan / examen* Un ou plusieurs exercices (tâches authentiques ou semi-authentiques) pour chaque compétence faisant intervenir différents acquis des séances d'apprentissage précédentes afin de valider des savoir-faire multiples.
	• Des questions fermées ou ouvertes de type QCM (questions à choix multiple), questions à réponses ouvertes courtes, appariements, classements… • Des supports/documents oraux ou écrits authentiques ou semi-authentiques : dialogues, annonces publiques, messages personnels, interviews, micro-trottoirs… ; affiches d'informations administratives, publicités, extraits d'articles de presse, extraits de lettres… • Des sujets d'expression écrite ou orale portant sur la capacité à s'informer, (se) présenter, décrire, raconter, exprimer son opinion de façon simple : capacités référencées dans le Cadre commun européen de référence pour les niveaux A2-B1.	

L'**évaluation** dans *Alter Ego* : Un projet d'abord formateur !

On parle de plus en plus d'auto-apprentissage... Mais comment apprendre en autonomie si l'apprenant n'a pas conscience de ses propres mécanismes d'apprentissage ?

Ce qui revient à dire que fournir des documents écrits, oraux, des mémentos grammaticaux, des exercices et des tests aux apprenants dans un contexte d'autonomie ou semi-autonomie n'est pas synonyme d'auto-apprentissage ni de réussite.

L'auto-apprentissage n'est pas inné, il est **le fruit d'une formation à l'autonomie**. Ainsi, l'apprenant doit être guidé non seulement dans ses choix d'outils de travail, mais aussi sur le comment et le pourquoi de ses progrès et de ses échecs, c'est-à-dire le fonctionnement de son apprentissage.

L'enseignant, dont la première fonction est d'apprendre à apprendre, se doit de mettre en place cette réflexion, particulièrement en évaluation, puisque celle-ci permet à l'apprenant de comprendre ses propres mécanismes, de prendre conscience de ses progrès, donc d'être motivé et de devenir réellement autonome.

Aujourd'hui, tous les manuels fournissent des fiches d'auto-évaluation et des « portfolios ». Plus spécialement d'ailleurs depuis la parution des travaux du Conseil de l'Europe en 2000 : *Le Cadre Européen Commun de Référence pour les Langues* (*Apprendre, Enseigner, Évaluer*) et les portfolios européens officiels : *Mon premier portfolio* destiné au primaire, *Le portfolio européen des langues* destiné aux adolescents et adultes, *Le Portfolio de ALTE** (association des Centres d'Évaluation des Langues en Europe/audit en évaluation des langues au Conseil de l'Europe).

Ces documents ont redonné un rôle important à l'évaluation dans l'apprentissage, en parallèle avec la formation à l'autonomie dans l'objectif de « l'apprentissage tout au long de sa vie ».

L'évaluation formative

Alter Ego souhaite guider l'enseignant dans sa démarche de formateur à l'auto-évaluation, l'aider à mettre en place l'évaluation formative (car formatrice) par opposition à l'évaluation sommative (examen/certification).

Le manuel propose d'aider l'apprenant à réfléchir à ses processus d'apprentissage grâce à des **fiches de réflexion** : *Vers le portfolio, comprendre pour agir* (une fiche par dossier) découpées en cinq étapes :

1. ***Ce que l'apprenant a appris*** : cette étape permet à l'apprenant de prendre conscience des savoir-faire qu'il a travaillés dans le dossier).

2. ***Quelles activités l'ont aidé à apprendre ?*** Ici l'apprenant fait le lien entre ses activités dans le dossier et les savoir-faire qu'il a listés précédemment.

3. ***Son auto-évaluation*** : l'apprenant peut enfin remplir sa fiche de réflexion de façon réfléchie et non aléatoire grâce à la réflexion des étapes précédentes.

4. ***Des tests,*** disponibles dans le guide pédagogique, permettent à l'enseignant de vérifier les acquis de ses apprenants immédiatement après chaque dossier, et à l'apprenant de vérifier et confirmer ses réponses à sa propre auto-évaluation.

5. ***Les moyens pour progresser*** : cette cinquième étape renforce l'enseignant dans son rôle de guide et de formateur puisqu'elle se veut dialogue et participe du contrat d'apprentissage entre l'enseignant et l'apprenant.

L'évaluation sommative

L'évaluation sommative n'est pas pour autant oubliée. Tout enseignant souhaite répondre à cet autre besoin qu'est la validation des compétences de l'apprenant par une institution officielle : véritable passeport dans la société dont l'impact n'est plus à démontrer.

L'enseignant se doit donc **d'entraîner les apprenants aux Certifications et Tests de niveau** officiels, particulièrement ceux reconnus actuellement au niveau international et surtout en Europe.

Le Conseil de l'Europe a défini six niveaux sur l'échelle des compétences en communication, et l'association *ALTE*[1] a décrit les niveaux d'évaluation de ces mêmes compétences. Ces descripteurs nous permettent aujourd'hui de voir plus clair dans ce qui est attendu à un niveau donné à la fois en contenu d'apprentissage et en contenu d'évaluation.

L'influence de *ALTE* au sein des travaux du Conseil de l'Europe a apporté une reconnaissance européenne à certaines Certifications ou Tests de niveau, en les positionnant sur son *Cadre de Référence*. En ce qui concerne le FLE, il s'agit, pour les niveaux A2-B1 européens dont il est question dans ce manuel :

– des DELF A2 et B1 (Ministère de l'Éducation nationale) ;
– des CEFP1 et CEFP2 (Alliance Française)
– des tests TCF (CIEP), TEF (Chambre de Commerce de Paris) et BULATS informatisé (Alliance Française).

Cadre européen commun de référence pour les langues

A1 Découverte	A2 Niveau 1	B1 Niveau 2	B2 Niveau 3	C1 Niveau 4	C2 Niveau 5
	CEFP1/A2	CEFP2/B1	DL/B2	DSLCF/C1	DHEF/C2
DELF A1	DELF A2	DELF B1	DELF B2	DALF C1	DALF C2
Tests couvrant tous les niveaux : TCF/TEF/BULATS informatisé					

Tous les trois dossiers, l'enseignant dispose d'une évaluation/bilan : il s'agit d'une véritable préparation aux certifications précitées, ce qui permet à l'enseignant de valider les compétences de ses apprenants dans ces trois dossiers, voire même de revenir sur les acquis des dossiers précédents.

---

1. Informations complémentaires sur ALTE

ALTE : Association des centres d'évaluation en langues en Europe.

ALTE est une association dont les membres produisent et assurent la diffusion des examens de langue européens. Elle comprend certains des plus importants professionnels internationaux dans le domaine des tests linguistiques : l'Université de Cambridge ESOL, l'Université de Salamanca et l'Institut Cervantes, l'Institut Goethe , l'Alliance Française et le CIEP, l'Université de Perugia, l'Université de Lisbonne, l'Université d'Athènes...

L'association a été fondée en 1990. Elle compte aujourd'hui plus de 27 membres et membres associés, représentant la production de tests en 24 langues, et elle accueille régulièrement de nouveaux membres. Tous travaillent en étroite collaboration pour classer, décrire et mettre au point des examens standards et des tests d'aptitude linguistique informatisés (comme BULATS).

La valeur des diplômes : L'un des principaux objectifs de ALTE est d'indiquer, de façon précise, comment les diplômes sont obtenus dans les différentes langues et à quelles compétences ils correspondent. Les efforts de ALTE dans ce domaine ont pour but de rendre les diplômes plus faciles à utiliser et de permettre une mobilité plus grande des diplômés. Ces caractéristiques peuvent servir non seulement aux titulaires des diplômes, mais aussi aux employeurs et aux divers centres de formation.

Des examens de qualité : Le choix d'un diplôme est un investissement. Tous les examens du Cadre de ALTE ont été élaborés par des organismes qui ont fait leur preuve, répondent aux critères les plus exigeants et utilisent des procédures de mise au point des tests rigoureuses et conformes au code de la profession (Charte de ALTE). Passer un examen de ALTE permet par conséquent d'obtenir un diplôme reconnu pour sa rigueur dans toute l'Europe.

Le Cadre de Référence de ALTE : Les membres de ALTE ont mis en place un Cadre de Référence Européen composé de six niveaux d'aptitudes linguistiques, alignés sur *Le Cadre Commun Européen de Référence pour les langues : apprendre, enseigner, évaluer* du Conseil de l'Europe. Les examens des membres ont été intégrés à ce cadre de telle sorte que les degrés d'équivalence puissent être établis entre eux ainsi que le niveau atteint selon un barème reconnu à l'échelle internationale.

Pour rendre le cadre facile à utiliser, ALTE a mis au point une série de descripteurs formulés en termes de savoir-faire simples, concrets et compréhensibles par les non spécialistes (les Can dos ou « capacités de faire »), applicables à chaque niveau. Ces descripteurs définissent le niveau de maîtrise de la langue concernée à différents niveaux, prenant en compte chaque compétence et un large éventail de situations.

Conseil de l'Europe : ALTE a collaboré étroitement au *Cadre Européen Commun de Référence* du Conseil de l'Europe, pour que les diplômes et les tests produits par les membres de ALTE puissent être comparés de façon pertinente à l'intérieur de ce cadre. Les membres de ALTE ont également participé à de nombreux projets en collaboration avec le Conseil de l'Europe.

Autres projets de ALTE :

➡ Dix membres ont réalisé le *Glossaire multilingue des termes utilisés dans les tests de langue*, qui est disponible en livre et sur CD ROM.

➡ Le groupe KOBALT (six membres de ALTE) est responsable de l'élaboration du CD ROM *Communi*CAT et de BULATS (tests informatisés plurilingues dont le français).

➡ Pour de plus amples informations concernant le FLE, vous pouvez consulter les sites Internet suivants :

www.alliancefr.org

www.ciep.fr

www.alte.org

Synthèse des outils d'évaluation dans *Alter Ego* et **conseils pratiques** pour leurs utilisations

Dans le guide pédagogique, l'enseignant dispose :

▓ **d'un test par dossier** : information ponctuelle sur les acquis et les progrès, véritable apprentissage à l'auto-évaluation et donc à l'auto-apprentissage.

Ce test est accompagné d'une **fiche de réflexion formative** proposée dans le livre de l'élève : *Vers le portfolio, comprendre pour agir.*

→ *En tout : 9 tests, évaluations des contenus des leçons du dossier précédent.*

▓ des corrigés des tests et des fiches

▓ des transcriptions des enregistrements des tests

Dans le livre de l'élève, l'enseignant et l'apprenant disposent :

▓ de fiches de réflexion formative : *Vers le portfolio, comprendre pour agir,* une fiche par dossier, fiche destinée à accompagner chaque test proposé dans le guide pédagogique.

Il est souhaitable que ces fiches de réflexion fassent l'objet d'un **partage** (contrat d'apprentissage) **entre l'enseignant et l'apprenant** :

1. **L'enseignant** doit participer à la phase au cours de laquelle l'apprenant remplit sa fiche : il **guide l'apprenant** pour la partie 1 : *Votre travail dans le dossier.* Les activités 1 et 2 : ce qu'il a appris, quelles activités lui ont permis d'apprendre.

2. L'apprenant remplit sa fiche d'auto-évaluation dans la partie 2.

3. Ensuite, l'enseignant propose **le test** aux apprenants.

4. Enfin, l'enseignant **corrige le test avec l'apprenant** : l'enseignant guide l'apprenant dans une correction collective pour une formation à l'auto-évaluation (ce qui n'empêche en aucun cas l'enseignant de ramasser les tests pour une correction notée pour ses propres besoins, personnels ou institutionnels). Il laisse le temps nécessaire à l'apprenant pour réviser/confirmer ses réponses à l'auto-évaluation.

5. L'enseignant répond aux interrogations de l'apprenant en ce qui concerne les moyens de progresser.

→ *En tout : 9 fiches complétées par 9 tests du guide pédagogique.*

Dans le cahier d'activités :

L'apprenant dispose d'**un portfolio** très détaillé d'une dizaine de pages qu'il peut compléter en toute autonomie, grâce à la mise en place, à la fin de chaque dossier, de sa réflexion partagée et vérifiée avec l'enseignant. Enfin, on peut vraiment parler d'une auto-évaluation plus que d'une auto-estimation !

Dans le carnet complémentaire, *Évaluation/Entraînement au Delf,* l'enseignant et l'apprenant disposent :

▓ **d'une évaluation/bilan tous les 3 dossiers** : validation des compétences de communication et véritables entraînements aux certifications FLE actuellement positionnées sur le Cadre européen ALTE au niveau A2 et préparation en partie à celles du niveau B1 :

– DELF A2 et préparation au DELF B1 ;
– CEFP1 et préparation au CEFP2 ;
– Tests : TCF, TEF, Bulats informatisé...

→ *En tout : 6 évaluations/bilans sommatifs.*

▓ des corrigés

▓ des transcriptions des enregistrements

	Dossiers du manuel correspondants	Niveau *CECR* correspondant
Bilan 1	1-2-3	A2
Bilan 2	4-5-6	A2
Bilan 3	7-8-9	A2/B1
Bilan 4	Synthèse des dossiers 1 à 9	A2/B1
DELF A2 – numéro 1	Entraînement DELF A2	A2
DELF A2 – numéro 2	Entraînement DELF A2	A2

Quelques conseils pour préparer les évaluations/bilans :

Les évaluations/bilans sommatifs correspondent exactement aux activités développées dans les dossiers cités ainsi qu'à celles des tests formatifs. Ils permettent ainsi aux apprenants de faire la synthèse sur ce qu'ils ont acquis dans les dossiers précédents en croisant les savoir-faire sans préparation de type bachotage.

Calqués sur le *Cadre Européen Commun de Référence pour les Langues* et le *Portfolio européen,* ils permettent aux apprenants d'atteindre les compétences en langue référencées au niveau européen quel que soit le diplôme visé pour autant que celui-ci soit officiellement positionné sur le *CECR.*

Description des niveaux A2 et B1 de *Alter Ego 2*

Pour mieux appréhender les niveaux A2 et B1 concernés par les évaluations/bilans voici :

- Les descripteurs des niveaux A2/B1 du Cadre européen commun de référence (échelle globale) ;
- Les compétences de communication décrites dans le Portfolio Européen des Langues du Conseil de l'Europe (Eaquals/Alte) ;
- Les thèmes, les situations et les savoir-faire développés pour chaque compétence, extraite du Cadre de ALTE pour les niveaux A2 et B1.

CADRE EUROPÉEN COMMUN DE RÉFÉRENCE (ÉCHELLE GLOBALE)

A2 : Peut comprendre des phrases isolées et des expressions fréquemment utilisées en relation avec des domaines immédiats de priorité (par exemple, informations personnelles et familiales simples, achats, environnement proche, travail). Peut communiquer lors de tâches simples et habituelles ne demandant qu'un échange d'informations simple et direct sur des sujets familiers et habituels. Peut décrire avec des moyens simples sa formation, son environnement immédiat et évoquer des sujets qui correspondent à des besoins immédiats.

B1 : Peut comprendre les points essentiels quand un langage clair et standard est utilisé et s'il s'agit de choses familières dans le travail à l'école, dans les loisirs, etc. Peut se débrouiller dans la plupart des situations rencontrées en voyage dans une région où la langue cible est parlée. Peut produire un discours simple et cohérent sur des sujets familiers et dans ses domaines d'intérêt. Peut raconter un événement, une expérience ou un rêve, décrire un espoir ou un but et exposer brièvement des raisons ou explications pour un projet ou une idée.

PORTFOLIO EUROPÉEN DES LANGUES DU CONSEIL DE L'EUROPE (EAQUALS/ALTE)

Pour le niveau A1

Écouter
Je peux comprendre ce qu'on me dit, dans une conversation simple et quotidienne, si le débit est clair et lent.
Je peux comprendre, en règle générale, le sujet de la conversation qui se déroule en ma présence si le débit est clair et lent.
Je peux comprendre des phrases, expressions et mots relatifs à ce qui me concerne de très près (par exemple des informations élémentaires sur moi-même, ma famille, les achats, l'environnement proche, le travail).
Je peux saisir l'essentiel d'annonces et de messages brefs, simples et clairs.
Je peux capter les informations essentielles de courts passages enregistrés ayant trait à un sujet courant et prévisible, si l'on parle d'une façon lente et distincte.
Je peux saisir l'information essentielle de nouvelles télévisées sur un événement, un accident, etc. si le commentaire est accompagné d'images éclairantes.

Lire
Je peux saisir les informations importantes de nouvelles ou d'articles de journaux simples qui sont bien structurés et illustrés et dans lesquelles les noms et les chiffres jouent un grand rôle.
Je peux comprendre une lettre personnelle simple dans laquelle on me raconte des faits de la vie quotidienne ou me pose des questions à ce sujet.
Je peux comprendre les communications écrites simples, laissées par mes connaissances ou collaborateurs (par exemple m'indiquant à quelle heure se retrouver pour aller au match ou me demander d'aller au travail plus tôt).
Je peux trouver les informations les plus importantes de dépliants sur des activités de loisirs, des expositions, etc.
Je peux parcourir les petites annonces dans les journaux, trouver la rubrique qui m'intéresse et identifier les informations les plus importantes, par exemple dimensions et prix d'un appartement, d'une voiture, d'un ordinateur, etc.
Je peux comprendre les modes d'emploi simples pour un équipement (par exemple pour le téléphone public).
Je peux comprendre les messages et les aides simples de programmes informatiques.
Je peux comprendre de brefs récits qui parlent de choses quotidiennes et de thèmes familiers, s'ils sont écrits de manière simple.

.../...

🕮 Prendre part à une conversation

Je peux effectuer des opérations simples dans un magasin, un bureau de poste ou une banque.

Je peux utiliser les transports publics (bus, train, taxi), demander un renseignement sommaire ou acheter un billet.

Je peux obtenir des renseignements simples pour un voyage.

Je peux commander quelque chose à boire ou à manger.

Je peux faire des achats simples, dire ce que je cherche et en demander le prix.

Je peux demander le chemin ou l'indiquer avec une carte ou un plan.

Je peux saluer quelqu'un, lui demander de ses nouvelles et réagir si j'apprends quelque chose de nouveau.

Je peux inviter quelqu'un et réagir si on m'invite.

Je peux m'excuser ou accepter des excuses.

Je peux dire ce que j'aime ou non.

Je peux discuter avec quelqu'un de ce qu'on va faire et où on va aller et je peux convenir de l'heure et du lieu du rendez-vous.

Je peux poser des questions à quelqu'un sur son travail et ses loisirs ; je peux répondre au même type de questions.

🕮 S'exprimer oralement en continu

Je peux me décrire ainsi que ma famille ou d'autres personnes.

Je peux décrire où j'habite.

Je peux rapporter brièvement et simplement un événement.

Je peux décrire ma formation et mon activité professionnelle actuelle ou récente.

Je peux parler de manière simple de mes loisirs et de mes intérêts.

Je peux parler d'activités et d'expériences personnelles, par exemple mon dernier week-end, mes vacances.

🕮 Stratégies

Je peux m'adresser à quelqu'un.

Je peux indiquer quand je comprends.

Je peux demander de manière simple, à quelqu'un de répéter quelque chose.

🕮 Qualité/Moyens linguistiques

Je peux communiquer à l'aide de phrases mémorisées et de quelques expressions simples.

Je peux relier des groupes de mots avec des mots simples tels que « *et* », « *mais* » ou « *parce que* ».

Je peux utiliser correctement quelques modèles de phrases simples.

Mon vocabulaire me suffit pour me débrouiller dans des situations quotidiennes simples.

🕮 Écrire

Je peux écrire une note brève ou un message simple.

Je peux décrire avec des phrases simples un événement et dire ce qui s'est passé (où, quand, quoi), par exemple une fête ou un accident.

Je peux écrire avec des phrases et des expressions simples sur des aspects de la vie quotidienne (les gens, les lieux, le travail, l'école, la famille, les hobbys).

Je peux donner, dans un questionnaire, des informations sur ma formation, mon travail, mes intérêts et mes domaines de spécialité.

Je peux me présenter dans une lettre avec des phrases et des expressions simples (famille, école, travail, hobbys).

Je peux écrire une brève lettre utilisant des formules d'adresse, de salutations, de remerciements et pour demander quelque chose.

Je peux écrire des phrases simples et les relier par des mots tels que « *et* », « *mais* », « *parce que* ».

Je peux utiliser les mots nécessaires pour exprimer la chronologie des événements (« *d'abord* », « *ensuite* », « *plus tard* », « *après* »).

Pour le niveau B1

🕮 Écouter

Je peux suivre une conversation quotidienne si le/la partenaire s'exprime clairement, mais je dois parfois lui demander de répéter certains mots ou expressions.

Je peux généralement suivre les points principaux d'une discussion d'une certaine longueur se déroulant en ma présence à condition que l'on parle distinctement et dans un langage standard.

Je peux écouter une brève narration et formuler des hypothèses sur ce qui va se passer.

Je peux comprendre les points principaux d'un journal radio ou d'un enregistrement audio simple sur des sujets familiers si le débit est relativement lent et clair.

Je peux saisir les points principaux d'une émission de télévision sur des sujets familiers si le débit est relativement lent et clair.

Je peux comprendre de simples directives techniques (utilisation d'un appareil d'usage quotidien).

🎵 Lire

Je comprends les points essentiels d'articles courts sur des sujets d'actualité ou familiers.

Je peux comprendre les prises de position et les interviews d'un journal ou d'un magazine sur des thèmes ou des événements d'actualité et en saisir les arguments essentiels.

Je peux deviner le sens de certains mots inconnus grâce au contexte, ce qui me permet de déduire le sens des énoncés à condition que le sujet me soit familier.

Je peux parcourir rapidement des textes brefs (des nouvelles en bref) et trouver des faits ou des informations importantes (qui a fait quoi et où).

Je peux comprendre les informations les plus importantes dans des brochures d'information brèves et simples de la vie quotidienne.

Je peux comprendre les communications simples et les lettres standard, provenant par exemple du commerce, d'associations ou de services publics.

Je peux comprendre suffisamment, dans la correspondance privée, ce qui est écrit sur les événements, les sentiments ou les désirs pour pouvoir entretenir une correspondance régulière avec un(e) correspondant(e).

Je peux suivre l'intrigue d'une histoire si elle est bien structurée, reconnaître les épisodes et les événements les plus importants et comprendre pourquoi ils sont significatifs.

🎵 Prendre part à une conversation

Je peux commencer, soutenir et terminer une simple conversation en tête-à-tête sur un sujet familier ou d'intérêt personnel.

Je peux prendre part à une conversation ou une discussion, mais il est possible qu'on ne me comprenne pas toujours quand j'essaie de dire ce que j'aimerais dire.

Je peux me débrouiller dans la plupart des situations pouvant se produire en réservant un voyage auprès d'une agence ou lors d'un voyage

Je peux demander mon chemin et suivre les indications détaillées que l'on donne

Je peux exprimer des sentiments tels que la surprise, la joie, la tristesse, la curiosité et l'indifférence et réagir aux mêmes types de sentiments exprimés par d'autres.

Je peux échanger un point de vue ou une opinion personnelle dans une discussion avec des connaissances ou des amis.

Je peux exprimer poliment mon accord ou mon désaccord.

🎵 S'exprimer oralement en continu

Je peux raconter une histoire.

Je peux relater en détail une expérience et décrire mes sentiments et réactions.

Je peux décrire un rêve, un espoir, un but.

Je peux justifier ou expliquer brièvement mes intentions, plans ou actes.

Je peux raconter l'intrigue d'un livre ou d'un film et décrire mes réactions.

Je peux rapporter oralement et de façon simple de courts passages d'un texte écrit en utilisant les mots et l'ordre du texte original.

🎵 Stratégies

Je peux répéter en partie ce que quelqu'un a dit afin de m'assurer que nous nous comprenons.

Je peux demander à une personne d'expliquer de manière plus précise ou plus claire ce qu'elle vient de dire.

Je peux utiliser un mot simple de signification semblable, si un mot m'échappe, et demander ainsi une « correction ».

🎵 Qualité/Moyens linguistiques

Je peux discourir de manière compréhensible sans trop d'hésitation, mais je fais des pauses pour planifier ou corriger ce que je dis, particulièrement lorsque je parle longuement et librement.

Je peux transmettre une information simple, d'intérêt immédiat, et souligner le point qui me semble le plus important.

.../...

Je possède un vocabulaire suffisant pour m'exprimer – parfois avec des périphrases – sur la plupart des sujets relatifs à ma vie quotidienne (la famille, les loisirs et centres d'intérêt, le travail, les voyages et les événements quotidiens).
Je peux m'exprimer assez correctement dans des situations quotidiennes familières et prévisibles.

🎶 Écrire

Je peux écrire un texte simple et cohérent sur des thèmes différents dans mon domaine d'intérêt et exprimer des opinions et des idées personnelles.
Je peux rédiger des textes simples sur des expériences ou des événements pour le journal de l'école ou d'une société.
Je peux rédiger des lettres personnelles à des connaissances ou à de amis, demander ou donner des nouvelles ou raconter des événements.
Je peux raconter, dans une lettre personnelle, l'intrigue d'un livre ou d'un film ou parler d'un concert.
Je peux exprimer dans une lettre des sentiments comme la tristesse, la joie, l'intérêt, la sympathie ou le regret.
Je peux réagir par écrit à une annonce et demander des renseignements complémentaires ou plus précis sur un produit (sur une voiture, un cours...).
Je peux rédiger un fax, un courriel ou un message pour transmettre des informations spécifiques, simples et brèves à des amis ou à des collaborateurs.
Je peux rédiger un curriculum vitae simple.

🅒ADRE DE **ALTE** POUR LES NIVEAUX **A2** ET **B1**

A2 : Niveau locuteur Débutant ou de niveau élémentaire

Les examens offerts par les membres de ALTE au Niveau 1 s'appuient sur les recommandations du Waystage 90/Niveau Survie du Conseil de l'Europe. À ce niveau, les utilisateurs acquièrent une capacité générale de base qui leur permet de communiquer dans un nombre limité de situations les plus courantes de la vie quotidienne où la langue intervient. Ils doivent être capables de comprendre les points principaux de discours simples dont la plupart sont ceux dont on a besoin pour survivre lorsqu'on voyage ou que l'on se déplace dans un pays étranger. À ce niveau, la langue est utilisée dans des situations de survie et pour obtenir des éléments essentiels d'information.

🎶 Compétence productive

Expression orale

🞐 En voyage et dans les relations sociales courantes, les utilisateurs à ce niveau peuvent demander de la marchandise dans les magasins où elle est visible et commander un repas dans un restaurant si les plats sont présentés ou illustrés sur le menu. Ils peuvent réserver une chambre dans un hôtel (en face à face) et poser des questions simples à leurs hôtes. Dans une banque ou un bureau de poste, ils peuvent demander les services les plus courants et ils peuvent indiquer à un médecin la nature d'un problème de santé, encore qu'ils soient sans doute obligés de préciser par gestes. Lors d'une visite guidée, ils peuvent comprendre des informations simples données dans des situations prévisibles, mais leur capacité à poser des questions et à demander des informations complémentaires est très limitée.

🞐 Au travail, ils peuvent faire des demandes simples, par exemple pour vérifier des consignes ou demander des informations, mais ils ne sauraient comprendre qu'une très brève réponse .

🞐 En situation scolaire, ils peuvent poser des questions simples, par exemple vérifier des consignes ou demander des informations, mais ils ne sauraient comprendre qu'une très brève réponse.

Expression écrite

🞐 En voyage et dans les relations sociales courantes, les utilisateurs à ce niveau peuvent rédiger une lettre ou une télécopie simples pour, par exemple, réserver une chambre d'hôtel et ils peuvent remplir un formulaire dans un hôtel ou dans une banque. Ils peuvent écrire un message factuel ou une carte de remerciements.

🞐 Au travail, ils peuvent également écrire un message ou faire une requête auprès d'un collègue sur une question très courante. Ils sont capables de noter des consignes et des demandes de clients telles que des commandes et des dates de livraison.

🞐 En situation scolaire, ils peuvent recopier des horaires, des dates et des lieux sur les différents tableaux de classe ou d'affichage.

.../...

... /...

⁂ Compétence réceptive

Compréhension orale

⁑ En voyage et dans les relations sociales courantes, les utilisateurs à ce niveau peuvent comprendre des choses simples relatives, par exemple, à la vie de famille telles que l'heure des repas, l'emplacement des pièces ; ils peuvent comprendre aussi les prix dans les magasins, des questions simples et les conseils d'un médecin, les conditions et le prix d'un loyer, des directions simples et répondre aux questions courantes.

⁑ Au travail, ils peuvent comprendre des consignes simples et recevoir un message téléphonique simple à condition que ce soit en contexte familier et prévisible.

⁑ En situation scolaire, ils sont capables de suivre un exposé ou une démonstration très simples pour autant qu'ils soient illustrés de schémas et d'exemples et appartiennent à un domaine connu. Ils peuvent comprendre les consignes de base relatives à l'emploi du temps, aux dates, ainsi que les précisions quant aux tâches à exécuter.

Compréhension écrite

⁑ En voyage et dans les relations sociales courantes, les utilisateurs de niveau élémentaire (Waystage) peuvent lire des panneaux routiers, un guide des rayons dans un grand magasin et des instructions simples, des étiquettes de prix, les noms sur les étiquettes de produits, le nom courant de plats sur un menu standard, les factures, les panneaux dans un hôtel, l'information de base sur la publicité pour des logements, les instructions dans les banques, les bureaux de poste et sur les distributeurs de billets et les affiches relatives aux mesures d'urgence.

⁑ Au travail, ils sont capables d'identifier le courrier courant comme les commandes et les demandes d'information et d'extraire l'information de base de textes factuels dans leur propre domaine de compétence. Ils peuvent comprendre des affiches simples et brèves.

⁑ En situation scolaire, ils sont capables de retrouver les informations de base, comme l'emploi du temps, des messages sur des affiches, et de faire un usage limité de sources d'information telles que des ordinateurs et des dictionnaires bilingues. À ce niveau, il est peu probable que les utilisateurs soient capables d'étudier en langue étrangère, ils étudient la langue elle-même.

B1 : Niveau Seuil ou intermédiaire

Les examens offerts par les membres de ALTE au Niveau 2 s'appuient sur les recommandations du Treshold 90/Niveau Seuil du Conseil de l'Europe. À ce niveau, les utilisateurs doivent être capables de se débrouiller dans un certain nombre de situations quotidiennes où l'usage de la langue est largement prévisible. Une grande partie de ce que les apprenants à ce niveau peuvent faire implique une meilleure compréhension des types de textes dont les utilisateurs du Niveau Seuil ne peuvent tirer que l'information de base. La compréhension à ce niveau est différente en ce sens qu'elle va au-delà de la simple capacité à relever quelques faits et peut recouvrir des opinions, des attitudes, des humeurs, des souhaits.

⁂ Compétence réceptive

Compréhension écrite

⁑ En voyage et dans les relations sociales courantes, les utilisateurs du Niveau Seuil peuvent comprendre l'essentiel d'un menu banal, des formulaires et du courrier courant, des publicités et des dépliants hôteliers ou relatifs à d'autres types de logement. Ils peuvent comprendre la plupart des étiquettes alimentaires et médicales et suivre des instructions simples pour l'usage de médicaments ou les recettes données sur les emballages.

En règle générale, ils peuvent reconnaître le courrier personnel du courrier publicitaire ou promotionnel (bancaire par exemple) et dégager le sens d'articles de journaux simples ou de dépliants postaux ou bancaires.

⁑ Au travail, ils peuvent lire et donner suite à des lettres courantes qui relèvent de leur secteur. À condition d'avoir assez de temps, ils peuvent comprendre un compte rendu sur un sujet familier. De même, à ce niveau, ils peuvent comprendre le nom des ingrédients des produits et les modes d'emploi à condition que la langue soit simple et le sujet prévisible.

⁑ En situation scolaire, il est probable que leur vitesse de lecture sur des textes longs sera réduite. Ils peuvent comprendre une présentation graphique sur un sujet connu à condition qu'il y ait peu de texte d'accompagnement. Ils peuvent dégager des informations dans un manuel ou un article présenté simplement s'ils ont beaucoup de temps et la possibilité de recourir à des aides comme des dictionnaires par exemple.

... /...

Compréhension orale

En voyage et dans les relations sociales courantes, les utilisateurs à ce niveau sont capables de se débrouiller dans une conversation courante sur des sujets connus ainsi que dans la plupart des situations qui peuvent surgir lors d'un séjour à l'hôtel. Ils peuvent comprendre les grandes lignes d'une visite guidée, le sens général d'une émission de télévision et un message téléphonique simple à condition que le sujet soit connu et prévisible.

Au travail, les utilisateurs peuvent exécuter un ordre simple et répondre à une demande prévisible d'un visiteur comme, par exemple, appeler un taxi. Ils peuvent participer à un échange d'avis sur des sujets courants et attendus.

En situation scolaire, les utilisateurs à ce niveau sont capables de comprendre en partie une conférence et de participer au moins partiellement à un séminaire ou un tutorat, à condition qu'on y tienne compte de la présence de locuteurs étrangers. Ils peuvent comprendre les consignes relatives aux cours et aux travaux à rendre que donne un professeur ou un chargé de cours.

Compétence productive

Production orale

En voyage et dans les relations sociales courantes, les utilisateurs à ce niveau peuvent faire des achats dans une boutique et commander un repas dans un restaurant en posant des questions sur les plats et le service (acceptation d'une carte bancaire, par exemple). Ils sont capables de réserver une chambre d'hôtel au téléphone et de traiter l'essentiel de ce qui peut arriver lors d'un séjour à l'hôtel. Ils peuvent traiter un petit nombre de situations courantes dans une banque et poser des questions sur les services dans un bureau de poste. Ils peuvent prendre un rendez-vous dans un cabinet médical et expliquer simplement un problème à un médecin, un dentiste ou un pharmacien. En tant que touristes, ils peuvent obtenir des informations courantes dans un syndicat d'initiative, comprendre les données les plus importantes d'une visite guidée et poser des questions pour information complémentaire.

Au travail, ils peuvent échanger leurs opinions avec leurs collègues tant qu'il s'agit d'un sujet connu, transmettre des messages et donner des conseils aux clients dans leur propre domaine de compétence.

En situation scolaire, ils sont capables de poser des questions simples, pour clarifier par exemple, et de participer modestement à un séminaire ou un tutorat.

Production écrite

En voyage et dans les relations sociales courantes, les utilisateurs à ce niveau peuvent écrire des notes et des messages courts ainsi que des lettres personnelles simples, de type narratif ou descriptif, comme des cartes de remerciements ou des cartes postales.

Au travail, ils sont capables d'écrire une brève demande et d'enregistrer un ordre courant. Pendant une réunion, ils peuvent prendre des notes à leur propre usage et ils peuvent écrire une lettre courante directe même s'il est préférable qu'un collègue la vérifie.

En situation scolaire, ils peuvent prendre quelques notes lors d'une conférence à condition d'avoir un peu de temps. Ils peuvent prendre des notes à partir de documents écrits au risque de commettre des erreurs. Ils peuvent écrire un récit simple mais pas une dissertation.

COMPRÉHENSION ORALE

(10 pts)

 Écoutez le document une première fois.
Lisez les questions.
Écoutez le document une deuxième fois et répondez aux questions.

Entourez la lettre correcte ou notez votre réponse.

1

À quelle question ces trois personnes répondent-elles ?

(1 pt)

A. Vos voisins sont-ils sympathiques ?

B. Comment être très ami(e) avec ses voisins ?

C. Connaissez-vous vos voisins ?

2

Où habitent-ils ? Cochez la case correcte.

(3 pts)

	dans un appartement en ville	dans une maison en ville	dans une maison dans un village
Franck			
Julia			
Damien			

3

Qui dit quoi ? Notez le prénom de la personne à côté de ce qu'il dit.

(3 pts)

A. Aujourd'hui, se parler entre voisins est un vrai problème. ....

B. C'est difficile pour moi de parler aux gens mais s'ils me parlent, je suis content ! ....

C. Être ami(e) avec ses voisins, c'est juste un problème de ville. ....

4

Notez les prénoms des personnes qui sont pour l'organisation de rencontres avec leurs voisins.

(2 pts)

....

5

Pour Julia, se réunir est difficile

(1 pt)

A. parce que les gens travaillent trop.

B. parce qu'aucun endroit n'est prévu pour ça.

C. parce qu'il n'y a pas assez de temps.

COMPRÉHENSION ÉCRITE

(10 pts)

 Lisez l'article ci-dessous et répondez aux questions.

Tout le monde connaît l'adresse de Kheira. Dans son petit appartement, assise entre des piles de lettres et un plateau de gâteaux, une jeune femme l'attend. Kheira est partie distribuer le courrier. Cinq minutes plus tard, elle arrive enfin. Au même moment un jeune homme frappe à la porte. Il est artiste et il cherche un atelier à louer. Kheira a peut-être quelque chose pour lui… Elle cherche dans un tiroir plein de clés. Vous l'avez compris ? Kheira est gardienne d'immeuble. Mais ce n'est pas une gardienne comme les autres.

En 1974, elle est arrivée en France avec ses quatre enfants. Elle a accepté, en plus de son emploi de secrétaire, le gardiennage de six immeubles. Elle travaillait jour et nuit, elle frottait les escaliers jusqu'à ce qu'ils brillent ! Elle était tellement contente, elle ne voulait pas perdre son travail.

Aujourd'hui, dans ce quartier qu'elle appelle sa grande maison, elle s'occupe de dix-sept immeubles. Kheira est l'ange gardien de la rue. Chez elle, les gens passent sans arrêt et le téléphone n'arrête pas de sonner. Un jeune garçon dit d'elle : « Keira, à chaque fois qu'on a des problèmes, on va la voir ! »

Chercheuse de petits boulots, écrivain public, réparatrice de plomberie, conseillère juridique… Avec elle, tout semble possible. À chaque fois, le visiteur repart avec un problème en moins, un gâteau en main, et le sourire.

En 2000, Kheira a créé une association, les *Quatre Horizons* : « Je veux aider tout le monde, sans faire de différence entre les gens. » Aider les autres a toujours été son rêve. Déjà, à 20 ans, étudiante en droit, elle voulait devenir avocate ou juge pour enfants.

Depuis, elle essaie de rendre les gens heureux en commençant par les habitants de son quartier. Chaque événement (Carnaval, Halloween, Fête de la musique, Ramadan) est une occasion de se réunir.

À la fin de la journée, on se demande s'il ne lui arrive jamais de s'enfermer pour être seule. « Ah non ! Je ne supporte pas la solitude. Au début, mes enfants aussi disaient que j'étais folle. Maintenant, ils ont compris. »

D'après *Prima*, juillet 2001

Entourez la lettre correcte ou notez votre réponse.

1

Quel titre convient le mieux à cet article ?

(1 pt)

A. Être gardienne, un emploi difficile.

B. Kheira, une amie pour tout le quartier.

C. Les relations avec les gardiennes dans les grands immeubles.

2

Voici la biographie de Kheira. Complétez-la à l'aide des informations de l'article.

(5 pts)

1948 : naissance de Kheira
1966 à 1972 : études de ....
1968 : mariage et premier enfant
1970 : naissance des jumeaux
1972 : quatrième enfant
1974 : ....
Profession en 1975 : ....
Profession en 2001 : ....
2000 : ....

3

Parmi ces adjectifs, trois correspondent à Kheira, lesquels ?

(3 pts)

A. affectueuse   C. indifférente   E. curieuse   G. fidèle

B. humaine   D. secrète   F. généreuse   H. heureuse

4

Retrouvez, dans le texte, l'expression qui caractérise le mieux l'action de Kheira et expliquez, en quelques mots, ce que signifie cette expression.

(1 pt)

....

TEST Dossier 1

EXPRESSION ÉCRITE

(10 pts)

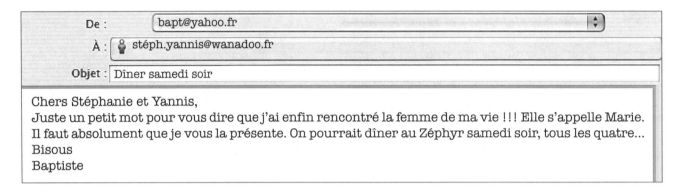

De : bapt@yahoo.fr

À : stéph.yannis@wanadoo.fr

Objet : Dîner samedi soir

Chers Stéphanie et Yannis,
Juste un petit mot pour vous dire que j'ai enfin rencontré la femme de ma vie ! ! ! Elle s'appelle Marie.
Il faut absolument que je vous la présente. On pourrait dîner au Zéphyr samedi soir, tous les quatre...
Bisous
Baptiste

Vous avez reçu ce message de votre ami Baptiste et vous êtes allés dîner au restaurant pour faire la connaissance de Marie. La soirée a été épouvantable : le repas, le service, mais surtout la nouvelle copine de Baptiste !!
Vous écrivez un mél (environ 100 mots) à un(e) ami(e) commun(e) pour lui raconter votre soirée. Vous décrivez Marie, vous dites ce que vous aimez ou détestez chez cette fille. Vous parlez de votre ami Baptiste...

Pour cette activité, vous devez :

🎞 savoir écrire un message amical (présentation, formules de politesse, registre...) ;
🎞 savoir raconter un événement passé : une rencontre, un repas ;
🎞 savoir parler d'une personne : ses qualités, ses défauts, son physique ;
🎞 savoir exprimer une opinion : décrire ce que vous aimez et n'aimez pas.

Pour évaluer votre message, vous pouvez utiliser cette grille :

	Réussi	Presque réussi	À travailler
✓ **Capacité à communiquer** • adéquation à la consigne			
✓ **Capacité à utiliser les outils de langue** • grammaire • vocabulaire • registre			

EXPRESSION ORALE

(10 pts)

Deux activités au choix :

 Présentation/échange
Choisissez une de ces personnes et dites pourquoi vous aimeriez la rencontrer, quel type de sorties, de vacances vous aimeriez partager avec elle et pourquoi. Répondez aux questions de votre enseignant et/ou de vos camarades.

Rencontrez-les ! http//www.20minutes.fr

- Je suis une baby doll,
c'est comme ça que m'appellent
mes copains. Mes 20 minutes de gloire :
j'ai couru les 20 km de Paris. Mes 20 minutes
de honte : je suis arrivée dans les 10 derniers !
Je ressemble à l'actrice Romy Schneider.
Je suis sympa, douce, curieuse et
j'aime voyager.

Karina – 22 ans –
Paris

Je suis un homme de 25 ans
qui fait beaucoup de choses avec un grand cœur, dur à l'extérieur
et fondant à l'intérieur. Mes 20 minutes de gloire : je chante à mes heures
perdues. Je ressemble à George Clooney en plus musclé.
Je suis franc et sincère, calme, tolérant et sociable.

Ben – 25 ans –
Lyon

Mes 20 minutes
de gloire à venir j'espère :
le jour où je pourrai sauver une vie
ou être à la tête d'une révolution.
Mes 20 minutes de honte : je suis
resté bloqué dans un manège
pour enfants à 5 ans.
Je suis ouvert, dynamique, joyeux
et attentionné.

Bull – 26 ans –
Lille

Je suis juste une personne
ordinaire. Mes 20 minutes de gloire :
je n'aime pas la gloire, juste le bonheur discret.
Mes 20 minutes de honte : j'ai dû en avoir,
mais sûrement pas pendant 20 minutes.
Je suis drôle, tendre et gentille.

Lisa – 21 ans –
Brest

Pour cette activité, vous devez :

※ savoir parler d'une personne, de ses qualités, de ses défauts ;

※ savoir exprimer un point de vue, positif et négatif ;

※ savoir justifier votre opinion simplement ;

※ savoir parler d'activités de loisirs entre amis ;

※ savoir réagir aux questions.

💬 *Réaction/échange*

Voici une enquête sur la convivialité entre amis en France. Exprimez votre point de vue sur le sujet, donnez des exemples personnels et comparez avec les habitudes de votre pays. Répondez aux questions de votre enseignant et/ou de vos camarades.

**LE GOÛT DES AUTRES, C'EST OUVRIR SA PORTE :
L'AMITIÉ, C'EST AUSSI S'INVITER AUTOUR D'UNE TABLE !**

Ce qu'on aime ?	Quand ?	Ce qu'on n'aime pas ?
63 % une ambiance conviviale	73 % pour un dîner	40 % une conversation sans intérêt
13 % une conversation intéressante	35 % pour un pique-nique	21 % parler de sujets difficiles
12 % manger de bons plats	32 % pour un apéritif	10 % manger, boire beaucoup
5 % sortir du quotidien	10 % pour un plateau-repas	3 % une cuisine ordinaire
5 % une table bien présentée		

Pour évaluer votre message, vous pouvez utiliser cette grille :

Pour cette activité, vous devez :

※ savoir exprimer un point de vue à partir d'une enquête ;

※ savoir justifier votre point de vue ;

※ savoir donner des exemples personnels ;

※ savoir comparer deux situations (celle de l'enquête et celle de votre pays) ;

※ savoir réagir aux questions.

	Réussi	Presque réussi	À travailler
✓ **Capacité à communiquer** · adéquation à la consigne			
✓ **Capacité à utiliser les outils de langue** · grammaire · vocabulaire · prononciation · aisance			

TEST

DOSSIER 2

COMPRÉHENSION ORALE

(10 pts)

 Vous allez entendre onze personnes à la recherche d'un emploi. Écoutez-les une première fois. Lisez les neuf petites annonces d'offre d'emploi ci-dessous. Écoutez l'enregistrement une deuxième fois et retrouvez l'annonce qui correspond à la personne. Notez le numéro de l'annonce dans le tableau. Attention, il y a plus de personnes que d'annonces. Quand vous ne trouvez pas l'annonce qui correspond, mettez une croix.

1.

Si vous avez le contact facile, ce job est pour vous : **interroger les passants dans la rue** et leur demander ce qu'ils pensent des produits peut vous rapporter de 15 à 50 euros, selon les questionnaires.

Contactez vite la SOFRES :
www.sofres.fr

2.

LA DIRECTION DÉPARTEMENTALE DE LA JEUNESSE DE VOTRE RÉGION
recrute des **surveillants de plage pour l'été**.
Vous êtes titulaire du BNSSA,
alors adressez-vous à la mairie.

SMIC, plus des indemnités
en fonction du service demandé.
Bonne baignade et revenez bronzé !

3.

Vous avez le pied marin...

**nettoyer, faire la cuisine ou accueillir
les touristes à bord** ne vous fait pas peur...
alors venez rejoindre
notre **COMPAGNIE DE CROISIÈRE**.

Rémunération intéressante.
EGEAN CROISIÈRE, 6 bd des Capucines, 75009 Paris.

4.

Notre « Société à rendre serpice »

*recherche toute l'année
des jeunes dynamiques et qui aiment
la musique pour **animer des soirées entre amis**
et même des mariages...*

« Société à rendre serpice »
01 45 53 90 43

5.

*Animer les anniversaires
et les petites fêtes du mercredi,
samedi ou dimanche vous plaît ?*

*« ALLÔ MAMAN POULE » vous met en contact
avec des familles. BAFA exigé. Comptez 30 euros
pour trois heures de travail et dix petits.*

« Allô maman poule » : 01 42 34 56 12

6.

LA FÉDÉRATION FRANÇAISE DE TENNIS

recrute des **hôtesses d'accueil, réceptionnistes,
serveurs... et ramasseurs de balles**
pour son prochain tournoi.

Seules obligations pour les ramasseurs : avoir moins
de 18 ans et mesurer moins de 1,70 m.
30 euros par jour tous les jours pendant trois semaines.

7.

L'ASSOCIATION DES COMMERÇANTS
DU MARCHÉ DE TROUVILLE
recherche des jeunes pour les aider **à installer
et à ranger leurs produits**.
Rémunération variable.
S'adresser à L'ASSOCIATION DES COMMERÇANTS
TROUVILLAIS. 14000 Trouville.

8.

VOUS ÊTES **FAN DE PROJECTIONS
SUR GRAND ÉCRAN**.

Cet été, MK2 recherche pour
toutes ses salles des **ouvreuses**.

Salaire mensuel et pourcentage
sur la vente des bonbons, pop corn et glaces !

9.

De la fin du printemps à l'automne,
la FÉDÉRATION DES EXPLOITANTS AGRICOLES a
besoin de vous pour **cueillir ses fruits et légumes !**
Vous logez à la ferme et vous recevez en échange
de vos services (trois semaines environ)
l'équivalent du SMIC.

CDIR 802 802 802

Cécile	Mélanie	Lucie	Christophe
1			
Hélène	**Christine**	**Sébastien**	**Cédric**
Julie	**Étienne**	**Emmanuel**	

COMPRÉHENSION ÉCRITE

(10 pts)

 Observez les documents ci-dessous et répondez aux questions.

1

Cécile a écrit cette lettre de motivation pour devenir enquêtrice. La lettre est dans le désordre.
Remettez les parties dans l'ordre (1, 2, 3...) en complétant le tableau qui suit.

(3 pts)

A. *Cécile Dupin*
53 rue de Charenton
75012 Paris
Tel : 01 45 87 90 43

Institut SOFRES
138 av Mark Dormoy
92129 Montrouge Cedex

<u>*Objet*</u> *: demande d'emploi d'enquêtrice*
<u>*PJ*</u> *:* **curriculum vitae**

Paris, le 14 octobre...

Madame, Monsieur,

B. *Je me tiens donc à votre disposition pour plus d'informations et un éventuel entretien pour vous exposer plus précisément mes motivations.*

C. *Votre offre d'emploi parue dans le journal « Métro » du 1er octobre a vivement retenu mon attention, et je vous adresse ma candidature au poste d'enquêtrice.*

D. *Actuellement, je suis en deuxième année de sociologie à l'Université Paris III.*
Je suis très intéressée par un poste dans votre entreprise. Vos enquêtes sont très sérieuses au point de vue national et international. Aussi, comme je suis dans le domaine de la sociologie, je souhaiterais participer à vos travaux et partager votre expérience à partir de janvier prochain.

E. *Je pense avoir les qualités requises : aisance, sens du contact, adaptabilité. De plus, j'ai une réelle passion pour le théâtre et j'anime régulièrement des soirées avec des amis. D'autre part, j'ai une bonne connaissance de l'anglais car j'ai fait plusieurs séjours en Angleterre et je suis bilingue en espagnol.*

F. *L'année dernière, j'ai également fait un stage de trois mois dans l'entreprise pharmaceutique Pharmalabo. Ce stage m'a permis d'avoir une première expérience professionnelle. J'ai participé à diverses analyses sur la réaction psychologique des malades face à de nouveaux médicaments.*

G. *Dans l'attente de votre réponse, je vous prie de croire, Madame, Monsieur, en l'assurance de ma considération distinguée.*

H. *Dans le cadre de mes études, j'ai déjà interrogé des personnes diverses pour rédiger plusieurs dossiers sur : les loisirs des moins de 25 ans, la consommation des familles et les dépenses des 18-20 ans. Mes professeurs m'ont conseillée de faire un stage professionnel pour développer mon sens des responsabilités, mon goût de la communication et mes compétences d'analyse.*

Cécile DUPIN

1	2	3	4	5	6	7	8
A							

2

Voici le CV envoyé par Cécile avec sa lettre de motivation. Il manque des informations. Complétez-le.

(7 pts)

CURRICULUM VITÆ

Cécile Dupin
23 ans
53 rue de Charenton
75012 Paris
☎ 01.45.87.90.43
📱 06.22.84.66.21
📧 cécile.dupin@free.com

FORMATION

2004/2005	....	1 pt
Juin 2003	Baccalauréat littéraire	
Anglais	lu, écrit, parlé (deux séjours linguistiques, durée totale d'un mois)	
....	lu, écrit, parlé couramment	1 pt
Informatique	traitement de texte	

.... 1 pt

Juil, août, sept 04	....	1 pt
2004/2005	Travaux universitaires :	
	•	1,5 pt
	•	
	•	

.... 1 pt

.... 0,5 pt

Musique :	passion pour la musique contemporaine et l'animation de soirées
Littérature :	participation au journal de l'Université
Sports :	natation et basket

EXPRESSION ÉCRITE

(10 pts)

Institut SOFRES
138 av Mark Dormoy
92129 Montrouge Cedex

Cécile Dupin
53 rue de Charenton
75012 Paris

Paris, le 30 octobre…

Mademoiselle,

Nous avons le plaisir de vous confirmer que vous êtes engagée à l'Institut SOFRES, à partir du 3 janvier prochain.

Comme demandé dans votre lettre de candidature et pendant notre entretien, vous exercerez la fonction d'enquêtrice.

Nous vous demandons de prendre contact rapidement avec le service du personnel pour signer votre contrat d'embauche.

Recevez, Mademoiselle, nos meilleures salutations.

Le directeur des
ressources humaines

Vous êtes Cécile, vous venez d'être engagée par l'Institut SOFRES. Vous écrivez une lettre (environ 100 mots) à un(e) ami(e) pour lui raconter comment vous avez trouvé ce travail, votre entretien… Vous lui parlez aussi de votre première journée de travail (vos difficultés, mais aussi ce que vous avez aimé…).

Pour cette activité, vous devez :

✗ savoir écrire une lettre amicale (présentation, formules de politesse, registre…) ;

✗ savoir raconter un événement passé lié au monde du travail ;

✗ savoir parler du monde professionnel ;

✗ savoir raconter une expérience professionnelle ;

✗ savoir exprimer une opinion : décrire ce que vous aimez et n'aimez pas.

Pour évaluer votre message, vous pouvez utiliser cette grille :

	Réussi	Presque réussi	À travailler
✓ **Capacité à communiquer** • adéquation à la consigne			
✓ **Capacité à utiliser les outils de langue** • grammaire • vocabulaire • registre			

EXPRESSION ORALE

(10 pts)

Deux activités au choix :

 Présentation/échange

Reprenez les annonces de l'épreuve de compréhension orale, p. 202.
Choisissez une des offres d'emploi. Dites pourquoi vous voudriez faire ce job, qu'est-ce qui correspond en vous au profil demandé. Si vous avez déjà eu une expérience professionnelle dans ce domaine, racontez où, quand, comment...

Pour cette activité, vous devez :

🕮 savoir exprimer un choix lié au monde du travail ;
🕮 savoir justifier vos choix ;
🕮 savoir exprimer une opinion positive et négative ;
🕮 savoir raconter une expérience professionnelle.

 Réaction/échange

Voici le règlement qui est affiché dans les bus.
Exprimez votre réaction devant les recommandations formulées.
Justifiez votre réaction par des exemples et discutez avec votre enseignant et/ou vos camarades.

ENSEMBLE ADOPTONS LA BUS ATTITUDE

➲ En attendant votre bus, à la station, préparez votre titre de transport et faites signe au conducteur.
➲ Montez par la porte avant, présentez votre titre de transport au conducteur ou validez votre ticket. Surtout vous devez avancer vers le fond du bus.
➲ Sortez par la porte arrière et faites attention à la circulation.
➲ Vous avez un objet encombrant : une valise, une poussette pour enfant, un espace réservé vous attend au milieu du bus. Utilisez-le !
➲ Quelqu'un a besoin de s'asseoir ? une personne âgée, une femme enceinte ou une maman avec un enfant ? Laissez-lui votre place !
➲ Les animaux sont nos amis. S'ils sont domestiques, de petite taille et dans un sac, ils sont les bienvenus.
➲ Le téléphone sonne ? Doucement, ça ne regarde que vous…

Pour cette activité, vous devez :

🕮 savoir exprimer une opinion positive et négative ;
🕮 savoir justifier votre opinion ;
🕮 savoir donner des exemples ;
🕮 savoir réagir aux questions.

Pour évaluer votre message, vous pouvez utiliser cette grille :

	Réussi	Presque réussi	À travailler
✓ **Capacité à communiquer** · adéquation à la consigne			
✓ **Capacité à utiliser les outils de langue** · grammaire · vocabulaire · prononciation · aisance			

COMPRÉHENSION ORALE

(10 pts)

Écoutez cette conversation entre Patricia et un employé dans une agence de voyage.
Lisez les questions.
Écoutez l'enregistrement une deuxième fois.

Cochez ou notez votre réponse.

1

Remplissez la fiche de souhaits de Patricia et Stéphane Dugoin.

(8 pts)

INTERVACANCES
Fiche de demande d'échange

Nom du client .... *Patricia et Stéphane Dugoin* ....

Logement prêté	Logement souhaité
☐ studio	☐ studio
☐ appartement	☐ appartement
☐ maison	☐ maison
Nombre de pièces :	Nombre de pièces : ....
☐ balcon	Demande particulière :
☐ jardin	.... *salon avec cheminée* ....
☐ garage	Situation :
Adresse .... *15 rue Mouffetard*	☐ en ville
Ville	☐ à la montagne
Pays .... *France*	☐ à la campagne
Période de prêt :	Ville ou pays souhaité : ....

2

Quels sont les seuls frais de ce type de vacances ?

(1 pt)

– ....

– ....

3

Selon l'employé, quels sont les deux inconvénients ?

(1 pt)

– ....

– ....

COMPRÉHENSION ÉCRITE

(10 pts)

 Lisez l'article ci-dessous et répondez aux questions.

Vivre dans un quartier de la capitale

Cette année, en plein milieu de la capitale, dans le quartier des Amandiers, le conseil de quartier a organisé différentes actions pour la vie locale : d'un week-end à la mer à une journée interculturelle !

D'abord, pour ceux qui n'ont pas la chance de partir en vacances...

En juillet, le conseil a soutenu le projet du Centre social et culturel des Amandiers qui organisait une sortie : un week-end à la mer pour des familles du quartier. L'association Thraces, elle, a proposé des ateliers d'arts plastiques en plein air aux enfants de sept à douze ans. Pendant trois semaines au mois d'août, la roulotte à peintures de l'association a accueilli des activités ludiques et artistiques, deux jours par semaine. Les créations de ces ateliers ont été exposées dans les vitrines des commerçants du quartier.

Ensuite, peinture en plein air et plats du monde !

En août aussi, la journée interculturelle à l'initiative de l'Association des femmes ! Sous un beau soleil d'été, le programme a réuni une exposition d'objets artisanaux, de la musique et de la danse hip hop et africaine, des contes, un défilé de mode proposé par les jeunes, et une dégustation de plats maison. Ce type d'actions va se renouveler, car il dynamise la vie du quartier avec sa jeunesse. Il valorise aussi les différences culturelles grâce aux origines multiculturelles des habitants. Il crée une communauté chaleureuse comme dans un village !

Sans parler du Printemps des Amandiers fêté pour la sixième année consécutive !

Depuis 1996, un groupe d'habitants a commencé une aventure qui marque, un des moments les plus forts du quartier. En juin, tout le quartier a pris la fête en main ! Confection et ventes de tee-shirts, restauration géante, buvette, loterie, tombola, vide greniers... Tout le quartier donne, participe et organise cet événement chaque année : associations de locataires, centre social, cafés, artistes et habitants.

D'après *Sept ici*, novembre 2005

Entourez la lettre correcte ou notez votre réponse.

1

Quel autre titre conviendrait à cet article ?

(1 pt)

A. Les femmes animent les quartiers de Paris.
B. Faire connaissance avec les habitants des Amandiers.
C. La vie d'un village en plein cœur d'une métropole.

2

Les actions proposées dans l'article s'adressent particulièrement

(1 pt)

A. aux familles pauvres.
B. aux artistes du quartier.
C. à tous les habitants.

3

Voici la présentation de six personnes. Cochez, dans le tableau qui suit, les actions citées dans l'article qui peuvent les intéresser.

(8 pts)

Claude : propriétaire de bar restaurant, il ferme en août ; il part au bord de la mer avec sa famille. Il participe activement et régulièrement à la vie associative des quartiers depuis longtemps.

Fabien : étudiant et dessinateur amateur, il adore les enfants. Cette année, il part en vacances avec des amis en juillet et, chez ses parents, au mois de septembre.

Karina : professeur, elle adore le chant, les voyages et les échanges entre cultures. Elle part en vacances en juillet seulement.

Hugo : seize ans, de famille ivoirienne. Il est passionné de cuisine. Cette année, il ne part pas en vacances, il a trouvé un job d'été : cuisinier chez Mc Do en juillet et août.

Maria : mère de deux enfants, cinq et huit ans, elle est seule au foyer. Elle travaille comme caissière au supermarché tout l'été.

Sébastien : adore les marchés de vieux objets installés à chaque coin de rue le week-end. Il achète, revend, échange… Pendant les vacances d'été, il part faire les marchés de campagne !

	Le week-end à la mer organisé par le Centre social et culturel	La roulotte à peintures organisée par l'association Thraces	La journée interculturelle organisée par l'association des femmes	Le Printemps des Amandiers organisé par les habitants
Claude				
Fabien				
Maria				
Hugo				
Karina				
Sébastien				

EXPRESSION ÉCRITE

(10 pts)

En route pour les festivals d'été !

Vous voulez rencontrer des acteurs, voir les artistes sur scène, leur parler, faire du théâtre ou de la musique avec eux et tout ça en vacances ! Avec aussi des sorties, le soir ou l'après-midi, pour assister à des représentations, faire des balades, du camping...

Nous vous proposons cinq séjours :

- Assister au *Festival de théâtre* en **Avignon**.
- Participer à *des spectacles de rue* à **Provins**.
- **Les Francopholies de la Rochelle** : *chansons d'aujourd'hui du monde entier !*
- **Près de Troyes, la campagne en fête** : *vivre la vie d'artistes, monter son propre spectacle...*
- *Barcelonnette*, **le royaume du Jazz**

Intéressé(e) par cette annonce, vous avez décidé de participer à un de ces séjours.
Vous écrivez un mél (d'environ 100 mots) à un(e) ami(e) pour lui dire où vous êtes,
ce que vous avez fait depuis votre arrivée, vos rencontres... Vous essayez de le/la convaincre
de venir vous rejoindre, insistez sur ce que vous ferez ensemble...

De :	Lucia@free.fr	
À :	👤 claudine.rem@hotmail.fr	
Objet :		

Chère Claudine,

....

....

....

Lucia

Pour cette activité, vous devez :

▨ savoir écrire un message amical (présentation, formules de politesse, registre...) ;
▨ savoir raconter des activités de vacances ;
▨ savoir décrire des lieux, des rencontres, des personnes ;
▨ savoir inviter et convaincre ;
▨ savoir faire des projets.

Pour évaluer votre message, vous pouvez utiliser cette grille :

	Réussi	Presque réussi	À travailler
✓ **Capacité à communiquer** · adéquation à la consigne			
✓ **Capacité à utiliser les outils de langue** · grammaire · vocabulaire · registre			

EXPRESSION ORALE

(10 pts)

 Jeu/discussion/échange

Lisez ce test extrait d'un magazine.

Répondez, vous aussi, aux questions du test et expliquez vos réponses à votre enseignant et/ou à vos camarades, justifiez vos réponses en donnant des exemples personnels et discutez du résultat final : correspond-il à votre personnalité ? Parlez de vos prochaines vacances.

Quel(le) touriste êtes-vous ?

Adepte de vacances reposantes, aventurières, culturelles
Pour ou contre les voyages ? Découvrez votre personnalité !

Pour vous, le meilleur moment des vacances, c'est

A. le séjour.
B. le départ.
C. la préparation du voyage.
D. le retour.

Votre jeu de société préféré, c'est plutôt

A. le Monopoly.
B. le Risk.
C. le Trivial Poursuit.
D. le Cluedo.

La première qualité d'un véhicule, c'est surtout

A. le confort.
B. la puissance.
C. l'esthétique.
D. la fonctionnalité.

Vous organisez un dîner avec des amis, vous choisissez

A. le restaurant le plus proche.
B. de leur fixer rendez-vous, puis d'improviser.

C. un nouveau restaurant dont vous avez entendu parler.
D. d'inviter tout le monde chez vous.

Votre mobilier est

A. moderne et pratique.
B. hétéroclite et improvisé.
C. élégant et stylé.
D. confortable et douillet.

En ce qui concerne la télévision,

A. vous regardez à peu près tout, vous êtes un drogué de la télé.
B. vous vous laissez guider par le hasard.
C. vous tenez compte de ce que le journal vous conseille.
D. vous choisissez toujours les mêmes programmes.

Votre devise est :

A. « On a toujours besoin d'un plus petit que soi. »
B. « L'enfer, c'est les autres. »
C. « Rien de ce qui est humain ne m'est étranger. »
D. « Chacun chez soi. »

À vos comptes !

Majorité de A : Le confort avant tout ! Vous aimez la bonne nourriture et le repos, vous vous faites plaisir et ne choisissez pour vos voyages que des destinations agréables et sans mauvaises surprises.

Majorité de B : L'aventure vous appelle. Vous détestez le quotidien, vous recherchez les sensations fortes, l'émotion. Les vacances sont pour vous l'occasion de faire de nouvelles découvertes et d'échapper à votre quotidien.

Majorité de C : Vive les vacances culturelles ! Curieux(se) et raffiné(e), vous aimez vivre parmi les belles choses. Cultivé(e), vous profitez des vacances pour découvrir les plus beaux endroits du monde.

Majorité de D : Vous n'aimez pas les voyages. Pourquoi partir aux quatre coins du monde dépenser plus et vivre moins confortablement ? Il y a plus de choses à faire et à découvrir ici qu'à l'autre bout du monde !

Égalité (ou presque) : Vous aimez les vacances et tous les styles de voyages. Vous savez vous adapter à toutes les situations.

Pour cette activité, vous devez :

※ savoir parler de vos goûts, de ce que vous aimez et détestez en général ;
※ savoir justifier vos choix ;
※ savoir donner des exemples personnels ;
※ savoir parler de vos choix de voyage, de vacances ;
※ savoir réagir aux questions.

Pour évaluer votre message, vous pouvez utiliser cette grille :

	Réussi	Presque réussi	À travailler
✓ Capacité à communiquer · adéquation à la consigne			
✓ Capacité à utiliser les outils de langue · grammaire · vocabulaire · prononciation · aisance			

COMPRÉHENSION ORALE

(10 pts)

 Écoutez le document une première fois.
Lisez les questions.
Écoutez le document une deuxième fois et répondez aux questions.

Entourez la lettre correcte, cochez ou notez votre réponse.

1

Complétez les notes prises par la journaliste pendant l'interview.

(9 pts)

> ## Fiche d'interview
>
> Date de l'interview .... *15 décembre 2005* ....
>
> Personne interviewée .... *Dany Boon* ....
>
> Profession .... et ....
>
> Objet de l'interview ......*sortie du film* **Joyeux Noël** ....
>
> Nom du réalisateur .... *Christian Carion* ....
>
> Thèmes du film .... et ....
>
> **Participation à des compétitions cinématographiques ?**
> ☐ Oscars   ☐ Festival de Cannes
> ☐ Ours de Berne   ☐ Mostra de Venise
>
> **Rôle de Dany Boon dans le film** ....
>
> **Type du rôle :**
> ☐ comique   ☐ mélancolique   ☐ immoral
> ☐ cruel   ☐ dramatique   ☐ passionné
>
> **Réactions de la famille** (cochez 2 réponses) :
> ☐ étonnée   ☐ déçue   ☐ heureuse
> ☐ émue   ☐ choquée   ☐ ennuyée

2

Quelle est l'opinion de la journaliste sur le film ?

(1 pt)

....

COMPRÉHENSION ÉCRITE

(10 pts)

 Lisez les articles ci-dessous et répondez aux questions.

CINÉMA

Révélé avec *Une hirondelle a fait le printemps*, dans lequel il mettait en scène des voleurs, le réalisateur Christian Carion revient avec la même sensibilité, mais avec un ton et un univers totalement différents.

Ici, ce ne sont pas des oiseaux qui chantent, mais les balles des armes qui sifflent pendant la bataille. Le réalisateur démontre l'absurdité de la guerre et, en même temps, nous rassure sur la solidarité humaine. Fort et cruel

à la fois, beau et émouvant, ce film-là, cette simple histoire d'hommes et de soldats, possède ce petit quelque chose de magique. *Joyeux Noël*, un cadeau à ouvrir avant l'heure !

D'après *À Nous Paris*, novembre 2005

Cet article compare deux films. Complétez la fiche comparative de ces deux films.

(5 pts)

	Une hirondelle a fait le printemps	*Joyeux Noël*
Histoire	....	....
Points communs	....	
Différences	....	

FAITS DIVERS

Sept jeunes de Magny et des environs ont été arrêtés par les gendarmes à la suite de vols effectués dans la nuit de samedi à dimanche.

Après avoir dérobé un premier véhicule, ils en avaient volé un deuxième, puis un troisième. L'un d'eux, qui avait perdu sa carte bancaire dans l'une des voitures volées, a permis aux enquêteurs de retrouver toute l'équipe.

Âgés de 17 à 21 ans, ils ont été interpellés mercredi soir et jugés immédiatement. Deux des voleurs ont été emprisonnés. Les cinq autres mineurs ont été condamnés à six et huit mois de prison avec sursis.

D'après *Le Parisien*, juin 2005

1

Complétez la fiche de rapport de police concernant ce fait divers.

(3,5 pts)

RAPPORT DE POLICE

Informations concernant le délit :

Date : 12 juin 2005, nuit de..

Fait : ....

Lieu : ....

Nombre de délinquants : ....

Âge des délinquants : ....

Informations concernant l'arrestation :

Date : ....

Informations concernant le jugement :

Date : ....

Condamnation : prison pour les majeurs et six à huit mois de prison avec sursis
pour les mineurs...

2

Quel titre convient le mieux à cet article ?

(1,5 pt)

A. Sept jeunes mineurs emprisonnés.

B. Le voleur oublie sa carte de paiement.

C. Attaque d'un fourgon bancaire à Magny.

EXPRESSION ÉCRITE

(10 pts)

 Dans la rue, vous avez assisté à un événement qui vous a étonné(e). Vous écrivez un petit article d'environ 120 mots au journal de votre quartier pour témoigner.
Vous racontez ce qui s'est passé, vous décrivez les lieux, les personnes.
Vous dites quelles ont été vos réactions et pourquoi cela vous a étonné(e).

Pour cette activité, vous devez :

▨ savoir écrire un court article (présentation, registre...) ;

▨ savoir raconter un événement passé : actions, lieux, personnes ;

▨ savoir décrire vos réactions, exprimer un point de vue sur un événement ;

▨ savoir justifier.

Pour évaluer votre article, vous pouvez utiliser cette grille :

	Réussi	Presque réussi	À travailler
✓ **Capacité à communiquer** • adéquation à la consigne			
✓ **Capacité à utiliser les outils de langue** • grammaire • vocabulaire • registre			

EXPRESSION ORALE

(10 pts)

Deux sujets au choix :

 Présentation/échange

Vous présentez votre film préféré ou détesté. Vous racontez l'histoire, vous dites pourquoi vous l'aimez ou le détestez. Vous essayez de convaincre votre enseignant et/ou vos camarades d'aller ou de ne pas aller le voir.

Pour cette activité, vous devez :

- savoir raconter une histoire ;
- savoir parler d'un film, de ses qualités, de ses défauts ;
- savoir exprimer un point de vue positif et/ou négatif ;
- savoir justifier simplement ;
- savoir réagir aux questions.

 Simulation/échange

Après avoir lu l'article ci-dessous, vous cherchez un travail qui correspond à votre passion pour l'information. Vous passez un entretien d'embauche dans lequel vous vous présentez, vous dites pourquoi ce travail vous intéresse, quel type d'information vous passionne le plus. Vous répondez aux questions du recruteur en ce qui concerne votre intérêt sur les programmes de radio ou de télé en général.

Des professions peu connues dans le monde de la presse : Les lecteurs de presse et les chargés de veille

LES LECTEURS DE PRESSE trient, sélectionnent les articles. Ce sont des personnes curieuses qui sont toujours à la recherche de l'information exclusive, d'ordre politique ou économique ou sportive... Sur ces postes, il s'agit donc de lire la presse quotidienne (régionale, nationale, professionnelle), les hebdomadaires et les mensuels généralistes.

LES CHARGÉS DE VEILLE, eux, travaillent sur des supports audio et vidéo. Ils épluchent l'info radio ou télé : 7 heures de programme à écouter et synthétiser en totale autonomie.

Pour cette activité, vous devez :

- savoir vous présenter ;
- savoir expliquer et justifier votre intérêt, votre passion ;
- savoir parler des types d'information, des programmes radio et/ou télé ;
- savoir réagir aux questions.

Pour évaluer votre travail, vous pouvez utiliser cette grille :

	Réussi	Presque réussi	À travailler
✓ **Capacité à communiquer** · adéquation à la consigne			
✓ **Capacité à utiliser les outils de langue** · grammaire · vocabulaire · prononciation · aisance			

COMPRÉHENSION ORALE

(10 pts)

Écoutez le document une première fois.
Lisez les questions.
Écoutez le document une deuxième fois et répondez aux questions.

Entourez la lettre correcte ou notez votre réponse.

1

Dans cette émission, cinq personnes : Carolina, Bertrand, Hélène, Frédéric et Sophie, ont exprimé leur avis sur leurs lectures. Retrouvez pour chacune le thème du livre qu'elles ont lu. Attention, il y a plus de thèmes que de personnes, quand vous ne trouvez pas de thème correspondant mettez une croix.

(7 pts)

Roman autobiographique	Arts	Nature	Humour	Roman	Histoire	Sport	Policier
La journaliste							

2

Dans *La Chambre de ton père*, Michel Déon

(1 pt)

A. publie les photos de sa maison familiale à Monaco.
B. raconte la vie à Paris quand il avait 13 ans.
C. parle de ses relations avec ses parents.

3

Teddy est

(1 pt)

A. le frère de Michel Déon.
B. le héros du livre.
C. le chien de son enfance.

4

Michel Déon, dans ce livre, éprouve

(1 pt)

A. de la joie.
B. de la passion.
C. des regrets.

COMPRÉHENSION ÉCRITE

(10 pts)

Lisez les documents suivants et répondez aux questions.

(5 pts)

1

COURRIER DES LECTEURS

Merci à Stéphane qui dans le précédent numéro a dénoncé ce qu'il appelle « Les stupidités de la nouvelle langue française » et qui m'énervent moi aussi souvent. Les mots « auteure » et « professeure » me désolent et, pourtant, je suis pour la parité homme/femme dans d'autres domaines. Mais s'il vous plaît, c'est ridicule ! Unissons-nous pour protester.

Annie

Pour répondre à Stéphane : le français est une langue vivante, elle doit évoluer, surtout si c'est pour défendre l'identité féminine. Assez des réactions de dinosaures ! « Auteure » est un mot tout à fait acceptable !

Olivier

J'ai lu la réaction de Stéphane dans votre numéro du 20 janvier sur « Les stupidités de la nouvelle langue française », c'est-à-dire la féminisation des titres « auteure », « professeure », etc. Je voudrais simplement faire remarquer à Stéphane que ça ne dérange personne que l'on mette au féminin des mots comme « caissier », « infirmier » ou « serveur »… Alors pourquoi cela le choque-t-il quand il s'agit des mots « auteur » ou « écrivain » ? C'est un statut trop élevé pour les femmes, d'après lui ?

Coralie

Entourez la lettre correcte ou notez votre réponse.

1. Ces personnes réagissent à

(1 pt)

A. un article déjà paru.
B. l'opinion d'un lecteur.
C. une nouvelle loi.

2. Quel est le thème du débat ?

(1 pt)

A. la parité homme/femme dans la société
B. les femmes dans le monde professionnel
C. la féminisation de certains noms de métiers

3. En tant que responsable de cette rubrique, on vous a chargé(e) de faire une fiche qui résume
les réactions des lecteurs sur ce débat.
Complétez la fiche ci-dessous.

(3 pts)

	Pour	Contre	Pourquoi ? Notez les raisons données.
Annie			
Olivier			
Coralie			

2

(5 pts)

Les Restos du Cœur ont 20 ans

En janvier 1986, pour la première fois en France, une star fait bouger les choses. L'humoriste et acteur Coluche fait un appel à la radio. Il demande des dons et des bénévoles pour son association créée en 1985, les *Restos du Cœur*. Ainsi, il obtient l'aide des gens de tous âges et de tous milieux, mais aussi celui des grands patrons, des hommes politiques, des sportifs, des animateurs de télé et des artistes. Il demande au célèbre compositeur Jean-Jacques Goldman de composer une chanson : c'est un succès immédiat ! Grâce à la mobilisation de tous, les *Restos du Cœur* se diversifient : hébergements d'urgence, logements temporaires, *Restos bébés* et ateliers d'insertion. Les Restos sont un peu devenus des supermarchés de la solidarité. Coluche ne voit pas son œuvre grandir : il meurt dans un accident de moto en juin 1986. Mais l'action continue. En 1988, la « loi Coluche », est votée. Elle permet une réduction d'impôt grâce aux dons versés à une association humanitaire. Aujourd'hui, plus de 50 artistes participent aux concerts qui rapportent environ un quart des gains de l'association. L'association compte 45 000 bénévoles pour 630 000 bénéficiaires.

D'après *Femme Actuelle*, octobre 2005

TEST Dossier 5

1. Remplissez la fiche d'information sur l'association : *Les Restos du Cœur.*

> *Nom de l'association :* ....*Les Restos du Cœur*......   *Date de naissance de l'association :* .... *1985*......
>
> *Nom et fonctions du fondateur :* ....*Coluche*.............*humoriste et acteur*......
>
> *Actions actuelles de l'association (cochez 2 propositions exactes) :*   ☐ *soigner les bébés des femmes seules*   **1 pt**
> ☐ *assurer le chauffage aux personnes pauvres*   ☐ *offrir des repas gratuits*
> ☐ *aider financièrement les personnes sans emploi*   ☐ *fournir des vêtements aux familles*
> ☐ *proposer un domicile aux malheureux*   ☐ *soutenir les personnes seules*
>
> *Moyens de fonctionnement de l'association (trouvez 2 moyens) :* ....   **2 pts**
> ....
>
> *Nombre de personnes aidées par l'association :* .... *630 000*.............
>
> *Nombre de personnes au service de l'association :* .... *45 000*.............

2. L'action de Coluche a eu pour conséquence la « loi Coluche » en 1988. Cette loi   (1 pt)

   A. oblige l'État à aider les associations humanitaires.
   B. permet aux donateurs de payer moins de taxes.
   C. aide à l'organisation de concerts en faveur des pauvres.

3. Aujourd'hui,   (1 pt)

   A. Coluche parle toujours à la radio pour mobiliser les gens.
   B. le fils de Coluche organise des spectacles de moto au profit de l'association.
   C. le fondateur des *Restos du Cœur* a disparu sur la route.

EXPRESSION ÉCRITE

(10 pts)

Votre ami(e) a un problème amoureux, aidez-le (la) ! Vous lui écrivez une lettre d'environ 120 mots pour lui raconter votre expérience, heureuse ou malheureuse, dans ce domaine et lui faire quelques suggestions.

Pour cette activité, vous devez :

▦ savoir écrire une lettre amicale (présentation, formules de politesse, registre...) ;
▦ savoir raconter un événement passé, un souvenir ;
▦ savoir exprimer des sentiments ;
▦ savoir faire des suggestions.

	Réussi	Presque réussi	À travailler
✓ **Capacité à communiquer** · adéquation à la consigne			
✓ **Capacité à utiliser les outils de langue** · grammaire · vocabulaire · registre			

EXPRESSION ORALE

(10 pts)

Deux sujets au choix :

 Présentation/échange
Présentez votre livre préféré. Racontez l'histoire, présentez les personnages. Dites pourquoi vous l'aimez, quels sont ses qualités et ses défauts.

Pour cette activité, vous devez :

🎀 savoir raconter l'histoire d'un livre ;

🎀 savoir décrire les personnages, les lieux, les temps ;

🎀 savoir exprimer un point de vue positif et négatif ;

🎀 savoir justifier simplement ;

🎀 savoir réagir aux questions.

 Discussion
Que pensez-vous des informations données dans l'article ci-dessous ? Quelle est votre expérience de la solitude ? Quelle suggestion pourriez-vous faire ? Ce type d'association existe-t-il dans votre pays ?

LA LIGNE DE L'AMITIÉ

SOS amitié, qui célèbre quarante-cinq ans de solidarité, reçoit de nombreux appels. Même les hommes, avant plus timides, demandent cette écoute bienveillante qui essaie de trouver une solution à la solitude. Deux mille bénévoles, les appels sont anonymes, l'appel dure en moyenne dix-huit minutes.

Cette année la solitude a motivé 208 000 appels :

– 54 % des appels émanent de femmes
– 46 % d'hommes
– 40 % des appelants ont moins de 40 ans

Enquête menée en mai 2005

Pour cette activité, vous devez :

🎀 savoir exprimer un point de vue à partir d'une enquête ;

🎀 savoir justifier votre point de vue ;

🎀 savoir faire des suggestions ;

🎀 savoir comparer deux situations (celle de l'enquête et celle de votre pays) ;

🎀 savoir réagir aux questions.

Pour évaluer votre travail, vous pouvez utiliser cette grille :

	Réussi	Presque réussi	À travailler
✓ **Capacité à communiquer** · adéquation à la consigne			
✓ **Capacité à utiliser les outils de langue** · grammaire · vocabulaire · prononciation · aisance			

COMPRÉHENSION ORALE

(10 pts)

Écoutez ce document une première fois.
Lisez les questions.
Écoutez le document une deuxième fois et répondez aux questions.

Entourez la lettre correcte, cochez ou notez votre réponse.

1

Quel titre convient le mieux à cette interview ?

(1 pt)

A. De nouvelles découvertes sur la vie polaire.
B. Vivre au milieu de la glace.
C. Une équipe de scientifiques pour sauver l'Antarctique.

2

Complétez la fiche technique de la mission Concordia.

(6 pts)

CONCORDIA

Type de la mission : Recherche en sciences
○ physiques   ○ médicales   ○ zoologiques   ○ astronomiques   ☑ glaciologiques

Nombre de personnes impliquées : ....

Fonction de Claire Calvez : ....

Nombre de personnes dans l'équipe technique : ....

Durée prévue de la mission : ....

3

Complétez le tableau d'affichage des horaires du personnel de la mission.

(2 pts)

HEURE DE LEVER	....
HORAIRES DE TRAVAIL	DE .... À ....
JOUR DE REPOS HEBDOMADAIRE	....

4

Quel sentiment éprouve Claire Calvez ?

(1 pt)

A. Elle regrette son expérience au milieu de l'équipe.
B. Elle donnerait tout pour rentrer voir sa famille.
C. Malgré la difficulté, elle est fière de participer à l'aventure.

COMPRÉHENSION ÉCRITE

(10 pts)

 Lisez les documents ci-dessous et répondez aux questions.

Entourez la lettre correcte.

1

(4 pts)

C'est dans le cadre de l'Année européenne des personnes handicapées que les championnats d'Europe d'escrime ont eu lieu en juillet au stade Pierre-de-Coubertin à Paris.
Cette compétition réunit les douze meilleures nations européennes. La France, qui en fait partie bien sûr, brille sur la scène internationale depuis quelques années, grâce à Patricia Picot, sa double championne olympique et double championne du monde.

D'après *À Paris*, juillet 2003

1. Cet article informe sur

A. un spectacle sportif d'escrime.
B. la réussite d'une grande championne.
C. une rencontre sportive internationale.

2. Les escrimeurs dont on parle sont

A. des sportifs de haut niveau de tous les pays.
B. des sportifs qui ont un problème physique.
C. des sportifs aussi artistes de spectacles.

3. Patricia Picot

A. vient de gagner la coupe du monde à Paris.
B. participe pour la première fois.
C. est déjà une championne internationale reconnue.

4. Que dit-on de la France ?

A. Elle est souvent victorieuse.
B. Cette année, elle n'a pas eu de chance.
C. Son talent en escrime est reconnu depuis toujours.

2

(3 pts)

Sandrine va enfin réaliser son rêve : changer de vie, devenir agricultrice. Elle achète une ferme isolée dans la montagne à un vieux paysan peu sociable qui n'a aucune envie de l'aider. Premier long métrage de Christian Carion, voici une histoire pleine d'émotions et d'authenticité. Un savoureux face-à-face entre deux grands interprètes, à ne pas manquer !

1. Ce document présente

A. un roman.
B. un film.
C. un documentaire télévisé.

2. Sandrine

A. habite avec son père dans une ferme.
B. a décidé de s'occuper d'un vieux paysan.
C. veut changer de métier.

3. Que pense l'auteur ?

A. Il trouve la situation émouvante.
B. Il critique les personnages.
C. Il recommande les décors.

3

> « Ce qui m'intéresse aujourd'hui,
> depuis que j'ai quitté les championnats
> internationaux, c'est de donner
> une dimension sociale au tennis
> grâce à l'association « Fête le mur ».
> Notre objectif est de permettre
> aux enfants des quartiers défavorisés
> de pratiquer ce sport qui,
> malheureusement, coûte cher.
> Mais si tout le monde le veut,
> ce sera possible partout en France. »

(3 pts)

1. La personne qui parle dans ce document est un ancien

A. homme politique.
B. directeur d'école.
C. sportif de haut niveau.

2. L'association

A. organise des spectacles pour enfants.
B. facilite la pratique du tennis.
C. construit des espaces verts pour enfants dans certains quartiers.

3. L'objectif de cette association est de travailler

A. partout dans le monde.
B. surtout en Europe.
C. dans tout le pays.

EXPRESSION ÉCRITE

(10 pts)

Plus un euro en poche mais besoin de vacances ?

Les trucs d'internet

Des voyages à petits prix : le co-voiturage vous offre de voyager à frais réels. Vous pouvez consulter, et gratuitement, des centaines d'annonces pour partager les trajets en voiture, ou trouver des offres pour avoir des réductions sur le train et l'avion.

Le gardiennage d'une villa : Tenté par quinze jours dans une villa de rêve en France ou ailleurs ? Ce site met à votre disposition des centaines d'offres de « gardiennage bénévole » dans le monde. Vous n'avez qu'à payer votre billet d'avion et à vous la belle vie ! Seule condition : surveiller la maison.

Pour vos dernières vacances, vous avez suivi les conseils de cette annonce. Vous écrivez une lettre (environ 120 à 150 mots) à un(e) ami(e) pour raconter comment vous êtes parti(e), avec qui... Où vous êtes allé(e), comment était la villa, ce que vous avez fait...
Vous exprimez aussi votre opinion sur votre expérience : vos surprises, vos regrets.

Pour évaluer votre message, vous pouvez utiliser cette grille :

Pour cette activité, vous devez :

✎ savoir écrire une lettre amicale (présentation, formules de politesse, registre...) ;
✎ savoir raconter un événement passé : un voyage, des rencontres, des actions ;
✎ savoir décrire : des lieux, des situations ;
✎ savoir exprimer une opinion : exprimer des sentiments et des regrets.

	Réussi	Presque réussi	À travailler
✓ **Capacité à communiquer** • adéquation à la consigne			
✓ **Capacité à utiliser les outils de langue** • grammaire • vocabulaire • registre			

EXPRESSION ORALE

Deux sujets au choix :

 Présentation/échange
Vous admirez un(e) homme/femme qui n'est plus vivant(e). Racontez sa vie, son époque, son pays, son domaine professionnel, son action.
Dites pourquoi vous auriez aimé le/la rencontrer et ce que vous auriez voulu faire avec cette personne.

Pour cette activité, vous devez :

- savoir parler d'une personne ;
- savoir raconter la vie d'une personne et la situer dans l'espace et dans le temps ;
- savoir exprimer des sentiments et les justifier simplement ;
- savoir exprimer des regrets ;
- savoir réagir aux questions.

 Simulation/échange
Vous êtes parti(e) en week-end avec votre petit(e) ami(e). Cela s'est très mal passé !
Vous téléphonez à un(e) ami(e) pour lui raconter ce qui s'est passé, où vous êtes allés, ce que vous avez fait, ce que vous vous êtes dit... et vos regrets.
Votre enseignant joue le rôle de votre ami(e) au téléphone.

Pour cette activité, vous devez :

- savoir raconter des événements passés ;
- savoir décrire une situation passée ;
- savoir rapporter les paroles de quelqu'un ;
- savoir exprimer des regrets et justifier votre point de vue simplement ;
- savoir réagir aux questions.

Pour évaluer votre travail, vous pouvez utiliser cette grille :

	Réussi	Presque réussi	À travailler
✓ **Capacité à communiquer** • adéquation à la consigne			
✓ **Capacité à utiliser les outils de langue** • grammaire • vocabulaire • prononciation • aisance			

COMPRÉHENSION ORALE

(10 pts)

Écoutez ce document une première fois.
Lisez les questions.
Écoutez le document une deuxième fois et répondez aux questions.

Entourez la lettre correcte ou notez votre réponse.

1

Complétez la fiche technique de l'émission.

(4 pts)

Émission : ....*Notre société bouge !*..............

Date : ....*14 octobre 2006*........................

Nombre d'invités : ......*5 hommes*..........................

Profession des invités : ....

Thème de l'émission : ....

Cause de cette nouvelle situation : ....

Profession non encore féminisée : ....

2

Qui dit quoi ? Notez la lettre qui correspond à l'affirmation proposée par la personne dans le tableau qui suit.

(6 pts)

A. Si cela apporte plus d'audience, pourquoi pas...

B. Elles sont très courageuses.

C. Elles ont montré leurs compétences de vraies professionnelles.

D. Ce qui les intéresse, c'est de réussir plus que de briller.

E. Aujourd'hui, c'est la mode de faire la place aux femmes, mais cela peut changer.

F. Je me sens un peu perdu dans ce monde de femmes.

David	Hervé	Stéphane	Jean-Pierre	Jean-Sébastien

COMPRÉHENSION ÉCRITE

(10 pts)

 Lisez l'article ci-dessous et répondez aux questions.

Lignes poétiques

*Si les murs ont des oreilles, ceux du métro font des vers !
Grâce au concours de poésie organisé par la RATP, des milliers de personnes ont écrit des poèmes…*

« *Contre un mur / Il y a / Continuellement / Le bout du monde* », ça vous dit quelque chose ? Peut-être pas encore, puisque ce sont les vers de Carl Poirier qui viennent de remporter le premier prix du concours de poésie 2005.

Pour notre gagnant âgé de 31 ans, l'aventure ne fait que commencer. Il partira en voyage sur les traces de l'écrivain Curzio Malaparte dans la ville de Naples. Mais surtout il aura le privilège, avec les neuf autres lauréats du concours, de voir son poème affiché sur les quais et dans les voitures du métro.

Ainsi, dès le 15 décembre, et pendant deux mois, les poèmes récompensés par le jury seront affichés dans les espaces du métro et du RER francilien. Ces créations seront à l'honneur, après celles de Hugo, Rimbaud, Baudelaire, Verlaine, Villon et autre Garcia Lorca… qui occupent habituellement ces espaces.

Cette année, le thème était le voyage. Des milliers de poètes en herbe de la France entière et même de l'étranger se sont lancés dans l'écriture.

Un ingénieur qui travaillait au creusement du tunnel sous la Manche, aidé d'un éditeur parisien ont rapporté du métro de Londres l'idée d'afficher des poèmes dans le métro parisien. C'est en 1993 que la première « campagne poésie » est née dans le métro. Avec ces poèmes, la RATP remettait ainsi cet art littéraire à la mode, pour le plaisir d'un nombre toujours plus important de voyageurs.

Depuis, l'aventure continue, et les rimes font partie intégrante de l'environnement des transports métropolitains, pour le plus grand bonheur des voyageurs, qui n'hésitent pas à manifester leur approbation. Devant cet accueil enthousiaste, la RATP a décidé d'aller plus loin en donnant la parole au public.

En 1997, elle a lancé le premier concours de poésie dont le succès dépasse toutes les attentes. Cette année, la chaîne de télévision France 3 Île-de-France, le quotidien *Le Parisien* et la radio *France Info* ont participé à cette aventure. Ce sont des rendez-vous réguliers qui ont fait la renommée culturelle du métro parisien et qui ont par ailleurs été repris par différents réseaux de transport du monde entier. Dernier exemple, Montréal qui, depuis un an, accueille de la poésie dans ses transports en commun !

D'après *À Nous Paris*, 12 décembre 2005

Pour illustrer un dépliant publicitaire, la RATP vous a demandé de compléter la fiche historique de son Concours de poésie.

Concours de poésie de la RATP

Date de naissance du mouvement littéraire de la RATP : ....

Profession des créateurs : .... et ....

Origine de cette idée : ....

Circonstance : ....

Réaction du public : ....
(relevez 4 mots qui montrent cette réaction)

Date du 1er concours : ....

Nombre de prix attribués chaque année : ....

Récompenses des lauréats : – ....
– ....

Sujet des poèmes de cette année : ....

EXPRESSION ÉCRITE

(10 pts)

Le monde marin est en danger !

**Pollutions diverses, perturbations sonores dues
à l'excès de bruit dans les océans (forages pétroliers,
sonars militaires, émetteurs de bateaux...)
Baleines, dauphins viennent mourir sur les côtes...
Notre magazine mène l'enquête, exprimez votre avis
pour notre rubrique Actus, les meilleurs témoignages
seront publiés.**

Magazine « Grands Reporters »

---

*Pour le magazine « Grands Reporters », écrivez un court article (environ 150 mots)
pour présenter la situation des animaux marins, expliquer les causes et les conséquences,
exprimer votre avis en l'illustrant d'exemples concrets.*

Pour cette activité, vous devez :

- savoir écrire un texte formel de type article ;
- savoir présenter une situation ;
- savoir décrire des causes et des conséquences ;
- savoir exprimer votre opinion ;
- savoir justifier une opinion en donnant des exemples ;
- savoir convaincre.

Pour évaluer votre message, vous pouvez utiliser cette grille :

	Réussi	Presque réussi	À travailler
✓ Capacité à communiquer · adéquation à la consigne			
✓ Capacité à utiliser les outils de langue · grammaire · vocabulaire · registre			

EXPRESSION ORALE

(10 pts)

Deux sujets au choix :

 Présentation/échange
Vous aimeriez participer à la « campagne poésie » de la RATP ; dites pourquoi. Quelles autres idées de ce type auriez-vous pour populariser la littérature ou un autre art ?

Pour cette activité, vous devez :

▨ savoir exprimer, présenter un souhait ;
▨ savoir exprimer un point de vue et le justifier ;
▨ savoir réagir aux questions.

 Expression de l'opinion/échange
Le pouvoir serait-il interdit aux femmes ?
L'Allemagne, le Chili... font confiance aux femmes en politique, qu'en pensez-vous ?
Qu'est-ce que les femmes peuvent apporter de différent par rapport aux hommes en politique ?
Quelle est la situation dans votre pays ?

Pour cette activité, vous devez :

▨ savoir exprimer un point de vue ;
▨ savoir justifier votre point de vue ;
▨ savoir donner des exemples personnels ;
▨ savoir comparer des faits internationaux avec la situation dans votre pays ;
▨ savoir réagir aux questions.

Pour évaluer votre travail, vous pouvez utiliser cette grille :

	Réussi	Presque réussi	À travailler
✓ **Capacité à communiquer** · adéquation à la consigne			
✓ **Capacité à utiliser les outils de langue** · grammaire · vocabulaire · prononciation · aisance			

COMPRÉHENSION ORALE

 Écoutez ce document une première fois.
Lisez les questions.
Écoutez le document une deuxième fois et répondez aux questions.

Cochez ou notez votre réponse.
Vous êtes enquêteur. On vous a chargé d'interroger dans la rue des étrangers vivant en Île-de-France.
Vous avez rencontré Kady, une jeune malienne. Reportez ses réponses sur la feuille d'enquête.

Les étrangers en Île-de-France

Prénom : ....Kady....................

Nationalité : ....malienne.................

Vous habitez en France depuis : ☒ 5 ans ❑ 10 ans ❑ 15 ans

Dans quelle ville habitez-vous ? ....Montreuil...........................

Votre profession ? ....

Avez-vous des diplômes, si oui lesquels ? *diplôme de l'Institut des arts de Bamako…*

A. Qu'est-ce qui vous a étonné à votre arrivée ? *(3 réponses)*
    ❑ les comportements hommes-femmes dans la rue
    ❑ le partage des tâches ménagères
    ❑ la qualité de la vie
    ❑ la liberté d'opinion
    ❑ l'indifférence des gens que l'on croise
    ❑ la convivialité spontanée

B. Qu'est-ce que votre vie en France vous apporte ? *(2 réponses)*
    ❑ la réussite dans votre métier
    ❑ des ouvertures professionnelles
    ❑ la découverte d'une architecture différente
    ❑ une meilleure connaissance de votre pays

C. Qu'est-ce qui vous manque le plus ? *(2 réponses)*
    ❑ les vôtres   ❑ la nourriture
    ❑ les fêtes familiales   ❑ la luminosité nocturne
    ❑ vos amis   ❑ la nature

D. Qu'est-ce que vous appréciez en France ? *(1 réponse)*
    ❑ le confort quotidien
    ❑ le nombre des spectacles à l'affiche
    ❑ la richesse de l'histoire
    ❑ la composition multiculturelle de la population

E. Qu'est-ce que vous n'aimez pas ? *(1 réponse)*
    ❑ le bruit continuel   ❑ la solitude
    ❑ l'insécurité la nuit   ❑ la pollution

COMPRÉHENSION ÉCRITE

(10 pts)

 Lisez le texte ci-dessous et répondez aux questions.

Le 5 mars 2006 à 10 h 35, je me rendais à un salon professionnel, j'étais en costume. J'avais un gobelet de café à la main et je traversais à pied la rue Chapon dont la largeur des trottoirs n'excède pas 80 centi–mètres à certains endroits, lorsqu'une voiture de policiers a freiné à mon niveau. Ils m'ont demandé sèchement de remonter sur le trottoir. Un peu surpris, je les ai regardés d'un air étonné. Les policiers ont haussé le ton. Ils m'ont demandé de m'arrêter, de poser mon gobelet par terre et de leur donner mes papiers. Ils m'ont traité comme un voleur ! J'ai essayé de leur dire que c'était un peu ridicule qu'ils perdent du temps comme ça. Ils ont alors pris ça pour un refus de présentation de papiers. Ça a complètement dérapé... Au final, j'ai dû me rendre au commissariat pour récupérer ma pièce d'identité. J'ai dû payer une amende prévue par le Code de la route, de 4 euros, pour « circulation irrégulière sur la chaussée, en présence d'un trottoir normalement praticable ».

Bruno de Paris

Entourez la lettre correcte ou notez votre réponse.

1

Quel titre convient le mieux à ce texte ?

A. Nouvelles lois pour civiliser la ville.
B. Arrestation d'un voleur.
C. Marcher sur la chaussée peut être dangereux... pour votre porte-monnaie !

2

Ce texte est extrait de la rubrique d'un journal, quelle rubrique ?

A. Courrier des lecteurs.
B. Faits divers.
C. Société.

3

Complétez le justificatif de paiement de l'amende que cette personne a dû régler.

(5 pts)

Justificatif du paiement à conserver par le contrevenant	Avis de contravention 16378218
Le .... à ....10 h 35............	
Agent ....499112....................	**Service** ....005..............
Lieu d'infraction	
Ville ....Paris....................	**Département** ....75....................
Nature de l'infraction	2 pts
Montant de l'amende [ ]	

4

Quels sentiments éprouvent cette personne ? (2 réponses)

A. de la peur

B. de la révolte

C. de la souffrance

D. de l'incompréhension

E. de la tristesse

F. de la résignation

5

Cette personne raconte son histoire pour

A. amuser le lecteur.

B. dénoncer un excès de zèle.

C. avertir d'un danger.

EXPRESSION ÉCRITE

(10 pts)

> ### SÉJOUR D'UNE SEMAINE DANS
> ## UNE ÎLE DE MÉDITERRANÉE
> #### HÔTEL DAMEÃ PALACE ☆☆☆
>
> *Piscine au milieu d'un magnifique jardin exotique,*
> *calme absolu, dépaysement et soleil assuré !*
>
> **Vacancesdétente.com**

Rêvant de tranquillité et de soleil, vous avez réservé une semaine avec ce tour-opérateur. Malheureusement le séjour a été un cauchemar : l'hôtel était à 200 m des pistes de l'aéroport, la piscine était un tout petit bassin de 10 m entouré de quelques plantes, l'hôtel ne correspondait pas à la publicité... !
À votre retour, vous écrivez une lettre au tour-opérateur pour exposer la situation, dénoncer tous les problèmes, exprimer vos sentiments et demander une réparation.

Pour cette activité, vous devez :

▨ savoir écrire une lettre formelle (présentation, formules de politesse, registre...) ;

▨ savoir raconter un événement passé ;

▨ savoir décrire des problèmes ;

▨ savoir comparer avec ce qui était proposé ;

▨ savoir vous plaindre, exprimer un reproche ;

▨ savoir exprimer vos sentiments, défendre votre point de vue ;

▨ savoir réclamer.

Pour évaluer votre message, vous pouvez utiliser cette grille :

	Réussi	Presque réussi	À travailler
✓ **Capacité à communiquer** • adéquation à la consigne			
✓ **Capacité à utiliser les outils de langue** • grammaire • vocabulaire • registre			

EXPRESSION ORALE

(10 pts)

Deux sujets au choix :

 Présentation/échange

Paris, ville multiculturelle, se construit et se nourrit de la diversité de ses habitants.
Mais l'intégration, quand on est étranger dans un pays, n'est pas toujours facile à vivre.
En tant qu'étranger soit en vacances dans un autre pays, soit là où vous habitez actuellement,
témoignez de votre expérience. Racontez vos difficultés... Vous dites les aspects positifs et
négatifs de cette situation.

Pour cette activité, vous devez :

🎓 savoir raconter, parler d'une situation ;
🎓 savoir exprimer un point de vue positif et négatif ;
🎓 savoir justifier votre opinion simplement ;
🎓 savoir réagir aux questions.

 Expression de l'opinion/échange

Vous travaillez la nuit, vous sortez la nuit en ville ? Dites ce que vous pensez de la ville la nuit.
Racontez vos expériences, donnez votre avis et faites des propositions pour :
– l'aménagement de l'espace public (éclairage, accès à l'eau, banc, signalisation...)
– les offres de transports en commun, les nuisances (bruit, lumières...)
– les activités de loisirs...
– la sécurité

Pour cette activité, vous devez :

🎓 savoir exprimer un point de vue ;
🎓 savoir justifier votre point de vue ;
🎓 savoir donner des exemples personnels ;
🎓 savoir faire des propositions ;
🎓 savoir réagir aux questions.

Pour évaluer votre travail, vous pouvez utiliser cette grille :

	Réussi	Presque réussi	À travailler
✓ **Capacité à communiquer** · adéquation à la consigne			
✓ **Capacité à utiliser les outils de langue** · grammaire · vocabulaire · prononciation · aisance			

COMPRÉHENSION ORALE

(10 pts)

 Écoutez ce document une première fois.
Lisez les questions.
Écoutez le document une deuxième fois et répondez aux questions.

Entourez la lettre correcte ou notez votre réponse.

1

Quel est le thème de l'émission : *Les auditeurs ont la parole* **?**

(1 pt)

A. Les problèmes de la vie quotidienne
B. Les difficultés de la communication moderne
C. Les consommateurs face aux problèmes administratifs

2

Quels sont les problèmes particuliers évoqués par les auditeurs ? (3 réponses)

(3 pts)

A. les dangers de la communication sur Internet
B. la lenteur de chargement des fichiers informatiques
C. le coût des services postaux
D. les dégâts occasionnés aux colis dans l'acheminement postal
E. les retards de livraison des services postaux
F. l'inefficacité des services de réclamation

G. le prix des appels téléphoniques vers l'étranger
H. les problèmes de communication avec les services bancaires
I. l'attente excessive dans les communications avec EDF
J. le développement abusif des numéros surtaxés
K. l'incompétence des numéros verts gratuits
L. les problèmes de couverture des serveurs de téléphone mobile

3

Complétez le récépissé d'envoi de Marie.

(3 pts)

LA POSTE

AVIS DE DÉPÔT D'UN OBJET

Conservez ce feuillet, il sera nécessaire en cas de réclamation
Le cas échéant, vous pouvez faire une réclamation dans n'importe quel bureau de poste

06100   **BUREAU des MIMOSAS**
RA 1278 5467

Date	**Heure**	**Prix**	**Nature**
… …	…15 h…	…6 €…	☐ lettre
			☐ colis

Destinataire	**Expéditeur**
………Anette Grandin………	…………Marie Zerr…………
………3 Cambridge St………	………6 place du fort………
Ville : ……….Lutton……….	Ville : ………………………
Pays : ………………………	Pays : ………………………

4

Notez 1 expression que Marie utilise pour marquer son indignation. (On ne pénalisera pas l'orthographe.)

(2 pts)

....

5

Colette se plaint de sa facture mensuelle

(1 pt)

A. parce qu'elle parle trop au téléphone.

B. parce que la qualité des communications est mauvaise.

C. parce les numéros qu'elle appelle ne font pas partie de son forfait.

COMPRÉHENSION ÉCRITE

(10 pts)

 Lisez l'article ci-dessous et répondez aux questions.

Je blogue, tu blogues, il blogue, nous bloguons… Après l'Internet haut débit, le téléphone par Internet, les *chats*, les forums, les *conference calls*, les caméras dans les mobiles, nous vivons aujourd'hui l'ère de l'explosion du blog, un mode d'expression interactif à mi-chemin entre le journal intime et le média. Pourquoi le média ? Parce que beaucoup d'acteurs ou de témoins de la vie publique viennent au blog pour témoigner, raconter, analyser les informations qu'ils ne peuvent utiliser dans le cadre habituel de leur profession.

Pourquoi, me direz-vous, un journaliste ne peut-il s'exprimer dans son média d'origine, celui qui le paie, radio, télé, magazine ou quotidien ? Tout simplement parce que le journaliste est souvent frustré dans l'exercice quotidien de son métier. « Fais-moi deux feuillets sur les banlieues », lance un rédacteur en chef débordé au reporter dégoûté de ne pouvoir raconter plus en détail ce qu'il a vu. En télé, c'est encore pire, puisque les nuits de reportages finissent en une minute trente au Journal de 20 heures. Et encore sous l'angle « Fais parler des gens, hein, pas d'analyse, on a *Schpountz* en plateau. »

On comprend donc que ces journalistes aient envie de proposer leur lecture des événements, ce que leur rédaction n'a pas jugé bon d'utiliser par manque de place, de temps, ou pour préserver les commentateurs vedettes d'une chaîne, par exemple, qui ne mettent pas les pieds sur le terrain mais bavardent sur les événements. De même, le prof d'histoire ou le chercheur en biologie aura toujours plus de commentaires à faire que ce que montrent les publications officielles.

Donc, vive le blog, sous réserve d'avoir le temps de s'y perdre, ou d'avoir un bon guide. Et peut-être, un jour, en sortira-t-il un véritable écrivain de la modernité…

D'après *À nous Paris*, 14 novembre 2005

Entourez la lettre correcte ou notez votre réponse.

1

Quel titre convient le mieux à cet article ?

(1 pt)

A. Les jeunes et les blogs.

B. Un nouveau journal intime : le blog !

C. Le blog au service de l'information.

2

Reclasser, de 1 à 4, les idées exprimées dans l'article.

(2 pts, note globale)

A. Les professionnels ont toujours plus à dire.

B. Mise en garde et espoir…

C. Le formidable essor des blogs.

D. Des professionnels des médias déçus.

1	2	3	4

3

Notez deux causes de la frustration des journalistes de la presse écrite et télévisée :

(4 pts)

– ....

– ....

4

Pour faire plus d'audience, les chefs de rédaction choisissent

(1 pt)

A. d'interroger les experts concernés par les événements.
B. de donner la parole à des personnes médiatisées.
C. de faire témoigner les gens de la rue.

5

Quelles sont les conditions pour tirer le meilleur profit du blog ? (2 réponses)

(2 pts)

A. être passionné
B. ne pas être pressé
C. être curieux
D. ne pas suivre de mauvais conseils
E. être exigeant

EXPRESSION ÉCRITE

(10 pts)

Les découvertes du XXIᵉ siècle

Recherche scientifique, innovations technologiques, environnement et santé, développement durable, métiers du futur… Le *Salon Européen de la Recherche et de l'Innovation* enquête. Écrivez-nous pour exprimer votre avis sur un de ces thèmes. Les auteurs des meilleures lettres seront invités à participer aux tables rondes et rencontres organisées dans le cadre du Salon !

Intéressé(e) par un des thèmes du Salon Européen de la Recherche et de l'Innovation, vous écrivez une lettre (environ 150 mots) pour vous présenter, exprimer votre point de vue sur un des thèmes et montrer votre motivation pour participer aux rencontres.

Pour cette activité, vous devez :

✎ savoir écrire une lettre formelle (présentation, formules de politesse, registre…) ;
✎ savoir parler d'un sujet d'intérêt (les points positifs et négatifs) ;
✎ savoir exprimer votre point de vue et le justifier ;
✎ savoir montrer votre motivation.

Pour évaluer votre message, vous pouvez utiliser cette grille :

	Réussi	Presque réussi	À travailler
✓ **Capacité à communiquer** · adéquation à la consigne			
✓ **Capacité à utiliser les outils de langue** · grammaire · vocabulaire · registre			

EXPRESSION ORALE

(10 pts)

Deux sujets au choix :

 Présentation/échange

Un objet technologique a révolutionné votre vie, celle de vos parents ou de vos grands-parents, présentez-le ! Décrivez-le (forme, matière...). Expliquez en quoi sa fonction a changé la vie, ses points positifs et négatifs. Vous dites aussi pourquoi vous l'avez choisi.

Pour cette activité, vous devez :

- savoir présenter un objet technologique (le décrire, parler de sa fonction) ;
- savoir exprimer un point de vue positif et négatif ;
- savoir justifier votre opinion simplement ;
- savoir réagir aux questions.

 Expression de l'opinion/échange

Voici une enquête sur les nouveaux robots de compagnie. Exprimez votre opinion sur le sujet. Souhaiteriez-vous avoir un de ces robots ? Donnez des exemples personnels et comparez avec les habitudes de votre pays. Répondez aux questions de votre enseignant et/ou de vos camarades.

Témoignages

J'ai adopté un robot !

Le XXIᵉ siècle sera-t-il celui du robot domestique ? Notre hebdo a voulu savoir à quoi ressemble la vie quotidienne avec les nouveaux robots de compagnie. Conclusion ? Vous allez apprendre à caresser des capteurs et à aimer ça…

J'ai accueilli dans ma famille un *Aïbo* tout noir. Mon mari était le plus excité. Ma fille de deux ans a vite compris le potentiel interactif de ce nouveau jouet. Elle parle à peine, et pourtant elle ordonne déjà : « *Aïbo*, danse ! » Quant à moi, je restais sur mes gardes. J'attendais de voir.

Grâce à ses capteurs placés tout au long de son corps le petit chien est très émotif. Et démonstratif. Frôlez-le, le voilà qui clignote bleu. Et, s'il se sent vraiment en confiance, il tape dans sa balle rose mieux qu'un champion de foot. Disons-le tout de suite, *Aïbo* est merveilleusement bien intégré dans la famille.

Ces robots partent tous avec un immense atout : pas de croquettes, de crottes ni de poils. Mon vieux chat les regarde et revendique ses atouts sociaux : « Personne ne posera la moindre patte sur mon fauteuil. Je suis ici depuis douze ans et j'ai bataillé dur pour obtenir mon bout de coussin. Alors, robots, dégagez ! » Certains parlent et tiennent leur propre blog.

J'ai découvert au cours de cette expérience que le monde se divisait en deux camps : les « pour » et les « contre » : « *2 000 euros, c'est le prix d'un labrador de race. Quand ton chien wi-fi attrapera les canards aussi bien que mon Rex, on en reparlera…* Oui, mais, au moins, il danse sur Kylie Minogue si je lui demande ! Sans compter qu'il surveille ma maison grâce à sa caméra. »

Depuis un mois, il ne s'est pas passé un matin sans que je ne caresse mon chien. À ma vue, ses yeux clignotent, il lève le museau, agite la queue, jappe et se trémousse. Mieux qu'un vrai chien. Devant tant de reconnaissance, je fais durer la séance caresse. Je sais que mon *Aïbo* est très sensible, du capteur sous l'oreille droite. Je le connais mon chien, quand même !

On appelle ça le « *social gaming* », le phénomène paraît incontournable !

Pour cette activité, vous devez :

- savoir exprimer un point de vue à partir d'un article ;
- savoir justifier votre point de vue ;
- savoir donner des exemples personnels ;
- savoir comparer deux situations (celle de l'enquête et celle de votre pays) ;
- savoir réagir aux questions.

Pour évaluer votre travail, vous pouvez utiliser cette grille :

	Réussi	Presque réussi	À travailler
✓ **Capacité à communiquer** · adéquation à la consigne			
✓ **Capacité à utiliser les outils de langue** · grammaire · vocabulaire · prononciation · aisance			

Votre travail dans le dossier 1

1. Qu'est-ce que vous avez appris à faire dans ce dossier ? Cochez les propositions exactes.

☒ parler de ses relations
☐ décrire son lieu de travail
☒ parler de la vie d'une personne
☒ comprendre des qualités et des défauts
☐ parler d'un projet
☒ raconter une rencontre
☐ parler de ses conditions de travail

2. Quelles activités vous ont aidé(e) à apprendre ? Voici une liste de savoir-faire de communication. Notez en face de chaque savoir-faire le numéro de la leçon et de l'activité qui correspondent.

– comprendre un test psychologique — L1, 1
– comprendre une personne qui parle d'une rencontre — L3, 2-5-6
– décrire le caractère d'une personne — L1, 10
– comprendre une interview sur les relations amicales — L1, 2-3
– comprendre quelqu'un qui exprime son mécontentement — L2, 13-14
– rapporter les paroles de quelqu'un — L2, 9
– raconter un événement passé — L1, 10 L3, 4-8
– donner des définitions — L1, 4-6
– évoquer des changements — L2, 15

Votre travail dans le dossier 2

1. Qu'est-ce que vous avez appris à faire dans ce dossier ? Cochez les propositions exactes.

☒ comprendre une offre d'emploi
☒ exprimer des conseils
☒ se présenter dans une entreprise
☐ comprendre un contrat d'embauche
☐ présenter une entreprise
☒ rédiger une lettre formelle simple
☒ parler de son expérience professionnelle

2. Quelles activités vous ont aidé(e) à apprendre ? Voici une liste de savoir-faire de communication. Notez en face de chaque savoir-faire le numéro de la leçon et de l'activité qui correspondent.

– comprendre une petite annonce d'offre d'emploi — L1, 1-2
– comprendre des conseils dans le domaine professionnel — L2, 1-2
– décrire un profil d'emploi recherché — L1, 3
– parler d'un job que l'on a fait — L3, 8
– reconnaître des registres de langue — L2, 5-6
– rédiger une lettre de motivation simple — L1, 12
– compléter un CV — L1, 4-6
– comprendre une lettre de candidature — L1, 9
– présenter ses points forts et parler de ses points faibles — L2, 14-15

Votre travail dans le dossier 3

1. Qu'est-ce que vous avez appris à faire dans ce dossier ? Cochez les propositions exactes.

☒ parler de déplacements
☐ donner des conseils de voyage
☒ raconter des activités de vacances
☒ comprendre des renseignements touristiques
☐ exprimer des souhaits
☐ écrire une lettre administrative
☒ parler de son lieu de vie

2. Quelles activités vous ont aidé(e) à apprendre ? Voici une liste de savoir-faire de communication. Notez en face de chaque savoir-faire le numéro de la leçon et de l'activité qui correspondent.

– comprendre la présentation d'un livre — L1, 3-4-5
– comprendre une publicité sur un lieu touristique — L2, 5-6
– décrire des comportements, des habitudes — L1, 6-7
– comprendre une étude comparative — L3, 2-3-4-5
– comprendre une réservation touristique — L2, 10-11
– donner des renseignements touristiques — L2, 12
– parler de ses habitudes en vacances — Carnet, 2-3
– comprendre quelqu'un qui parle des stéréotypes nationaux — L1, 9-10
– comprendre quelqu'un qui parle de ses choix de lieux de vie — L3, 9-10-11

Votre travail dans le dossier 4

1. Qu'est-ce que vous avez appris à faire dans ce dossier ? Cochez les propositions exactes.

- ☒ comprendre un avis de recherche
- ☐ donner des informations sur un emploi
- ☒ raconter des événements de l'actualité
- ☒ comprendre des présentations critiques de film
- ☐ exprimer des souhaits
- ☒ exprimer des réactions de spectateur
- ☐ parler de souvenirs d'enfance

2. Quelles activités vous ont aidé(e) à apprendre ? Voici une liste de savoir-faire de communication. Notez en face de chaque savoir-faire le numéro de la leçon et de l'activité qui correspondent.

- comprendre un titre de presse — L1, 4-5
- comprendre un faits divers — L2, 1-2-3
- comprendre la présentation d'un film — L3, 1-2-3
- comprendre une information radio — L1, 5
- rapporter un événement à l'oral — L2, 13
- exprimer des réactions positives et négatives sur un film — L3, 9-10
- rédiger une fiche de présentation sur un film — L3, 4
- comprendre quelqu'un qui donne son avis sur un programme télévisé — L1, 8-9-10

Votre travail dans le dossier 5

1. Qu'est-ce que vous avez appris à faire dans ce dossier ? Cochez les propositions exactes.

- ☒ parler de ses aspirations
- ☒ exprimer son accord
- ☐ critiquer un spectacle
- ☒ comprendre un récit autobiographique
- ☐ comprendre des faits divers
- ☐ écrire une chanson
- ☒ parler de ses centres d'intérêt

2. Quelles activités vous ont aidé(e) à apprendre ? Voici une liste de savoir-faire de communication. Notez en face de chaque savoir-faire le numéro de la leçon et de l'activité qui correspondent.

- comprendre une chanson — L1, 3
- comprendre quelqu'un qui parle de ses engagements — L2, 5-6
- comprendre quelqu'un qui parle d'une situation hypothétique — L2, 9-10
- comprendre la présentation d'un livre — L3, 2-5
- exprimer des souhaits, des espoirs — L1, 8-10
- exposer un projet — L2, 11
- rédiger un témoignage pour un forum de discussion — L1, 10
- comprendre quelqu'un qui exprime des raisons — L3, 9
- justifier ses choix de lecture — L3, 6

Votre travail dans le dossier 6

1. Qu'est-ce que vous avez appris à faire dans ce dossier ? Cochez les propositions exactes.

- ☒ parler d'un changement de vie
- ☒ exprimer des regrets
- ☒ comprendre une courte biographie
- ☐ écrire une lettre formelle
- ☐ décrire une innovation
- ☒ raconter un exploit
- ☐ comprendre un manifeste

2. Quelles activités vous ont aidé(e) à apprendre ? Voici une liste de savoir-faire de communication. Notez en face de chaque savoir-faire le numéro de la leçon et de l'activité qui correspondent.

- comprendre quelqu'un qui parle de choix de vie — L1, 1-2
- comprendre l'évocation de la vie d'une personne — L1, 7
- rapporter les paroles de quelqu'un par écrit — L2, 7
- comprendre quelqu'un qui décrit les conséquences d'un événement — L3, 1-2
- raconter des changements de vie réussis — L1, 5
- rédiger une biographie : présenter une personnalité, son parcours — L1, 12
- formuler des regrets — L3, 13-14
- comprendre des statistiques sur les professions — L2, Point Culture
- exprimer des sentiments, des réactions par rapport à un exploit — L2, 11

Votre travail dans le dossier 7

1. Qu'est-ce que vous avez appris à faire dans ce dossier ? Cochez les propositions exactes.

- ☒ comprendre un manifeste
- ☐ exprimer un but personnel
- ☒ demander un service
- ☒ comprendre quelqu'un qui exprime une opinion
- ☐ proposer de l'aide
- ☐ écrire une lettre de demande d'informations
- ☒ parler de l'environnement

2. Quelles activités vous ont aidé(e) à apprendre ? Voici une liste de savoir-faire de communication. Notez en face de chaque savoir-faire le numéro de la leçon et de l'activité qui correspondent.

– comprendre des nécessités d'agir	L1, 2-3
– comprendre des prises de position	L1, 6-7
– comprendre quelqu'un qui explique un problème	L2, 7-9
– comprendre un sondage sur les habitudes de lecture	L2, 3-4
– exprimer son opinion sur l'écologie	L1, 10
– retrouver les étapes d'un événement	L2, 2
– rédiger un message pour demander de l'aide	L2, 12
– comprendre un phénomène de société polémique	L3, 6-7-8
– prendre position par écrit	L3, 5

Votre travail dans le dossier 8

1. Qu'est-ce que vous avez appris à faire dans ce dossier ? Cochez les propositions exactes.

- ☒ parler de nuisances
- ☐ exprimer une opinion sur un livre
- ☒ commenter un fait de société
- ☒ dénoncer une situation
- ☐ comprendre un échange familial
- ☐ demander de l'aide
- ☒ s'excuser

2. Quelles activités vous ont aidé(e) à apprendre ? Voici une liste de savoir-faire de communication. Notez en face de chaque savoir-faire le numéro de la leçon et de l'activité qui correspondent.

– comprendre des messages d'information sur la santé	L1, 1
– comprendre des sanctions pour délits	L2, 2-3
– s'excuser et reprocher	L2, 15
– comprendre les conséquences d'une action	L1, 2
– comprendre quelqu'un qui se plaint	L1-9, 10, 11, 12
– exprimer son point de vue sur un sujet polémique	L3, 12
– rédiger un compte rendu de réunion	L3, 6
– comprendre une information sur une loi	L1, Point Culture
– comparer avec la législation dans son pays	L1, 5

Votre travail dans le dossier 9

1. Qu'est-ce que vous avez appris à faire dans ce dossier ? Cochez les propositions exactes.

- ☒ parler de la communication
- ☒ exprimer une mise en garde
- ☒ rédiger une demande de renseignements
- ☐ parler de phénomènes de société passés
- ☒ comprendre un jugement sur une évolution
- ☐ écrire une lettre formelle de remerciements
- ☒ comprendre la présentation d'une innovation

2. Quelles activités vous ont aidé(e) à apprendre ? Voici une liste de savoir-faire de communication. Notez en face de chaque savoir-faire le numéro de la leçon et de l'activité qui correspondent.

– comprendre une personne qui exprime un jugement	L1, 3-4-5
– comprendre des arguments commerciaux	L2, 1
– raconter son expérience des blogs	L2, 14
– s'informer sur un service, un lieu	L3, 4
– exprimer un sentiment et demander de l'aide	L1, 9
– comprendre un document expliquant le fonctionnement d'un service	L3, 1-2
– prendre des notes à partir de la radio	L3, 5
– présenter un objet et ses avantages	L2, 7
– résumer l'histoire d'un conte	L3, 9

DOSSIER 1

COMPRÉHENSION ORALE

1
C

2
Franck et Julia : dans un appartement en ville – Damien : dans une maison dans un village

3
A. Julia – B. Franck – C. Damien

4
Franck et Julia

5
B

TRANSCRIPTION

– Et maintenant la suite de notre émission. Trois personnes ont accepté de témoigner. Écoutons-les !

– Je m'appelle Franck. Mon voisin est mon ami, les autres, je les salue seulement. Je suis un peu timide et j'ai du mal à aller voir les gens pour discuter avec eux. Mais, si on organise quelque chose dans mon immeuble pour faire connaissance, je veux y participer.

– Moi, c'est Julia ! Et dans mon immeuble, je ne connais pas grand monde, sauf ma voisine de palier et j'aimerais bien pouvoir discuter plus avec mes voisins, mais nous n'avons pas de lieu où nous pourrions nous réunir. Aujourd'hui, les gens ne se parlent plus. Moi, je pense qu'il faut organiser des rencontres entre voisins, même si c'est un peu artificiel.

– Je m'appelle Damien et j'habite dans un petit village, ça favorise les relations entre les personnes. Dans le voisinage, nous nous connaissons tous. Tout se fait naturellement, on n'a pas besoin d'un événement spécial pour ça.

COMPRÉHENSION ÉCRITE

1
B

2

```
1948 : naissance de Kheira
1966 à 1972 : études de droit
1968 : mariage et premier enfant
1970 : naissance des jumeaux
1972 : quatrième enfant
1974 : arrivée en France
Profession en 1975 : secrétaire et gardienne
Profession en 2001 : gardienne de 17 immeubles
2000 : création de l'association les Quatre Horizons
```

3
B – F – H

4
« l'ange gardien de la rue » : elle aide les autres, elle trouve la solution des problèmes.

DOSSIER 2

COMPRÉHENSION ORALE

Mélanie : 5 – Lucie : X – Christophe : 4 – Hélène : 8 – Christine : 7 – Sébastien : X – Cédric : 3 – Julie : 6 – Étienne : 9 – Emmanuel : 2

TRANSCRIPTION

– Aujourd'hui, notre émission donne la parole à onze jeunes qui cherchent un petit boulot. Si vous pouvez les aider, contactez-nous après l'émission, nous leur communiquerons vos propositions. Maintenant, écoutons-les ! Ils se présentent et parlent de l'emploi qu'ils souhaitent.

– Et bien, je m'appelle Cécile. Je suis étudiante en sociologie. J'ai le contact facile et je m'intéresse aux gens en général. J'aime savoir ce qu'ils aiment ou non, et pourquoi. Voilà je cherche un job occasionnel, proche de mes intérêts, pour payer mes sorties.

– Moi, c'est Mélanie. Je voudrais trouver un emploi auprès d'enfants parce que je suis très patiente et je fais des études pour devenir institutrice. J'ai déjà travaillé avec des jeunes pendant les vacances et j'ai mon BAFA.

– Mon prénom, c'est Lucie. Ma passion, c'est les animaux et surtout les chiens. J'ai déjà gardé tous les animaux de mes amis ! Alors, je voudrais trouver un chien à promener tous les jours et à garder de temps en temps le week-end, mais aussi pendant les vacances de son maître.

– Christophe ! J'ai déjà travaillé comme disc-jockey dans une boîte de nuit, mais c'est trop fatigant et j'ai du mal à suivre mes cours le lendemain ! Je voudrais bien continuer à animer les fêtes, mais le week-end seulement pour être en forme pendant la semaine.

– Je m'appelle Hélène. Je ne manque jamais les dernières sorties au cinéma ou au théâtre, mais ça me coûte une fortune ! Je voudrais bien trouver un job dans le spectacle pour l'été. Comme ça, je pourrais voir mes acteurs préférés gratuitement et, en plus, j'aurais des pourboires...

– Moi, je m'appelle Christine. Je ne cherche pas vraiment un emploi, mais plutôt un service à rendre quelques jours par semaine. Me lever très tôt le matin ne me gêne pas, au contraire je suis libre après pour mes études. J'ai déjà travaillé dans un magasin d'alimentation et j'ai bien aimé. Le commerce, ça me plaît bien !

– Moi, c'est Sébastien. On pense toujours aux femmes pour être modèles mais les hommes aussi ont toutes leurs chances ! Même si je n'ai pas un corps de rêve, j'ai déjà posé pour des artistes. Aujourd'hui, je cherche toujours à être modèle, mais pour un cours de dessin cette fois.

– Je m'appelle Cédric. Je voudrais être équipier sur un bateau pour les vacances. Alors, j'ai consulté l'annuaire du nautisme pour connaître des adresses, mais j'ai rien trouvé. Voyager sur la mer, ça m'a toujours attiré et je suis prêt à travailler !

– Moi, c'est Julie. Je ne suis pas encore majeure, et ce n'est pas facile de trouver un job ! Mais j'aimerais bien trouver quelque chose dans le sport après les examens du lycée.

– Moi, c'est Étienne. J'adore la vie à la campagne, les animaux, la nature... Trouver un emploi saisonnier loin de la ville ça, ça m'plairait bien. Je sais que ce type d'emploi, c'est fatigant, mais ça fait rien, je suis partant : on peut aussi bronzer à la campagne !

– Moi, je m'appelle Emmanuel. La mer, la mer..., il n'y a que ça qui compte pour moi ! De plus, je suis très sportif et j'ai un diplôme de secouriste en mer. Avoir des responsabilités ne me déplaît pas non plus...

– Eh bien, merci à tous les onze ! Je suis sûr que nos auditeurs ont entendu vos souhaits, nous attendons leurs propositions !

COMPRÉHENSION ÉCRITE

1

2 C – 3 D – 4 H – 5 F – 6 E – 7 B – 8 G

2

Cécile Dupin		
23 ans		
53 rue de Charenton		
75012 Paris		
☎ 01.45.87.90.43		
📱 06.22.84.66.21		
✉ cécile.dupin@free.com		

CURRICULUM VITAE

FORMATION

2004/2005	études de sociologie à l'Université Paris III
Juin 2003	Baccalauréat littéraire
Anglais	lu, écrit, parlé (deux séjours linguistiques, durée totale d'un mois)
Espagnol	lu, écrit, parlé couramment
Informatique	traitement de texte

EXPÉRIENCE

Juil, août, sept 04	stage dans l'entreprise pharmaceutique Syntelabo
2004/2005	Travaux universitaires :
	• loisirs des moins de 25 ans
	• consommation des familles
	• dépenses des 18/20 ans

CENTRES D'INTÉRÊT

Théâtre :	passion pour le théâtre
Musique :	passion pour la musique contemporaine et l'animation de soirées
Littérature :	participation au journal de l'Université
Sports :	natation et basket

DOSSIER 3

COMPRÉHENSION ORALE

1

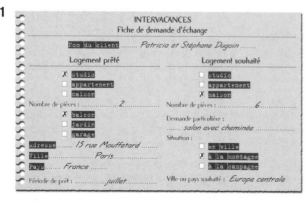

2

le voyage – les frais de dossier

3

les objets cassés – le problème de la propreté

TRANSCRIPTION

– Bonjour, Monsieur.

– Bonjour, Madame !

– Voilà, pendant les vacances, je voudrais échanger mon logement pour profiter de la nature et avoir un peu plus d'espace qu'à l'hôtel. Je pense aussi que c'est plus intéressant financièrement, non ?

– En effet, il n'y a pas de frais d'hébergement. Seuls le voyage et les frais de dossier (environ cent euros) sont à payer. Cela permet de changer vraiment de décor : de passer d'un petit appartement dans une grande ville à une grande maison, habiter à la campagne, changer de pays aussi...

– Oui, justement, est-ce que vous proposez ce type d'échange à l'étranger ?

– Bien sûr, nous pouvons vous proposer des offres dans une cinquantaine de pays. Nous avons un catalogue spécialisé. Que souhaitez-vous exactement ?

– En fait, mon ami et moi, nous louons un petit deux pièces dans le cinquième, mais nous voudrions trouver une grande maison avec cinq chambres et un séjour avec cheminée à la montagne en Europe pour partir avec des amis.

– Aucun problème, votre studio est situé à Paris, l'une des plus belles villes du monde, ce qui lui donne une valeur importante. Vous pourrez l'échanger sans difficulté contre une grande maison à la campagne ou à la montagne, en Irlande ou en Suède, par exemple !

– Est-ce qu'il n'y a pas de risques ?

– Si, bien sûr : objets cassés, problèmes de propreté, mais c'est la règle du jeu... D'un autre côté, l'autre partenaire qui vous prête son logement court les mêmes risques.
D'autre part, vos « hôtes », leurs voisins, les amis... s'occupent en général bien de vous et vous donnent volontiers de bons conseils sur les centres d'intérêt dans leur région.

– Oui, mais nous aimerions tenter l'expérience en juillet prochain, est-ce encore possible ?

– Écoutez, je vous propose de remplir cette fiche avec votre ami et de la rapporter dans la semaine. Nous ouvrirons un dossier, et je commencerai les recherches. Je pense que le mois de juillet est une bonne période, car il y a beaucoup de propositions en été. Je vous contacterai quand j'aurai une proposition intéressante.

– D'accord ! Alors, à bientôt, merci. Au revoir, Monsieur.

– Au revoir, Madame.

COMPRÉHENSION ÉCRITE

1
C

2
C

3

Le week-end à la mer organisé par le Centre social et culturel : Maria, Hugo – La roulotte à peintures organisée par l'association Thraces : Fabien, Maria – La journée interculturelle organisée par l'association des femmes : Hugo, Karina – Le Printemps des Amandiers organisé par les habitants : Claude, Sébastien

■ DOSSIER 4

COMPRÉHENSION ORALE

1

Fiche d'interview

Date de l'interview .... 15 décembre 2005 ....

Personne interviewée .... Dany Boon ....

Profession .... humoriste .... et .... acteur ....

Objet de l'interview .... sortie du film Joyeux Noël ....

Nom du réalisateur .... Christian Carion ....

Thèmes du film Conditionnement des gens et
comportement face aux étrangers

Participation à des compétitions cinématographiques ?
☐ Oscars   ☒ Festival de Cannes
☐ Ours de Berne   ☐ Mostra de Venise

Rôle de Dany Boon dans le film .... soldat ....

Type du rôle :
☐ comique   ☐ mélancolique   ☐ immoral
☐ cruel   ☒ dramatique   ☐ passionné

Réactions de la famille (cochez 2 réponses) :
☐ étonnée   ☐ déçue   ☒ heureuse
☒ émue   ☐ choquée   ☐ ennuyée

2
C'est un « magnifique film ».

TRANSCRIPTION

– Aujourd'hui, Annick Romain reçoit à l'antenne l'humoriste Dany Boon pour son rôle dans le magnifique film de Christian Caron : *Joyeux Noël*.
– Bonjour, Dany Boon. Alors racontez-nous, comment avez-vous décroché ce rôle ? Vous avez passé un casting ?
– Non, le réalisateur me l'a proposé directement. En tout cas, c'est ce qu'il m'a dit. Peut-être qu'il a dit ça à tous les comédiens. Mais visiblement, il me voulait pour ce rôle, il pensait à moi dès l'écriture du scénario, en fait.
– Et quelle a été votre réaction ?
– J'étais très content, surtout que j'avais beaucoup aimé son premier film, *Une hirondelle a fait le printemps*. Quand il m'a raconté l'histoire, le personnage, j'ai tout de suite pensé à mon arrière-grand-père qui a été blessé pendant la guerre.
– Quelle a été la réaction de votre famille quand elle a appris que vous alliez jouer le rôle d'un soldat pendant la guerre ?
– Ma mère a été contente et touchée par l'histoire. Le film est très bien écrit et il évoque des thèmes pas très éloignés de ce qui se passe dans le monde actuellement, le conditionnement des gens, leur comportement face à un étranger...
– Et est-ce que vous avez envie de continuer à faire des films dramatiques, d'arrêter de nous faire rire ?
– Non, je viens de finir le tournage de *La Doublure*, un film de Francis Veber et où j'ai un rôle de comique... vraiment comique... Mais lors des projections de *Joyeux Noël* dans le cadre du Festival de Cannes, je me suis rendu compte que mon personnage faisait rire aussi. C'est très beau de réussir à faire les deux : un personnage émouvant qui fait rire.
– Un mot de conclusion ?
– Je suis très fier d'être dans *Joyeux Noël*, qui est allé aux Oscars, j'étais fou de joie !

COMPRÉHENSION ÉCRITE

1er article

	Une hirondelle a fait le printemps	Joyeux Noël
Histoire	.... des voleurs	.... bataille, guerre, soldats, armes ....
Points communs	.... même sensibilité, histoires d'hommes	
Différences	.... tons et univers (oiseaux/hirondelles chantent ≠ balles des armes qui sifflent)	

2e article

1

```
            RAPPORT DE POLICE
Informations concernant le délit :
Date : 12 juin 2005, nuit de samedi à dimanche ..........
Fait : .... vol de voitures ..........
Lieu : .... Magny ..........
Nombre de délinquants : ... 7 jeunes ..........
Âge des délinquants : ... 17 à 21 ans ..........
Informations concernant l'arrestation :
Date : ... mercredi soir ...........
Informations concernant le jugement :
Date : ... immédiatement ........
Condamnation : prison pour les majeurs et six à huit mois de prison avec sursis
               pour les mineurs...
```

2
B

■ DOSSIER 5

COMPRÉHENSION ORALE

1
Arts : X – Nature : Bertrand – Humour : Hélène – Roman : Sophie – Histoire : Carolina – Sport : X – Policier : Frédéric

2
C

3
B

4
C

TRANSCRIPTION

– Bonjour ! Bienvenue dans notre émission « Les livres ont la parole ». Cette semaine, j'ai lu *La Chambre de ton père* de Michel Déon. J'ai beaucoup aimé. Aussi je l'ai invité pour qu'il nous parle de son dernier roman. Mais d'abord, comme chaque semaine, vos coups de cœur ! Vous êtes cinq à avoir laissé vos témoignages sur les livres que vous avez lus cette semaine, nous vous écoutons.
– Bonjour, je m'appelle Carolina. J'ai adoré *Catherine Hermany* de Lord James. L'auteur raconte ici la vie du dernier mari de la reine d'Écosse Marie Stuart, au début du XVIe siècle. Il s'appelle James, il est séduisant..., bon, alors, à vous de lire la suite !
– Bonjour, moi, c'est Bertrand. J'ai lu un livre qui s'appelle *Provence à vol d'oiseau* de Peter Mayle et Jason Hawkes. Je suis resté en admiration devant les magnifiques vues aériennes prises dans cette belle région. C'est une explosion de couleurs, de saveurs, de senteurs, des montagnes, des mers... Un vrai voyage, que je conseille à tous !
– Bonjour, c'est Hélène. Si vous avez envie de rire, d'idées drôles, c'est le dernier *Astérix* qu'il vous faut. Moi, j'ai eu le coup de foudre !
– Salut, je m'appelle Frédéric. Hier, j'ai commencé *La Jeune Fille et la brume*, je n'ai pas pu dormir une fois fini ! L'enquête de ces

inspecteurs qui nous conduit sur les rivages des îles Canaries, j'ai adoré le suspense !

– Moi, c'est Sophie, au micro. J'ai beaucoup aimé *Les Conspirateurs*. Vous devez offrir ce livre à votre meilleur ami, s'il est fan d'histoire chinoise contemporaine. L'histoire nous parle d'espionnage, d'amour et de mensonge...

– Merci pour vos coups de cœur ! Et maintenant, nous donnons la parole à Michel Déon. Dans *La Chambre de ton père*, votre dernier livre, vous racontez votre enfance... La vie d'un garçon sage, mais souvent seul, car délaissé par ses parents. Ce garçon vit dans les quartiers riches de Paris et de Monaco jusqu'à la mort de son père, quand il a 13 ans. C'est seulement à ce moment-là qu'il comprend l'amour de ce père. Michel Déon, bonjour.

– Bonjour.

– Vous avez écrit ce récit avec vos propres souvenirs ?

– Oui, il y a dans ce livre une grande partie de mon enfance. En Teddy, le personnage, il y a beaucoup de mes sentiments d'enfant. En particulier, la difficulté d'être enfant unique.

– Quand on lit votre livre, on a l'impression que père et fils ne se rencontrent jamais vraiment.

– Il faut savoir que les pères de cette époque s'occupaient peu de leurs enfants. C'est pour ça que j'ai construit des relations différentes avec mes propres enfants. Très proches, très confiantes. Je n'ai pas voulu reproduire ce que j'avais vécu.

– Pourquoi avez-vous attendu si longtemps pour écrire ce livre ?

– On ne sait jamais pourquoi on écrit un livre à un moment précis. Parfois, il suffit de trouver une photo, une lettre et, vous vous souvenez... C'est comme une enquête dans le passé, dans ses souvenirs.

COMPRÉHENSION ÉCRITE

1

1. B – **2.** C – **3.** Annie : contre (énervant, ridicule) – Olivier : pour (la langue doit évoluer) – Coralie : pour (normal, ça ne dérange personne)

2

1.

Nom de l'association : *Les Restos du Cœur*	Date de naissance de l'association : *1985*
Nom et fonctions du fondateur : *Coluche*	*humoriste et acteur*

Actions actuelles de l'association *(cochez 2 propositions exactes)* :
- [ ] assurer le chauffage aux personnes pauvres
- [ ] aider financièrement les personnes sans emploi
- [x] proposer un domicile aux malheureux
- [ ] soigner les bébés des femmes seules
- [x] offrir des repas gratuits
- [ ] fournir des vêtements aux familles
- [ ] soutenir les personnes seules

Moyens de fonctionnement de l'association *(trouvez 2 moyens)* : *les dons, les bénévoles.*
(ou les concerts des artistes / tube de J-J. Goldman)

Nombre de personnes aidées par l'association : *630 000*
Nombre de personnes au service de l'association : *45 000*

2. B – **3.** C

DOSSIER 6

COMPRÉHENSION ORALE

1

B

2

CONCORDIA

Type de la mission : Recherche en sciences
○ physiques ⊗ médicales ○ zoologiques ⊗ astronomiques ⊗ glaciologiques

Nombre de personnes impliquées : ....13....

Fonction de Claire Calvez : ....Responsable de l'équipe technique.....

Nombre de personnes dans l'équipe technique : ....8..........

Durée prévue de la mission : ....9 mois.......

3

HEURE DE LEVER	...................7 H...
HORAIRES DE TRAVAIL	DE ....8 H... À ....17 H 30...
JOUR DE REPOS HEBDOMADAIRE	.........DIMANCHE....

4

C

– Bonsoir à tous, ce soir nous recevons Claire Le Calvez dans notre émission hebdomadaire « Les nouveaux aventuriers ». Le thème d'aujourd'hui : des femmes qui ont choisi de vivre une expérience peu ordinaire. En plein Antarctique, à douze mille kilomètres de Paris, Claire Le Calvez s'est installée pour une durée de neuf mois dans la station européenne Concordia, base scientifique permanente. Dans des conditions extrêmes, treize explorateurs, une femme et douze hommes, effectuent des recherches en astronomie, médecine et glaciologie.

– Bonsoir, Claire. Expliquez-nous quelle est la mission de Concordia.

– Préparer les vols habités sur Mars ! Rien que ça ! L'hivernage recrée les conditions de vie des futures navettes spatiales qui s'envoleront vers la planète rouge. Il faut apprendre à gérer l'eau, la nourriture pendant un an, durée du trajet vers Mars. De quoi occuper toute l'équipe au quotidien.

– Alors, racontez-nous, comment se passe la vie sur place ?

– Nous travaillons dehors quelques heures par jour. C'est très dur. Mais je suis ravie de remettre le nez dehors. La nuit polaire vient de s'achever. Nous étions dans le noir depuis six mois ! Dans la station, la vie est assez rythmée : on se lève à 7 h, on travaille tous les jours de 8 h à 17 h 30, sauf le dimanche.

– Et quels enseignements tirez-vous de cette expérience ?

– Me connaître avant tout et relativiser ! Nous vivons complètement isolés, loin de tout. Impossible de claquer la porte en cas de désaccord. Nous devons rester unis. Bien sûr, mes proches me manquent. Mais c'est une expérience unique, je veux en profiter à fond.

– Mais dites-nous, comment vivez-vous le fait d'être la seule femme ?

– Quand on m'a proposé le poste, j'ai douté de mes capacités à m'imposer. J'ai dû faire mes preuves auprès des huit hommes de l'équipe technique que je dirige. Je lisais dans leurs yeux : « Est-elle capable de conduire un bulldozer et de déplacer des containers ? » Physiquement, c'est très dur, mais je tiens bon. Aujourd'hui, j'ai trouvé ma place dans le groupe.

– Merci, Claire et félicitations pour votre courage dans ces neuf mois de vie à – 60° degrés !

COMPRÉHENSION ÉCRITE

1

1. C – **2.** B – **3.** C – **4.** A

2

1. B – **2.** C – **3.** A

3

1. C – **2.** B – **3.** C

DOSSIER 7

COMPRÉHENSION ORALE

1

Émission :	...............*Notre société bouge !*...............
Date :	................*14 octobre 2006*....................
Nombre d'invités :	......*5 hommes*......
Profession des invités :	*journalistes, présentateurs, rédacteurs*
Thème de l'émission :	*Féminisation de l'information*
Cause de cette nouvelle situation :	*de plus en plus de femmes dans les écoles de journalisme*
Profession non encore féminisée :	*direction de l'information*

2

David : E
Hervé : D
Stéphane : C
Jean-Pierre : B
Jean-Sébastien : A, F

TRANSCRIPTION

– Depuis quelques années, il y a de plus en plus de femmes dans les écoles de journalisme. Ce qui fait qu'aujourd'hui, on constate une véritable explosion de talents féminins dans le domaine de l'information : journalistes, reporters de guerre, présentatrices de l'info. Les femmes sont partout sur les plateaux de télévision. Existe-t-il une *touche féminine* dans la présentation de l'information ? Elles, elles revendiquent surtout leur professionnalisme. Cependant, les fonctions de direction dans ce domaine sont encore rarement accessibles...

Voyons ce que leurs confrères masculins pensent d'elles. Aujourd'hui, nous avons demandé à cinq journalistes de s'exprimer. Bonjour messieurs.

– Bonjour.

– Alors dites-nous, que pensez-vous de cette féminisation de l'information ?

Donnons d'abord la parole à David :

– Je pense que les femmes sont arrivées à un niveau de compétences et de responsabilités équivalent à celui des hommes, et qu'entre deux personnes de sexe différent, on prend tout simplement la meilleure. Aujourd'hui, la tendance est aux femmes, mais cela peut s'inverser demain.

– Merci, David, et vous, Hervé, qu'en pensez-vous ?

– Ces dernières années, comme il était plus valorisant de montrer sa tête à l'écran, les hommes ont préféré faire des plateaux. Ils ont laissé aux femmes leur place de reporters de guerre sur le terrain. Elles, elles sont plus dans l'efficacité que dans le paraître.

– Stéphane, vous, pensez-vous que les femmes sont aussi, voire plus efficaces que les hommes ?

– Une chose est sûre, qu'elles soient femmes reporters de guerre ou femmes sur les plateaux, elles n'ont pas été recrutées pour leur physique. Elles ont chacune fait leurs preuves auparavant.

– Et vous, Jean-Pierre, vous êtes grand reporter, que pensez-vous des femmes sur le terrain ?

– Les femmes veulent montrer qu'elles n'ont pas peur d'aller sur le terrain, alors en général, ce sont les premières à se retrouver sous les bombes.

– Jean-Sébastien, vous êtes présentateur de l'information, êtes-vous jaloux devant ces nouvelles présentatrices ?

– Je suis le dernier visage masculin de l'info sur la chaîne. La présence de femmes permet, peut-être, d'apporter un peu de séduction dans ce monde de brutes ou de rechercher un public plus large.

– Merci messieurs, pour vos témoignages. Et maintenant, donnons la parole à nos téléspectateurs...

COMPRÉHENSION ÉCRITE

Concours de poésie de la RATP

Date de naissance du mouvement littéraire de la RATP : ....**1993**........

Profession des créateurs : ....**ingénieur**......... et ....**éditeur**..........

Origine de cette idée : ...**métro de Londres**..........................

Circonstance : **creusement du tunnel sous la Manche**

Réaction du public : **enthousiaste – plaisir/succès – bonheur – approbation**

Date du 1er concours : ...**1997**...............................

Nombre de prix attribués chaque année : ...**10**...............

Récompenses des lauréats : – **voyage à Naples, en Italie**
– **poèmes affichés sur les quais et dans les voitures du métro pendant 2 mois**

Sujet des poèmes de cette année : ...**le voyage**........................

DOSSIER 8

COMPRÉHENSION ORALE

Les étrangers en Île-de-France

Prénom : ....Kady..

Nationalité : ....malienne..................................

Vous habitez en France depuis : ☒ 5 ans ❑ 10 ans ❑ 15 ans

Dans quelle ville habitez-vous ? ....Montreuil....................

Votre profession ? .....comédienne......................................

Avez-vous des diplômes, si oui lesquels ? diplôme de l'Institut des arts de Bamako...

A. Qu'est-ce qui vous a étonné à votre arrivée ? *(3 réponses)*
❑ les comportements hommes-femmes dans la rue
☒ le partage des tâches ménagères
❑ la qualité de la vie
☒ la liberté d'opinion
☒ l'indifférence des gens que l'on croise
❑ la convivialité spontanée

B. Qu'est-ce que votre vie en France vous apporte ? *(2 réponses)*
❑ la réussite dans votre métier
☒ des ouvertures professionnelles
❑ la découverte d'une architecture différente
❑ une meilleure connaissance de votre pays

C. Qu'est-ce qui vous manque le plus ? *(2 réponses)*
☒ les vôtres   ❑ la nourriture
❑ les fêtes familiales   ☒ la luminosité nocturne
❑ vos amis   ❑ la nature

D. Qu'est-ce que vous appréciez en France ? *(1 réponse)*
❑ le confort quotidien
❑ le nombre des spectacles à l'affiche
❑ la richesse de l'histoire
☒ la composition multiculturelle de la population

E. Qu'est-ce que vous n'aimez pas ? *(1 réponse)*
❑ le bruit continuel   ☒ la solitude
❑ l'insécurité la nuit   ❑ la pollution

TRANSCRIPTION

– Bonjour, Madame, je suis chargée de faire une enquête sur les étrangers qui ont choisi de vivre en France. Pouvez-vous répondre à quelques questions ?

– D'accord !

– Alors, dites-moi quel est votre prénom et votre nationalité ? Et qu'est-ce qui vous a décidé à venir en France ?

– Eh bien, voilà, je m'appelle Kady Diarra, je suis malienne. En 2000, je suis sortie première de ma promotion à l'Institut national des arts de Bamako, au Mali. Et depuis cinq ans, je me suis installée à Montreuil, dans la région parisienne. Je voudrais faire une carrière de comédienne en France.

– Qu'est-ce qui vous a le plus étonnée en arrivant à Montreuil ?

– Eh bien, au début, j'étais surprise : les gens ne me disaient pas bonjour dans la rue, même les Maliens, qui sont nombreux à Montreuil. Bon, maintenant, c'est différent, je connais tout le monde, alors on se salue. Ce qui m'a étonnée, c'est que les hommes ici font la vaisselle ! Au Mali, c'est inimaginable ! Je sais qu'ici, je peux m'exprimer en tant que femme. Alors, je pense avoir davantage de chances de réussir.

– Vivre ici, qu'est-ce que cela vous apporte ?

– Beaucoup de rencontres professionnelles, de découvertes : des metteurs en scène, mais aussi des livres d'auteurs maliens dont je n'avais jamais entendu parler au Mali ! Cela peut vous sembler surprenant, mais ici j'ai l'impression d'avoir plus accès à ma propre culture qu'au Mali. Par exemple, j'ai participé à la semaine culturelle et on a fêté l'indépendance du Mali le 22 septembre avec des associations de Maliens de Montreuil… C'était sympa ! J'ai aussi plusieurs projets avec la ville.

– Et qu'est-ce qui vous manque le plus du Mali ?

– Oh là là ! Mes enfants et ma famille ! Dès que je peux, je rentre les voir. Sinon, c'est la lumière de la lune et des étoiles. Cette lumière me manque plus que celle du soleil ! Au Mali, si on perd quelque chose une nuit de pleine lune, on le retrouve tout de suite ! Bah, par contre, quand je fais mes courses, je trouve très facilement tout ce qu'il faut pour faire des repas 100 % maliens ! Et ça, ça fait plaisir !

– Dernière question : quelle est votre opinion sur les Franciliens ?

– Vous êtes toujours tellement pressés que vous ne prenez pas le temps de voir vos amis. Ici, on peut habiter à quelques stations de métro seulement et ne pas se voir pendant des mois ! Ce qui n'est pas pensable au Mali. Ce que j'aime, en tout cas, c'est le mélange des cultures : le Francilien est de toutes les couleurs. Quand on vit les uns à côté des autres, l'essentiel, c'est le respect.

– Merci, Kady, et bonne chance !

– Merci beaucoup, à bientôt.

COMPRÉHENSION ÉCRITE

1
C
2
A
3

| Justificatif du paiement | |
à conserver par le contrevenant	
Le …5 mars 2005… à …10 h 35…	**Avis de contravention** 16378218
Agent …499112…	**Service** …005…
Lieu d'infraction …rue Chapon…	
Ville …Paris…	**Département** …75…
Nature de l'infraction …circulation irrégulière sur la chaussée, en présence d'un trottoir normalement praticable (infraction prévue par le Code de la route)…	
Montant de l'amende 4 euros	

4
B, D
5
B

DOSSIER 9

COMPRÉHENSION ORALE

1
B
2
E, F, J
3

LA POSTE

AVIS DE DÉPÔT D'UN OBJET
Conservez ce feuillet, il sera nécessaire en cas de réclamation
Le cas échéant, vous pouvez faire une réclamation dans n'importe quel bureau de poste

06100   BUREAU des MIMOSAS
RA 1278 5467

Date	Heure	Prix	Nature
17 mai	…15 h…	…6 €…	☐ lettre ☒ colis

Destinataire	Expéditeur
………Anette Grandin………	…………Marie Zerr…………
………3 Cambridge St………	…………6 place du fort………
Ville : ………Lutton………	Ville : ……Nice……
Pays : ….Grande-Bretagne….	Pays : ……France….

4
le comble !
5
C

TRANSCRIPTION

– Bienvenus dans notre émission « Les auditeurs ont la parole ! ». Aujourd'hui, nous allons parler des problèmes de communication dans notre vie quotidienne. En effet, alors que nous pouvons communiquer dans le monde entier en quelques secondes grâce à Internet, il est parfois très difficile de communiquer par les moyens classiques. Vous témoignez.

Allô ! Marie, vous habitez à Antibes, et je crois que vous voulez nous raconter votre expérience, nous vous écoutons :

– Oui, voilà, j'ai posté un colis en Chronopost à Nice le 17 mai à destination de la Grande-Bretagne. Mais ce n'est que le 28 juin qu'il a été remis à son destinataire. En fait, le colis est resté à Nice du 17 mai au 24 juin, soit cinq semaines et demie.

Le 9 août, j'ai adressé une lettre de réclamation au service clients de Chronopost. J'ai demandé réparation du préjudice causé par un tel retard. Devinez quelle a été leur réponse ? Écoutez bien, ils m'ont affirmé que ma demande leur ayant été adressée au-delà du délai contractuel de 21 jours, ils étaient désolés de ne pouvoir y répondre favorablement. Le comble ! Leur courrier, daté du 17 août, m'est parvenu le… 9 septembre.

– Merci pour votre témoignage, Marie. Maintenant, c'est Colette, de Laval, qui veut témoigner. Colette, bonjour, vous voulez nous parler, je crois, des problèmes liés au téléphone ?

– Oui, eh bien moi, je suis exaspérée par les numéros de téléphone surtaxés. Pour parler avec la banque, il faut composer un numéro à 0,34 centimes d'euros la minute ; pour entrer en contact avec le service dépannage d'EDF, il faut également composer un numéro surtaxé, etc.

Autrement dit, tous les mois, je dois régler des dépenses en plus de mon forfait à cause de tous ces numéros. Pourtant, je suis peu bavarde au téléphone et je perds chaque mois des minutes non utilisées sur mon abonnement !

– Merci Colette pour votre appel. Maintenant, une page de publicité, et nous continuons à vous donner la parole.

COMPRÉHENSION ÉCRITE

1
C
2
1 C – 2 D – 3 A – 4 B
3
faire un article de deux feuillets quand l'événement mérite plus
– une nuit de reportage réduite à une minute trente de témoignage
4
B
5
B, E

CORRIGÉS
du
cahier d'activités

CORRIGÉS • Cahier d'activités

Dossier 1 - Leçon 1

Du côté du lexique

1

1. tolérant – **2.** généreuse – **3.** discret – **4.** curieuse – **5.** impatiente – **6.** jaloux – **7.** incompétente – **8.** fidèle – **9.** égoïste

2

1. l'hypocrisie – **2.** la générosité

Du côté de la grammaire

3

1. C'est quelqu'un à qui je ressemble et qui me ressemble. – **2.** C'est quelqu'un à qui je dis tout et qui me dit tout. – **3.** C'est quelqu'un que je déteste et qui me déteste aussi. – **4.** C'est quelqu'un qui ne m'adresse pas la parole et à qui je ne parle pas non plus. – **5.** C'est quelqu'un que je trouve méchant et qui ne m'apprécie pas non plus ! – **6.** C'est quelqu'un qui n'aime pas mes amis et que mes amis n'aiment pas non plus.

4

J'ai une amie **qui** s'appelle Emma et **que** j'adore. C'est quelqu'un **à qui** je dis des choses personnelles et **qui** me donne toujours de bons conseils. Mais voilà : en vacances, j'ai fait la connaissance d'une fille, Laura, **qui** est super et **qui** est devenue mon amie aussi. Emma, **à qui** j'ai parlé de Laura, n'a pas apprécié du tout. Avec tristesse, je découvre une nouvelle Emma, **qui** est jalouse et **qui** ne supporte pas d'avoir une « rivale ». Que faire ?

5

1. rencontrées, sympathisé – **2.** allées, séjourné – **3.** repartie, promis, quittées – **4.** épousé – **5.** née – **6.** amusés, rencontré, été

Du côté de la communication

6

a) 4. la Saint-Sylvestre

b) Proposition de corrigé

• la fête nationale : en France, c'est une fête qui a lieu le 14 juillet, c'est quand il y a des feux d'artifice et des bals populaires dans tout le pays

• le jour de son anniversaire : c'est quand on souffle les bougies sur un gâteau pour fêter le jour de sa naissance

• Noël : c'est la fête qui a lieu le 25 décembre et qui est importante pour les chrétiens, c'est quand on échange des cadeaux en famille, c'est le jour que les enfants préfèrent

7

• Personnes : une directrice – un collègue

• Événements/Situations : une panne –

pendre la crémaillère – un déménagement – un malentendu

• Sentiments/Idées abstraites : la colère – la superstition – l'intolérance – l'hypocrisie

• Actions : faire de la randonnée

• une panne : c'est quand un appareil ou une machine ne fonctionne plus

• pendre la crémaillère : c'est quand on fête son installation dans un nouveau logement

• un déménagement : c'est quand on change de logement

• la colère : c'est une réaction qui est violente, c'est quand on montre qu'on est mécontent

• la superstition : c'est quand on croit qu'il y a des objets ou des actions qui apportent la chance ou la malchance

• une directrice : c'est une femme qui dirige d'autres personnes

• un malentendu : c'est quand on a mal compris des informations

• l'intolérance : c'est quand on n'accepte pas les opinions différentes de notre opinion

• faire de la randonnée : c'est quand on pratique une marche sportive

• un collègue : c'est quelqu'un qui travaille dans la même société

• l'hypocrisie : c'est un comportement qui est proche de la malhonnêteté, c'est quand on dit le contraire de ce qu'on pense

En situation

8

1. faux – **2.** vrai – **3.** faux – **4.** vrai

9 Réponse libre.

Dossier 1 – Leçon 2

Du côté du lexique

1

1. d – **2.** c – **3.** f – **4.** g, h – **5.** b – **6.** a – **7.** b, c, h – **8.** e

2

1. Nous voulons **organiser** une petite **rencontre** entre voisins pour **fêter** notre arrivée dans l'immeuble. Ce sera l'occasion de **se réunir** autour d'un apéritif. Êtes-vous libre samedi soir à 20 heures ?

2. Merci de votre gentille **invitation** mais je ne pourrai pas assister à votre **réunion** ce jour-là. J'espère qu'on pourra **prendre un verre** à une autre occasion.

3

• À l'intérieur : la cave – la cage d'escalier – la loge – les appartements – le hall – le couloir

• À l'extérieur : le jardin – le toit – la cour – le parking

Du côté de la grammaire

4

2. M. Joly veut savoir s'ils vont bientôt avoir un nouveau code d'entrée. – **3.** Mme Amandon demande de ne pas laisser les vélos dans le hall d'entrée, qu'on les range dans le local à vélos. – **4.** M. Durandet demande à qui appartient le chien qui aboie nuit et jour. – **5.** Mme Serfaty demande ce que font les enfants dans la cage d'escalier après 22 heures. – **6.** M. Gomez dit qu'il désire connaître l'heure exacte de passage du facteur. – **7.** Mlle Morillon dit que les éboueurs font trop de bruit quand ils ramassent les poubelles à 6 heures du matin.

5

La fête s'est **aussi** bien passée que l'année dernière : il y avait **autant de** monde, **autant de** convivialité, le repas était **aussi** bon et on a **autant** dansé. De plus, la soirée a duré **aussi** longtemps et on a fait **autant de** bruit !

6

Ici, l'ambiance est **meilleure** que dans l'immeuble où je travaillais avant : les gens s'entendent **mieux** entre eux, leurs enfants sont **mieux** éduqués et, globalement, la qualité de vie est **meilleure**.

7 Proposition de corrigé

La résidence des Myosotis est plus grande que la résidence du Château. – Les appartements de la résidence des Myosotis sont moins grands que les appartements de la résidence du Château. – La résidence des Myosotis est plus éloignée du centre ville que la résidence du Château. – Les immeubles sont plus hauts dans la résidence des Myosotis. – Les appartements sont moins chers dans la résidence des Myosotis que dans la résidence du Château. – La résidence du Château propose de meilleures commodités que la résidence des Myosotis.

Du côté de la communication

8

1. d – **2.** g – **3.** j – **4.** c – **5.** h – **6.** a – **7.** b – **8.** e – **9.** f – **10.** i

En situation

9 Réponse libre.

Dossier 1 – Leçon 3

Du côté du lexique

1

Alors pour cette scène, vous allez **vous rencontrer** dans la rue. Elle marche devant toi et elle laisse tomber un foulard sur le trottoir, alors tu vas **te précipiter** dans sa direction et la **rattraper**. Elle va **se retourner**, vos mains vont **se frôler** quand tu lui remettras son foulard. Puis tu vas **croiser** son regard quand elle te dira merci. Ensuite tu la regardes **s'éloigner** sans rien dire. Mais, quelques minutes plus tard, vous allez **vous retrouver** dans une librairie.

2

4. J'ai eu mal au cœur.

Du côté de la grammaire

3

Quelle histoire ! Je **suis allé** à la poste déposer un colis. Devant les guichets, il y **avait** beaucoup de monde, alors **j'ai fait** la queue et je me **suis placé** juste derrière une jeune femme. Elle **était** grande et mince avec de longs cheveux bruns. De temps en temps, elle **regardait** sa montre et **semblait** s'impatienter. Quand son tour **est arrivé**, elle **a acheté** un carnet de timbres mais il lui **manquait** 60 centimes d'euros pour payer. Alors je lui **ai proposé** les 60 centimes d'euros, elle **a accepté** un peu gênée et **m'a donné** sa carte de visite en échange. Le soir même, je lui **ai téléphoné** et nous **avons passé** la soirée ensemble.

4

C'**était** l'année dernière, je **me promenais** seule sur la plage, je **l'ai vu** qui **arrivait** au loin. Nous **avancions** lentement l'un vers l'autre et, quand nous **étions** à un mètre l'un de l'autre, il **m'a souri** et il **m'a proposé** de continuer ensemble la promenade. **J'étais** très troublée mais **j'essayais** d'être naturelle. Et puis tout **est allé** très vite : une semaine plus tard il **m'a demandée** de l'épouser !

5

1. il y a, pendant, il y a, pendant, dans, pendant, il y a, dans – 2. il y a, pendant, dans.

Du côté de la communication

6

1. c – 2. h – 3. e – 4. b – 5. a – 6. d – 7. i – 8. j – 9. g – 10. f

En situation

7 Réponse libre.

Dossier 2 – Leçon 1

Du côté du lexique

1

1. recrute, exigée, net, horaires, CV – 2. recherche, bilingue, rémunération, brut, lieu

2

1. c, e – 2. d – 3. h – 4. e – 5. e – 6. b, c, g – 7. f – 8. a, b, c, e, g

Du côté de la grammaire

3

a) 1. depuis, de, à, pendant – 2. pendant, du, au – 3. depuis, en

b) depuis – en – pendant

Du côté de la communication

4

1. d – 2. f – 3. b – 4. a – 5. e – 6. c

5

1. e – 2. d – 3. c – 4. g – 5. a – 6. f – 7. b

En situation

6 Réponse libre.

Dossier 2 – Leçon 2

Du côté du lexique

1

1. candidat – 2. stage – 3. bénéfice – 4. retraite – 5. annonce

2

demandeurs – offres – recrutement – d'embauche – évaluation – conseils

Du côté de la grammaire

3

1. Si vous êtes habillé de manière correcte, vous mettrez toutes les chances de votre côté. – 2. Si vous êtes souriant... – 3. Si vous vous tenez droit... – 4. Si vous avez une attitude ouverte (corps légèrement en avant)... – 5. Si vous regardez votre interlocuteur droit dans les yeux... – 6. Si vous contrôlez votre langage...

4

1. Si vous ne connaissez personne dans votre immeuble, allez à la fête des voisins. – 2. Si vous vous tenez droit, le recruteur aura une meilleure impression de vous. – 3. Si vous aimez la nature et si vous voulez rencontrer des gens, inscrivez-vous dans un club de randonnée. – 4. Si vous passez des annonces de rencontre sur Internet, soyez prudent ! – 5. Si vous vous préparez à l'entretien, vous saurez comment répondre aux questions difficiles. – 6. Si vous posez des questions sur le poste et la société, le recruteur verra votre intérêt et votre motivation.

5

1. s'inscrivent – 2. suives – 3. alliez – 4. nous aidions – 5. fasse – 6. sache

6

Il faut que je rencontre/voie le responsable de l'agence d'intérim à 10 heures. – Il faut que j'aille déjeuner avec le directeur à 12 heures. – De 14 heures à 17 heures, il faut que je fasse une recherche sur Internet, que je consulte les petites annonces, le journal, que j'écrive des lettres de motivation et que je m'inscrive au stage d'informatique. – Il faut que j'aille à mon entretien d'embauche à 18 heures.

7

a) 1. Il faut qu'il ait l'air sûr de lui. – 2. Il faut qu'il dise clairement ses motivations. – 3. Il faut qu'il soit attentif à sa tenue vestimentaire. – 4. Il faut qu'il choisisse ses formules. – 5. Il ne faut pas qu'il soit négatif. – 6. Il faut qu'il se mette parfaitement en valeur.

b) 1. Il faut que vous ayez l'air sûr de vous. – 2. Il faut que vous disiez clairement vos motivations. – 3. Il faut que vous soyez attentif à votre tenue vestimentaire. – 4. Il faut que vous choisissiez vos formules. – 5. Il ne faut pas que vous soyez négatif. – 6. Il faut que vous vous mettiez parfaitement en valeur.

Du côté de la communication

8 Proposition de corrigé

1. Si vous voulez avoir de bonnes relations, soyez aimable avec vos voisins. – 2. Si vous respectez leur tranquillité, ils feront la même chose. – 3. Il faut que vous soyez discret ; les voisins ne connaîtront pas votre vie privée. – 4. Il ne faut pas que vous fassiez du bruit la nuit. – 5. Si vous rendez des petits services à vos voisins, vous pourrez leur demander de l'aide à votre tour. – 6. Si vous voulez faire connaissance avec vos voisins, invitez-les à prendre l'apéritif. – 7. Si vous assistez tous ensemble à la soirée Immeubles en fête, tous les voisins se connaîtront et l'ambiance sera meilleure.

9

1. registre familier – 2. registre standard – 3. registre familier – 4. registre familier – 5. registre standard – 6. registre familier – 7. registre familier

En situation

10 Réponse libre.

Dossier 2 – Leçon 3

Du côté du lexique

1

1. un job – **2.** emploi à temps complet –
3. stagiaire

2

1. b, d, e – **2.** c, d, e – **3.** f – **4.** e – **5.** e – **6.** b, c, e

Du côté de la grammaire

3

Oui, j'avais très peur le premier jour de mon stage. Mais tout **s'est bien passé** ! L'entreprise **a bien fait** les choses : le responsable **avait clairement défini** mes tâches, et il **avait désigné** une personne pour me former. On **avait aussi préparé** mon planning de la semaine, on **avait réservé** un petit coin bureau pour moi. En plus, on **m'a fourni** des tickets pour la cantine.
Et puis, grosse surprise : les collègues du service **se sont réunis** autour d'un pot pour fêter mon arrivée. J'étais ravi !

4

1. Elles **étaient** très amies et elles **ne s'étaient jamais disputées** jusqu'au jour où elles **sont tombées** amoureuses du même garçon. – **2.** Jennifer et Momo **habitaient** le même immeuble mais ils **ne s'étaient jamais rencontrés** jusqu'au jour où ils **ont fait** connaissance à la fête des voisins. – **3.** Leurs enfants **allaient** dans la même école mais **n'avaient jamais joué** ensemble jusqu'au jour où Miguel **a invité** Thomas à son anniversaire. – **4.** Julien **suivait** un stage dans l'entreprise et il **n'avait pas eu** l'occasion de rencontrer le grand directeur. Mais, un jour, on lui **a demandé** de l'accompagner à Marseille. – **5.** Je **n'avais jamais parlé** à cet homme parce qu'il **n'était pas vraiment** mon genre mais, un jour, nos regards **se sont croisés** et ça **a été** le coup de foudre !

5

1. brutalement – **2.** apparemment – **3.** incontestablement – **4.** violemment – **5.** immédiatement – **6.** lentement – **7.** spontanément

6

Quelqu'un lui avait présenté Maria le jour de la fête des voisins et elle lui avait tout de suite plu : elle avait **quelque chose** de mystérieux ; mais Franck était très timide et ils ne s'étaient presque **rien** dit. Les jours suivants, il avait cherché Maria un peu partout mais il ne la trouvait **nulle part**. Et puis, la semaine dernière, il a appris qu'elle était partie **quelque part**, vers une destination inconnue.

7

1. Personne n'a apprécié ce stagiaire. – **2.** Ce stagiaire ne s'est entendu avec personne. – **3.** Ce stagiaire n'a rien écouté. – **4.** Rien n'a intéressé ce stagiaire. – **5.** Ce stagiaire n'a remercié personne.

Du côté de la communication

8 Proposition de corrigé

1. Oui, je suis très content de mon stage. – **2.** Les relations avec mes collègues et l'ensemble du personnel ont été très bonnes. – **3.** On m'a fait faire des tâches très variées/ intéressantes. – **4.** Oui, j'ai reçu 400 euros, c'est mieux que rien !

En situation

9

1. La personne qui s'exprime est anonyme : elle voudrait que les gens la remarquent, être reconnue. – **2.** Elle est insatisfaite de sa vie : elle manque de confiance en elle, elle a l'impression d'être transparente, que personne ne la voit.

10 Réponse libre.

Dossier 3 – Leçon 1

Du côté du lexique

1

bénéficié – fait preuve – eu droit

2

Un spectacle **comique** qui vous fera **rire** aux larmes. L'**humoriste** Mario Marini **plaisante/ blague** avec réalisme, **se moque** de nous, les Français, et **blague/plaisante** sur nos défauts. Deux heures **d'humour** pour **s'amuser** en famille ou entre amis.

Du côté de la grammaire

3

Paris est tout d'abord une ville **dont** les monuments nous ont paru incroyablement anciens. Près de l'Hôtel de Ville, le propriétaire d'un restaurant nous a fait visiter sa cave **où** nous avons pu admirer des fondations du XIIIe siècle ! Au cœur du Quartier latin, nous avons visité le site d'une arène romaine **dont** la construction date du Ier siècle après Jésus-Christ. C'était incroyable de penser que, dans ce parc **où** des petits Français jouaient au ballon, dix mille citoyens de l'Empire romain avaient assisté à des combats de gladiateurs. Comme beaucoup de Nord-Américains durant notre séjour en France, nous n'avons jamais cessé de nous émerveiller de ce pays **dont** les habitants mènent une vie moderne au beau milieu de ruines romaines et d'églises du Moyen Âge !

4

1. C'est une ville **où** on négocie les tarifs des produits européens. – **2.** C'est une ville **où** se réunissent les ministres et les diplomates. – **3.** C'est une ville **dont** les 12 000 fonctionnaires internationaux aiment l'ambiance cosmopolite mais tranquille. – **4.** C'est une ville **dont** les appartements sont vastes et loués à des prix raisonnables. – **5.** C'est une ville **où** on peut manger toutes les cuisines du monde. – **6.** C'est une ville **où** on peut entendre parler toutes les langues, confortablement assis à la terrasse d'un café.

5

1. ceux – **2.** celle-ci – **3.** ceux, ceux, celui-là – **4.** celui-ci – celui

6

1. celui-ci, celui-là – **2.** celles, celles-ci – **3.** celle-ci, celle – **4.** ceux, ceux – **5.** celui-ci, celui-là

Du côté de la communication

7

1. a – **2.** g – **3.** i – **4.** d – **5.** j – **6.** b – **7.** h – **8.** f – **9.** c – **10.** e

En situation

8

1. faux – **2.** vrai – **3.** vrai – **4.** faux

9 Réponse libre.

Dossier 3 – Leçon 2

Du côté du lexique

1

gîtes – sentier – circuit – hébergement – complète – basse – location

2

1. réservation – **2.** camping – **3.** randonnée – **4.** parc naturel – **5.** ânes – **6.** gîte

Du côté de la grammaire

3 Proposition de corrigé

1. à la piscine, à la mer – **2.** dans un club, dans un bar, dans une salle de sport – **3.** de vacances, des sports d'hiver – **4.** à l'hôpital, à l'école – **5.** du salon de coiffure – **6.** du travail, de la salle de sport

4

1. en – **2.** y – **3.** y, en – **4.** y – **5.** y, en, y – **6.** y, y

5

1. Nous avons économisé beaucoup d'argent en choisissant de faire du camping. – **2.** Ils ont vécu un week-end extraordinaire en naviguant sur le canal du Midi. – **3.** Vous verrez de merveilleux paysages en faisant une randonnée pédestre. – **4.** Tu vas faire plaisir aux enfants en leur offrant une promenade à dos d'âne. – **5.** Je profite du calme et de la nature en séjournant dans un gîte. – **6.** On oublie son stress en arrivant dans les Cévennes.

Du côté de la communication

6

1. a, b – **2.** b, d – **3.** b, d – **4.** a, b

7

1. d – **2.** e – **3.** b – **4.** c – **5.** a

En situation
8 Réponse libre.

Dossier 3 – Leçon 3
Du côté du lexique
1
• Avantages : des hauts salaires – un important réseau de transports – une offre de soins de qualité – de nombreux divertissements – un grand nombre et une bonne variété de commerces – un nombre important d'entreprises – une vie culturelle intense
• Inconvénients : le bruit – la pollution – des loyers élevés – un coût élevé des transports – l'insécurité – un coût de la vie élevé – des temps de transport très longs
2 Proposition de corrigé
Lisbonne bénéficie d'une situation géographique incomparable et d'un climat privilégié. – Saint-Pétersbourg possède un passé historique prestigieux. – Paris possède des larges avenues et offre une grande variété de divertissements. – Venise possède beaucoup de canaux. – Berlin possède un grand nombre d'espaces verts et offre une excellente qualité de vie. – Amsterdam est adaptée à la circulation fluviale et à ceux qui n'ont pas de voiture. – Barcelone offre une hospitalité légendaire. – Vienne possède une grande richesse architecturale. – Athènes possède les plus beaux monuments au monde.

Du côté de la grammaire
3
1. le plus – 2. le plus de – 3. le plus – 4. le meilleur – 5. le mieux – 6. le plus de
4 Proposition de corrigé
• Superficie : C'est la France qui a la plus grande superficie et l'Autriche qui a la moins grande.
• Population : L'Allemagne est le pays le plus peuplé et l'Autriche le moins peuplé.
• Densité : C'est l'Espagne qui a la plus faible densité de population et le Royaume-Uni la plus élevée.
• PNB : C'est l'Allemagne qui a le PNB le plus élevé et la Pologne le plus bas.
5
a) 1. **Ce que** vous appréciez le plus, c'est (+ sing.)/ce sont (+ plur.)... – 2. **Ce que** vous détestez le plus, c'est/ce sont... – 3. **Ce qui** vous manque le plus, c'est/ce sont... – 4. **Ce qui** vous amuse le plus, c'est/ce sont... – 5. **Ce que** vous regardez en priorité, c'est/ce sont... – 6. **Ce qui** vous choque surtout, c'est/ce sont...
b) Réponses libres.
6
1. Ce que je recherche chez un ami, c'est... – 2. Ce qui me déplaît chez un homme/une

femme, c'est... – 3. Ce que j'apprécie chez un directeur, c'est... – 4. Ce que je préfère chez un collègue, c'est... – 5. Ce qui me plaît chez un(e) voisin(e), c'est...

Du côté de la communication
7
1. l – 2. e – 3. h – 4. k – 5. b – 6. g – 7. j – 8. a – 9. f – 10. c – 11. d – 12. i

En situation
8 Réponse libre.
9 Réponse libre.

Dossier 4 – Leçon 1
Du côté du lexique
1
hebdomadaire – rubriques – articles – informations – sommaire – kiosque
2
1. météo – 2. économie/bourse – 3. faits divers – 4. sport – 5. société – 6. politique – 7. santé – 8. mode
3
• Télévision : un programme – une chaîne – un téléspectateur – une série
• Radio : un auditeur – une station – un flash – un émetteur
• Télévision et radio : une émission – un poste – une (re)diffusion – un reportage – le journal – un journaliste – une publicité – l'antenne – l'audience – un documentaire – un animateur – un débat
4
D'après une étude récente sur **l'audience** des **chaînes** de télévision et des **stations** de radio, les **auditeurs** choisissent en priorité les radios musicales et les **téléspectateurs** préfèrent la télévision publique. Pour la télévision, la **chaîne** culturelle arrive en première position, pour la qualité de ses **documentaires** et de ses **reportages**. Sur la **chaîne** du divertissement, ils apprécient particulièrement les débats et les **animateurs** qui les présentent. Pour s'informer, les choix sont différents selon le moment de la journée : les **auditeurs** déclarent qu'ils préfèrent écouter le **flash infos** sur leur **poste** de radio le matin. Mais le soir, ils regardent le **journal** à la télévision pour voir en images les événements de la journée.

Du côté de la grammaire
5
1. Division de l'équipe gouvernementale – 2. Divorce de Loana Misrahi et John Accors ! – 3. Diffusion sur TV5 d'un reportage spécial sur l'Afrique ce soir – 4. Jugement sévère des critiques pour le dernier film de Spoutzberg – 5. Apprentissage de l'anglais dès l'âge de trois ans – 6. Sauvetage des passagers d'un

bateau de pêche – 7. Départ de l'équipe de France aujourd'hui en Allemagne
6
a) 1. Le, premier – 2. une – 3. la – 4. la, mystérieuse – 5. la – 6. le – 7. le
b) 2. On annonce une baisse du prix de l'essence. – 3. La sortie de la fusée de l'atmosphère a été un échec. – 4. On nous signale la mystérieuse disparition d'une étoile dans le ciel. – 5. On nous annonce la victoire de l'équipe de France en finale. – 6. Vous allez entendre les titres des principales informations. – 7. On nous annonce l'arrivée du Premier ministre.
7 Réponse libre.

Du côté de la communication
8
1. a – 2. c – 3. b – 4. b

En situation
9 Réponse libre.
10 Réponse libre.

Dossier 4 – Leçon 2
Du côté du lexique
1
1. catastrophe – 2. attaque – 3. vol – 4. disparition – 5. découverte – 6. agression – 7. enlèvement – 8. accident
2
• Le voleur : commettre un délit – être arrêté(e) – passer en justice – être condamné(e)
• La victime : être agressé(e) – aller au commissariat – déposer une plainte
• Le policier : enregistrer une plainte – rechercher le suspect – interroger le suspect

Du côté de la grammaire
3
Hier, samedi, deux frères jumeaux **ont épousé** deux sœurs jumelles. Les deux mariages **ont été célébrés** en même temps. Une foule importante **attendait** les deux couples à la sortie de l'église. La ressemblance physique **était** étonnante et, de plus, les jeunes femmes **portaient** la même robe blanche et leurs époux **avaient choisi** des costumes gris identiques. Les quatre jeunes gens **s'étaient rencontrés** en Espagne pendant les vacances dernières. Les jeunes mariés **n'ont pas voulu** dire s'ils **partaient** à quatre pour leur voyage de noces !
4 Proposition de corrigé
• Faits divers classiques : Le plus gros diamant du monde a été dérobé par une inconnue. – Une île a été découverte par un Français. – Un ministre a été agressé par une inconnue. – Un tableau de Picasso a été acheté par un milliardaire.

• Faits divers insolites : Le plus gros diamant du monde a été découvert par une baleine. – Une île a été découverte par un enfant de dix ans. – Un ministre a été agressé par un enfant de dix ans. – La tour Eiffel a été achetée par un milliardaire. – Un tableau de Picasso a été dérobé par une baleine.

5

Hier, à l'heure où les visiteurs du Louvre **se dirigeaient** vers les sorties, l'alarme générale **a été déclenchée** par un homme qui **décrochait/avait décroché** un tableau de Cézanne, *Les Joueurs de cartes*. La police **a été prévenue** immédiatement et les sorties **ont été bloquées**, mais l'homme **a réussi** à se cacher dans le musée pendant plusieurs heures ! On **l'a retrouvé** finalement vers 22 heures ; il **avait trouvé** une bonne cachette dans des salles de réserve des tableaux, où il **passait** le temps à admirer les toiles. Le tableau de Cézanne **a été récupéré** en bon état, et l'homme, grand amateur d'art, **a été emmené** au commissariat de police.

6

1. arrêtés, réussi – 2. retiré, déposée – 3. volés, revendus – 4. retrouvé, vue – 5. rapporté, trouvée, félicitée, récompensée – 6. vus

Du côté de la communication

7

1. Chien sauveteur : f – b – a – h – j – e
2. Peur dans la ville : c – g – k – i – d

En situation

8 Réponse libre.

Dossier 4 – Leçon 3
Du côté du lexique

1

1. Je viens de lire le **scénario** que vous m'avez envoyé. Il y a des **scènes** très émouvantes. J'ai beaucoup aimé et j'accepte de produire le **film**. Pour l'**interprétation** du rôle principal, je préférerais un inconnu. On en reparle ?
2. Je t'envoie le manuscrit du jeune **scénariste** dont je t'ai déjà parlé. Je serai le **producteur** du film et j'ai pensé à toi pour la **mise en scène**. J'ai déjà l'accord de deux **acteurs** pour les **rôles** principaux.
3. Nous avons besoin du **synopsis** du film *Passagers de l'impossible* pour compléter la **fiche technique** qui figurera sur notre site Internet. Pourriez-vous aussi nous communiquer la **bande-annonce**, pour que nous la diffusions sur le site ?

2

Un film obtient/gagne/remporte un prix. Un film remporte un succès. – Un acteur joue/obtient un rôle. Un acteur joue dans un film. – Un acteur obtient/gagne/remporte un prix. Un acteur remporte un succès. – Un président de jury annonce un prix. Un président de jury récompense un/des acteur(s)/un film. – Un réalisateur obtient/gagne/remporte un prix. Un réalisateur remporte un succès. – Un réalisateur dirige un(e)/des acteur(s)/actrice(s).

Du côté de la grammaire

3

1. de lui – 2. d'elle, de toi – 3. à eux, d'eux, à eux – 4. de moi – 5. d'elle, d'elle

Du côté de la communication

4 Réponse libre.

En situation

5

1. vrai – 2. faux – 3. vrai – 4. vrai – 5. faux
6 Réponse libre.

Dossier 5 – Leçon 1
Du côté du lexique

1

Horizontalement : 1. public – 2. album – 3. compositeur – 4. orchestre – 5. instrument – 6. chanson

Verticalement : a. groupe – b. cantatrice – c. concert – d. classique – e. note – f. tournée

Du côté de la grammaire

2

1. souhaite, j'espère, correspondance professionnelle – 2. j'espère, souhaite, correspondance personnelle – 3. espérons, correspondance professionnelle – 4. souhaites, j'espère, correspondance personnelle

3

On souhaite que tu fasses un bon voyage – que tu profites bien de ton séjour – que tu aies beau temps tous les jours – que tu t'amuses (beaucoup) – que tu dormes (un peu) – et que tu nous reviennes en pleine forme !

4

a) 1. Mes parents **voudraient** que je sois comme eux mais, moi, **j'aimerais** qu'ils me comprennent, je **voudrais** qu'ils m'acceptent comme je suis. Et puis ma petite amie **aimerait** aussi pouvoir venir à la maison, mais ça, c'est impossible à cause d'eux ! – 2. Je sais bien, ma mère **adorerait** avoir une fille qui pense seulement à ses études mais, moi, je **voudrais** sortir le soir, **j'aimerais** qu'elle me donne plus d'argent de poche. Mes deux meilleures copines **aimeraient** bien pouvoir

dormir à la maison quelquefois, mais ma mère ne veut pas !
b) Proposition de corrigé
Parents de Thomas : Nous voudrions que notre fils soit plus sérieux. On aimerait aussi qu'il ait des amis moins excentriques.
Mère de Sonia : Je voudrais qu'elle ait un comportement plus adulte, j'aimerais par exemple qu'elle fasse des petits boulots pour gagner un peu d'argent et il faudrait qu'elle choisisse des amies plus correctes.

5

1. faudrait – 2. pourrait – 3. devraient – 4. devraient – 5. faudrait – 6. devrions

Du côté de la communication

6

1. Un animateur d'atelier de formation s'adresse à un stagiaire qui vient de faire une simulation d'entretien. – 2. À Cannes, pendant le festival, des spectateurs expliquent à un journaliste qu'ils attendent l'arrivée de stars pour avoir des autographes. – 3. Des journalistes discutent entre eux du choix du titre à la une de leur journal d'aujourd'hui. – 4. Au cours d'un tête-à-tête, un jeune homme propose à sa petite amie de devenir sa femme. – 5. Dans une classe, le professeur s'adresse à deux élèves qui sont en train de bavarder et leur demande de s'arrêter.

7 Proposition de corrigé
1. J'espère que ça marchera. – 2. J'espère qu'on va gagner. – 3. Je souhaite qu'on vote pour moi. – 4. Je souhaite que nous fassions un bon travail tous ensemble. – 5. J'espère que le père Noël m'apportera ce que je veux.

En situation

8 Réponse libre.
9 Réponse libre.

Dossier 5 – Leçon 2
Du côté du lexique

1

Pour la deuxième année consécutive, l'**action humanitaire/aide d'urgence** et le **bénévolat** sont à l'honneur dans ce salon. De nombreuses **associations** y sont représentées, on compte parmi elles les principales **ONG** comme Médecins sans frontières, l'UNICEF, la Croix-Rouge.
Vous aussi, vous pouvez participer activement à l'**aide d'urgence/action humanitaire** dans le monde en faisant un **don** ou en devenant **bénévole** dans l'une de ces **associations**.

2 Proposition de corrigé
1. Je suis un jeune architecte et **je suis passionné par** l'action humanitaire en général. **Je**

suis intéressé par l'habitat à caractère social. Je serais donc heureux de participer à votre projet de construction d'immeubles en Afrique. **2. Je m'intéresse à** la lutte contre l'autisme et **je me passionne pour** la musique. Je souhaiterais donc l'enseigner aux enfants autistes pour les aider à s'ouvrir au monde.

Du côté de la grammaire

3
1. pour/afin que – 2. pour/afin que – 3. pour/afin d' – 4. pour – 5. pour/afin que – 6. pour/afin que

4 Proposition de corrigé
La SPA agit pour que les animaux soient protégés. – On a créé Dentistes sans frontières afin de venir en aide aux populations qui ont besoin de soins dentaires. – Informatic bénévolat a été créé afin que les pays du tiers-monde puissent bénéficier d'Internet. – Clowns sans frontières est là pour redonner le sourire aux enfants dans les hôpitaux.

5
L'idée **serait** de faire appel à des vétérinaires bénévoles qui **s'occuperaient** des animaux dont les propriétaires ne peuvent pas payer les soins. On les **soignerait** gratuitement. Mais on **développerait** aussi notre action dans différents pays : on **enverrait** des équipes sur place, qui **sensibiliseraient** les populations à la nécessité de bien s'occuper de leurs animaux domestiques et il y **aurait** des campagnes de vaccination. De plus, des équipes spécialisées **agiraient** en faveur de la protection des animaux sauvages.

6
Si la Terre était un village de 100 habitants, 60 personnes **seraient** asiatiques, et il y **aurait** 13 Africains, 12 Européens, 9 Sud-Américains, 5 Nord-Américains et 1 Océanien. 21 personnes **vivraient** avec moins de 15 € par jour, 20 personnes **posséderaient** 86 % des richesses mondiales, 13 personnes **seraient** sous-alimentées, 20 personnes **consommeraient** la moitié des ressources en viande et poisson, 18 personnes **n'auraient pas** l'eau courante, 32 personnes **ne pourraient pas** bénéficier de médicaments de première nécessité, 15 personnes **seraient** analphabètes, 20 personnes **utiliseraient** 84 % de la production de papier, 9 personnes **auraient** une voiture.

7 Proposition de corrigé
1. Tous les peuples communiqueraient mieux entre eux s'ils faisaient preuve de tolérance. – 2. Il y aurait moins d'habitants sur Terre si nous avions un meilleur contrôle des naissances. – 3. Tous les enfants iraient à l'école si les gouvernements investissaient plus d'argent dans des programmes éducatifs. – 4. Les inégalités n'existeraient pas si les hommes étaient plus généreux.

Du côté de la communication

8 Proposition de corrigé
LA JOURNALISTE : Quel est l'objectif de votre ONG ?
LE RESPONSABLE : Cœurs d'enfants a pour mission de s'occuper d'enfants malades du cœur qui viennent de pays pauvres et qui ont besoin de se faire opérer. Nous nous occupons du transport, de l'hôpital, de l'accueil, afin qu'ils puissent être opérés. Nous construisons aussi des hôpitaux dans des pays en difficulté.
LA JOURNALISTE : Vous avez besoin de bénévoles, actuellement ? Et si oui, pour quoi faire ?
LE RESPONSABLE : Oui, nous avons besoin de familles d'accueil, de personnel médical, de retraités pour nous aider à monter des projets... Actuellement, nous recherchons des infirmières bénévoles afin d'aller chercher les enfants, par exemple.
LA JOURNALISTE : Votre association a-t-elle des projets de développement ?
LE RESPONSABLE : Oui, bien sûr. Nous voulons monter un hôpital spécialisé en cardiologie et pour cela nous avons besoin de toute l'aide possible... Des personnes qui ont le temps de trouver des partenaires, des médecins, des bénévoles...

En situation

9
1. b – 2. c – 3. b
10 Réponse libre.
11 Réponse libre.

Dossier 5 – Leçon 3

Du côté du lexique

1
une année sabbatique – leur rêve – l'aventure – leur périple
2
1. un livre d'aventures – 2. pris

Du côté de la grammaire

3
1. car, comme – 2. comme, car – 3. car, comme
4 Proposition de corrigé
a) 1. Comme je n'ai pas assez d'argent pour le voyage, je vais demander à mes parents de m'aider financièrement. – **2.** Comme nous avons adoré ce pays et ses habitants, nous retournerons là-bas avec plaisir. – **3.** Comme c'est encore la saison des pluies, nous attendrons le mois d'avril pour partir. – **4.** Comme les voyages en avion coûtent cher, ils se déplaceront en train et en voiture. – **5.** Comme il n'y a que des hôtels de luxe là-bas, on dormira chez l'habitant. – **6.** Comme nos enfants sont encore très petits, nous ne pouvons pas partir très loin. – **7.** Comme on vient de m'offrir une caméra, je pourrai filmer mon voyage.

b) 1. Je vais demander à mes parents de m'aider financièrement car je n'ai pas assez d'argent pour le voyage. – **2.** Nous retournerons là-bas avec plaisir car nous avons adoré ce pays et ses habitants. – **3.** Nous attendrons le mois d'avril pour partir car c'est encore la saison des pluies. – **4.** Ils se déplaceront en train et en voiture car les voyages en avion coûtent cher. – **5.** On dormira chez l'habitant car il n'y a que des hôtels de luxe là-bas. – **6.** Nous ne pouvons pas partir très loin car nos enfants sont encore très petits. – **7.** Je pourrai filmer mon voyage car on vient de m'offrir une caméra.

5
1. c'est pourquoi/donc – 2. c'est pourquoi – 3. c'est pourquoi/alors – 4. c'est pourquoi – 5. donc – 6. alors
6
1. car – 2. en effet – 3. c'est pourquoi – 4. en effet – 5. donc

Du côté de la communication

7 Réponse libre.
8
1. h – 2. e – 3. b – 4. g – 5. d – 6. a – 7. f – 8. c

En situation

9 Réponse libre.

Dossier 6 – Leçon 1

Du côté du lexique

1
malaise – développement – découverte – reconversion – suis devenu – créativité – réussir – talents

2

A	C	P	U	C	V	I	S	P	X	E
Y	V	H	S	H	G	X	U	W	O	L
U	D	B	T	R	F	U	C	E	D	B
K	L	B	E	O	U	I	V	R	A	H
A	E	V	E	N	E	M	E	N	T	E
T	U	H	P	O	D	E	R	Y	E	N
E	L	G	Y	L	A	U	R	B	N	K
P	A	R	C	O	U	R	S	B	O	V
S	O	F	T	G	H	L	S	P	J	I
I	S	P	H	I	S	T	O	I	R	E
T	Y	S	O	E	D	H	E	B	F	J

3
À l'origine, je vivais de l'argent que rapportaient les usines de mon père, je voyageais dans le monde entier avec mes amis de la jet-set mais **après quelques années** j'ai senti que j'étais fatiguée de cette vie artificielle. **C'est à ce moment-là que** j'ai fait la connaissance d'un responsable de SOS réfugiés qui m'a proposé de venir voir un camp. J'ai effectué plusieurs visites et, **progressivement**, j'ai compris que, pour donner un véritable sens à ma vie, je devais rester près des réfugiés en Asie. **Finalement**, ça fait cinq ans que je consacre ma fortune et mon énergie à aider les plus démunis.

4

1. deux ans plus tard – **2.** la même année, sept ans plus tard – **3.** à l'âge de vingt ans, la même année – **4.** à l'âge de trois ans – **5.** deux ans plus tard – **6.** l'année suivante/un an plus tard

Du côté de la grammaire

5

1. y, en – **2.** en, y – **3.** y, en – **4.** en, en – **5.** y, en – **6.** en, en

6 Proposition de corrigé

1. les lieux. Je me souviens des lieux parce que j'ai pris des notes à chaque ville. – **2.** avoir son atelier de peinture. Il a rêvé pendant des années d'avoir son atelier de peinture. – **3.** faire du sport. J'ai besoin de faire du sport pour me sentir bien. – **4.** son séjour à Rome. Elle repense à son séjour à Rome. – **5.** l'astrologie. Les scientifiques ne croient pas à l'astrologie en général. – **6.** un CD de musique douce. Je me sers d'un CD de musique douce pendant mes séances de relaxation. – **7.** son jardin. Il s'occupe de son jardin tous les week-ends. – **8.** les conséquences de sa décision. Elle a réfléchi longtemps aux conséquences de sa décision.

7 Proposition de corrigé

1. Le président est rentré ce matin en France après avoir passé une semaine en Afrique. – **2.** Les ouvriers ont voté la reprise du travail après avoir accepté les nouvelles conditions de la direction. – **3.** Vérifiez l'état de vos pneus avant de partir sur les routes. – **4.** Comparez les prix avant de vous décider à acheter. – **5.** L'équipe de France a pris des vacances bien méritées après s'être entraînée pendant deux mois. – **6.** Les joueurs ont écouté l'hymne national avant de commencer le match. – **7.** Les cyclistes arriveront à Nice vers 16 heures, après avoir parcouru 150 kilomètres. – **8.** Un homme a été admis à l'hôpital, après avoir été agressé. – **9.** La voiture a réussi à éviter deux piétons avant de s'écraser contre un arbre. – **10.** L'actrice a donné une conférence de presse après avoir reçu son prix. – **11.** L'acteur Charles Reps a exercé différents métiers avant de devenir une star de cinéma.

Du côté de la communication

8

Le journaliste : Jean Dujardin, vous avez vu le jour dans les années 1970, n'est-ce pas ?
Jean Dujardin : Oui, le 19 juin 1972, exactement.
Le journaliste : Vous avez travaillé à la télévision tout de suite après vos études secondaires ?
Jean Dujardin : Non, j'ai commencé à gagner ma vie comme serrurier.
Le journaliste : À quel moment avez-vous tourné *Mariages* ? Vous tourniez encore dans la série *Un gars, une fille* ?

Jean Dujardin : En 2003. C'était, en fait, la fin d'*Un gars, une fille*.
Le journaliste : Dans quelles circonstances avez-vous rencontré Alexandra Lamy ?
Jean Dujardin : Sur le plateau d'*Un gars, une fille*.

9 Proposition de corrigé

– Dis, papa, quand Zidane a gagné la Coupe du monde en 1998, il jouait déjà à la Juventus de Turin ?

– Oui, il était entré dans ce club en 1996 et il y a joué pendant six ans.

– Et il a pris sa retraite quand exactement ?

– En 2002, il avait décidé de prendre sa retraite. Trois ans plus tard, il a changé d'avis : il a rejoué en équipe de France pour le Mondial et, après le match France-Italie en finale, il a pris définitivement sa retraite.

En situation

10

1. faux – **2.** vrai – **3.** vrai – **4.** faux
11 Réponse libre.

Dossier 6 – Leçon 2
Du côté du lexique

1

Horizontalement : **1.** démoralisée – **2.** soulagée – **3.** démotivée – **4.** contente
Verticalement : **a.** découragée – **b.** fière – **c.** émue

Du côté de la grammaire

2

Nous avons demandé à Denise pourquoi elle avait choisi ce métier, généralement exercé par des hommes. Elle nous a répondu qu'elle avait toujours vécu au milieu de la nature et qu'elle adorait les animaux et elle a ajouté qu'elle avait un tempérament solitaire et qu'elle bénéficiait d'une solide santé. Yannick lui a demandé si elle n'éprouvait pas le besoin de parler de temps en temps. Elle a répondu en riant qu'elle parlait beaucoup, qu'elle avait de longues conversations avec ses chèvres ! Nous l'avons quittée en lui disant au revoir et qu'on reviendrait la voir l'année prochaine.

3

Après la course, le journaliste a interviewé Patricia, il lui a demandé quelles étaient ses premières impressions après cette superbe course. Elle lui a répondu qu'elle était très fière d'avoir remporté ce marathon. Il lui a demandé ensuite ce qu'elle allait faire pour fêter sa victoire. Elle lui a dit qu'elle irait dans une boîte avec tous ses amis et qu'ils danseraient toute la nuit. Elle a précisé qu'elle allait dormir une heure ou deux avant.
Puis il a demandé à Yasmina si elle était satisfaite de sa place de quatrième. Elle lui a

dit qu'elle était assez contente et qu'elle ne pensait pas terminer la course aussi bien placée. Puis il lui a demandé si cela avait été dur pour elle. Elle a répondu que cela avait été très dur et qu'elle avait bien failli s'arrêter à mi-course.
Enfin, il s'est adressé à Marie-Jo et il lui a demandé comment elle avait vécu cette course. Elle lui a expliqué qu'au bout de 4 ou 5 kilomètres, elle avait commencé à avoir très mal au pied gauche mais qu'elle n'avait pas voulu abandonner, qu'elle avait surmonté sa douleur et qu'elle avait été jusqu'au bout. Il lui a demandé ensuite si elle pourrait courir le marathon de New York, dans deux mois. Elle lui a dit qu'elle allait se reposer une semaine puis qu'elle reprendrait l'entraînement et qu'elle était bien décidée à gagner la prochaine course.

Du côté de la communication

4

1. b – **2.** c – **3.** a
5
1. e – **2.** b – **3.** i – **4.** d – **5.** a – **6.** f – **7.** c – **8.** h – **9.** g – **10.** j

En situation

6

b. Les femmes aux commandes
Le texte évoque une femme qui dirige une grande entreprise.
7 Réponse libre.

Dossier 6 – Leçon 3
Du côté du lexique

1

• État d'esprit positif : 2, 3, 4, 7
• État d'esprit négatif : 1, 5, 6, 8, 9

Du côté de la grammaire

2

1. L'automobiliste n'aurait pas heurté un camion s'il avait vu le stop. – **2.** Les malfaiteurs n'auraient pas tranquillement vidé les coffres de la banque si l'alarme avait fonctionné. – **3.** Les consommateurs ne seraient pas mis en colère si l'essence n'avait pas encore augmenté. – **4.** Le ministre déclare : « La France ne serait pas sortie de la crise si nous n'avions pas fait les bons choix. » – **5.** On ne compterait pas à présent moins de 10 % de chômeurs si le gouvernement n'avait pas su mener une politique efficace. – **6.** L'équipe de France n'aurait pas perdu si son gardien de but avait bien joué. – **7.** Fabrice Maronot aurait pu jouer en finale s'il ne s'était pas blessé à la cheville. – **8.** L'actrice déclare : « Je n'aurais pas refusé de tourner dans ce film si le scénario m'avait plu. » – **9.** Hier, toutes les salles de cinéma

n'auraient pas été pleines si ce n'avait pas été la fête du Cinéma.

3 Proposition de corrigé

1. Tu pourrais regarder la télévision maintenant si tu avais terminé tes devoirs. – **2.** Je vous aurais embauché si vous aviez été plus qualifié. – **3.** Nous aurions pu signer le contrat si vous aviez été moins exigeant. – **4.** Je serais le plus heureux des hommes si tu étais restée avec moi. – **5.** Je ne t'aurais pas quittée si tu ne m'avais pas trompé. – **6.** On ne devrait pas recommencer encore la scène si Paul n'avait pas oublié son texte. – **7.** Je ne vous aurais pas donné de travail supplémentaire si vous aviez appris votre leçon. – **8.** Vous auriez eu des notes correctes si vous aviez suivi tous les cours.

4

1. J'aurais aimé voyager à l'autre bout du monde, connaître d'autres paysages et d'autres cultures, j'aurais bien voulu apprendre plusieurs langues. Je me serais très bien vu en pilote de ligne, j'aurais eu une vie passionnante ! – **2.** J'aurais bien aimé être chanteuse. Je me serais très bien vue poursuivie par un groupe de fans, j'aurais signé des autographes pendant des heures et j'aurais eu ma photo dans tous les magazines !

Du côté de la communication

5 Proposition de corrigé

1. Si mes amis n'avaient pas insisté, je ne serais jamais allé à la *Star Academy* et je n'aurais jamais gagné. – **2.** S'il y avait eu du foie gras au menu, je n'aurais jamais commandé d'huîtres et je n'aurais pas découvert cette perle. – **3.** Si j'avais joué ma date de naissance comme d'habitude, je n'aurais jamais gagné. – **4.** Si je n'avais pas adopté ce chien, il n'aurait pas pu me sauver et je serais mort.

6 Proposition de corrigé

1. Moi, j'aurais voulu partir dans les Alpes. – **2.** J'aurais aimé être plus tranquille. – **3.** On aurait préféré être plus près de la mer. – **4.** Je regrette de m'être inscrite à ces cours. – **5.** Je regrette d'avoir dépensé tout cet argent pour ça.

En situation

7 Réponse libre.

Dossier 7 – Leçon 1
Du côté du lexique

1

1. d, f – **2.** g, h – **3.** a, b – **4.** c, e

Du côté de la grammaire

2 Proposition de corrigé

a) 1. Il est important de choisir des produits respectueux de l'environnement. – **2.** Il est

indispensable d'éteindre les appareils électriques au lieu de les laisser en veille. – **3.** Il est important d'utiliser des appareils économes en énergie. – **4.** Il est primordial de prendre des douches et non pas des bains. – **5.** Il est nécessaire de conduire souplement et moins vite. – **6.** Il est essentiel de faire les petits déplacements à pied. – **7.** Il est important d'éviter de prendre l'avion. – **8.** Il est essentiel de ne pas surchauffer son logement. – **9.** Il est urgent d'installer un chauffe-eau solaire.

b) 1. Il est important que vous choisissiez des produits respectueux de l'environnement. – **2.** Il est indispensable que chaque citoyen éteigne les appareils électriques au lieu de les laisser en veille. – **3.** Il est important que vous utilisiez des appareils économes en énergie. – **4.** Il est primordial que chaque citoyen prenne des douches et non pas des bains. – **5.** Il est nécessaire que vous conduisiez souplement et moins vite. – **6.** Il est essentiel que chaque citoyen fasse les petits déplacements à pied. – **7.** Il est important que vous évitiez de prendre l'avion. – **8.** Il est essentiel que chaque citoyen ne surchauffe pas son logement. – **9.** Il est urgent que vous installiez un chauffe-eau solaire.

3

LE STAGIAIRE : Après coup, je constate que ce **n'est** pas évident de se mettre en valeur naturellement.

L'ANIMATEUR : Bien sûr, Michel, je sais que ce **n'est** pas facile !

LE STAGIAIRE : En fait, je suis timide et ça m'étonnerait que je **puisse** être à l'aise un jour !

L'ANIMATEUR : Je trouve que vous **êtes** très pessimiste ! Moi, je suis sûr qu'avec de l'entraînement ça **ira** bien.

LE STAGIAIRE : Vous croyez ?

L'ANIMATEUR : Oui, parfaitement ! Je ne veux pas que vous **baissiez** les bras. Courage ! Je propose que vous **reveniez** demain pour une autre simulation.

Du côté de la communication

4 Proposition de corrigé

Il est essentiel de loger les plus démunis dans des appartements propres et avec tout le confort. Il est urgent aussi qu'on construise des logements neufs. De plus, il est important que les propriétaires d'appartements inoccupés se fassent connaître pour proposer leurs logements libres à la location.

5 Proposition de corrigé

1. Je pense au contraire que les gens peuvent changer leurs comportements si on leur explique pourquoi. – **2.** Ça m'étonnerait qu'on puisse faire marcher les avions à

l'énergie solaire. – **3.** Je suis certain au contraire que la protection des espèces vivantes aide à lutter contre la faim. – **4.** Je crois qu'on trouvera d'autres solutions que le tout nucléaire. **5.** Je ne veux pas qu'on baisse les bras comme ça ! Je suis sûr qu'il y a toujours des solutions pour améliorer la situation.

En situation

6

1. vrai – **2.** faux – **3.** vrai – **4.** faux – **5.** vrai

7 Réponse libre.

8 Réponse libre.

Dossier 7 – Leçon 2
Du côté du lexique

1

1. d – **2.** c – **3.** e – **4.** a – **5.** b

2

Le **livre** est à l'honneur

Spécialement destiné à ceux qui sont passionnés de **littérature,** Lire en fête est une **manifestation** culturelle qui a lieu chaque année. À cette occasion, pendant un week-end, vous pouvez rencontrer et échanger avec des **auteurs** mais aussi assister à des **représentations** théâtrales ou bien écouter des **lectures** publiques d'ouvrages variés. De plus, chaque jour, des **débats** sont organisés autour d'un thème ou d'un écrivain. Pour plus d'informations sur le **programme** de Lire en fête de cette année, consultez le site www.lirenfete.com.

3

rendre – emprunté – prête

Du côté de la grammaire

4

1. Connaissez-vous *Ushuaïa*, le magazine télé conçu et présenté par Nicolas Hulot sur TF1 **depuis** le 13 septembre 1987 ? **Dès** ses premières diffusions, le magazine a remporté un vif succès. L'émission a changé de nom **depuis** le 31 janvier 2001 et ne s'appelle plus *Le Magazine de l'extrême* mais *Ushuaïa Nature*. – **2.** La fête des voisins a vu le jour à Paris en 1999. **Dès** l'année qui a suivi, l'événement a été programmé au niveau national et est devenu européen **à partir de** 2003 avec le lancement de la fête des voisins, en Belgique. Chaque année, **depuis** trois ans, le *European Neighbours' Day* est fêté dans toute l'Europe.

5

1. dès que – **2.** depuis que – **3.** jusqu'à ce qu' – **4.** dès que – **5.** jusqu'à ce que – **6.** dès qu', jusqu'à ce qu', depuis qu'

6 Proposition de corrigé

1. Je suis tombé(e) amoureux/amoureuse de toi dès que je t'ai vu(e). – **2.** Je suis le plus

heureux des hommes/la plus heureuse des femmes, depuis que je te connais. – **3.** Le matin, je suis triste jusqu'à ce que tu reviennes. – **4.** Mon cœur se met à battre très fort dès que je te vois.

7 Proposition de corrigé

1. des lunettes – **2.** un livre – **3.** du vin – **4.** une chanson – **5.** des photos – **6.** un cadeau

8

Sarah dit : Claire, c'est toi qui as le dernier roman de Modiano qui m'appartient. Pour mémoire : je **te l'**ai prêté il y a deux mois et j'aimerais bien savoir quand tu vas **me le** rendre.

Claire dit : Pas de panique Sarah ! Tu as oublié qu'il y a trois semaines, Luc voulait **te l'**emprunter aussi et que je **le lui** ai passé avec ton autorisation. C'est donc Luc qui doit **te le** rendre et pas moi !

Sarah dit : OK ! Mille excuses, je me souviens maintenant, mais je n'ai pas les coordonnées de Luc. Peux-tu **me les** transmettre, STP ? Merci !

Du côté de la communication

9

1. i – **2.** b – **3.** e – **4.** h – **5.** g – **6.** d – **7.** a – **8.** l – **9.** m – **10.** j – **11.** c – **12.** f – **13.** k

En situation

10 Réponse libre.

Dossier 7 – Leçon 3

Du côté du lexique

1

Comme en politique, la **parité** des sexes n'est pas encore une réalité dans le monde des affaires. En France, 3 % seulement des patrons de grandes entreprises sont des **femmes**. Mais, globalement, les **disparités** diminuent parce que la société et le droit évoluent.

En matière de salaires, les **écarts** entre les cadres des deux sexes se réduisent mais ils restent importants. Pourquoi une telle **différence** de traitement ? « Parce que le **machisme** a la vie dure », répondent les **féministes**.

Du côté de la grammaire

2

1. « Je suis convaincue qu'elle **sera** plus ouverte au dialogue qu'un homme, mais je crains qu'elle **subisse** les préjugés machistes de certains collègues. » – **2.** « Moi, je souhaite tout simplement qu'elle **fasse** du bon boulot et qu'elle nous **sorte** de la crise. » – **3.** « Je regrette qu'on **prenne** une femme pour commander des équipes essentiellement masculines. Je doute qu'elle **ait** l'autorité suffisante pour faire marcher la boîte. » – **4.** « J'espère qu'elle **sera** plus efficace que notre ex-directeur ! » – **5.** « Je ne suis pas

certain que ce **soit** une bonne chose. J'ai peur que les réunions n'en **finissent** plus et qu'elle **ne sache pas** prendre les décisions qui conviennent. » – **6.** « Moi, je préfère qu'elle **fasse** ses preuves avant de la juger. » – **7.** « Après une petite période d'adaptation, il est probable qu'elle **sera** vite acceptée et que tout **ira** bien entre nous. » – **8.** « Il est impossible qu'une femme aussi compétente qu'elle **ne réussisse pas** ! »

3 Proposition de corrigé

1. Il est impossible qu'il n'y ait plus d'injustice sur Terre. – **2.** Il est improbable que la misère disparaisse. – **3.** Il est peu probable que les hommes vivent en paix. – **4.** Il est possible que les femmes soient majoritairement à des postes de pouvoir. – **5.** Il est probable qu'on partira en vacances sur la Lune. – **6.** Il est possible qu'on choisisse d'autres énergies que le pétrole.

4 Proposition de corrigé

Quelques années plus tard, au collège : les garçons jouent au foot, alors que les filles parlent de fringues.

À l'heure de la vie de couple, ça continue : madame cherche toujours à tout expliquer. Par contre, monsieur n'écoute jamais rien.

Et, au bureau, les deux sexes se séparent évidemment : d'un côté, il y a celles qui sont adeptes des réunions, d'un autre côté, ceux qui sont obsédés par le timing.

Du côté de la communication

5

1. Une nouvelle responsable s'adresse à ses salariés à l'occasion de son arrivée dans la société. (Émotion, fierté, certitude.) – **2.** Un présentateur annonce la météo aux téléspectateurs. (Certitude, probabilité.) – **3.** Une femme s'adresse à son fils pour lui dire de bien se couvrir avant de sortir. (Volonté, gentillesse.) – **4.** Sur une route de campagne, un automobiliste annonce à son passager que la voiture est tombée en panne. (Crainte, probabilité, doute.) – **5.** Une personne propose à une autre une invitation à dîner. (Espoir.) – **6.** Deux personnes sont dans un quartier qu'elles ne connaissent pas bien, l'une d'elles pense qu'elles se sont perdues. (Incertitude, doute.) – **7.** Dans une entreprise, au cours d'une réunion de responsables, l'un d'eux attire l'attention de ses collègues sur les conséquences de leur choix : mettre une femme aux commandes d'une usine. (Possibilité.)

En situation

6

1. vrai – **2.** faux – **3.** vrai – **4.** faux – **5.** vrai

7 Réponse libre.

Dossier 8 – Leçon 1

Du côté du lexique

1

loi – lieux publics – lieux – travail – zones fumeurs – non-fumeurs

2

1. améliore – **2.** permet – **3.** entraîne/provoque – **4.** aggrave – **5.** rend – **6.** provoque/entraîne – **7.** empêche – **8.** favorise

3

1. empêche – **2.** aggrave – **3.** provoquer

4

1. nuire à quelqu'un – **2.** déposer une plainte – **3.** subir des nuisances – **4.** porter plainte contre quelqu'un – **5.** se plaindre

Du côté de la grammaire

5

a) 1. Les habitants de l'immeuble étant dérangés par le bruit de la terrasse de café, ils ont écrit une lettre au maire pour protester. – **2.** Sachant que les bonnes habitudes se prennent pendant l'enfance, les responsables des campagnes pour l'environnement s'adressent souvent aux enfants. – **3.** Les personnes ayant envie de participer à l'organisation de la fête des voisins peuvent s'adresser au gardien.

b) 1. Vous trouverez la liste des librairies qui participent à l'opération sur le site de Lire en fête. – **2.** Un lecteur qui emprunte un livre à la bibliothèque municipale doit le rendre dans un délai de deux semaines. – **3.** Comme la France a encore des progrès à faire pour l'égalité, la ministre déléguée à la Parité et à l'Égalité professionnelle a remis la Charte de l'égalité au Premier ministre. – **4.** Les personnes qui veulent déposer une plainte contre X doivent se rendre au commissariat de police. – **5.** Comme de plus en plus de personnes se plaignent du bruit, les habitants ont décidé de signer une pétition et de l'envoyer au maire de la ville.

6

Comme la voiture de Harry Potter était en mauvais état, les enquêteurs pensent que les voleurs l'ont soulevée pour l'emporter. – Les deux motocyclistes étaient casqués, c'est pourquoi la victime n'a pas pu voir leur visage. – Étant donné qu'un cyclone arrive sur les côtes de la Réunion, il a été demandé aux habitants de rester chez eux jusqu'à nouvel ordre. – Les artistes continuent à protester contre les téléchargements excessifs de musique sur Internet, par conséquent le ministre de la Culture prépare un projet de loi qui sera discuté à l'automne. – Puisque le nombre d'accidents de la route ne baisse pas assez vite, le gouvernement a décidé de renforcer les sanctions pour les excès de vitesse.

Du côté de la communication

7 Proposition de corrigé
1. Faire du ski sans lunettes de soleil peut entraîner/provoquer des brûlures graves aux yeux. – **2.** La pratique des sports extrêmes permet de renforcer la confiance en soi. – **3.** Des horaires réguliers et un bon sommeil, ça favorise la concentration des enfants en classe. – **4.** Parler au moins deux langues étrangères, ça facilite les voyages et les contacts internationaux. – **5.** Mener des actions humanitaires après la retraite empêche de/permet de ne pas souffrir de l'ennui et de la solitude. – **6.** Seule une pratique régulière améliore les résultats sportifs. – **7.** Dans les zones des aéroports, le bruit excessif rend les habitants nerveux et provoque des troubles du sommeil.

En situation

8
1. faux – **2.** vrai – **3.** faux – **4.** vrai
9 Réponse libre.

Dossier 8 – Leçon 2
Du côté du lexique

1
Si nous connaissons les règles, nous pouvons **respecter la loi**, car nous savons ce qui est **autorisé**, ce que nous **avons le droit de** faire. Si nous faisons des choses **interdites** par la loi, nous **risquons une sanction**. Par exemple : on doit payer **une contravention** si on voyage sans ticket ; si on ne respecte pas les règles de conduite sur la route, on peut avoir **une suspension de permis**. Une personne qui commet un délit plus grave encore peut être condamnée à **une peine d'emprisonnement**.

Du côté de la grammaire

2
2. d, M. L. Durand a été condamné à un an de suspension de permis de conduire pour avoir conduit à 200 km/h sur une route départementale. – **3.** c, M. T. Minaiz a eu une amende de 30 euros pour avoir fumé dans le métro. – **4.** e, Mme. A. Lefort a eu une contravention et deux points retirés sur son permis de conduire pour ne pas s'être arrêtée au stop. – **5.** a, M. S. Linotte a été arrêté par la police puis confié à un psychiatre pour s'être promené tout nu dans les rues du centre ville de La Rochelle.

3
1. On aurait pu avoir un accident ! – **2.** Vous auriez pu casser les verres derrière vous ! – **3.** Ils auraient pu tomber malades. – **4.** J'aurais pu avoir une amende.

4 Proposition de corrigé
Nous aurions dû faire un voyage à l'étranger. – Tu aurais pu rentrer plus tôt de ton travail. – Nous n'aurions pas dû aller dîner si souvent chez tes parents. – Ton frère aurait pu être plus aimable avec moi. – Il aurait pu nous prêter son appartement à la montagne. – Toi, tu aurais pu penser à mon anniversaire. – Tu n'aurais pas dû regarder tous les matchs de foot à la télé. – Tu aurais pu m'emmener plus souvent au restaurant. – Tu aurais pu m'aider à faire le ménage.

Du côté de la communication

5 Proposition de corrigé
1. Messieurs, vous exagérez ! Vous ne voyez pas que cette dame a besoin d'une place assise ? – **2.** Non, mais ça va pas ! Il a du culot, celui-là ! – **3.** Mais il est fou ! Tu te rends compte, il a failli te renverser !
6 Proposition de corrigé
1. Je n'aurais jamais dû t'écouter, je t'avais bien dit qu'il allait pleuvoir ! – **2.** Tu sais bien que tu ne sais pas conduire, tu aurais dû me laisser faire ! – **3.** Oh ! Tu aurais pu faire la vaisselle ! Tu savais bien que j'arrivais aujourd'hui !

En situation

7 Réponse libre.

Dossier 8 – Leçon 3
Du côté du lexique

1
1. d – **2.** f – **3.** a – **4.** c – **5.** e – **6.** g – **7.** b
2
1. appréciée – **2.** opposés – **3.** favorable, acceptée – **4.** rejetée – **5.** controversée
3
• La musique électronique : un disc-jockey – la scène musicale – la techno
• La fête : une superambiance – faire la fête – un parcours – un défilé – une parade – les chars

Du côté de la grammaire

4
2. e, Le choix des acteurs est excellent. Cependant, leur qualité de jeu ne suffit pas à rendre le film passionnant. – **3.** c, Le scénario manque d'originalité. Pourtant, grâce à la mise en scène, on oublie vite l'impression de déjà-vu. – **4.** a, On a déjà mentionné pour ce nouveau roman de F. Vargas la qualité de l'intrigue, et je partage ce jugement. Pourtant, c'est l'écriture qui en est la qualité première. – **5.** b, Le rythme est un peu lent, on trouve quelques maladresses techniques de réalisateur débutant. Cependant, ce premier film mérite d'être salué pour le choix du sujet.

5
a) 1. Le conseil municipal a décidé de détruire l'ancienne gare malgré son intérêt architectural. – **2.** Le conseil culturel met fin au festival du film d'aventures à cause de problèmes financiers, malgré le succès grandissant de ce festival. – **3.** Malgré le manque d'argent de la municipalité, les habitants refusent de payer plus d'impôts. – **4.** Malgré les mauvaises prévisions météo, le comité de quartier a décidé de maintenir la fête.

b) 1. Bien que je sois tout à fait d'accord avec vous sur le premier point, je ne partage absolument pas votre opinion sur les suivants. – **2.** Bien que le projet d'élargissement de l'avenue de la République ne fasse pas l'unanimité, le maire a décidé que ce sont des travaux prioritaires. – **3.** Bien que nous sachions qu'il est difficile de changer les habitudes, nous essayons de faire progresser les comportements par des mesures concrètes et simples. – **4.** Bien que vous n'exprimiez pas toujours votre opinion pendant les réunions, en général, vous êtes d'accord avec les décisions prises, n'est-ce pas ? – **5.** Bien que la majorité des habitants soient favorables aux conseils de quartier, peu y participent.

Du côté de la communication

6
suis pour – exagérez/ne vous rendez pas compte – suis contre – suis d'accord avec vous – suis favorable à – m'y oppose

En situation

7
a) b. l'importation d'ours venus de Slovénie dans les montagnes des Pyrénées
b) • Pour la présence des ours : 1. (argument statistique) – 4. (argument économique) – 5. (argument écologique) – 6. (argument écologique) – 8. (argument écologique)
• Contre la présence des ours : 2 (argument écologique) – 3. (argument écologique) – 7. (argument économique) – 9. (argument politique)
8 Réponse libre.

Dossier 9 – Leçon 1
Du côté du lexique

1
Chatter sur Internet, les ados et même les préados adorent ! À peine rentrés du collège, ils se précipitent dans leur chambre et commencent leur existence virtuelle : une seconde vie pour ces jeunes **internautes**. D'après les derniers chiffres de Médiamétrie de janvier 2006, 60 % des 13-17 ans ont pris l'habitude de **se connecter** à Internet

tous les jours. Le **web** ? Ils s'y rendent pour **chatter**, donc retrouver les copains qu'ils viennent de quitter, s'échanger des **fichiers** remplis d'infos audio ou vidéo. Les parents ? 72 % d'entre eux déclarent ne pas savoir ce que leurs enfants font sur la **toile**. « Il passe des heures devant l'**écran**, il me dit qu'il participe à des jeux en **réseau** ; j'ai peut-être tort mais, comme il reste dans sa chambre, je ne suis pas inquiète », dit Brigitte, mère d'un ado de 14 ans.

Du côté de la grammaire

2 Proposition de corrigé
1. Ça me désole qu'il pleuve encore ce week-end, moi qui avais prévu de sortir avec les enfants... – **2.** Ça me semble dangereux que l'on construise une centrale près de chez moi. – **3.** Je trouve inutile que cela devienne une semaine. – **4.** Ça me réjouit qu'il y ait de moins en moins de places de parking en centre ville, ça réduira peut-être la circulation. – **5.** C'est normal qu'il démissionne après ce qu'il a fait ! – **6.** C'est incroyable que le gouvernement augmente encore le prix. – **7.** Je trouve formidable qu'on réintroduise l'ours dans nos montagnes.

3 Proposition de corrigé
1. Il **est urgent d'**économiser l'eau, pour cela **évitez de** faire couler 50 litres d'eau pour un bain, **il vaut mieux** prendre une douche qui n'en consomme que 20. – **2. Il est essentiel que** vous contrôliez votre consommation d'électricité. **Évitez de** laisser les lumières allumées, **éteignez** toutes les lampes. – **3.** Il **est impératif de** savoir ce que vous mangez réellement : **évitez de** consommer des aliments qui contiennent des substances chimiques mais **choisissez** plutôt des aliments bio. – **4. Méfiez-vous des** destinations lointaines pour vos vacances : un aller-retour Paris-New York produit autant de CO_2 qu'une voiture pendant un an. Pour vos déplacements, **mieux vaut** prendre les transports en commun ! – **5. Évitez** l'accumulation de sacs en plastique : pour faire vos courses, **rien ne vaut** un grand cabas.

Du côté de la communication

4 Proposition de corrigé
Bon, je suis très content(e) que tu aies de bons résultats en français et en anglais. Par contre, 8 en maths, ça me semble très insuffisant ! Et puis, en sciences naturelles, méfie-toi, tu n'as pas la moyenne. Et 0 en conduite ! Vraiment, ça me désole que tu sois si indiscipliné.

En situation

5
1. c – **2.** a – **3.** c – **4.** b – **5.** b
6 Réponse libre.

Dossier 9 – Leçon 2

Du côté du lexique

1
1. b – **2.** a, c, d – **3.** b – **4.** b – **5.** c, e – **6.** b – **7.** a, c, d, e – **8.** b – **9.** a, c, d, e – **10.** b, c, e – **11.** a, b, c

Du côté de la grammaire

2
1. lesquelles – **2.** lequel – **3.** laquelle – **4.** lequel – **5.** lesquelles – **6.** laquelle – **7.** lesquels – **8.** lesquelles

3
a) dans lequel – sur laquelle – avec lequel – dans laquelle – avec lesquels – grâce auquel
b) Proposition de corrigé
À l'extérieur vous verrez :
– la piscine dans laquelle elle se baignait chaque matin ;
– la chaise longue sur laquelle elle se faisait bronzer ;
– un peu plus loin, le jardin dans lequel elle jouait avec ses chiens ;
– les caméras de surveillance grâce auxquelles elle pouvait vivre tranquille.

4
a) 1. Ce sont des lunettes grâce auxquelles/avec lesquelles, vous pouvez voir la nuit. – **2.** Ce sont des chaussures à moteur grâce auxquelles/avec lesquelles vous vous déplacez sans fatigue. – **3.** C'est une paire de ciseaux grâce à/avec laquelle vous coupez des métaux. – **4.** C'est un macro-parasol grâce auquel/avec lequel vous protégez votre maison et votre jardin du soleil. – **5.** C'est un tissu invisible grâce auquel/avec lequel on habille les nudistes. – **6.** C'est un vélo grâce auquel/avec lequel on monte les escaliers.
b) 1. C'est une découverte médicale à laquelle les chercheurs s'intéressent. – **2.** C'est un projet de voyage spatial auquel les scientifiques réfléchissent sérieusement. – **3.** Ce sont des projets éducatifs sur lesquels la Commission européenne travaille.

5
1. le mien – **2.** le sien – **3.** la leur – **4.** les vôtres, les miennes – **5.** la nôtre – **6.** le tien – **7.** les nôtres, les vôtres

Du côté de la communication

6 Proposition de corrigé
LA JOURNALISTE : Vous pouvez nous expliquer ce que cette chaussure a de spécial ?
VOUS : Elle permet de suivre les déplacements d'une personne à distance.
LA JOURNALISTE : Comment est-on informé des déplacements de la personne ?
VOUS : Grâce à une puce GPS placée dans le talon.
LA JOURNALISTE : Quel public est susceptible d'être intéressé par cette innovation ?
VOUS : Tout le monde, des parents voulant surveiller leurs enfants, des femmes ou des maris jaloux...
LA JOURNALISTE : Ce système n'existe que pour les chaussures ?
VOUS : On essaye de développer le même système mais sur les vêtements.

En situation

7
1. vrai – **2.** faux – **3.** vrai – **4.** faux
8 Réponse libre.

Dossier 9 – Leçon 3

Du côté du lexique

1
lire
2
chapitre – paragraphe – phrase – expression – mot – ponctuation
3
Horizontalement : 1. correspondance – **2.** comédie – **3.** dissertation
Verticalement : a. prose – b. poèmes – c. éditorial – d. contes – e. BD – f. articles

Du côté de la communication

4 Proposition de corrigé
– Qu'est-ce que le Bookcrossing ?
– En quoi consiste exactement ce service ?
– Comment est-ce que je sais que quelqu'un a lu mon livre ?

En situation

5
a) a. pièce de théâtre – b. essai philosophique – c. roman – d. poésie – e. poésie – f. roman
b) 1. d – **2.** a – **3.** b – **4.** e – **5.** c – **6.** f
c) a. la visite d'un médecin auprès d'une malade – b. les sources de l'inégalité entre les hommes – c. un souvenir réveillé par une odeur, un goût – d. la femme aimée comparée à une rose – e. le destin tragique des hommes de la mer – f. une demande en mariage
d) d. XVIe siècle : Ronsard – a. XVIIe siècle : Molière – b. XVIIIe siècle : Rousseau – e. XIXe siècle : Hugo – c. XXe siècle : Proust – f. XXe siècle : Camus
6 Réponse libre.

15/5444/3
Achevé d'imprimer en France par MAME (n° 0801271) - Dépôt légal : février 2008 - Collection n° 05 - Édition n° 03